面向范式探索的汉语语法化研究

张秀松◎著

江苏省社科基金青年项目『跨语（方）言视角下语气副词的语法化研究』（项目编号：12YYC016）
江苏高校优势学科建设工程二期资助项目（PAPD）

南京大学出版社

目　录

第一编　认知语言学背景下的语法化研究

第二编 现代语用学背景下的语法化研究

第三编 语言类型学背景下的语法化研究

第四编　形式语言学背景下的语法化研究

绪　论

语法化研究范式与汉语语法化研究

1. 语法化与研究范式

广义的语法化指语法规则、语法手段的形成和演化，如语序固化、用法向语法规则演化、语法结构的形成等。狭义的语法化指词汇项向语法项的演化或语法形式的语法性增强，如实词虚化及再虚化、单词向屈折词缀演化等。

国外语法化研究始于十九世纪历史比较语言学对语法形式的历史起源的追溯。关于国外语法化研究的历史和现状，详见张秀松(2018)《国外语法化研究的历史进展》。中国语法化研究(尤其是词汇语法化研究)始于训诂学家对虚词意义和词源的研究。它至迟也可以追溯到十三世纪元代周伯琦《六书正讹》提出的“今之虚字皆古之实字”。中国现代意义上的语法化研究肇始于二十世纪九十年代沈家煊、孙朝奋对国外语法化研究文献的介评，即沈家煊(1994)《语法化研究综观》和孙朝奋(1994)《〈虚化论〉评介》。第一篇现代意义上的汉语语法化研究之作是刘坚等(1995)《论诱发汉语词汇语法化的若干因素》。该文认为汉语词汇语法化的主要诱因有句法位置改变、词义变化、语境影响和重新分析。关于中国语法化研究的历史和现状，详见张秀松(2020)《词汇化与语法化理论及其运用》第四章。

语言观不同，语言研究的方法论也会不同。语言的本质到底是什么？是交际工具、进化的生物、符号系统、天赋的特殊能力、文化载体、思维工具，还是社会制度？这是语言观问题。对此，传统语言学、历史比较语言学、结构主义语言学、转换生成语言学、文化语言学、认知语言学、社会语言学等作出了不同的回答。因此，不同语言学流派的学者观察语言现象的视角、选择研究的语言侧面(结构、功能、演变等)、所用研究方法(文献考证、田野调查、问卷调查、内省、跨语言比较、内部拟测、心理访谈、实验等)也不同。同理,语法观[1]不同,观察语法现象的视角、选择研究的语法侧面和所用研究方法也不同。

语法化观不同,语法化研究的对象、内容和方法也不同。比如,Kurylowicz(1975[1965])认为,语法化是语素从表示词汇意义演变为表示语法意义或语法语素的语法意义增强的过程。所以,其语法化研究的对象主要是词汇语法化。Givón(1971: 413)认为语法化就是语法规则、语法结构的形成。所以,其语法化研究的对象主要是语用法的固化。是把语法化仅看作语法演变,还是认为它也包括语义、语用、语音演变?是把语法化看作语符(串)经历的单向性演变过程,还是语法系统经历的更新过程?对上述问题的回答会影响着语法化研究内容(或关注侧面)的选择。比如,生成语言学家认为,语言演变的最核心部分是语法演变,尤其是句法演变。语义演变只是语法演变的副效应。语法化的本质自然是语法演化。所以,其语法化研究的内容主要是形态、句法演变。他们不大关注语义、语用演变。功能语言学家认为,语言演变包括语法演变和语义演变。语义演变既可能是语法演变的结果,又可能是语法演变的原因,两者关系密切。因而功能取向的语法化研究除了关注形态、句法演变这种比较外显的演变,还密切关注语义重新分析、语用环境扩展等引发的比较内隐的演变。

语法化观不同,语法化研究的观察视角、语料选择取向也不同。结构主义语言学家认为,语言演变的主要原因是语言系统的内部调整。比如,哥本哈根学派反对在语言演变研究中考虑外因的作用,认为演变完全是语言系统内部的事。布拉格学派的多数成员,如雅克布逊(Roman Jakobson)、马丁内(Andre Martinet)等,也持此观点。所以,结构主义语言学家深受语言系统观的影响,在语法化研究中侧重关注语法演变与语音演变、词汇演变、语义演变之间的互动关系。生成语言学家认为,语言演变的主要原因是儿童语言习得过程中由习得偏误引发的参数重设。所以,他们关注的语料多数是跟儿童语言习得偏误有关的,尤其是多个表面互不相关,实则关乎同一个根本规则的语法现象,或者同时(或几乎同时)发生的语法演变现象。功能语言学家和认知语言学家则认为,语言演变的主要原因是语言系统外部因素,尤其是认知处理和语言使用(包括语用创新和语用失误)等。所以,他们在语法化研究中会特别关注认知处理、人际交流(交际)对语言演变的作用。社会语言学家

[1] 语法观是关于什么是语法的观点,包括规范语法观、描写语法观、普遍语法(UG)观等。

虽然也认为语言使用是语言演变的主因,但是跟功能语言学家关注个体层面的语言使用(创新或失误)不同,他们多关注社会层面的语言使用,关注语言使用中变异现象的跨社团扩散与语法演变的关系。接触语言学家则认为语言接触是语法化的重要诱因,因而在语法化研究中会特别关注洋泾浜语、克里奥尔语材料的作用。

"范式(paradigm)"这个概念是由美国著名科学哲学家托马斯·库恩(Thomas Kuhn)提出,并在《科学革命的结构》(*The Structure of Scientific Revolutions*, 1970)一书中系统阐述的。本书所谓"范式",指一种研究模式,它由围绕几个核心假设而形成的一整套理论来支撑。[2] 比如研究语法化现象,在不同的理论背景下会有不同的研究模式。是侧重于跨语言或跨方言比较,追求研究的广度(如研究结论的跨语言或跨方言有效性),还是侧重于在一种语言内部对历史材料进行深度挖掘,追求研究的深度?是侧重描写语法化表现,还是侧重揭示语法化规律,抑或侧重探寻语法化动因?在探寻语法化动因时,是侧重在语法系统内部找原因(借助语法跟语音、词汇之间的相互联系,或句法跟词法/形态之间的相互联系,此种语法现象跟彼种语法现象之间的相互联系等,来解释语法化的发生),还是侧重从语言系统外的认知处理、人际交流、社会传播、语言接触角度找原因?研究借助的主要工具是语法结构树形图、语义共性与差异地图(简称"语义图/semantic map"),还是逻辑公式等?语法化研究模式的选择往往取决于语法观和语法研究方法论。本书拟暂时搁置语法观和语法研究方法论上的分歧,选定几个个案,全面展示笔者在过去十五年从事不同范式的语法化研究的面貌,用于反思本人在语法化研究方面的得失。这对汉语语法化研究的同行或许有一定的参考价值。

2. 不同范式的语法化研究介评

2.1 认知语言学背景下的语法化研究

认知语言学背景下的语法化研究,坚信所有语法意义(作为抽象意义)都源于

[2] 姚小平(2005:76)认为,"范式"指某个有影响的科学学说,流行于某个时期,有坚定的拥护者。这是从自然科学的角度看待"范式"概念的,认为它只流行于特定历史时期。所以,作者认为语言学史上的某些学者把"范式"概念引入语言学不妥,因为人文社会科学研究中更常见的是多种学说并存,而不是此种学说代替彼种学说。

词汇意义，语法的形成过程离不开认知经验和认知处理，旨在透过语法化现象洞察语法形成和演变背后的认知机制，并运用认知语言学的基本理论（如范畴化理论/原型理论、概念隐喻和转喻理论、句法象似性理论、意象图式理论、认知识解理论、心理空间理论等）以及相关研究方法来从事语法化研究，或解释语法化的动因，或解释语法化过程的渐进性（含词项去范畴化的渐进性、语义演变的渐进性），或解释语法化路径的多重性。比如，认知语言学背景下的语法化研究借助范畴化理论可以描写语法化过程中词项的重新范畴化（包括去范畴化），其集中表现就是旧的形态、句法特征的丢失和新的形态、句法特征的获得，还可以解释哪些实词最易语法化。认知语法学家通过研究发现，最易语法化的实词往往不一定是词义处在基本层次范畴上的单词，而是词义足够概括的单词。比如，表示"来/去"义的单词容易语法化为将来时标记，是因为其词义只对运动动作和运动方向进行编码，而没有掺杂运动方式。而表示"闲逛""蹒跚""跑"等意义的单词不易语法化为将来时标记，因为其意义不仅对运动动作和方向进行编码，而且对运动方式也进行了编码。在状态动词中，表示"是"或"有"义的动词容易语法化。在泛义动词中，"做"义动词容易语法化。但是，认知语言学家发现有些表示具体意义的单词也会发生语法化。比如很多语言中表示"行走"义的单词进一步向语法标记演变。

借助概念隐喻和转喻理论、意象图式理论，可以揭示语法化过程中的语义演变规律。认知取向的语法化研究，如果针对的对象是词语，那么，通常要说明这种语法化背后存在着从源概念到目标概念的概念迁移。如果针对的对象是结构，那么，通常要说明这种语法化背后存在着从源命题（又称"来源事件图式/source event schema"）到目标命题（又称"目标事件图式/target event schema"）的认知处理。换句话说，认知派认为相对于物体、过程、方位这些具体概念来说，逻辑命题对应的是事件图式或者句法框架。（Schank & Abelson，1977；Sanford，1985：200）它们编码的是人类生产、生活或者交际过程中所接触到的最基本的场景。Heine 和 Kuteva 等学者提出，表示时态、体态、情态、语态意义的语法结构都是从一小撮表示更具体的概念意义的结构（如方所存在结构、伴随结构等）语法化而来的，时态、体态、情态、语态结构的语法化模式具有跨语言共性。

2.2　现代语用学背景下的语法化研究

现代语用学背景下的语法化研究，其研究主题包括：(1) 语用法的语法化（即用法的固化);(2) 语法化过程中的语境扩展;(3) 语法化过程中语义演变的语用动因。关于(1),研究内容包括语用习惯向语法规则的演变,及其伴随的语用成分向语法成分、语用标记向语法标记的演变(如话段经复句向单句演变、话题[标记]向主语[标记]演变、回指代词或言说动词向标句词演变等)。这方面的研究常从互动语法的研究中借鉴相关理论和方法,比如,Haiman(1994)从仪式化角度来研究语用法的语法化。再如,乐耀(2016)、张爱玲(2016:69-81)用欲擒故纵的会话策略的频繁使用来解释让步连词的语法化和"X 则 X 矣""X 是 X"型同语式的历史形成。关于(2),Heine(2002)和 Diewald(2002)基于各自的独立研究,提出了相似的理论(即语境扩展理论),认为随着语言表达式使用语境的越来越广(比如从初始语境到可以作新旧两种意义理解的过渡语境/临界语境,再到只能作新义解读的分离语境),其旧义逐渐消失,而从旧义的语境实现(即义面)规约而来的新义(即新义位)逐渐跟该语言表达式形成稳固的联系。如果新义是语法意义,那么该过程就是语法化。关于(3),主要借助言语交际合作理论、会话含义理论等来考察语用推理与语法化过程中的语义演变的关系,发现语法化过程中存在语用意义(如预设义、会话含义等)的规约化(又称"语义化")过程,或者借助经济原则(又称"省力原则")与明晰原则的互动、表现力准则与一致准则的互动等来解释语法化的启动(即揭示其动因)。期间可能还会用到言语行为理论、面子理论等。Traugott 和 Dasher(2002)提出语义演变的招引推理理论(IITSC)模型,用广义会话含义理论等语用理论模型来模拟语言的历时演变,特别是语义演变,把语用意义规约化描写为从特殊会话含义(PCI)到一般会话含义(GCI),再到编码意义/语义意义(SM)的演变。当然,这种刻画的合理性受到了 Hansen 和 Visconti(2009)的质疑。Hansen 和 Visconti(2009)认为,其一,Traugott 等人已经对语用学领域的"一般会话含义"等概念作了便于跟历史演变事实相吻合的重新定义。其二,三阶段式演变比较罕见,更多的是特殊会话含义直接演变为语义意义,或一般会话含义先演变为特殊会话含义再规约化为语义意义(比如汉语"才"从关联副词语法化为表示反驳的语气副词即是如此)。不同类型的含义在语义演变过程中的作用的差别很细微,远不像 IITSC 所说的那样。其三,语言演变不仅可以由会话含义触发,也可以由预设触发。在语言演变过程中,语用的作用不限于提供会话含义并使之有可能规约化为语义意义。预设也可以规约化为语义意义。我们认同 Hansen 和 Visconti(2009)的观点,同时想要指出的是,语用意义规约化不仅可能发生在虚词身上,也可能发生在实词身上,如英语"disease"从"不适"义向"疾病"义的演变,是由于前者的语境含义（“疾病”义）规约化为“disease”的新词义的结果。类似的例子还有汉语“臭”、英语“stink”从表示气味向表示坏气味的演变。这类演变的动因很可能是表达上的追求，即说话人出于礼貌，在该用“疾病”义词的地方用“不适”义词，在该用“坏气味”义词的地方用“气味”义词。可见，IITSC不是为语法化研究特设的。纵然如此，它依然可以被有条件地拿来解释语法化过程中的语义演变。

2.3 语言类型学背景下的语法化研究

语言类型学背景下的语法化研究，坚信几乎所有语法标记、语法结构都是从表示具体意义的词项或结构语法化而来。（Givón，2000）世界语言语法标记、语法结构的语法化模式是有限的。所以，要关注语法化模式或路径的跨语言或跨方言共性和差异（即语法化的共相和殊相），以及语言的类型特征对语法化方向的制约作用。在这方面，成就比较突出的是Givón、Heine、Kuteva等。Givón从二十世纪七十年代起就开始这种范式的研究了。Givón起初是为了解释语言的共时状态而展开语言历时演变研究的，这跟历史比较语言学家为了构拟始祖语、搞清语言亲属关系而研究语言历时演变是不同的。Heine和Kuteva则合作编写了《语法化的世界词库》（2002）一书。该书借助数十位学者对语法化路径或模式的跨语言研究，揭示出四百多条在不存在亲属关系和接触关系的很多语言中反复出现的语法化路径。Heine（2003）把该书的主要发现概括为如下几种演变：（1）事件的时态、体态标记常由表示动作过程的词语语法化而来（如将来时标记常源于“来/去/想”义词[3]）；（2）空间关系表达式常源于表示人体（或物体）部位的词；（3）语篇关系表达式（如定冠词、NP与其定语小句之间的关系词、标句词等）常源于空间关系表达式（如空间指示代词）。在语言类型学背景的语法化研究领域，一种经常被提及的观点是，综合语中不同词类的词具有丰富的各不相同的形态标记和形态变化（如性、数、格、时、体、态、式、级、人称范畴的形变）。分析语中不同词类的词（基本）没有什么形态标记或形态变化，语法意义的表达比较倚重虚词和语序的运用。这些不同的类型特征很可能使综合语、分析语的语法化在条件、表现、机制、路径等方面表现出不同的个性。

---

[3] 比如，法语、英语、荷兰语等多种语言中位移运动表达式都有语法化为将来时标记的情况，例如英语gonna（<going to）、荷兰语gann，法语aller，详见Heine和Kuteva（2002：161 ff.）。

语言类型学背景的语法化研究，在揭示语法化的共相和殊相时，遵循的技术路线有两种：一是从语法化的目标项向语法化的来源项回溯，关注同一语法语素的语法化起点或路径的跨语言共性和差异。比如，Bybee 等（1994）对多种语言中时态、体态、情态标记的历史形成的考察，走的就是这种技术路线。作者概括出了标记将来时、完整体、认识情态等意义的语法语素的显赫语法化模式。再如，本书第三编第一章就是从语法化目标项（即追问标记）出发，回溯其语法化来源项和走过的路径。二是从语法化的来源项到语法化的目标项，关注同一语言表达式语法化终点和路径的跨语言或跨方言共性和差异。比如，本书第三编第三章探讨了汉语"终竟"义词语法化终点和路径的跨方言共相和殊相。正是基于上述两种技术路线，Heine 和 Kuteva（2002）编列了两个索引，一是便于从语法化的来源项检索其常见目标项，二是便于从语法化的目标项检索其常见来源项。

在汉语语法化殊相及其类型学动因研究方面，主要成果有吴福祥（2003，2005）、董秀芳（2008）、Bisang（2004，2008）、Xing（2012，2015）、江蓝生（2016）、彭睿（2017）、石毓智（2017）等。下面按时间顺序介绍代表性研究。

吴福祥（2003）研究发现，汉语、布努语、拉基语等语言中伴随介词往往语法化为并列连词，如汉语"与""和""同""跟""及"等；[4]而英语、德语、丹麦语、挪威语等语言伴随介词往往经工具介词语法化为方式介词，如英语"with"。出现上述差异，是因为由"伴随介词＋伴随成分"构成的伴随结构在汉语类语言中通常置于谓语动词前，而在英语类语言中通常置于谓语动词后。前置于谓语动词时，伴随结构就可与主语邻接，从而走上并入主语之路；后置于谓语动词时，因被谓语动词隔开而无法与主语合并，只能保持状语地位，其中的伴随介词只能进一步向其他格介词演变。它们语法化的认知机制也不同。从伴随介词向并列连词演变，主要借助语用推理的规约化，以概念转喻为基础（即：x 陪伴 y 做了某事→x 和 y 都做了某事）；从伴随介词向工具/方式介词演变，则以概念隐喻为基础（即：人＞物＞……＞性质，详见 Heine *et al.*，1991），因为主体可以把工具看作一个伴随者（工具随同主体一起参与了某事件），正如儿童可以把玩具想象成自己的玩伴，女子可以把爱车想象成自己的伴侣。

---

[4] 按：据江蓝生（2012），源义表示的动作无主从之别的伴随动词"和""与"是直接演变为并列连词，而非经过伴随介词演变为并列连词的，源义表示的动作有主从之别的伴随动词（如"跟""及"）才是从经伴随介词演变为并列连词的。

吴福祥(2005)研究发现,汉语关系名词语法化模式表面看似乎与语言类型学研究的预测不符。语言类型学研究表明,世界语言关系名词的语法化模式有两种:Ⅰ.关系名词＞前置词;Ⅱ.关系名词＞后置词。SVO语关系名词的语法化通常遵循模式Ⅰ,而SOV语关系名词的语法化通常遵循模式Ⅱ。但汉语是SVO语,其关系名词的语法化模式却是Ⅱ。吴先生认为,这种表面的异常是有原因的。其实,基本语序的类型差异(SVO～SOV)跟关系名词的语法化模式之间的关系是间接的。对关系名词语法化模式选择产生直接影响的,是领属结构中定语和中心语(常由关系名词充当)之间的相对语序。汉语领属结构是中心语居后型的,所以其关系名词的语法化遵循模式Ⅱ,即演变为后置词。吴先生通过研究还发现,Hopper和Traugott(2003)通过跨语言比较提出的语法化路径"内容词(≈实词)＞语法词(≈虚词)＞附着成分＞屈折成分"并不完全适用于汉语这样的分析语。汉语实词发生语法化,到了高级阶段,并不是演变为附着形式或屈折词缀(即并没有形态化),而是与毗邻的词合并,走上词汇化之路,最终演变为构词成分。

董秀芳(2008)研究发现,汉语动转名不需借助显性标记,而是通过零派生(又称"转类/conversion")来实现的。这直接影响到汉语中的一些语法化模式。由于动转名的无标记性,原来只允准名词性成分的句法位置在汉语历时演变中很自然地扩展到也能容纳动词性成分。其过程是先出现名词化的动词性成分,而后经重新分析,真正的动词性成分也能出现在相关句法位置。这一变化就会导致句子中相关成分的语法化。比如及物动词"被"变成被动标记,及物动词"加上"变成递进连词,跨层结构"已经"变成副词、"无论/不论"和"若是"变成连词,分别以"被""加上""经"及"论""是"的后续成分从NP向VP的扩展为条件。"非"从否定副词向"偏偏"义肯定语气副词的语法化,除了跟"非X不可/不行"格式中"不可/不行"的经常省略有关,还跟X的语类扩展(NP＞VP)有关。董文的结论是,汉语动转名的无标记性是汉语有些语法化比较容易发生的助推因素。

Bisang(2004, 2008)的系列研究试图论证,包括汉语在内的东亚和东南亚大陆语言,相对英语、德语、俄语等屈折语来说,其语法化具有如下特征:(1) 其很多虚词(功能词)是从同一实词(内容词)在不同语境中经语用推理演变而来。同一词项的不同功能之间不存在源流关系。这样难以形成较长的语法化路径,演变往往是一步走。(2) 缺乏或仅有有限的形义共变关系。这是因为,强制性语法范畴缺乏、语法标记具有多功能性、音节界限分明等特征使该地区语言在语法化过程中难以走到形态磨损、语音弱化/脱落的高级阶段,从而使形变滞后于义变,难以形成形义共变关系，但并不妨碍这些语言发展出语法化程度较高的语法标记。彭睿(2017)指出，前范畴性不仅在上古汉语晚期，而且在现代汉语中也存在。但 Bisang 并没有以具体个案来详细论证这种类型特征是如何对汉语语法化产生影响的。

彭睿(2017)结合董秀芳(2008)关于汉语动转名的无标记性和汉语语法化模式之间的关联的研究指出，动转名的无标记性对汉语语法化的影响是有限的，因为受这种类型特征影响的汉语语法化现象在所有汉语语法化现象中占比较小。汉语众多语法化个案，如处置标记"把""将"、被动标记"让""教""给"、助词"了""得""过"的历史形成，名词到物量词的演变，都与动转名的无标记性特征无关。而这些语法化现象更常见，更具代表性。彭睿(2017)还通过实例驳斥了 Bisang 所谓汉语语法化多一步走的结论。

Xing(2012，2015)通过对语法化(及词汇化)过程中伴随的语义演变在汉语和日耳曼语中的表现的对比考察，发现汉语相关语义演变遵循的是累积型模式(A>A,B>A,B,C)，而英语相关演变遵循的是过渡型模式(A>A,B>B)。Xing 的研究表明，对于汉语来说，语法化过程中旧的词汇意义不易消失。所以，现代汉语共时多义现象、多功能现象可能比现代日耳曼语多。

石毓智(2017)考察发现，汉语在元明之际量词系统完全建立。数词和名词之间必须有量词连接，"数・量・名"短语中涉及的数目如果是一，数词经常省略，从而变成"量・名"短语。主语位置的"量・名"短语因为结构赋义律(谓语中心之前的光杆 NP 多为有定成分，之后的光杆 NP 多为无定成分)的作用，获得定指用法。这种定指意义有可能被其中的量词吸收，从而诱发量词(尤其是使用频率较高的泛化量词"个")向指示代词语法化，如北方方言中的"只"向"这"的语法化。这可以解释为什么在很多南方方言中"量・名"短语在主语位置必为有定，而在宾语位置则有定、无定两可。有些方言中，宾语位置的"量・名"短语要确定地表示有定，则必须附加物主代词等表示有定意义的成分。汉语中的上述现象跟英语中数词向不定冠词的语法化属于同一大类下的不同小类，都是修饰名词中心语的数/量表达向表示无定或有定意义的功能词的演变。只是因为英语没有丰富的量词，数名可以直接组合，英语中发生语法化的就不可能是量词而是数词 one。

2.4　形式语言学背景下的语法化研究

形式语言学背景下的语法化研究，包括两种，即生成语法学取向的和逻辑语义学取向的。前者以 Lightfoot(1999, 2003)等相关研究为代表,后者以 Eckardt(2006)等相关研究为代表。生成语法学取向的语法化研究,其基本理论假设包括语言能力天赋说、普遍语法假设、语法自主论和语法演变的习得偏误引发观。语法演变的习得偏误引发观,认为语法演变的动因是普遍语法原则作用下的有限的参数变异。人生而具有一种语言习得装置(Language Acquiration Device, LAD)。LAD 内置于人脑,其中有一种叫作普遍语法的东西。普遍语法含有原则系统及其内部各子系统。原则系统与参数系统相关联,参数必须由语言经验设定。因此,语言习得过程是参数设定的过程。儿童在语言习得过程中会接触到成人的语言输出,语言经验刺激儿童选择跟父辈语言语法相同的参数。如果儿童在进行参数设定时做出的选择跟父辈不同,则会导致语言在代际传承过程中发生演变。生成语言学取向的语法化研究往往把词项语法化描写为语言项目在语法结构树形图上的爬升运动[简称"爬树运动",van Gelderen(2004: 157)就持此观点]。比如,随着语法化的进行,汉语中的"到底"从 V 的补足语位置向句中状语位置,再向句首状语位置,最后向 CP 标志语/限定语位置运动,从而相继生成时间副词"到底"、强调事物根本特点或原因的评注语气副词"到底"、疑问语气副词"到底"。详见本书第一编。

关于生成语法取向的语法化研究和功能取向的语法化研究的异同,主要表现在:第一,是关注语言系统自身作了什么调整,还是关注语言使用者对语言做了些什么?第二,是否承认语法化有突变型?Lightfoot 等生成语法学家认为是有的。比如,Lightfoot(1999)在研究英语情态助动词的语法化时指出,英语情态助动词这种新词类是在十六世纪出现的,是由于作为其前身的实义动词(即前-情态动词)带宾能力的丧失以及屈折变化模式的变异导致的。例如,"He can music.(他懂音乐。试与汉语"假舟楫者,非能水也……"相比较)"不再能说。过去式不表示过去时意义而多用于假设分句。Lightfoot(2003)又把情态助动词的出现归结于句中另一实义动词的不定式后缀(-n)的丧失。这种音变导致同一句子中出现两个实义动词争做句子主动词。最终,句首实义动词被重新分析为情态助动词。总之,Lightfoot 认为情态动词的出现是突变。而功能语法学家 Bybee 等人则认为情态动词的出现不是整齐划一的,而是渐进的,且不是由音变、结构重新分析引发的,归根到底是由语义虚化引发的。生成语法学家之所以不承认语义、语用演变对语法化的诱发作用,是因为他们主张语法自主论。在生成语法学家看来,一旦结构重新分析完成,语法化也就完成了。至于重新分析的结果向更广泛语境或更广泛群体中的扩散或推广过程，他们认为不属于语法化。第三，侧重关注语法演变过程中的限制因素还是促动因素？第四，是否认为语法化过程中语法演变先于语义、语用演变？在语法化过程中，是语义或语用演变先行的多，还是形态或语音演变先行的多？第五，是否特别关注同时发生的语法演变？关于上述分歧，详见张秀松(2010a)。

逻辑语义学取向的语法化研究，旨在考察语法化背后的语义演变机制和语用动因，论证"语言演变经常涉及语音、形态和句法等层面的结构重组。说话人不仅掌握了这些重组造成的结构变动，而且对结构重组过程中发生的意义演变保持了详细而及时的心理记录"，需要特别关注结构重新分析前后输入项和输出项之间的语义关联以及重新分析在语义演变中的效应，通过刻画语法化项的意义跟语法化项所在结构的焦点、预设、推论之间的互动关系来揭示语义重新分析得以发生的微观机制。Eckardt(2006：21，22)指出，对语义准确而详尽的形式分析能够揭示，一个新词的一些看似毫无动因的用法其实完全可以为其词义所允准，而其词义又是由演变的重要环境决定的；用真值条件语义学的工具来研究语义演变过程中的重新分析，能提供一些关于语言解读的见识，而这些见识对阐述重新分析引发的语义演变来说至关重要。Eckardt(2006)认为，语法化往往是由语义重新分析驱动的，而语义重新分析则是避免语用超载驱动的。当词语所在语句的预设逼迫听话人对其背景知识进行调整时，就会发生预设调适(pragmatic accommodation)[5]。预设调适和会话推理是听话人从语句字面意义推导出说话人想要传达的真正内容的手段。若预设调适、会话推理等语用操作需要付出的心力太多，花费的时间太长，听话人就会选择赋予该词语以新的意义。这就有可能诱发该词语的语义演变。说话人作出语义重新分析，就是为了避免语用超载。所以，字面意义与语用意图义之间的关系应该最简，否则就要启动语义重新分析。这叫作"重新分析的参考原则(The Reference Principle of Reanalysis，RPR)"，详见Detges和Waltereit(2002)。

---

[5] 所谓"预设调适"指听话人调整自己的百科知识，把说话人传达的预设义兼容进自己的百科知识库。例如，当听话人不知道说话人有妹妹时，说话人对听话人说"我得去车站接我妹妹了"，听话人就不得不进行预设调适。当说话人明知听话人不知道自己有妹妹还要这么说，且希望通过这么说来告诉听话人我有妹妹时，说话人就是在创造性地使用语言。把新信息当作听说双方的共同背景知识编码进句子的预设部分，从而策略性地传递新信息，减少听话人对新信息的质疑，这是一种语用策略。比如，一个儿子明知父母从来不知道他已经定亲，还要对准备安排他下星期去相亲的父母说："我忘了告诉你们，下星期我没空，我要和未婚妻去旅游。"这时，这个孩子真正的会话意图可能不是告诉父母他下星期没空，而是暗示父母自己已经定亲。

3. 本书的研究内容

本书遵循系统研究与个案研究相结合的研究思路。主要围绕"终竟"义副词、视觉感知动词、追问标记、拥有结构等的语法化这几个个案展开，但也兼及假设连词、选择连词、转折连词等的语法化。其中，第一编的前两章、第二编全编、第四编的第一章都是关于"终竟"义副词"到底"的语法化的个案研究，但研究范式分别是认知语言学、现代语用学和逻辑语义学的。第三编的第一、第三章则是关于追问标记、"终竟"义词的语法化的系统研究。第三编的第二章是关于拥有结构的语法化的。第一编的后两章是关于视觉感知动词的语法化的个案研究与系统研究。

第一编
认知语言学背景下的语法化研究

第一章

“到底”的共时差异及其认知解释

1. 引言

在现代汉语中，“到底”的性质多样，用法灵活。一方面，它既可用作补位介宾短语[1]，又可用作单词。单词“到底”的义项究竟有多少？每个义项的意义如何概括？这些都是问题。为了搞清这些问题，我们检索了《现代汉语词典》（第六版）、《现代汉语虚词例释》和《汉语大词典》三部辞书[2]（以下分别简称《现汉》《例释》《大词典》），发现其注释如下：

> ① 动 到尽头；到终点。② 副 表示经过某种变化或曲折最后出现某种结果。③ 副 用在问句里，表示深究。④ 副 毕竟（多用于强调原因）。（《现汉》）
>
> ① 副 用于陈述句中，说明某种情况最终还是发生了。有时有不出所料的意思。② 副 用在疑问句里，深究事实的真相，意思相当于“究竟”，通常或全句是疑问，或句尾有疑问词。③ 副 用于陈述句中，强调不管条件怎样，某一事物的根本情况仍然没有改变，跟“毕竟”的意思相当。（《例释》）
>
> ① 直到尽头。② 始终；从头到尾。③ 毕竟；究竟。（《大词典》）

---

[1] 通行辞书（如《现代汉语词典》）多认为现代汉语中补语位置上的“到底”是趋向动词而不是介宾短语。本章暂且搁置现代汉语中补位“到底”究竟是趋向动词还是介宾短语这个问题。考虑到现代汉语中“坚持到底”“下落到底”还可扩展为“坚持到月底”“下落到瓶底”，姑且将补位“到底”统一看作介宾短语。

[2] 这三部辞书的版权信息参见书末参考文献。

三部辞书的异同在于：第一，《现汉》与《例释》都未列“始终/从头到尾”义，而《大词典》列出了这一义项。第二，《现汉》与《大词典》都列出了“到尽头/终点”义，而《例释》未列这一义项。第三，《大词典》把“毕竟”义和“究竟”义合为一个义项，而《现汉》和《例释》则都分设两个义项。

第一点不同很好理解，因为“到底”的“始终/从头到尾”义用法是古代汉语中的用法，立足于现代汉语的《现汉》与《例释》自然可以不收。

关于第二点不同，有两方面的可能：一是《例释》编者认为“到底”表示“到尽头/终点”义时是短语（而非单词），故未在“到底”这个词条下列出“到尽头/终点”义；二是《例释》编者认为“到底”表示“到尽头/终点”义是动词，而《例释》是虚词词典，故不予以收录。

关于第三点不同，我们可以运用以下测试证明《大词典》把“毕竟”义和“究竟”义合为一个义项是错误的。

> 测试一：轭式搭配（Zeugma）测试。由于同一个词的不同义位难以在同一语境中相容，同一义位的不同变体可以在同一语境中兼容，所以，如果一种语境中同时被激活的某个词的多种意义能兼容，则它们是同一个义位的不同变体。反之，则是不同义位。

假设“毕竟”义和“究竟”义是“到底”同一义位的两个变体，那么它们应该能通过轭式搭配测试。可事实并不如此，下例是不可接受的：

(1) *我想知道到底谁是警察，所以他不得不查下去。

上例中，由于“想知道”的作用，“到底”的“究竟”义被激活；由于“X 是 Y”这种格式跟“所以”的联动，“到底”的“毕竟”义被激活。但是，这两种同时被激活的意义却不能在一句中相容，全句不合格。这个句子只有在回声问（echo question）语境中才可被接受。例如：

(2) 甲：卢杰一直不想查这个案子，可他到底是警察呀，所以他不得不查下去。（电视剧《重案六组》人物对话）

乙：你大点声，我想知道到底谁是警察，所以他不得不查下去。

这说明“毕竟”义和“究竟”义不是“到底”的同一义位的两个变体，而是其两个不同的义位，宜分立义项。

测试二：互补分布测试。不同义位在语法功能或词汇搭配层面上具有彼此不同且互为补充的组合特征。而不同词义具有各自不同的分布空间，可以成为确立义位的重要根据。(王惠，2002)因而如果表示某两个意义的语言形式的主要句法分布呈互补状态，则它们属于同一义位的不同变体。反之，则属于不同义位。

针对“到底”的“毕竟”义和“究竟”义，我们设计了下面两种句法框架：

框架Ⅰ：X～是 X 啊，所以 Y。　框架Ⅱ：～V Wh-词(呢)？(Wh-词表示疑问代词)

在现代汉语中，“毕竟”义“到底”能进入框架Ⅰ[即能用于同语反复型感叹句，见例(3)]，但不能进入框架Ⅱ[即不能用于(特殊)疑问句]；“究竟”义“到底”能进入框架Ⅱ[见例(4)]，但不能进入框架Ⅰ。可见，“到底”表示“毕竟”义时和表示“究竟”义时句法分布呈互补状态，故“毕竟”义和“究竟”义宜分为两个义项。

(3) 人到底是人哪，况且，钱先生是他的好友啊！(老舍《四世同堂》)

(4) 我国当前诚信缺失的原因到底是什么呢？(《人民日报》，2006-3-6)

上述两个测试的结果都证明“毕竟”义与“究竟”义是“到底”的两个不同义位，应分列义项，不宜合并为一个义项，以义项组形式呈现。

运用类似测试同样可以证明独立出来的“毕竟”义、“究竟”义中的任何一个都不能归入“终于”义(即《现汉》中的义项②，《例释》中的义项①)。例如：

(5) * 不知道经过自己的刻苦努力，你到底如愿以偿地考上了哪个学校？

上例中，“如愿以偿”与“经过自己的刻苦努力”相配合，激活了“到底”的“终于”义，“不知道”和疑问代词“哪个”的作用激活了“到底”的“究竟”义。该例的不可接受表明“终于”义与“究竟”义是“到底”的不同义位，不能在一句中兼容。同理，下例的不可接受表明了“终于”义与“毕竟”义是不同义位(具体分析略)。

(6) * 你到底如愿以偿地是大学生啊，所以说出的话也很文雅。

上文用轭式搭配测试和互补分布测试证明了“毕竟”义和“究竟”义不宜合并为一个义项，应相互独立；且独立出来后，其中任何一个都不宜归并到“终于”义中去。简言之，副词“到底”应有三个义项：“终于”义、“毕竟”义、“究竟”义。为了论述方便，本书把这三个义项的“到底”分别记为“到底$_1$”“到底$_2$”“到底$_3$”。而把短语“到底”记为“到底$_0$”。在现代汉语中(因而在本章)“到底$_0$”主要指介宾短语“到底”；在古代汉语(因而在下一章)“到底$_0$”也包括动宾短语“到底”。

本章正文由两部分构成。第一部分考察“到底”的共时差异；第二部分运用Talmy提出的力量-动态模型理论和Sweetser等人提出的领域扩散理论对“到底”的共时差异作出统一的认知解释，并据此对“到底”的历时演变作出初步预测。至于这种预测是否跟历史事实相符，将在下一章进行验证。本章所用语料，除个别转引和自拟外，均出自北京大学中国语言学研究中心(CCL)语料库。

2. “到底”的共时差异

现代汉语中“到底$_0$”“到底$_1$”“到底$_2$”“到底$_3$”有着截然不同的句法、语义和语用特点(下文统称“语法特征”)。为了搞清“到底”在现代汉语中的具体使用情况，笔者检索了CCL语料库现汉部分(包括现当代文学作品1600万字，1995年人民日报1200万字，1993—1997年《作家文摘》1300万字)，结果如下：

表1-1 现代汉语中“到底”的使用情况

<table>
<tr><th>句法位置</th><th colspan="2">“到底”的类别</th><th colspan="2">出现次数</th></tr>
<tr><td rowspan="2">补语位置
(211例)</td><td colspan="2">空间用法“到底$_0$”</td><td colspan="2">26(12.3%)</td></tr>
<tr><td colspan="2">时间用法“到底$_0$”</td><td colspan="2">185(87.7%)</td></tr>
<tr><td rowspan="4">状语位置
(483例)</td><td rowspan="4">非空间用法</td><td>“到底$_1$”</td><td colspan="2">53</td></tr>
<tr><td rowspan="2">“到底$_2$”</td><td>句首 44(61.11%)</td><td rowspan="2">72</td></tr>
<tr><td>句中 28(38.89%)</td></tr>
<tr><td>“到底$_3$”</td><td colspan="2">358</td></tr>
<tr><td>合计</td><td colspan="2"></td><td colspan="2">694</td></tr>
</table>

从上表可以看出,现代汉语中"到底"不能作谓语,其空间领域用法已逐渐萎缩,状位"到底"全部为非空间域用法用例。只有补位"到底"中有极少数有空间域用法(211 例补位"到底"中有 26 例,约占 12.3%)。合计起来,空间域"到底"占所有"到底"比例只有 3.75%。另外,在我们检索到的 694 个"到底"用例中,报刊用例 487 个(占 70.17%),文学作品用例 162 个,口语用例 35 个,应用文用例 10 个。报刊用例最多。

2.1 "到底$_0$"的语法特征

在现代汉语中,"到底$_0$"具有以下语法特征:第一,句法上,一般要粘附于句中谓语动词。我们把这种语法特征简称为"粘动性"。它与谓语动词之间不能插入"着""了""过"等体标记。"到底$_0$"最典型的粘附对象是位移动词(记为 V_m)。例如:

(7) 他爬了出来,不顾寒冷,在"水房"冲洗了好半天才悄悄回屋,没闹得人人皆知。我如落井,谅必一沉到底,呼号也没有救应。(杨绛《干校六记》)

(8) 他把油门一踩到底,轿车像离弦之箭,向前猛冲。(叶孝慎《美总统刺客在华落网记》)

上两例中"到底$_0$"分别粘附于"沉""踩"。"到底$_0$"粘附的位移动词还有"走""钻""掀"等。"到底$_0$"的次典型粘附对象是动作动词(记为 V_a),例如:

(9) 从初步的实践,我们体会到,要把这项举措贯彻到底,必须加强调查研究,及时解决实际工作中的问题。(《人民日报》,1995-6-12)

(10) 我是条汉子,胜利失败都没关系,我能屈能伸,斗争到底!(老舍《残雾》)

(11) 一句话说到底,我想和你做个交易。(尤凤伟《石门绝唱(二)》)

上几例中"到底$_0$"粘附于动作动词"贯彻""斗争""说"。"到底$_0$"的不典型粘附对象是状态动词、形式动词(记为 V_f),如"坚持""进行"。例如:

(12) 小司号员郜家宝已昏过去两次，可是依然不肯退下去，他要跟别人一样地坚持到底。(老舍《无名高地有了名》)

(13) 你们要关心国家大事，把无产阶级“文化大革命”进行到底！(董保存《毛泽东与天安门》)

要言之，“到底$_0$”的粘附对象从 V_m 到 V_a，再到 V_f，越来越虚。当然，典型不典型跟常用不常用是两回事。据我们对 CCL 语料库现代汉语语料的统计，现代汉语中“到底$_0$”最常粘附的动词是“说”，在 211 例“到底$_0$”粘动用例中，有 105 例是粘于“说”后，占 49.77%。需要补充的是，“到底$_0$”尽管粘动，但它跟动词之间允许插入“得”“不”来表示可能性的有无。例如“估计这圈他跑不到底”。

第二，语义上，如果“到底$_0$”前的动词是表具体运动方式的位移动词，如“走”“跑”“跳”“踩”等，那么“V 到底”表示通过特定方式(如走、跑、跳等)运动到终点；如果“到底$_0$”前的动词为非位移动词，如“贯彻”“斗争”“说”等，则“V 到底”表示将某活动进行到目的达成时。同时，还暗含该活动在进行过程中可能会受到阻碍。比如，“将反腐败进行到底”往往暗示言者认为当前进行反腐斗争已经或很可能会遇到一定的阻力。

2.2　“到底$_1$”的语法特征

“到底$_1$”是时间副词，《现汉》释为：“表示经过某种变化或曲折最后出现某种结果。”《例释》释为：“用于陈述句中，说明某种情况最终还是发生了，有时有不出所料的意思。”这两部辞书的解释基本一致。综合起来，就是“到底$_1$”一般用在陈述句中，表示经过较长过程后出现某种结果(史金生，2003)，暗示该结果是施事要实现的目的或言者所预料到的情况，强调目的达成之不易或结果出现在言者预料中。例如：

(14) 田平到底为他爸争了一回光，先是自豪，而后却沮丧。(方方《白雾》)

(15) 可是开课的第二天包国维到底买来了那瓶什么“康”。(张天翼《包氏父子》)

例(14)中“到底$_1$”强调田平的夙愿——为他爸争光——达成之不易。当然，强调目的达成之不易是“到底$_1$”的典型语义特征。随着“到底$_1$”的进一步语法化，它还会获得一些非典型语义特征，如强调结果出现完全在预料中。例(15)中“到底$_1$”体现了这种语法化中的过渡状态。它一方面采用施事视角，强调买那瓶司丹康是施事包国维要实现的目标，另一方面采用言者视角，强调包国维买那瓶司丹康是言者预期会发生的。这两例中的“到底$_1$”还都暗示了某种曲折过程的存在，即有一个田平努力和包国维想办法与争取的过程。因此，“到底$_1$”的词义实际包括主、客观两部分。客观义是“某过程持续到最后”，主观义是“强调目的达成之不易或结果出现在预料中”。

句法上，“到底$_1$”所在句子谓语中心往往为已然体，而且谓语动词一般是自主、可控动作动词[如例(14)和例(15)中的“争”和“买”、例(18)和例(19)中的“完成”和“逗”]，偶尔也可以是非自主或不可控动词[如例(16)和(17)中的“明白”和“成功”]语音上要重读。“到底$_1$”的上述特征可概括为“常用于表已然的可控动词谓语句”。例如：

(16) 我想了很久，到底明白了。

(17) 新方法到底实验成功了。

(18) 我说能完成任务吧，你看现在到底完成了。

(19) 吴天宝人小，气量可大，看出姚大婶气色不善，也不介意，还是说呀笑的，到底把姚大婶逗乐了。(杨朔《三千里江山》)

此外，句法上“到底$_1$”粘附的是小句而非动词。如下例中“到底$_1$”粘附的是“来了”小句，而非动词“来”，因为它表示“(你)来了”这件事是“我等到底(等到两个小时的末尾)”才出现的结果。

(20) 我等了你整整两个小时，到底来了。

说得再具体一点，“到底$_1$”如果处于一个复句之中，它粘附的往往是后续事件句(或曰“结果小句”)。“到底$_1$”的这种句法特征可概括为“粘后句”。

语用上，“到底$_1$”还具有以下特征：“到底$_1$”所在分句作为后续分句与前导分句构成顺承关系复句[如例(16)(19)]，但其前导分句往往可以省略[如例(14)(15)]。

2.3 "到底$_2$"的语法特征

"到底$_2$"，《现汉》释为"毕竟（多用于强调原因）"。《例释》释为"用于陈述句中，强调不管条件怎样，某一事物的根本情况仍然没有改变，跟'毕竟'意思相当"。这两种解释都指出"到底"有"毕竟"义（这也是《大词典》列出的词义）且有强调作用。分歧在于："到底"究竟是强调原因，还是强调事物的某一根本情况不因条件变化而改变？我们先看几个例子：

(21) "放心"，瞧她脸都红了，她准还没有结婚呢。"没有招待所有店，没店有生产队，有老乡窑洞。"到底是个女的，他想，尽管也去过北大荒。他不禁看了一看眼前这个姑娘，女附中的……（张承志《北方的河》）

(22) 我知道你眼里没有你妈，不过到底多活了几岁，吃咸盐也比你多吃几斤，你也该先问问我呀。（杨朔《三千里江山》）

例(21)中的"到底"，一方面强调她是个女的，因而生性胆小或害羞，这一点不因她曾去过北大荒而有所改变；另一方面强调她生性胆小或害羞是"我"瞧不起、同情她的原因。例(22)中的"到底"一方面强调你妈"我"生活阅历、处世经验比"你"丰富，这一本质不因"你"眼里没有"我"而有所改变；另一方面强调"我"生活阅历、处世经验比"你"丰富，是"我"得出"你该先问问我"之结论的原因。所以，《现汉》和《例释》的解释都没错，但都失之片面，因为"到底$_2$"的功能是双向的。在本分句内，它强调事物的某一根本特点（即本质）不因条件变化而改变；在两小句之间，它强调"到底"分句与后续分句之间存在因果关系，换言之，是强调原因的。目前，学界对此问题也是各执一端。侯学超(1998：131-132)赞同"强调原因"说。史金生(2003)赞同"强调特点"说。吕叔湘(2001[1998])则取折中态度，把"到底$_2$"释为"强调原因或特点；毕竟"。那么，"到底$_2$"的词义究竟怎样描写才较为科学？下文将尝试作出回答。

句法上，首先，"到底$_2$"分句末尾常有或可以添加表示感叹的语气词"啊"及其音变式"呀""哪"等。例如：

(23) 那案子当事人就是杨震。可是负责审他的偏偏又是卢杰。卢杰一直不想接触此案，可他到底是警察呀，不得不审……（电视剧《重案六组》人物对话）

(24) 南方到底是南方，四月就插秧了。

→南方到底是南方啊……

(25) 同志，不要睡在这里，到底现在是冬天，怕受了风寒。（靳以《心的歌》）

→同志，不要睡在这里，到底现在是冬天哪，怕受了风寒。

所以，从某种意义上看，说“到底$_2$”用于感叹句也未尝不可。当然，整个复句仍是陈述语气。我们把“到底$_2$”的这种句法特点与上文所述的语义特点统称为“感叹事物某种特点足以作为推出某种结论之原因”。这么概括的理由在于：“到底$_2$”强调事物的本质不因条件变化而改变的作用，相对于强调原因的作用来说，是次要的，是服务于后者的。因为强调本质的恒定在某种意义上就是强调它足以充当导致某种结果的原因。其次，这一概括也不是完全没有照顾到“到底$_2$”强调事物的本质不因条件变化而改变的作用，概括中的“感叹性”体现的就是一种兼顾，感叹的是本质的不因条件变化而改变。由于“到底$_2$”蕴涵主体对命题（即某一根本情况或本质不因条件变化而改变）的感叹性评价，故我们称之为“评注（语气）副词”。

其次，“到底$_2$”具有“粘中句性”，其续句中有或可以添加“难怪”“所以”等因果关系标记词。换言之，“到底$_2$”粘附于“p，到底 q，r”这样的语篇（记作 T）中的 q 分句上，r 分句中有或可以添加“难怪”“所以”等关联词。在 T 中，p 必不出现，但具有语境可找回性（context-retractability）；q 必须出现；r 通常出现，但也可省略。下面看几个例子：

(26) 褚桂芳到底是女强人，遇事不惊。不吭声，动脑筋，想不出主意之前先骂男人。（享福《小巷人物志》（二十二））

(27) 那些心存疑虑、担心彭真回来会和他们算账的人也激动得私下议论：“到底是老革命家，胸怀博大，不计前嫌……”（《彭真老母遇难记》）

在例(26)中，p 就是“女强人一般遇事不惊”之类分句，在例中未出现；q 是“褚桂芳是女强人”;r是“(褚桂芳)遇事不惊”。它也可说成“所以/难怪(褚桂芳)遇事不惊”。在例(27)中,p就是“老革命家胸怀博大”之类分句,在例中未出现;q是“(彭真他)是老革命家”,r是“(他)胸怀博大,不计前嫌”。它也可说成“所以/难怪(他)胸怀博大,不计前嫌”。而且,在听说双方都知道彭真胸怀博大或对某人未计前嫌的情况下可以省略。“到底$_2$”的“粘中句性”决定了它通常出现在复句之中。例如:

(28) 金豹重新坐到炉台跟前,烘着手说:“这样的鬼天气只能喝酒。唉,到底老了,没有血气了,简直碰不得风雪。”(张炜《海边的雪》)

当然,上面的描写其实有些简化。严格说来,“到底$_2$”所在复句还可以添加表示论证阻力的s分句,从而完整化为“p,到底q,(所以,)(虽然)s,(但是)r”。

第三,“到底$_2$”所在句子的谓语中心往往表示状态(这一特征简称为“与事态谓语共现”)。这也比较容易理解。既然“到底$_2$”引进的是一种感叹性评价,而评价所针对的往往是现存的状态、属性或已成事实的事件(可以统称为“事态/state of affairs”)。那么,谓语中心自然是具有[+状态]或[+已然]特征的词语,包括形容词(短语)、判断动词(短语)等。如果是动作动词,则句子谓语必是表示已然动作的。例如:

(29) 她到底是个乡下妮子,既没文化也没见过世面,你怕是难以相中。(邓友梅《巴黎城内的山东大嫂》)

(30) 到底太太智慧,晓得非打开小卷不能看清里边的一切。(老舍《牛天赐传》)

(31) 王赓虽然是一介武夫,但肚子里到底喝过西方的墨水。对于陆家所提出的离婚问题慨然允诺。(王映霞《陆小曼的第一位丈夫》)

(32) * 到底他将要来了,就不要生气了,再耐心等会吧。

例(29)(30)中“到底”分句的谓语中心分别是判断动词和形容词。例(31)中“到底”分句的谓语中心虽然是动作动词,但体态标记“过”的存在表明谓语陈述的已然动作。例(32)的不成立表明“到底$_2$”不能用于未然事态句。“到底$_2$”的这个特点说明

“某个成分的语法化往往同与其同现谓词的一束语义特征（如[±状态]）有关”（柯里思，2003）。

第四，“到底$_2$”所在的句子主语一般不能是第一人称。如下句中的“毕竟”不能换成“到底$_2$”，尽管“毕竟”和“到底$_2$”是同义词。

(33)“就这么办吧，”我说，毕竟我是丈夫，是一家之主。（《大学英语精读（教师用书）第五册》）→*“就这么办吧，”我说，到底我是丈夫，是一家之主。

这是因为“到底$_2$”引入的是感叹性评价，而评价往往是针对别人他事，针对自己的也有，但往往用在主体自我反思的语境中。例如：

(34) 她和我不同，我到底是男孩子，一切看得比较洒脱。（琼瑶《我是一片云》）

(35) 我到底是一片云，转瞬间就漂得无影无踪。（琼瑶《我是一片云》）

第五，“到底$_2$”常位于“到底”分句的句首。对CCL语料库语料的统计结果（见上文表1-1）显示，72个“到底$_2$”用例中，有44个是“到底$_2$”用在句首的，占61.11%。例如：

(36) 到底是一方水土养一方人，哥俩一个长住北京，一个常住黄浦江畔，多年不见……（罗君等《不怕“触电”的作家》）

(37) 我打开一看，大吃一惊，良久未说话，心想，到底是世道变了，一个妃子竟敢向皇帝提出离婚。（刘峻德口述，竹篱整理《末代皇帝向我侃隐私》）

而且，我们发现，用于句中的“到底$_2$”都可以移到句首。在实例中“到底$_2$”用在句中往往是为了使主语NP与上文衔接。比如在上文例(31)中，若不是出于语篇衔接的需要，“到底”完全可以移到分句句首，说成“但到底肚子里喝过西方的墨水”。我们或许可以说，“到底$_2$”是句子副词；而“到底$_1$”是谓中副词。

2.4 “到底$_3$”的语法特征

“到底$_3$”，三部辞书一致认为，一般用在疑问句中，表示追究语气，意即“究竟”。那么，它在疑问句中的语法分布如何呢？徐杰(2001:174-177)把汉语对疑问范畴的处理手段分为词汇手段、语法手段和语音手段。词汇手段指用疑问代词(Wh-词)等标记词来表示疑问的方法[如例(38)(41)]；语法手段指利用重叠[如例(39)]、加疑问语气词“吗”[如例(40)]来表示疑问的方法；语音手段就是靠句末升调表示疑问[如例(42)]。[3]

(38) 谁会相信你的鬼话？ | 怎样做你才能满意？
(39) 你明天去不去姑妈家？
(40) 你明天上街吗？
(41) 明天走亲戚，你去，还是他去？
(42) 你明天去？↗

我们的观点与徐文稍微有所不同。我们把疑问句分为外部疑问句与内部疑问句。外部疑问句指在命题外部进行操作(如在句末附加疑问语气词“吗”、运用疑问语调、加附加问句/tag)构成的疑问句。下面各举一例：

(43) 他明天要上学。→ 他明天要上学吗？
(44) 他昨天死了。→ 他昨天死了？↗
(45) 他一直对你很好。→ 他一直对你很好，不是吗？[4]

内部疑问句指对命题本身进行操作而从陈述句转换来的疑问句。相关操作包括把

---

[3] 徐文认为，汉语中根本不存在选择问句，选择问是叠用等多因素综合作用的结果。由于徐文认为汉语根本不存在所谓的“选择问句”，所以没有提及选择问中疑问范畴的处理。

[4] 当然，附加问句本身能否与其他问句并列值得怀疑。因为附加问的常见形式“对吗/吧？”“难道不是？”“不是吗？”都是从其他手段(如加语气词)派生来的。但是，为了对“到底$_3$”的句法表现有彻底而全面的揭示，本书暂且把它独立出来。

陈述句中的相关成分用 Wh-词替换掉或重叠一下、把两个陈述用选择问标记“还是”关联起来。下面各举一例：

(46) a. 爸爸明天去姑妈家。→谁明天去姑妈家？

b. 他骑车去学校。→ 他怎么去学校？

(47) 明天你去姑妈家。→ 明天你去不去姑妈家？

(48) 哥哥明天去姑妈家。＋ 姐姐明天去姑妈家。

→明天去姑妈家，哥哥去，还是姐姐去？

有了“外部疑问句”和“内部疑问句”的区分，我们就可以很方便地说“到底$_3$”只能用于追究对内部疑问的回答。请看：

(49) a. *你到底来吗？　　　b. 你可[5]来么？↗

(50) a. *你到底来？↗　　　b. 你可来？↗

(51) a. *你总是准时来，到底不是吗？

b. 你总是准时来，难道/可[6]不是吗？

上三例中，a 句都不能成立，是因为“到底$_3$”不能用于外部疑问句。只能用于内部疑问句是它与“究竟”这两个疑问语气副词的共同特点，也是它们区别于其他语气副词(如“难道”“可”)的一个特征(见上三例中的 b 句)。既然“呢”“到底$_3$”都不能用于外部疑问句，而且，一个是疑问语气词，一个是语气副词，在词类上不冲突，那么，它们就应该有天生的相谐性，正如“难道”与“吗”一样。因此，例(46)—(48)中的疑问句加上“到底”或“呢”，或者同时加上“到底”与“呢”，句子都能成立，基本意思不

[5] 据江蓝生(2000)，疑问语气副词“可”始见于唐五代，多用于诗词和禅宗语录。一直到宋代，用例都较少，多后续动词“能”和“是”，句末一般无疑问语气词。到明清白话小说里，疑问语气副词“可”才大量出现，句末开始可以带疑问语气词。例如(下几例转引自江蓝生，2000 [1992]:75)：

(1) 大官人可用么？(冯梦龙《古今小说》卷一)

(2) 这位相公可是画没骨花的么？(吴敬梓《儒林外史》第一回)

(3) 贵县大市街有个蒋兴哥家，罗兄可认得否？(冯梦龙《古今小说》卷一)

[6] 当然，反问句中的“可”跟是非问中的“可”不同，前者犹“难道”，后者无“难道”义，但是“后者来源于前者”(江蓝生，2000)。

变。例如：

(52) a. 谁明天去姑妈家呢？｜到底谁明天去姑妈家？｜到底谁明天去姑妈家呢？

b. 他怎么去学校呢？｜他到底怎么去学校？｜他到底怎么去学校呢？

(53) 明天你去不去姑妈家呢？｜明天你到底去不去姑妈家？｜明天你到底去不去姑妈家呢？

(54) 明天去姑妈家，哥哥去呢，还是姐姐去呢？｜明天去姑妈家，到底哥哥去，还是姐姐去？｜明天去姑妈家，到底哥哥去呢，还是姐姐去呢？

“到底$_3$”与“呢”在用法上的这种天生相谐性跟它们都表示追究语气有关。[7] 由于表示追究语气时“有强调作用(高书贵，2000)”，“到底$_3$”往往与“是……的”构成的事态句(袁毓林，2003)有着天生的相谐性。例如：

(55) 到底谁昨天打了你？→是谁昨天打的你？/是谁昨天打你的？

(56) 你到底什么时候来北京的？→ 你是什么时候来北京的？/你是什

[7] 当然，必须指出两种“例外”：其一，“呢”可以与询问原因的“怎么”共现，而“到底$_3$”不行。例如：

(1) 昨天你怎么没来呢？→* 你昨天到底怎么没来呢？

(2) 咦，你怎么来了呢？→* 咦，你到底怎么来了呢？

这或许是因为问方式才是“怎么”的无标记用法，问原因是其有标记用法。所谓“有标记”用法，是说“怎么”问原因时会触发一定的预设。比如上举首例中，言者那么问是因为他预设“你”昨天应该来。所以，与“为什么”相比，“怎么”问原因时带有言者不满或惊讶的主观情态。其实，“怎么 XP?”是一种假性疑问，真正的话语功能是责备或惊叹。所以，往往会出现这样的情况：言者问“昨天你怎么没来呢?”时，他更希望的可能是你说“抱歉”“对不起”之类话语，而你误解他在询问事件发生原因，给出一大堆主观解释，这时言者可能会说“你还挺有理的”。这些都表明用“怎么”问原因不是言者本意，这样就更没必要用“到底$_3$”追问原因了。故上举例句中加上“到底$_3$”不合格。加“呢”能成立，是因为例句中的“呢”不是表追究语气的“呢$_2$”而是表示言者情态的“呢$_3$”。其二，“呢”可以用于语境问，而“到底$_3$”不行。例如：

(3) 你爸买了块手表，你妈买了条围巾，那你呢？

→* 你爸买了块手表，你妈买了条围巾，那到底你呢？

这里的“呢”同样不是“呢$_2$”。因为“呢$_2$”去掉后，句子仍表示疑问，只是语气有点直率生硬。而这里的“呢”去掉后，句子的疑问语气就不存在了。整个句子也不能完句。所以，这里的“呢”问句是一种外部疑问句。根据上文的论述，“到底$_3$”自然不能与它共现。

么时候来的北京？（试比较：到底准备什么时候来？→* 是准备什么时候来的？）

当然，有两个条件：其一，只有表示已然事态的“到底$_3$”句才可以与“是……的”句存在上面的变换关系。所以，例(56)中括号里的句法变换不能成立。其二，当追究的疑问点在宾语上时，不太好用“是……的”结构来转换，因为“是……的”结构是“把宾语排斥在焦点作用范围外的”（袁毓林，2003）。

另外，经考察发现，在句法条件允准的情况下，“到底$_3$”总是尽量靠近疑问成分，即具有“粘疑性”（这种语法特征可概括为“有条件粘附于疑问点”）。[8] 比如在下例中，a 句尽管合格，但没有 b 句常用。

(57) a. 到底你打了谁？　　　　　b. 你到底打了谁？

由于“到底$_3$”粘疑，而疑问成分因固有一个[+F]的语义特征（石毓智，2001：176）而成为句子的焦点且语音上重读，所以，“到底$_3$”的粘疑性说到底是焦点标记作用的反映。因此，它必然与焦点标记“是”有点类似。事实确实如此。“到底$_3$”往往可以被焦点标记“是”替换或者与它共现。例如：

(58) 到底谁在街上打你了？→ 是谁在街上打你了？→ 到底是谁在街上打你了？

(59) 你到底在哪里被打了？→ 你是在哪里被打了？→ 你到底是在哪里被打了？

(60) 你到底在那买什么了？→ 你在那买的是什么？→ 你在那买的到底是什么？

---

[8] “到底$_3$”的这种粘疑要求是宽松的，因为：第一，必须在句法条件允准的情况下。比如不能说“你是到底什么人？”。第二，虽然“到底”在句法条件允准的情况下常粘附于疑问成分，但也可以与之离析开来。而英语中追究标记“on earth”“in the hell”“under heaven”等与 Wh-词之间则不能插入其他成分。“Wh-词+追究标记”在某种意义上已经词汇化了。比如“Wh-词+in the hell”可以说成“Wh-词+ the hell”或“Wh-词+in hell”。黄正德(2006)在谈到汉语特点时，就曾提到汉语没有“who the hell”“what the hell”类词。

(61) 我们到底什么时候去的呀？→我们是什么时候去的呀？→我们到底是什么时候去的呀？

当然，反之不然，因为"到底$_3$"标记的焦点和"是"标记的焦点有一点不同："是"可以标记任何焦点；"到底$_3$"却只能标记疑问焦点（而且还必须在内部疑问句中）。所以，下面例子中的"是"不能换成"到底$_3$"或者跟它共现。

(62) 我是在街上见她的。→* 我到底在街上见她的。→* 我到底是在街上见她的。

(63) 是她先惹我的。→* 到底她先惹我的。→* 到底是她先惹我的。

"到底$_3$"总是预指（而不能回指）句中的疑问点。陆俭明、马真（1982）说，"到底"必须指向其后的疑问成分。请看：

(64) 到底谁打了你？→* 谁到底打了你？

再如下三例中"到底$_3$"分别指向其后面的疑问点"谁""还是""来不来"。

(65) 分手后的十几年中，我经历了很多。我是慢慢才搞明白了我从属于哪一个家族，有着什么样的血脉——我、我们——而"我们"到底又是谁……（张炜《柏慧》）

(66) 不知道这到底是因为我清醒了呢，还是更迷糊了。（张天翼《给孩子们》）

(67) 你到底来不来？

"到底$_3$"指向的疑问点还必须是实在的疑问点。例如：

(68) a.（* 到底）帽子呢？　　b_1. 在桌上呢！/b_2. 那就更不想买了。

例(68)a 在包含"到底"时不合格，因为这是个语境问句，"呢"不是真正的疑问点，真正的疑问点是被省掉的“（在）哪里”之类表达。既然“（在）哪里”之类表达隐于语境，“到底$_3$”就失去了实在的语义指向对象。例(68)a可以有多种回答就是因为其中的“呢”并不表确定的疑问，不能简单地与英语中的“where(哪里)”对应。如果答句是b_2，它又跟“what about(如何)”对应了。总之，“到底$_3$”的指疑要求得不到满足，这使例(68)a不合格。

语用上，“到底$_3$”往往是用在一个对话或段落即将结束处，对上文所说有总结或关联作用。如下面例(69)往往是言者已经就“三的二次方是多少”这个问题和对方进行了一些会话，但仍然得不到确切答案之后才说的。

(69) 父：三的二次方是多少？
子：八。不对，是九。也不对，是六……
父：到底是多少？

上例中，“到底$_3$”除了使父亲想知道儿子给出什么样的最终答案的迫切心情溢于言表，还兼起一种语篇关联作用。去掉“到底$_3$”，对话就很不连贯。

在语篇分布与语用功能上，使用“到底$_3$”意味着（说话人预期）语境中存在求得正确答案的阻力。这一语用特征的具体表现是“到底$_3$”只在以下某种语用背景下才用：[1] 说话人迫切想知道问题答案，听话人却故意转移话题，不正面作答；或迟疑犹豫，不迅速作答。例如：

(70) 李：您直说得了。到底有什么坏事儿？啊，我听明白多少算多少，行不行？（《编辑部的故事·飞来的星星》）

(71) 赵老：你到底干嘛来啦？快说，别麻烦！（老舍《龙须沟》）

例(70)中，对方不正面给出说话人迫切想知道的问题“有什么坏事”的答案，故意兜圈子，说话人才用“到底$_3$”协助疑问句进行追问。例(71)中，对方迟疑、犹豫，或者言语啰嗦，说话人才用“到底$_3$”协助追问。句中“快说”的存在表明追问行为其实也是一种催促（即催答）。[2] 说话人迫切想知道问题答案，而（各）听话人给出的答案前后（或彼此）不一致，从而使得说话人无所适从。例如：

(72) 不辣不行,太辣也不行,青的不行,红的也不行,不尖不行,尖了还不行。中国官兵到底要什么样的辣椒?(洪山《中国"蓝盔部队"在柬埔寨(三)》)

(73)(上文交代了某工商管理硕士培训班课堂上老师给学员讲了一个故事,然后问了一个问题。学员作出了各不相同的回答。这时老师说)那答案到底是什么呢?(佚名《回报》,《扬子晚报》,2007-9-26)

(74)(上文已经交代,指称论有人认为源于柏拉图,有人认为源于荀子)到底谁是指称论的代表?(郭锐《形式语义学》,2007 年中国语言学暑期讲习班讲稿)

例(74)中,作者并没有与其他学者就"指称论的代表是谁"这个问题进行实际对话,但他在心理虚拟了一场对话,认为别人的观点("指称论源于柏拉图""指称论源于荀子")是对作者或相关人已"提出"的问题("谁是指称论的代表")的回答。但是,这些回答彼此不一致,叫人无所适从。所以,作者才用"到底$_3$"协助追问。

当然,"到底$_3$"除了常有语篇承上功能外,还有语篇启下功能,即暗示本轮发言已结束,从而把话语权转交给听话人,以催促他开启新话轮。正因为如此,有些作者往往巧妙地运用"到底$_3$"来组织自己的语篇,即通过在自问与自答之间缀以"到底$_3$"来形成前后连贯的设问语境,顺利地把笔锋从上文对他人观点的评论转到对自己观点的介绍上。例如:

(75)(上文交代,他人关于"吧"的语法意义的看法各不相同)那么,"吧"的语法意义到底是什么呢?根据对现实语料的分析,我们把"吧"的语法意义概括为:……(卢英顺《"吧"的语法意义再探》,《世界汉语教学》,2007-7-5)

若把上例中的"到底"去掉,语篇的连贯性就要大打折扣,而作者对自己观点的引入会因此而显得有些突兀,悬念性也大大降低,缺少了一种峰回路转的文势。

2.5 小结

根据上文的考察,四种不同用法的"到底"在共时平面上有如下差异:

表 1-2　“到底”的共时差异

特征 / 到底	句法、语义、语用特征
到底$_0$	强调运动(以某方式)抵达终点或活动达到目的；粘动(特征 O_1)、所粘附动词不能带“着”“了”“过”(特征 O_2)；如果粘附的动词表示活动，常常暗示该活动存在阻力(特征 O_3)
到底$_1$	强调目的达成之不易或结果出现在预料之中(特征 A_1)；所在句子多是表示已然事件的可控动作动词谓语句(特征 A_2)；粘附于顺承复句的后一分句，前句可省(特征 A_3)
到底$_2$	强调事物某特点不因条件变化而改变，因而足以作为推出某结论之原因(特征 B_1)；常用于复句 T[＝“(p,)到底 q,(所以)r”]，“到底”粘附于中段 q,前段 p 必隐，后段 r 可省(特征 B_2)；T 中可添加表示论证阻力的“虽然 s”分句(特征 B_3)；只能与事态谓语共现(特征 B_4)；所在小句中有或可添加感叹语气词(特征 B_5)；句子主语多不是第一人称(特征 B_6)；以位于所在小句句首为常(特征 B_7)
到底$_3$	协助问句追究问题答案(特征 C_1)；指疑且有条件粘疑(特征 C_2)；只用于内部疑问句，预指而不能回指疑问点(特征 C_3)；所在句子通常具有(承上)启下的语篇功能(C_4)；说话人预期语境中存在求得问题真实答案的阻力(特征 C_5)

3. “到底”共时差异的认知解释

从上节的描写中可以看出，四种用法的“到底”有着截然不同的语法特征。但它们却选用了同一个语表形式“到底”。那么，它们统一的语表背后是否存在一个统一的语义(结构)呢？如果存在，这种统一的语义(结构)又是由怎样的概念(结构)促动的呢？由于概念结构其实就是在心理表征阶段对场景识解方式的概念编码，所以，寻找各个“到底”背后共同的语义(结构)可以归结为寻找“到底”所激活的认知场景。

我们知道，动宾短语“到底”的字面义是“到底端”。听话人听到它就会相应地在心理激活一个认知场景。“到底”激活的原型场景(prototype scene)是运动体(即射体/trajectory)从一边开口、三边封闭的容器(即背景/ground)开口的一边向对边运动，最后抵达对边，比如虫子从瓶口爬到瓶底。但是，认知主体有一种把水平运动感知为竖直运动的认知处理能力。比如，“上”本表示位置由低到高的运动（如：上楼、上山），后来演变为表示位置由此及彼的水平运动（如：上街、上厕所、上学校）。[9] 这种认知处理的经验基础是，如果作为地标的容器（例如瓶子）倒下，射体的运动（比如虫子向瓶底的爬行）就从竖直方向变成了水平方向。于是，“到底”就可以从“到底端”义引申出“到尽头，到里面”义。例如：

（76）a. 26 路车坐到底就是农工商超市。b. 将到巷底的时候，他突然站住了。

这种水平方向的位移运动场景又是形成其他活动场景的基础，因为空间知觉（即对空间位置关系和空间运动的感知）是人类最基本的认知能力。而空间知觉经验可以被用来认识其他更为抽象的活动（如思维活动、言语行为）。这促使认知语言学家提出方位主义（localism）语言学分析理论[10]，也符合 Sweestser 等人提出的领域扩散理论[11]的基本主张。该理论认为：

> 自然语言中的一词多义现象，如感知动词、情态词、关联词的多义现象，都是同一个词语先用在行域（content domain，一译“内容域”，又叫“社会-自然域/soci-physical domain”），后来通过隐喻投射扩散到知域（epistemic domain，一译“认识域”），再扩大到言域（speech act domain，一译“言语行为域”）的结果。一般说来，一个词有言域用法，往往也有知域和行域用法，至少

[9] 把水平运动感知为竖直运动，跟把静止状态感知为运动一样，是人类最基本的认知处理能力之一。日常生活中对形状相对复杂的物体，人们往往不是把它感知为静止而自足的构形，而是把它感知为对某一先存构形的偏离（Talmy，2000：150）。比如，“深”描写的典型图形（figure）是一边开口、三边封闭的容器（如：江、河、湖、海），凸显从开口的一边到其对边的距离长。但是，在“庭院深深深几许”中它被用来形容庭院的幽深。庭院的形状和内部结构可能很不规则，从院门向里的路径可能有多条。但是，人们可以把它感知为一个形状和结构相对简单的容器，相应地把自己感知为从院门向里进行水平运动（参考下例中的“到底”）的射体。这样，主体才有一种身临其境的感觉。

（1）这房子门面四间，到底三层，临街是楼。仪门内，两边厢房，三间客坐，一间稍间。过道穿进去，三层三间卧房，一间厨房。（《金瓶梅》第一百回）

[10] 方位主义分析理论认为，表示空间（从而也带动了表示时间）的方位词对语法和语义分析来说，比其他词语更为基本。时、体、存在、领属等范畴都可以用共同的底层方位关系加以解释（戴韦·克里斯特尔，2002：210）。

[11] 关于领域扩散理论的论述，可参见 Traugott（1982）、Sweester（1990）等，其在汉语研究中的应用或跟其他理论之间的关系，可参见毕永娥（1994）、沈家煊（2003）、张秀松（2004）、张爱玲（2015）等。

在历史上曾经有过，反之则不必然；一个词如果有知域用法，往往也有行域用法，至少在历史上曾经有过，反之则不必然。

借鉴 Talmy(1985)提出的力量-动态模型理论，“到……底(尽头)”这个认知模框所示运动场景可以图示如下：

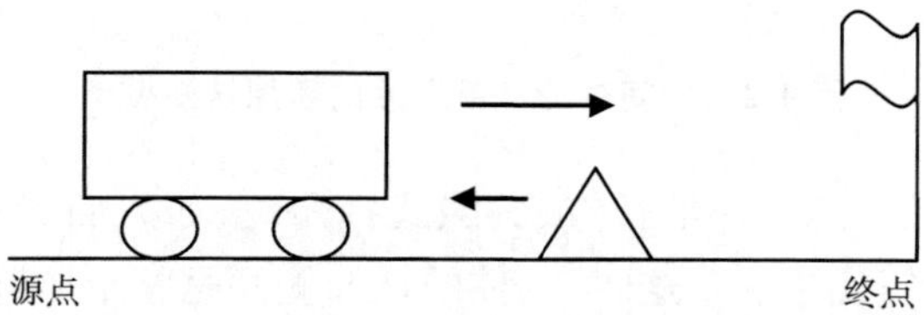

图 1-1　“到……底(尽头)”所激活的意象图式

上图中，小车表示任一运动体，右向箭头表示运动方向，旗帜所在位置为运动终点，三角形表示任一障碍物，左向箭头表示障碍物对运动体的阻碍方向。众所周知，任何运动体在运动过程中都会受到跟其他物体摩擦而产生的摩擦力的阻碍。换言之，现实世界中任何物体都是在克服阻力而前行；没有阻力，物体一旦启动，将无法停止。上图把阻力放大为三角形障碍物对运动体的左向阻碍。对上图这个运动场景，如果我们处在不同视点（即立足点/vantage point）采用不同视角（perspective）来观察这个场景中的不同侧面（profile），关注侧面中的不同场景要素（即焦点/focus），就可以得到各不相同的主观识解（construal）。下文各图用实心黑点表示视点，虚线表示不在认知侧面中的场景要素，实线勾勒认知侧面，粗线凸显认知焦点。

3.1　来自行域的解释

3.1.1　来自空间子域的解释

认知语言学认为，行域有空间域、时间域、颜色域、属性域等不同的子域。“到底$_0$”在空间子域激活的理想认知模型（idealized cognitive model，ICM）是一个运动体从源点启动、克服阻碍前行、最后抵达终点的位移运动场景，如下图所示：

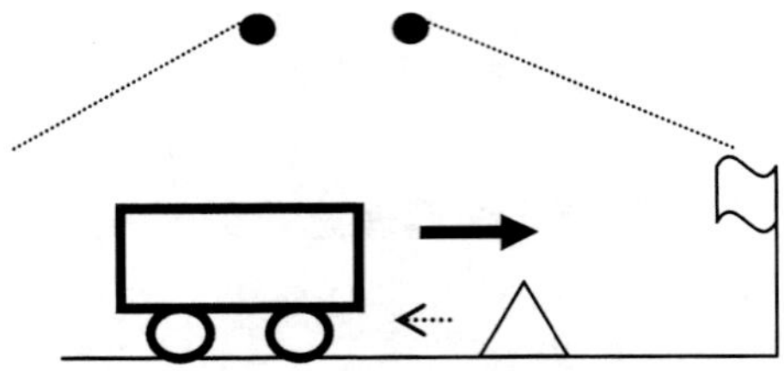

图 1-2 空间域“到底”激活的理想认知模型

上图中，观察主体采用的是外部视点、俯瞰式视角，正如人们观看长跑比赛时选择坐在高高的看台上俯视全场。这时，主体的认知侧面是整个空间移动过程，包括运动体启动、克服阻碍、前行和抵达终点。关注的焦点是运动过程的持续性（图中通过用粗线凸显运动体及表运动方向的箭头的方式来表示）。

图 1-2 这种认知模型代表的概念结构促动了“到底$_0$”语义结构的形成及其向句法结构的投射，从而使“到底$_0$”呈现出独特的语法特征。比如，正因为认知主体关注焦点是运动的持续性，所以，在语言编码过程中“到底$_0$”具有粘动性（特征 O_1），即必须粘附于句中谓语动词。再如，“到底$_0$”粘附的宿主（host）经历了“位移动词（V_m）→动作动词（V_a）→形式动词（V_f）”的变化，这也是有认知理据的。因为 V_m 激活的事件场景与图 1-2 所示最接近，V_a 激活的事件场景次之，V_f 几乎不能激活一个完整的事件场景。

四种用法的“到底”的不同在于认知扫描方式的差异。对“到底$_0$”激活的认知场景，主体采用的是总体扫描（summary scanning），运动全过程都处于认知主体的视界内；对单词“到底”激活的认知场景，主体采用的是顺序扫描（sequential scanning），关注运动过程的各别阶段（详下）。所以，“到底$_0$”之所以要粘动，本质上是因为动词代表整个运动事件，而“到底$_0$”要凸显整个运动。尽管客观上说“到底$_0$”所在结构表示的事件也有一个发生、发展和结束的过程，是在时间轴上延展的，但说话人对该过程的心理扫描是共时而非历时的，即说话人忽略了各不同子事件在发生时间上的差异，故“到底$_0$”粘附的动词是光杆动词，不能带有时体信息，比如 V 后不能加“着”“了”“过”（特征 O_2）、V 前通常没有时间状语。下面以“到底$_0$”“到底$_1$”为例，谈谈认知主体对语词激活的认知场景进行识解时所用扫描方式的差异。“到底$_0$”和“到底$_1$”分别激活的总体扫描和顺序扫描之间的差异可以图示如下：

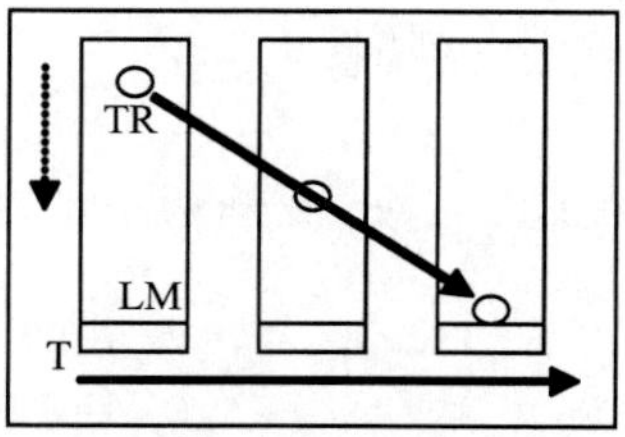

图 1-3　对位移运动的总体扫描

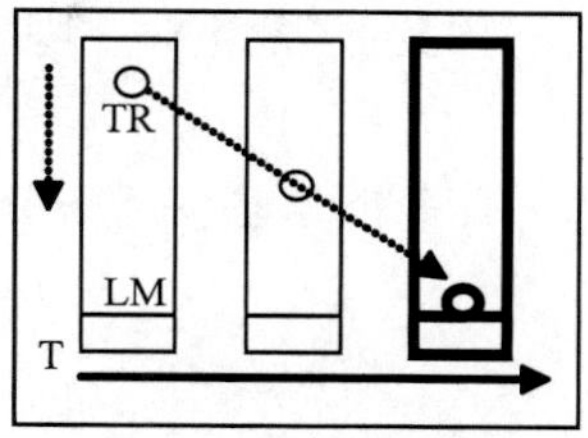

图 1-4　对位移运动的顺序扫描

上面两图刻画的都是位移运动场景。图中小长方形表示基底，TR 代表射体(trajectory)，LM 代表地标(landmark)。水平方向的箭头表示运动事件进行过程中时间的流逝方向，图中以 T 表示；竖直方向的箭头表示在一个基底上射体向地标的运动方向。斜箭头是射体运动轨迹的静态展示。两图都刻画了射体(圆球)向地标所做的竖直运动，即到底的过程。不同的是，左图凸显(图上用粗线表示)的是运动过程各阶段(的持续性)，即整个运动；右图凸显的是运动的最后阶段，即圆球抵达长方形物体底端这个结果事件。

3.1.2　来自时间子域的解释：状态改变是移动

如果说“到底$_0$”(与位移动词连用时)可以激活空间领域的运动场景，那么“到底$_1$”就只能激活时间领域的(有意)活动场景了。但是，空间运动与时间领域的(有意)活动都隶属于行域，且高度相关。其实，它们存在如下映射关系：

移　动　→　活　动
运动体　→　活动主体
终　点　→　目　的
障碍物　→　不利因素

图 1-5　空间运动与有意活动之间的映射关系

上图中，位移运动对应于一项有目的的活动，如打倒对手、追求女朋友、考上大学；位移运动体对应于这些有目的的活动的主体；运动终点对应于目的，抵达终点就是达成既定目的[12]；运动场景中的障碍物对应于活动实施过程中的不利因素。上图所

[12]　正因为存在这种隐喻，英语中“to”兼有方向标记和目的标记两种用法。而且，英语表示位移运动将抵达终点的词语或结构可以表示目的即将达成。例如：

(1) A：Have you finished the book?　　B：I am getting there.

示映射关系正是“到底”发生时空隐喻的认知基础。例如：

(77) 我等了你整整两个小时，你到底来了。(←等到两个小时的最后，你来了。)

上例所示事件中，“我”是活动主体，对应于空间领域的运动体；“等”是活动，对应于空间领域的移动；“等到你”是目的，对应于空间领域位移运动的终点(目的地)；不利因素(比如“我性子急”等)对应于空间领域的障碍物，在句中没有编码。“到底”前实际上存在一个没有语音形式的空动词“等”。当然，所谓“有目的的活动”，严格说不是由“到底$_1$”句谓语动词表示的，而是由前句谓语动词表示的，只不过两者有时含同一语素[如例(77)中的“等”]。下面举一个“到底$_1$”句谓语中心与前句谓语中心没有共同语素的例子：

(78) 路上，他为自己举子看榜似的激动心情十分羞愧，连连责骂自己的不成熟：美什么美？可不是应该的？和那些福童比起来，你已经晚了。这么骂着、怨着，一路走着，到底才算从容了一些，端庄了一些。(王朔《修改后发表》)

当“到底$_1$”句谓语中心与前句谓语中心无共同语素时，“到底$_1$”主要凸显结果(状态)的出现在预料中。比如在例(78)中，虽然“从容”是非自主、不可控谓词，但是“(通过自我责骂)使(自己)从容起来”却是可控的，是施事想要达到的目的或说话人根据施事的行为预期要出现的结果。该例中，“到底$_1$”凸显施事的致使行为进行到最后，出现了他想要或说话人预期要出现的结果状态(即从容起来)。所以，“到底”从空间域扩展到时间域本质上是基于“状态改变是移动”(CHANGE OF STATE IS MOTION)隐喻。“我们从失败走向胜利”“我等你等到花儿也谢了”之类说法的广泛存在表明这种隐喻是普遍存在的。英语中表示位移运动的“go (to)”“come to”“get (to)”也有表示状态改变的用法。比如，下两例 a 句中的“go/get”表示位移运动，b 句中的“go/get”表示状态改变。从 a 句到 b 句，位移运动动词演变为标记状态改变的助动词。

(79) a. He went home. b. He went mad.

(80) a. He got to the station at six o'clock. b. He got injured.

这种演变在其他语言中也可见到，如泰米尔语（Tamil）中的“poo”（详见 Heine & Kuteva，2007[2002]：156）。

基于上文图 1-5 所示映射关系，依据“到底$_0$”激活的认知场景，“到底$_1$”激活的认知场景可以表示如下：

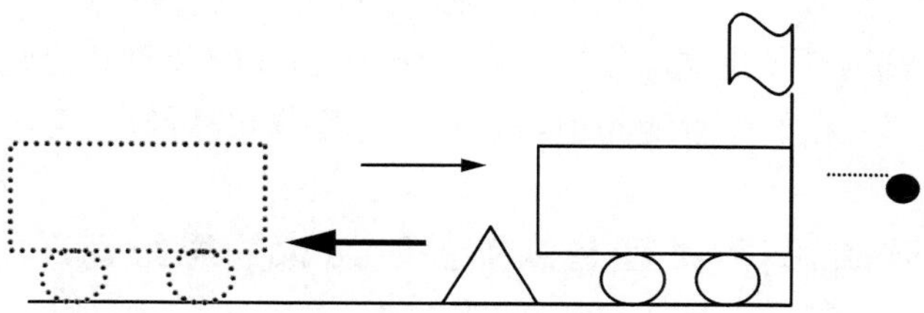

图 1-6 时间域“到底”激活的理想认知模型

从图 1-2 到图 1-6，“源点”变成了“起始状态”，“终点”变成了“结果/目标状态”，“障碍物”变成了“不利因素”。对比图 1-6 和图 1-2，还可以发现两点不同：[1] 视点位置不同。从图 1-2 到图 1-6，认知主体的视点从外部转移到了内部终点处。这正如观看长跑比赛，原来是选择坐在看台上俯视全场，现在选择在运动场内的终点处逆向平视。[2] 图 1-2 中突出的是小车和右向箭头，而图 1-6 中突出的是左向箭头。这表明在图 1-2 这种场景中认知主体关注的焦点是整个运动过程；而在图 1-6 所示场景中认知主体关注的焦点是不利因素这种阻力。[3] 认知侧面从整个复合事件转到克服障碍与抵达终点这两个子事件上。图 1-2 中，认知主体采取的是外部视点、俯瞰视角，因而能看到启动、前行、克服阻碍、抵达终点等所有子事件。而上图中，认知主体采取的是内部视点、逆向平视视角。所以，发生在起点处的启动等子事件就不在认知侧面内（故图中用虚线标记）。

图 1-6 这种认知模型代表的概念结构促动了“到底$_1$”语义结构的形成及其向句法结构的投射，使“到底$_1$”呈现出了独特的语法特征。首先，由于视点在终点处、关注侧面是主体克服阻碍并抵达终点、焦点是阻力，所以主体得到的主观认识自然就是运动阻力很大，运动体抵达终点这一目的能实现很不容易。所以，当“到底$_0$”演变为“到底$_1$”时，具有了强调目的达成之不易的作用（特征 A_1）。其次，由于运动到终点是运动体在起点处就确立的目标，最终结果（即抵达终点）是运动体甚至认知主体预料之中的事。所以，“到底$_1$”还具有强调结果出现在预料中的作用（特征 A_1）。第三，由于时间域人的活动（如要与有自然终点的运动形成图 1-5 所示映射

关系,则)往往是有目的的,所以"到底$_1$"常用于可控动作动词作谓语的已然句(特征 A_2)。第四,由于认知主体要强调目的达成之不易或结果出现在预料中,所以将主观化标记"到底$_1$"置于代表目的达成或预期状态出现的结果分句之前。这样便形成了"到底$_1$"粘后句的句法特征(特征 A_3)。粘后句,即依附于结果分句,这是由视点在终点处决定的。与之截然相反的是,"到底$_2$"视点在源点,所以它具有粘原因分句的句法特征(详见下文§3.2)。第五,由于运动的源点和启动不在认知侧面内,所以,"到底$_1$"所在的顺承复句中,前句(即过程分句)可以省略(特征 A_3)。

3.2 来自知域的解释:推理是从前提到结论的思维运动

当把对图 1-2 那种运动场景的认知体验扩展到知域,就形成了对抽象的思维活动的形象感知。由对因果推理这种思维运动的形象感知而形成的 ICM 可以表示为图 1-7。换言之,在"到……底"这个抽象认知模框中填入"推(理)"这个填项,得到的就是知域"到底"(即"到底$_2$")激活的 ICM。

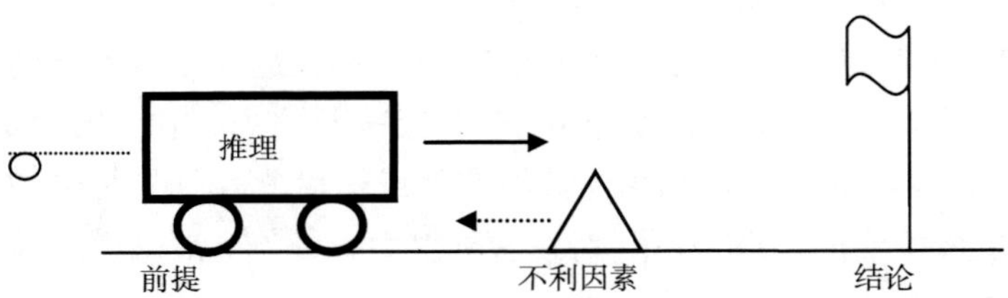

图 1-7 知域(认识域)"到底"激活的理想认知模型

在上图中,运动的起点是因果推理的前提,终点是因果推理的结论,运动就是逻辑推理这种思维活动。图 1-2 与图 1-7 之间的映射关系是基于"推理是从前提到结论的思维运动"隐喻而生成的。例如:

(81) 褚桂芳<u>到底</u>是女强人,遇事不惊。不吭声,动脑筋,想不出主意之前先骂男人。

如果用 p 代表"到底$_2$"触发的预设,即"女强人遇事不惊"之类命题、q 代表命题"褚桂芳是女强人"、r 代表命题"褚桂芳遇事不惊",则可以写出如下的逻辑运算式:

大前提： p 推（理）
小前提： q 到
结 论： r 底 ↓

图 1-8 三段论推理示意图

由于大前提 p 是无需证明的常识甚至公理，因而该三段论推理在诉诸语言表现时 p 要隐去（特征 B_2）。当然，如果推理完全是逻辑有效的必然性推理，有了前提，结论往往不言自明。所以，r 有时也可省，尽管以不省为常（特征 B_2）。图 1-8 也图示了“到底$_2$”语法化后仍滞留有原来的词汇意义，即“（推理）到最后”义，下例可以旁证这一点。

（82）把这种论点推到底，那么在只有一个名词的句子中，这个名词就可以表示和动词之间的任何一种意义上的关系。（菲尔墨著，胡明扬译《“格”辨》）

因此，“到底$_2$”实际上是一种元语言，表示说话人对对象语言所示命题 q 与 r 之间关系的主观认识，即在说话人的信念世界里，从 q 必然能缺省推导出 r（即 q 严格蕴涵 r，$q \prec r$）。所以，“到底”的词义可形式化为：$q \prec r =_{df} \Box(q \rightarrow r)$。当然，q 还要与 r 具有相干蕴涵关系。相干蕴涵关系是由 q 中事物的某特点和 r 中事物的某行为或状态之间的最佳关联决定的（详见第四编第一章）。只有这样，说话人才能在“到底 q，r”这样的语境中合适地使用“到底$_2$”。

图 1-7 与图 1-2 相比，有以下不同：[1] 视点移到了源点处，视角变成了顺向平视。这正如观看长跑比赛的人现在选择在起点处观看。[2] 关注侧面是运动体克服障碍物的阻碍而前行。[3] 关注焦点是运动体的动力。图 1-7 用粗线凸显起点处的小车，表示运动体自身所具有的内能（如长跑运动员的耐力、柴油机的燃料等）充足与否是关注焦点。正如日常生活中人们会有这样的体验：观看长跑比赛时，如果观察者立足点在起跑处，则不仅会关注运动员的起跑速度，有时还会关注运动员体格的健壮程度，因为这往往关系着他们耐力的强弱。

图 1-7 这种认知模型代表的概念结构促动了“到底$_2$”语义结构的形成及其向句法结构的投射，使“到底$_2$”呈现出了独特的语法特征。上文提到，“到底$_2$”的词义是强调“事物某种特点不因条件变化而改变，因而足以作为推出某种结论之原因”

(特征 B_1)。这一特征可以从以下两方面进行解析。一方面是对原因的强调。这缘于认知上对 q 具有逻辑衍推力的凸显。由于 q 具有强大的逻辑衍推力,所以,q 一旦为真,有效推理下去,就必然会得出结论 r,因为大前提 p 往往是不言自明的常识或公理。换言之,q 为真是 r 为真的原因。对 q 的逻辑衍推力的凸显就是对原因的强调。另一方面是对事物本质的强调,即对事物某根本特点不因条件变化而改变的强调。这种强调在语言层面表现为认知主体对 q 的逻辑衍推力之强大的感叹。所以,句中常有或可添加感叹性语气词(特征 B_5),它暗示我们:尽管在"p,q→r"这个三段论推理中可能存在某些阻碍推理进行下去的因素,即某些新出现的情况[比如下文例(83)中的"(现在)你眼里没有你妈"],但由于 q 具有强大的逻辑衍推力,我们还是能"推到底",即抵达推理的尽头——结论。这样,如果引入障碍物(代表推理中的不利因素,用 s 表示),就可以把"到底$_2$"所在格式完整地表示为"(p,)(虽然)s,到底 q,(所以)r"(特征 B_3)。

(83) 我知道<u>你眼里没有你妈</u>,不过<u>到底</u>多活了几岁,吃咸盐也比你多吃几斤,你也该先问问我呀。(杨朔《三千里江山》)

传统语法常说"到底$_2$"是语气副词,有强调作用。强调作用何来?其实就源于对 q 逻辑衍推力之强大的感叹。正因为 q 逻辑衍推力强大,"p,q→r"这个三段论推理才不会因 s 的阻碍而失败,正如行域中施事追求目的达成的活动并不会因不利因素的阻碍而失败。基于上述分析,反观辞书和有关文献对"到底$_2$"词义的解释就会发现,说"到底$_2$"强调原因或者说它强调事物的根本特点,都只顾及了问题的一方面。或许有人会说,强调原因是用在复句中才有的,是"到底$_2$"所在复句中两个分句之间的关系,不应把句式义强加于"到底$_2$"。其实不然。不仅"到底$_2$"所滞留的词汇意义可以显示出只要小前提 q 成立,推理就能到底(抵达结论 r),而且,离开"到底$_2$",整个格式中 q 和 r 之间也只是可能存在因果关系,但没有强调原因的意思。这时原因分句与结果分句的地位平等。如果我们省略例(83)中的"到底",强调原因的主观色彩就会荡然无存。因此,可以说"到底$_2$"的存在使得原因分句得到了凸显。认为我们将格式义强加于"到底$_2$"的说法其实混淆了强调原因与表示原因的不同。"表示原因"是连词"因为""由于"的用法;"强调原因"则是"到底$_2$"用法中的一部分。那么,为了调和"强调特点"与"强调原因"的表面矛盾,像《八百词》和高书贵(2000)那样用连接词"或"来连接,说"'到底'强调特点或原因"是否可取呢?

我们认为这种做法并不可取，因为这么说意味着“到底$_2$”有时强调特点，有时强调原因，但“究竟何时强调特点？何时强调原因?”却不得而知。其实，强调特点和强调原因是一体两面关系，不能顾此失彼。用“或”来连接虽能避免顾此失彼的错误，但会引发新问题，即“何时强调特点？何时强调原因?”。其实，“到底$_2$”同时具有强调特点和强调原因的作用。其词义应该概括为“强调事物某特点不因条件变化而改变，因而足以作为推出某结论之原因”（特征 B_1）。由于图 1-7 中主体关注的焦点是运动体的动力，在知域就是小前提 q 具有的逻辑衍推力，一种抽象的势能，因而“到底$_2$”要粘附于小前提（中句 q），即具有粘中句特征（特征 B_2）。又由于图 1-7 中视点在起点处，观察者就有可能看不到终点。当然，如果视力足够好，同时没有阻碍视线的物体，也可以看到终点处的情况。诉诸语言表现，r 可省，但又以不省为常（特征 B_2）。至于“到底$_2$”跟事态谓语共现（特征 B_4），是因为关注焦点是思维推理前 q 蕴含的逻辑衍推力，而逻辑衍推力是势能而非动能。所以，“到底$_2$”分句的谓语是事态谓语；又由于“我”既是认知主体，就不可能同时是 p 中的一个参与者（除非采用特定认知策略实现自我和本我的分离），所以“到底$_2$”句的主语一般不能是第一人称（特征 B_6）；而“到底$_2$”以位于句首为常（特征 B_7），主要是因为 q 是个命题，“到底$_2$”粘附的是 q 小句这个整体，而非其组成部分，尽管有时出于语篇衔接的需要，q 小句的主语会提升移位，从而造成“到底$_2$”内嵌于 q 小句。

3.3　来自言域的解释：追问是言语行为从（已提）问题到答案的移动

当对图 1-2 那种运动场景的认知体验扩散到言域，就形成了对抽象的言语行为的形象感知。换言之，往“到……底”这个抽象认知模框中填入“（言）说”这个填项，得到的就是“到底$_3$”的 ICM。如下图所示：

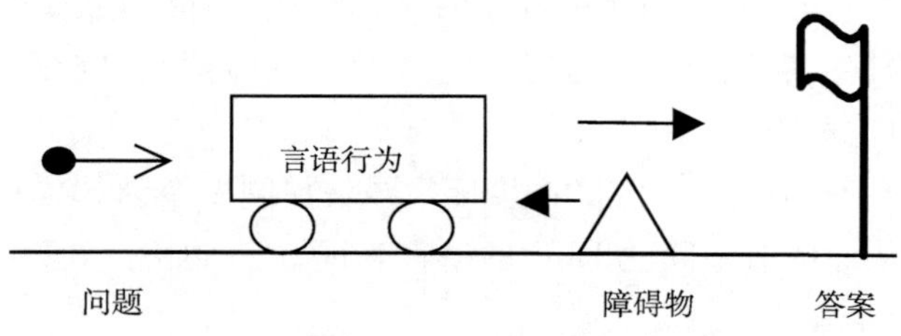

图 1-9　言域（言语行为域）“到底”激活的理想认知模型

上图与图1-2相比，起点变成了问题（严格说来，应该是问题激活的以前的询问行为），终点换成了答案（因为只要获得了答案，询问行为通常就会因达到预期目的而终止）。运动体成了询问这种言语行为。借助“打破砂锅——纹（问）到底”这个歇后语可以更好地理解“到底$_3$”的作用。歇后语实际相当于一个谜语。问者说出谜面（如“打破砂锅”），答者答出谜底（如“问到底”），所以，问与答的对立跟谜面与谜底的对立平行。这样，答案相对于问题来说，通常是隐藏于话语活动最底下（最后面）的。“问到底”就是问到（得到）答案（时）。

图1-9与图1-2的不同在于：[1] 视点移到了运动场景内。观察方式也发生了从定点观察到移步观察的转变，观察者自己也处于运动中。这就好像观看长跑比赛的人在场内作相应移动以确保视线紧锁自己所关心的运动员。我们把这种观察方式叫“动态跟视”（图1-9中在从视点出发的虚线上加了一个对准小车的箭头，表示锁定运动体）。这种动态跟视为“到底$_3$”语义上表示追究（特征C_1）提供了认知理据。[2] 关注焦点是运动体的运动方向（图1-9用凸显代表运动方向的旗帜的方法来表示）。由于认知主体关注的是言语行为的方向，所以“到底$_3$”具有有条件粘附于疑问点的句法特征（特征C_2），并具有指疑特征（特征C_2），因为对疑问点的不同回答往往会把言语交际引向不同的方向。[3] 由于问答行为通常先有询问（到底）这种追究行为而后才有答案，所以，问句中跟答句里新信息相对应的疑问点（代表抽象的答案）就只能位于“（问/说）到底”的后面。换言之，“到底$_3$”只能预指而不能回指疑问点（特征C_3）。[4] 图1-9中观察者关注的侧面既不是运动体从源点启动这个子事件，也不是运动体抵达终点这个子事件，而是运动的中间阶段。运动体既不在起点处，也不在终点处，而是在中途。所以，“到底$_3$”句承上启下的语篇功能（特征C_4）实际是图1-9中运动体从源点而来[即上文已对同一或类似问题（虚拟）询问过]，向终点而去（指向并引出答句）的承转阶段（承源点、启终点）的语言表征。当然，在特殊语境中，其承上功能可能会弱化，但启下功能一般较强。[5] 图1-9中存在一个障碍物，障碍物的阻碍为“到底$_3$”常用于（虚拟）询问受阻的语境（特征C_5）提供了认知理据。[13]

综上所述，四种用法的“到底”的共时差异是往同一个认知模框“到……底”中填入不同填项，从而形成不同的ICM的语言表现。下面将上文所述四种“到底”的共时差异综合表示如下：

[13] 关于上文所说的“到底$_3$”为什么只能用于内部疑问句，因涉及历时因素，这里不赘，可参见本编第二章。

表 1-3　“到底”的句法、语义差异及其认知基础

语词	到底$_0$	到底$_1$	到底$_2$	到底$_3$
视点 视角	场外 俯视	场内终点处 逆向平视	场内源点处 顺向平视	场内 动态跟视
关注 侧面	整个 位移过程	克服阻碍 抵达终点	启　动 克服阻碍	瞄准终点 向前运行
焦点	运　动	阻　力	动　力	方　向
词义	强调运动之不中断	强调目的达成之不易或结果出现在预料中	强调事物特点不因条件变化而改变，因而足以作为推出某结论之原因	表示对问题答案的追究语气
句法 特征	粘　动	粘后句，前句可省；用于动态谓语句	粘中句，前句必隐，后句可省；用于事态谓语句（亦即静态谓语句）	有条件粘疑，预指疑问点，追究内部疑问；有（承上）启下的语篇功能

4. 小结

上文的论述表明，不同身份的“到底”的共时差异很可能是同一个抽象认知模框“到……底”先后在行、知、言三域获得不同填项，依据不同隐喻机制[行域内，状态改变是运动；知域内，推理是从前提到结论的运动；言域内，追问是言语行为从（已提）问题到答案的移动]形成不同 ICM 的语言体现。这可从其词义描写中看出：

到底$_0$：$\sum(E_{(x)}, Hp)$；

到底$_1$：$\sum(E_{(x)}, Hg)$；到底$_2$：$\sum(E_{(x)}, Hs)$；到底$_3$：$\sum(E_{(x)}, Hd)$

上面的形式描写中，$\sum$表示求和，其后括号里的两部分分别代表“到底”语义中的客观真值部分和主观强调部分。H 表示主观强调或认知凸显（highlight），其后的小写字母表示凸显对象，包括过程 p(process)、终点 g(goal)、源点 s(source)和方向 d(direction)。可以看出，不同性质的“到底”的词义的客观真值部分都表示某一过程 x 持续到最后。所不同的是，x 是在不同概念域中赋值的。对于“到底$_0$”“到底$_1$”来说，x 在行域赋值；对于“到底$_2$”来说，x 在知域赋值；对于“到底$_3$”来说，x 在言域赋值。“到底$_0$”“到底$_1$”虽都在行域赋值，但“到底$_1$”只在时间子域赋值；而“到底$_0$”

的赋值则兼跨时空两个子域。不同性质的“到底”，其词义的主观强调部分差异更大：“到底$_0$”凸显整个运动过程（之不间断）；“到底$_1$”凸显目的达成之不易或结果出现在预料中；“到底$_2$”凸显源点处的运动体运动能量之充足、“到底$_3$”凸显运动方向。这些不同源于不同的ICM中认知主体的视点、视角、认知侧面和关注焦点的不同。这些不同是决定不同身份的“到底”具有不同的语法特征的认知动因。

既然“到底$_0$/到底$_1$”“到底$_2$”“到底$_3$”分别用于行、知、言三域，那么，根据领域扩散论，其虚化程度强弱等级为：到底$_0$/到底$_1$＜到底$_2$＜到底$_3$；由于“到底$_0$”中存在空间用法，而“到底$_1$”全为时间用法，且空间比时间更具体，所以上面的虚化程度等级可细化为：到底$_0$＜到底$_1$＜到底$_2$＜到底$_3$；又因“到底$_0$”“到底$_1$”“到底$_2$”“到底$_3$”是同一抽象认知模框“到……底”在不同领域获得不同填项而形成，所以，“到底$_0$”“到底$_1$”“到底$_2$”“到底$_3$”都要依赖能独立作谓语的动宾短语“到底”，因为只有动宾短语“到底”才可以独立激活这种抽象认知模框背后的运动场景。这样，上面关于“到底”虚化程度的等级表达式可进一步完善为：动宾短语“到底”＜到底$_0$＜到底$_1$＜到底$_2$＜到底$_3$。因此，我们可以用下图表示根据对“到底”的共时差异的考察所预见的“到底”的历时演变的概貌：

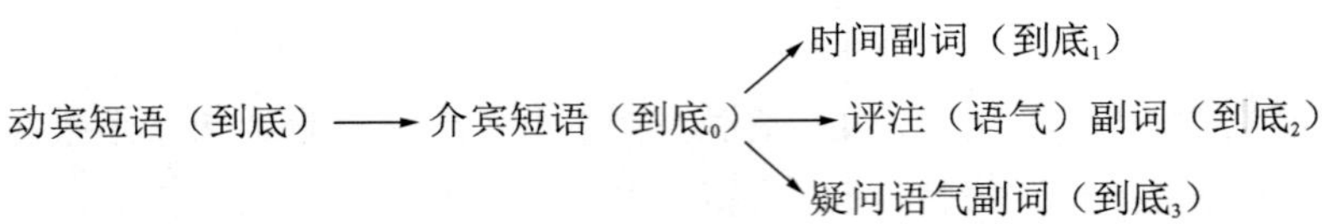

图 1-10　基于共时差异分析预测到的“到底”的历时演变概貌

如果上图的预测能得到汉语史相关事实的证实，那么，本章的研究可能再次例示（instantiate）了对空间运动与空间位置关系的感知是认识其他更抽象的活动与关系的基础，因而空间感知可能是人类具有的最基本的认知能力之一。

第二章

“到底”的历时演变及对相关预测的验证

1. 引言：基于共时差异对“到底”的历时演变的预测

上一章考察了“到底”的共时差异，并运用“力量-动态”图式的领域扩散对其作出了统一的认知解释，指出：“到底”的共时差异是同一个抽象的认知模框（即力互动图式）在行域（含空间、时间、属性等子域）、知域和言域这些不同的认知域里获得不同填项，从而形成不同的理想认知模型（ICM）的语言表现。在此基础上，基于共时差异与历时演变同构论，对“到底”的历时演变作出了初步预测，预测“到底”的历时演变当如上一章图 1-10 所示路径展开（预测①）。换言之，“到底”的短语、时间副词、评注（语气）副词和疑问语气副词用法在历史上应该依次出现。因此，当先有“到”与“底”的非紧邻共现，后有其紧邻共现（即“到底$_0$”出现）。

其实，基于上一章的论述和语法化的单向渐变原则还可预测到：② “到底$_0$”的使用当呈递减趋势，因为语法化具有单向性。由于“到底$_2$”“到底$_3$”本表示“说(推理)到底”“说(问)到底”义（详见上一章），因而其形成跟推理概念、言说概念在语言层面的潜隐密切相关。因此，它们日趋成熟的过程当是“到底$_0$”日趋衰减的过程。③ 在各种“到底”都很成熟的时代，“到底$_0$”用例当最少，因为“到底”的所有演变都根源于“到底$_0$”。④ “到底$_0$”当先有空间用法，后有时间用法。⑤ “到底$_0$”当先有“到最后”义，而后有“(在)最后”义，继而有“终于，终究”义。⑥ “到底”的时间用法在使用之初当带有特殊修辞效应。换言之，当先有“到底”的修辞隐喻，后有概念隐喻。⑦“到底”中的“底”当经历了从表示“底端”义到表示“尽头”义的语义泛化过程。否则就无法解释它能激活“运动到尽头”这样的认知场景。并且,汉语史上“到底”当先作谓语,其中“到”和“底”都是单词。因为只有这样才能激活上一章图 1-1 所示的认知场景,从而带动“到底”的连锁演变。⑧“到底$_1$”应该曾经用在一个结果分句前,否则就无法证明“到底$_1$”形成之初不是跟分句内的谓语动词连用,而是跟实行同形同指删除后的空动词 Φ 连用,表示空动词所示过程持续到结果出现。⑨在古汉语里,“到底$_2$”当可编码“说(推理)到底”义,且它在形成之初可位于句首,因为上一章的解释中假设“到底$_2$”起初是在知域里对“说(推理)到底”义进行缺位编码[1]的独立语。⑩在古汉语里,问句中的言说概念可以不诉诸语言编码,因为上章在论证中假设问句中的“到底”表示“说/问到底”义。⑪“到底$_3$”起初可以位于(话题句)句首,因为上一章假设它编码的概念是“说/问到底”,而“到底”编码“说/问到底”义时是独立语,可位于(话题句)句首。⑫“到底$_3$”曾可粘附于选择问标记“还是”前。因为上一章从理论上解释说“到底$_3$”具有粘疑(倾向)性,而且我们接受了徐杰(2001)把“还是”看成选择问标记的观点,而现代汉语中“到底$_3$”并不能粘附于选择问标记“还是”。例如:

(1) 不知道这到底是因为我清醒了呢,还是更迷糊了。(张天翼《给孩子们》)
→*不知道这是因为我清醒了呢,到底还是更迷糊了。

于是,我们唯一的出路就是证明在历史上“到底$_3$”曾经可以粘附于选择问标记“还是”。

预测先有“到底$_0$”的依据是,对图 1-2 所示场景的认知体验是对图 1-6、图 1-7、图 1-9 所示场景进行认知识解的基础。换言之,对空间运动场景的认知体验是对时间域活动(事件)的展开、知域逻辑推理的进行、言域言语行为的展开进行概念化的认知基础。预测先有空间域“到底$_0$”的依据是上章所述的空间方位主义认知观。预测“到底$_0$”出现之后,“到底$_1$”“到底$_2$”“到底$_3$”依次出现的依据是,根据领域扩散论,人们改造世界(言语行为就是以言行事,是对世界的一种广义改造)是在认识世界的基础上进行的,而对世界的认识又是从具体到抽象的,所以往往先有行域用法,再有知域用法,最后有言域用法。因而在此认知动因的促动下,“到底$_1$”“到

[1] 缺位编码,即不完全编码。在这里涉及推理概念的零编码。零编码类似于 Fillmore(1986)讨论及物动词的宾语的潜隐时说的零示例(null instantiation)。

底$_2$”“到底$_3$”强烈倾向于顺次出现。

那么，上述关于“到底”历时演变的预测是否正确呢？本章将运用“到底”的历时演变事实来对其进行验证。§2 考察“到底”的历时演变（即词汇化和语法化）的历程、机制和动因等，§3 对第 1 节中作出的相关预测进行验证，§4 就相关问题作些理论探讨，§5 是余论和小结。

2. “到底”的历时演变

为了考察“到底”在历史上的使用情况，笔者检索了 TCS2006 所收历史语料[2]，所涉语料包括先秦至晚清历代有代表性的文学作品 486 部（篇），共 1.01 亿字。总体结果如下[3]：

表 2-1　“到底”的用例和用频变化表

用法 年代	短语 （到底$_0$）	时间副词 （到底$_1$）	评注副词 （到底$_2$）	疑问副词 （到底$_3$）	文本总字数
唐五代	18 (0.94)	0	2 (0.10)	1 (0.05)	19,143,676
宋　代	74 (4.97)	14 (0.95)	9 (0.60)	3 (0.20)	14,881,679
元　明	137 (8.96)	81 (5.30)	78 (5.10)	12 (0.79)	15,285,387
清　代	72 (7.42)	81 (8.35)	378 (38.97)	360 (37.11)	9,700,559

表 2-2　“到底”使用比例的消长变化表

用法 年代	短语 （到底$_0$）	时间副词 （到底$_1$）	评注副词 （到底$_2$）	疑问副词 （到底$_3$）	合计
唐五代	18 (85.71%)	0	2	1	21
宋　代	74 (74.00%)	14 (14.00%)	9 (9.00%)	3 (3.00%)	100
元　明	137 (44.80%)	81 (26.30%)	78 (25.32%)	12 (3.90%)	308
清　代	72 (8.08%)	81 (9.09%)	378 (42.42%)	360 (40.40%)	891

[2] TCS2006 指郭锐先生授权使用、南开大学郭昭军博士设计制作的 2006 中文文本语料检索系统。不过，笔者结合朱冠明博士开发的朱氏语料库所收语料对该系统中的历史语料进行了一定的扩充。

[3] 表中圆括号内的小数表示用频，单位是次/百万字（per million characters，pmc）；圆括号内的百分数表示占总用例的比例；圆括号外的数字表示用例数。本书其他各章统计表中的小数或分数的含义跟这里相同。

对上两张表以及我们的统计，首先需作如下说明：① 以上两表只显示普通话中也有的“到底”在历史上的使用情况，不包括“到底”古有今无或仅存于方言的用法，比如“一直，从来，总是”义、“无论如何”义、“倒是”义用法。那些用法的统计结果在本书相关章节中列出。② 对因语言演变的渐进性而导致的“到底”在具体语境中依违两解的过渡用例统计时暂未计入，但在具体论证时可能会以示例形式出现。③ 对在某一时期虽已出现但绝对用例在 3 例以下、不具统计意义的“到底”的用法，暂不计算它在所有用例中的百分比。比如，表 2-1 显示，在约 1914 万字的唐五代语料中，“到底$_2$”和“到底$_3$”分别只有 2 例和 1 例，现列举如下：

(2) 寄语长安旧冠盖，粗官到底是男儿。（王彦威《宣武军镇作》）
(3) 邹家不用偏吹律，到底荣枯也自均。（李山甫《秋》）
(4) 到底根元是何物，分明只是水中金。（吕岩《赠乔二郎》）

这说明唐五代“到底$_2$”和“到底$_3$”还不成熟。综上，我们认为，语气副词“到底”在唐五代的偶现很可能是“毕竟”“至竟”“究竟”“到头”等其他类义词的聚合类推所致，似乎还不能说“到底”的语气副词用法在唐五代已十分成熟。其实，在唐五代“到底”的语气副词用法还只是个别作家作品的创新用法（详见 § 2.1.3）。所以，我们在确定各种“到底”的出现时间时以广泛使用[4]为标准。比较支持这种做法的是杨荣祥（2005：92），据杨先生统计，在《敦煌变文集》全书中，语气副词“到底”仅 1 见，即：

(5) 某医人忽而抬头，见此中官，更言曰：“阿娍道（到）底是那。”（《敦煌变文集》卷五）

再如，虽然史金生（2003：68）认为“毕竟”类副词用于疑问句表示追究最早出现在唐代，但史文只为“到底$_3$”举了如下一例，而且是宋代的：

(6) 如先生所言，推求经义，将来到底还别有见处否？（《朱子语类》卷一一）

---

[4] 即绝对用例在 5 例以上且在所有用法中所占百分比在 10%以上。

2.1　短语“到底”的词汇化

2.1.1　短语“到底”词汇化的句法条件

经考察发现，“到底$_0$”向“到底$_1$”词汇化的句法条件是“到”与“底”高频紧邻共现以及“到底$_0$”作状语。下面分别论述。据我们考察，在初盛唐，“到”与“底”开始紧邻共现，形成“到底$_0$”。例如：

(7) 心本无双无只，深难到底渊洪。（王梵志《回波乐》）

(8) 秤槌落东海，到底始知休。（寒山《人生不满百》）

(9) 发初先向口，欲竟渐伸头；从君中道歇，到底即须休。（张文成《游仙窟》）

据此推论，“到”与“底”的间隔共现当在初盛唐之前就有。但是，或因文献缺失之故，传世文献中“到”与“底”间隔共现最早见于盛唐时期（约公元九世纪）。例如：

(10) 且从东入台山，入山，谷行五百里，上至岩之顶，下到深谷之底，动经七日，方得到五台山地。（圆仁《入唐求法巡礼行记》）

不过，“到”的同义词“至”与“底”共现的用例早在唐以前的汉魏六朝就有了。例如：

(11) 卫气之行风府，日下一节，二十一日下至尾底，二十二日入脊内，注于伏冲之脉，其行九比出于缺盆之中，其气上行，故其病稍益至。（《皇帝灵枢经·岁露论》）

(12) 兔不至底，浮水而过；马或至底，或不至底；象则尽底。（《北凉译经·优婆塞戒经》卷一）

(13) 夫自逆视之，至穴，妇遂推下，经多时至底。（《古小说钩沉·幽明录》）

因而在口语中或许存在一个“到”和“底”从只间隔共现到常紧邻共现的转变（只是

此转变在文献中无反映)。在初盛唐,“到”和“底”的高频紧邻共现是“到底$_0$”出现并词汇化为时间副词的句法条件。实现紧邻共现的必由之路是“底”发生配项缺失(valent lack)。配项缺失包括配项省略(valent ellipsis)和配项隐含(valent implying)。既然名词“底”凸显的图形(figure)是物体最下部,对它的理解必然要依赖作为基底(base)的整个物体。“底”的配项就是表示基底的名词(如“海底”中的“海”)。“底”的配项省略就是其配项承前或蒙后省。比如,例(8)和下两例中“底”分别承前省略了配项“东海”“镜湖”“银瓶”。

(14) 试览镜湖物,中流到底清。(孟浩然《与崔二十一游镜湖,寄包、贺二公》)

(15) 酒泻银瓶倒底清,夜深丝竹凤凰鸣。(卢群玉《失题》)

“底”的配项隐含指其配项隐含于语境,语表上不可补或有多种补法。例如:

(16) 片段似冰犹可把,澄清如镜不曾昏。欲知到底无尘染,堪与吾师比性源。(方干《僧院小泉井》)

上例中,划线句及其前后句都未明示“底”的配项是“井”。但诗题已暗示“井”是全诗的话题。读者读到诗题,井的意象自然会在其心智中被激活。这样,“(小泉)井”自然成了划线句的缺省主语。句中“(小泉)井”既是“无尘染”的主事,又是“底”的配项。“底”的配项缺失使“到”与“底”从远亲变成近邻,增大了其紧邻共现机会,为“到底$_0$”的出现和进一步词汇化准备了条件。

语料调查显示,“到底$_0$”始见于唐五代。当时它主要作谓语和状语。[5] 在唐五代约1914万字的语料中,“到底$_0$”凡18见(详见上文表2-1),其中作状语的有12例,占66.78%。但这12例状位“到底$_0$”中仅形容水清见底的“到底清”就有7例。即例(14)(15)和下5例:

(17) 东山有路干云险,汝水无波到底清。(李翔《登临川仙台观南亭》)

(18) 危栈连空动,长江到底清。(许棠《送徐侍御充南诏判官》)

[5] 这一时期,“到底$_0$”作补语的只有1例。

(19) 岚收楚岫和空碧，秋染湘江到底清。(秦韬玉《长安书怀》)

(20) 调和雅乐归时正，澄滤颓波到底清。(郑谷《兵部卢郎中光济借示诗集，以四韵谢之》)

(21) 兹泉由太洁，终不畜纤鳞。到底清何益，含虚势自贫。(李德裕《惠泉》)

这7例中“到底清”当是短语。因为：[1]“到底清”中的“清”还有其他近义替换项。例如：

(22) 利刃从前堪切玉，澄潭到底不容尘。(方干《上郑员外》)

(23) 欲知到底无尘染，堪与吾师比性源。(方干《僧院小泉井》)

这说明“到底清”中的“清”具有聚合可变性(paradigmatic variability，关于“聚合可变性”，详见 Lehamn，2002 [1982]：305-310)，因而“到底”跟“清”的组合具有临时性。[2]“到底清”常跟其他偏正结构对举使用。比如，在例(17)—(20)中，“到底清”跟“干云险”“和空碧”等短语对举使用。既然“干云”“和空”等是短语，那么“到底清”中的“到底”当也是短语，表示“到底端”义。它跟“彻底清”不完全相同，“彻底清”中“彻底”有“完全”义，是副词。例(20)中，本属空间域的“到底”跟时间域的“归时”的对举和比喻手法的使用(即用澄水比喻廓清政治形势)，使“到底”也兼有时间用法。这种时空双关语境中的状位“到底$_0$”很容易词汇化为时间副词，尤其是当它跟“从头”“从来”“从前”等[from＋source]式双音复合词搭配使用表示“从头到尾，自始至终”等意义时。例如：

(24) 利器从头匣，刚肠到底刳。(元稹《酬乐天东南行诗一百韵并序》)

(25) 死灰到底翻腾焰，朽骨随头却长肥。(方干《谢王大夫奏表》)

(26) 从来姑息难为好，到底依栖总是诹。(牟融《寄范使君》)

(27) 利刃从前堪切玉，澄潭到底不容尘。(方干《上郑员外》)

“到底$_0$”除作状语，还常作谓语。在我们统计的语料中，唐五代谓位“到底$_0$”凡5见，占总数18例的27.78%(绝对用例虽少，但鉴于状位“到底$_0$”有很多是同一类型“到底清”的重复使用，从类的数量看，状位12例“到底$_0$”可归简为6例，即把7

例“到底清”算作 1 例。这样，从类的角度看，状位“到底$_0$”跟谓位“到底$_0$”的使用比例为 6∶5，基本持平）。“到底$_0$”作谓语时，跟其他动词短语一样，可受否定副词修饰。例如：

(28) 税额长定，有逃即摊，似投石井中，不到底不止，摊逃之弊，户不尽不休。（李渤《请免渭南摊逃户赋税疏》）

但是，“到底$_0$”单独作谓语的情况较少，通常是充当连谓结构里的连谓前项。唐五代谓位 5 例“到底$_0$”中有 3 例充当连谓前项，即例(8)(9)和下例：

(29) 蓬莱顶上斡海水，水尽到底看海空。（杜牧《池州送孟迟先辈》）

唐五代状位“到底$_0$”的频繁使用及其强烈的词汇化倾向，对充当连谓前项的“到底$_0$”被重新分析为状位“到底$_0$”有拉动作用。因此，“到底$_0$”的词汇化路径可构拟为：

［连谓前项：动词短语→］状位：介词短语→ 状位：（时间）副词

在这个路径中，阶段一外加方括号，表示有些“到底$_0$”未经历过连谓前项阶段，而是径直在状位词汇化为副词。阶段三中“时间”上加圆括号，表示有些状位“到底$_0$”没有词汇化为时间副词，而是词汇化为“全部”义范围副词等其他副词。

总之，在我们调查的语料中，唐五代“到底$_0$”共 18 例，具体使用情况如下表所示：

表 2-3 唐五代短语“到底”的使用情况

句法功能	语类	用例数
作谓语	动词短语	5 例（其中，作连谓前项的有 3 例）
作状语	介词短语	12 例（其中，跟“从头”类复合词对举使用的有 4 例）
作补语	介词短语	1 例

2.1.2 短语“到底”词汇化过程中的句法演变

Harris 和 Ramat(1987)曾为世界很多语言中助动词化(auxliarization，即助动

词的形成)现象总结出了如下四个发展阶段：

> [1] 典型动词(full verb)阶段：在这个阶段，最终演变成助动词的动词仍有实义，可独立作谓语。[2] 述谓结构(predicative construction)阶段：在这个阶段，最终演变成句子主动词的动词仍可被省略。[3] 迂说式(periphrastic forms)阶段：在这个阶段，助动词是一个真正的时体标记，本身没有独立的意义。[4] 粘着(agglutination)阶段：助动词蜕化为简单的粘着形式，一个粘附于主动词的词缀。(Harris & Ramat，1987：8-13)

虽然“到底”不是助动词而是副词，它最后也没有变成词缀，但我们基本可以参照Harris和Ramat所说的前三个演变阶段，结合历时考察结果来构拟“到底”的词汇化历程。对于“到底”来说，前三个阶段可以修改为：[1] 典型动词短语阶段；[2] 连谓前项阶段；[3] (时间)状语阶段。在第一阶段，“到底$_0$”可以独立充当谓语中心，是典型的动词短语。比如，在例(28)中，“到底$_0$”用于紧缩复句的第一分句，独立充当谓语中心，“不”的出现只是适应语义表达的需要，不是句法必有成分。到了第二阶段，“到底$_0$”用于连谓结构，充当连谓前项，虽仍是动词短语，但动性特征受到了抑制。比如，时体标记只能加在连谓后项而不能加在“到底”上。不过，“到底”的意义仍然较实，只能理解为“到底端/尽头”这种空间义。如上文例(8)(9)所示。这一阶段，连谓前项“到底”和连谓后项之间可以插入关联副词，连谓后项在句法上可以删除。比如，例(8)(9)中连谓前项和后项之间有“始”和“即”。删除连谓后项“始知休”“即须休”，句子只是语义怪异(anomaly)，但完全合(语)法。在第三阶段，因连谓前项“到底$_0$”跟状位“到底$_0$”都是修饰成分，前者就有可能在后者的拉动下被重新分析为状语。这样，伴随其语义演变(即“到底端/尽头”义＞“到最后”义，详下)，它就有可能被重新分析为时间副词。我们知道，连谓前项具有独立的表述性(句法上可以有界化)，而状语不具有独立的表述性。试对比例(8)(9)和例(14)(17)中的“到底$_0$”。跟(8)(9)不同，例(14)(17)中若删除“清”不仅语义怪异，而且不合(语)法。因此，“到底$_0$”的独立表述性越低，其短语身份越不稳定。尤其当“到底$_0$”的空间义被重新分析为时间义时，其独立表述性就更低了，因为空间移动概念的自主性比时间流逝概念强，后者往往要跟事件进展相伴随。

综上所述，充当连谓前项的“到底$_0$”被重新分析为状位“到底”不仅表现在与连谓后项之间不再能插入其他成分，还表现在后续成分从句法上可删除到句法上不可删除。这表明“到底$_0$”在词汇化过程中组合可变性(syntagmatic variability)降低了。这印证了Lehmann(2002[1982])的观点:意义的重新分析得到实现(actualization)后,成分的组合可变性(和聚合可变性)通常会降低。[6]“到底$_0$”在向“到底$_1$”词汇化过程中,虽未演变成时体标记,但确实是标记时间的,意即“(在)最后”。而且,“到底”的实义已大大虚化,尤其是其中的“到”(详下)。这样,Harris 和 Ramat 所说的第三阶段部分地适用于“到底$_0$”的词汇化。至于 Ramat 所说的第四阶段,正如 Harris 和 Campbell(2007[1995]: 172-194)所说,在形态贫乏的语言中似乎改为融合(fusion)阶段较好。Harris 和 Ramat 关于这个阶段的论述旨在强调“不论原来的核心是否变成粘着形式,但两者之间肯定发生了组合关系上的变化,结合变得更紧”。两者之间不能再插入其他词语。[7] 这似乎不适用于“到底$_0$”向“到底$_1$”的演变,因为即使在现代汉语中“到底$_1$”和它修饰的谓语中心之间也可插入其他词语。例如:

(30) 你到底来了。→ 你到底还是来了。

“到底$_0$”在连谓前项或状语位置高频出现是有动因的。据张旺熹(2006:99-101)的研究,“在”“到”“至”“往”“向”“朝”“对”“当”等动词之所以会虚化为介词,是因为其语义结构都关涉着方位、处所等空间要素,而空间(及时间)是人类展示一切动作行为的基本前提,因而空间表达自然成了语言表达最基本甚至无标记的背景信息部分。42%的连谓结构其前项是含方位/处所义的动词充当的。“到底$_0$”作为涉及方位的表达,也不例外。它也经常出现在连谓前项或状语位置上,且连谓前项会演变为状语。所以,“到底$_0$”被重新分析为“到底$_1$”的首要条件是作状语,可表示为:Dao Di → Daodi /________ +VP。附带条件有:①“到底$_0$”修饰的中心语是动词(短语),而不是形容词(短语),因为“到底$_1$”修饰的通常是动词(短语)。如果“到底$_0$”修饰的是形容词(短语),“到底$_0$”可能会朝“全部”义范围副词方向词汇化。这

[6] 组合可变性指组合关系上的变化潜能。组合可变性的降低表现在句子成分从位置灵活到位置固定(即从可移位到不可移位,从可插入其他成分到不可插入其他成分),从可删除到不可删除。组合可变性(和聚合可变性)是考察词语词汇化和语法化程度的重要参数。

[7] 汉语“到底”先在连谓结构里发展出标记时间的“到底$_1$”,接着又在疑问句里也发展出了准焦点标记用法(即“到底$_3$”)。跟“到底”的这种演变相似的是马来语(Malay)里的“-lah”的演变。据 Heine 等(1991)介绍,在马来语书面语里,“-lah”最初也是用在连谓结构里表示(前一事件的)完成,后来发展为完整体标记,继而又发展出焦点标记的用法(详见 Heine *et al.*, 1991: 204)的。

是“到底”的另一条在现代汉语中基本无遗迹的演变路径，这里暂不予关注；② “到底$_0$”本身是光杆的，即它不能受副词的修饰或者带时体标记；③ “到”与“底”紧邻，比如“底”前没有定语；④ 没有关联副词等成分[如例(8)(9)中的“始”“即”]把“到底”跟其后续成分隔开。

2.1.3　短语“到底”词汇化过程中的语义演变

经考察发现，“到底”在词汇化过程中发生了如下语义演变：到(物体)底端＞到(路径)尽头＞到(过程)最后＞(在)最后；演变的语用动因是“到底”频现于时空双关语境。下面在介绍“底”的语义泛化的基础上，论述“到底”在词汇化过程中发生的语义演变。

2.1.3.1　“底”的语义演变

“底”的语义演变首先表现在语义泛化上，即“底端＞尽头”。关于“底”的本义，学界存在争议。《说文》：“底，山居也。一曰下也。从广，氐声。”段注：“山当作止之误也！字从广，故曰止居。《玉篇》曰：‘底，止也，下也。’《广韵》：‘底，下也，止也。’皆本《说文》。”可见，对“底”的本义，学界有两种看法：一种看法认为“底”本表止居(即停止，停滞)，是动词；另一种看法认为“底”本表物体的下面或下层，是名词。虽然对“底”的本义学界意见分歧，但可以肯定的是，“到底”中“底”最初表示物体的底端，是部件名词，常与“盖”相对，如：瓶底-瓶盖。[8] 部件名词“底”早在先秦就有，后世一直沿用。例如：

(31) 渤海之东，不知几亿万里，有大壑焉，实维无底之谷。(《列子·汤问》)

(32) 上穷至高之末，下测至深之底，变化消息，无所凝滞。(《淮南子·兵略训》)

(33) 子阳井底蛙耳，而妄自尊大。(《后汉书·马援传》)

(34) 涧底百重花，山根一片雨。(庾信《游山》)

上几例中“底”分别指海底、谷底、井底和涧底，它们分别是海、谷、井和涧的一部分。

[8] 马喆(2009)认为，“到底”中的“底”本是方位名词，其说值得怀疑。我们更赞同冯雪燕(2009)的观点，认为“底”本为部件名词，后演变为方位名词。

当“底”是部件名词时，“NP 底”可以说成“NP 之底”。比如，“谷底”可说成“谷之底”。至迟到晋代，名词“底”就已经引申出“尽头”义。[9] 例如：

(35) 灵庆有底，见龙在田。谁其极哉，我后先天。(郭璞《元皇帝哀策文》)

至迟到中唐，“底”已发展出了方位词用法，表示“(在)底下”。这时“NP 底”很少能说成“NP 之底”，因为这时“NP 底”不表示 NP 的指称对象的一部分。例如：

(36) 笑容花底迷，酒思风前乱。(白居易《山游示小妓》)

尽管海底、谷底分别是海和谷的一部分，但花底显然不是花的一部分，而是“(在)花的底下”。故上例中“花底”不能说成“花之底”。到了五代时期，方位词“底”开始大量出现。例如：

(37) 舜子上树摘桃，阿娘也到树底。(《敦煌变文·舜子变》)

(38) “大将军，后底火来，如何免死?”“急手出火，烧却前头草！后底火来它自定。”“前头火着，后底火灭。”“前头草尽不相连，后底火来他自定。”(《敦煌变文新书·李陵变》)

例(38)中“后底”与“前头”对举使用，表明“后底”义为“后头/后面”，因而“底”是方位词。“底”从部件名词虚化为方位词符合语言发展的普遍规律，因为前者指称物体的一部分，后者指涉一种方位关系，名词虚化的第一步就是从起指称作用的名词(referential noun)演变为关系名词(relational noun)(Delancey，1993；转引自高彦梅，2004：286)。

“底”从部件名词演变为方位词后，其方位义进一步泛化，特别是在唐诗中。唐

---

[9] “尽头”义“底”后代一直在沿用。宋元时期，它还可以作为词内语素。例如：

(1) 为忆小卿，牵肠割肚，凄惶悄然无底末，受尽平生苦。(白朴《恼煞人》)

在现代汉语里也时或可见，例如：

(2) 杏花红了，梨花白了，街头巷底声声叫。(刘大白《卖花女》)

诗中方位词“底”的泛化倾向很明显，或犹“上”，或犹“中”，或犹“下”，或犹“里”[10]（王锳，2004：144）。现各举一例：

(39) 歌鞍在地底，始觉所历离。（杜甫《飞仙阁》）

(40) 知章骑马似乘船，眼花落井水底眠。（杜甫《饮中八仙歌》）

(41) 城底潮声震，楼头蜃气孤。（岑参《送卢郎中除杭州之任》）

(42) 长安城头多白乌，夜飞延秋门上呼；又向人家啄大屋，屋底达官走避胡。（杜甫《哀王孙》）

上面四例中的“底”分别犹“上”“中”“下”“里”。张相（2001）也列出了“底”的“里”“下”“前”“边”“旁”诸义。这些意义的“底”在文献中确实很常见。再如：

(43) 故乡门巷荆棘底，中原君臣豺虎边。（杜甫《昼梦》）

(44) 直教笔底有文星，亦应难状分明苦。（韩偓《南浦诗》）

(45) 院院烧灯如白日，沉香火底坐吹笙。（王建《宫词》）

上三例中的“底”分别犹“里”“下”“旁”。始于晋代、鼎盛于唐代的“底”的语义泛化可能对唐五代以来“到底”的语义演变有推动作用。“底”在具体语境中可表“里”“下”“前”“边”“旁”诸义，这说明这些方位义的对立在“底”身上被中和。换言之，方位词“底”已对空间上三维与二维、垂直与水平的对立不敏感。这为“到底”通过时空隐喻向时间子域投射（详下）提供了便利条件，因为时间是一维的，比三维的空间更抽象，“底”描写的图形从三维降为二维，为它进一步从二维降为一维开了先河。而且，随着“底”的语义泛化，它原有的“尽头”义逐渐从“到底”中淡化，以至今人已基本意识不到副词“到底”中潜存的“到（事件发展过程、推理、问答行为的）尽头”义。

综上所述，从先秦到六朝，“底”主要用作部件名词。自晋代始，其方位词用法

[10] “里”义“底”今存于吴语、闽语等方言中。比如，在吴语温州话中，“走底”表示“到里面去”。例如：

(1) 我还着走别屋宕，不走底坐啵。（我还要到别处去，就不进去坐了。）

(2) 你走拉该里罢，就走底坐下先。（你既然来这里了，就先到屋里坐坐。）

(3) 门口塞牢，走不底。（门口堵住了，走不进去。）

(4) 你走底先，我宿外转等两个人。（李荣，1998：271）

在闽东地区，表示“里头”义，福州话用“底势”，福安话用“底面”。

逐渐发展起来。在唐代，其方位义进一步泛化。五代时，方位词“底”大量出现。唐初“到底$_0$”开始少量出现。晚唐五代时，“到底$_0$”开始大量出现。

2.1.3.2　短语“到底”的语义演变

“到底$_0$”的语义演变包括语义泛化(generalization)和虚化(bleach)。两者可统称为“语义抽象化(semantic abstraction)”。“到底$_0$”的语义泛化可表示为：到底端＞到尽头。“到底$_0$”的语义虚化指“到底$_0$”分别通过时空隐喻和[过程-结果](PROCESS AS RESULT)转喻发生如下两步演变：到尽头＞到最后＞(在)最后。

2.1.3.2.1　短语“到底”的语义泛化

正如上一章所说，作为“底”的基底的典型图形是一边开口、三边封闭的容器。“到底”激活的典型场景是从容器开口的一边到对边作竖直方向的位移运动。经考察发现，在“到底”出现最早的唐五代，17 例空间用法中有 15 例表示竖直方向的位移运动。其中，作为“底”的基底的图形都是具体容器(如江、海、湖、潭、银瓶等)。详见上文例(8)(14)(15)(18)(19)(27)(29)。例(8)(29)中“到底”表示客观的物理移动，余例中“到底”表示主观的感知运动(注意点的移动)。从对客观物理运动的描写到对主观感知活动的描写，这是个场景识解的主观化过程(关于这种主观化，详见 Langacker，1991[1987])。后来，不是容器的物体也可作为“到底”中“底”描写的图形。这是对典型的一种偏离。例如：

(46) 利器从头匣，刚肠到底刳。(方干《上郑员外》)

上例“到底”表“到尽头”义，描写的图形是刚肠(两端开口的导管)，已不是典型的容器。句中“到底”字面上仍可勉强看作表示竖直方向的位移运动。后来，“到底”开始可以表示水平方向的(主观)位移运动，即表示“到尽头”义或“到里面”义。例如：

(47) 但办却深信一往向前。未有不脚踏着实地者。日新日新日日新，日损日损日日损。退步到底便是也。至了是亦不立。此正是作工夫处。(绍隆等编《圆悟佛果禅师语录》卷二〇)

(48) 这房子门面四间，到底三层，临街是楼。仪门内，两边厢房，三间客坐，一间稍间。过道穿进去，第三层三间卧房……(兰陵笑笑生《金瓶梅》第一百回)

(49) 现住着门面五间到底七进的房子。(兰陵笑笑生《金瓶梅》第一回)

2.1.3.2.2 时空隐喻驱动下短语“到底”的语义虚化

“到底$_0$”的语义虚化，首先指从“到(物体)底端，到(路径)尽头”义向“到(过程)最后”义的演变，即从空间用法到时间用法。[11] 例如：

(50) 人生不满百，常怀千载忧。自身病始可，又为子孙愁。下视禾根下，上看桑树头。秤槌落东海，到底始知休。(寒山《人生不满百》)

(51) 为郡至公兼至察，古今能有几多人。忧民一似清吟苦，守节还如未达贫。利刃从前堪切玉，澄潭到底不容尘。(方干《上郑员外》)

例(50)用秤槌落东海比喻人生消逝。秤槌落到海底才停止运动，跟主人公至死才停止操劳相似。所以，句中“到底”虽然会被优先解读为“到底端”，但是也可解读为“到最后”。例(51)中“到底”跟“从前”对举使用，互文见义，全句可译为“利刃从前至今都可用来切玉，澄清的水潭从水面到水底都容不下尘埃”。句中“到底”虽然字面义是“到底端”，但由于互文见义和暗喻辞格的使用而略带“到最后，始终”这样的比喻义。[12] 诗人是用潭水的清澈见底/始终清澈来比喻郑员外为官清廉到老/始终清廉。上两例都用了暗喻手法。这表明，句中“到底$_0$”的时间用法还只是一种偶发性创新。经考察发现，这一时期“到底$_0$”的时间用法均像上两例那样，是特定语境下的一种偶发性创新，有特定的修辞效应。这种表达创新虽然短期内能为言者带来表达优势和吸引听者注意的特殊效应，但是被高频重复后就会导致其修辞效应的贬值(rhetorical devaluation)，语言系统会通过“到底$_0$”的语义演变来抹平这种创新带来的修辞效应，正如政府增加纸币发行量虽然短期内能获得提高政府购买力的优势效应，但是从长期看必然导致纸币贬值，经济系统的整体作用必然会抹平这种短期优势效应。一旦“到底$_0$”的修辞效应被抹平，它从空间义向时间义的语义虚化就正式完成。语料调查显示，这种抹平工作在唐五代才刚开始，因为在唐五代18例“到底$_0$”中，只有如下1例表示“到最后”义而又不同时兼有“到底端/尽头”这

---

[11] “到底$_0$”的语义虚化跟“底”的语音弱化(从上声变成轻声)是平行的，前者是具体语义特征的丢失，后者是具体语音特征的丢失，都是 Lehmann(2002[1982]:108-118)所谓的完足性(integrity)的耗损。

[12] 到了后代，“到底$_1$”可以离开跟“从来”等词配合使用的语境而独立表示“自始至终，一直”义，因为从运动有终点自然可以推导出有源点，但是反之不然。例如：

(1) 小娥：“若非尊官，到底不晓仇人名姓，冥冥之中，负了父夫。”(凌濛初《初刻拍案惊奇》卷一九)

(2) 老翁只是支持与他，并无厌倦。道人来去几番，老翁相待到底是一样的。(凌濛初《二刻拍案惊奇》卷一八)

样的空间义。

(52) 气与非常合，常人争得知。直须穷到底，始是出家儿。（贯休《秋居寄王相公三首》）

这种抹平工作正式完成于宋代，因为在宋代“到底$_0$”的时间意义已经十分稳固。[13] 换言之，到宋代，“到底$_0$”的时空隐喻因高频发生而实现了从修辞隐喻向概念隐喻的转变。这样，“到最后”义就固化为“到底$_0$”的一个新义位。例如：

(53) 寻思到底，多应被他诛剿。（董解元《西厢记诸宫调》卷七）
(54) 愿言长在奉扬时，似恁团圆到底。（陈著《西江月·答族侄圭惠扇》）

我们统计了从唐五代到清代“到底$_0$”在行域各概念子域的使用情况。统计结果如下表所示：

表 2-4　历史上短语“到底”的使用情况

年代（上）/用法（下）	空间子域用法（“到底端/尽头”义）	时间子域用法（“到最后”义）	属性子域用法（“到极致”义）	合计
唐五代	16 (88.89%)	2 (11.11%)	0	18
宋　代	35 (47.30%)	32 (43.24%)	7 (9.46%)	74
元　明	55 (40.15%)	57 (41.61%)	25 (18.25%)	137
清　代	27 (37.50%)	28 (38.89%)	17 (23.61%)	72

上表显示，“到底$_0$”的时间用法在宋代就已成熟。[14] 综合上表的统计和上文的论述可知，至迟在宋代“到底$_0$”的语义演变已完成了 Heine 等（1991）所谓的“OBJECT（物体）＞SPACE（空间）＞TIME（时间）＞QUALITY（属性）”式演变，即：[空间域]到（容器）底端→[空间域]到（路径）尽头→[时间域]到（过程）最后→

[13] 比如，根据马喆（2009）的考察，在北宋《朱子语类》中的“VP 到底”，其中的 VP 很少表示空间位移运动，而多表示时间领域的“研穷”类活动，如推勘、研摩、穷、争、说、彻。

[14] 观察本表还可发现：空间子域用法呈下降趋势；属性子域用法呈上升趋势；时间子域用法先升后降，其下降正好与属性子域用法的出现和成熟同步。当然很可能也跟语气副词“到底”的越来越多密切相关。

[属性域]到(程度变化的)极限。[15]

那么,在唐五代人们为什么能创造性地用“到底”这个本来表示空间移动的词来表示时间流逝呢？因为用对具体的空间移动的认知体验来认识抽象的时间流逝(从而对时间进行概念化)是人类最基本的认知处理能力。正如徐丹(2008)所说,汉族人对时间流逝的感知可能存在两种概念化策略:一是把它感知为水平方向的物体移动(可细分为移动观察者和移动观察物两种),用“前”“后”等空间方位词表示时间上的先后;二是把它感知为竖直方向的物体移动(具体说,只能是从上到下的移动)[16],用“上”“下”等空间方位词表示时间上的先后(例如:上午—中午—下午、上旬—中旬—下旬、上个月—下个月、上一任—下一任、上下五千年)。如果采用第二种认知策略,那么“从头(顶)到(脚)底”除了表示空间位移运动,还可以表示时间流逝,即自始至终。这样,通过时空隐喻,“到底”自然能直接从“到底端”义引申出“到最后”义。所以,我们也不排除同时存在这种语义演变的可能。[17] 但是,考虑到英语、法语等外语中都存在从表示空间的尽头到表示时间的最后的语义演变,我们更倾向于认为“到底”的“到最后”义是从“到尽头”义演变而来。

2.1.3.2.3　[过程-结果]转喻驱动下短语“到底”的语义再虚化和时间副词“到底”的形成

“到底$_0$”的语义再虚化是指如下语义演变:到最后>(在)最后。这是由认知上的[过程-结果]转喻驱动的。[过程-结果]转喻使一个语言表达式从表示运动(或活动)过程引申出表示该运动(或活动)导致的结果状态的用法。[过程-结果]转喻可以用下图来说明(图中各符号的含义,参见上一章对图 1-3、1-4 的说明):

---

[15] “到底”表示“到(程度变化的)极限”的用法,我们将另文探讨。这里只举例如下:

(1) 波下比目,深怜到底。(董颖《薄媚》[第三衮遍])

(2) 毒害心肠衹知是。怕你生烦到底。(赵长卿《贺新郎》)

(3) 只有这相貌……随你相似到底,走到一处,自然会异样起来。(李渔《无声戏》第四回)

[16] 徐丹认为这可能跟太阳的升起与落下相关。比较支持她的观点的是,汉语中太阳上升的半天叫“上午”,太阳落下的半天叫“下午”,太阳在正空中的时段叫“中午”。这样,若把“上～中～下”表示的一天的时间流逝扩大到一个月就有“上旬～中旬～下旬”。对她的观点不利的是,没有“中(一)周、中(一)月”之类说法,也很难保证“上/中/下午”的出现一定早于“上/中/下旬”。因而我们认为,先民用“上”“下”这样的方位概念对“先”“后”这样的时间概念进行概念化可能跟先民用沙漏、水漏等刻漏记时有关。沙子、水等从刻漏中由上往下的刻度减少过程就记录了时间的流逝过程。

[17] “底”通过时空隐喻获得时间上的“后”义,这与“下”类似。两者复合成的“底下”也可以表示时间义。比如,下例中的“底下”表示“以后”义。

(1) 宝钗道:“咱们底下也得留心……”(《红楼梦》第九十回)

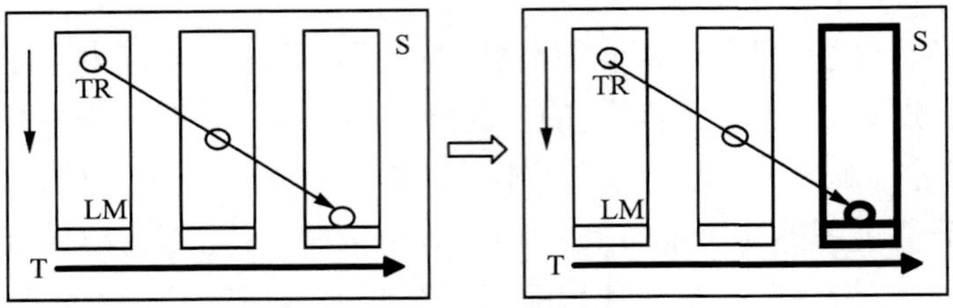

图 2-1 过程-结果转喻

依据的推理就是:过程的完结意味着最终结果的出现。这可以表示为:At the termination of [$_{Event}$ GO([X],[$_{Path}$ TO([Y])])], it is the case that [$_{State}$ BE([X], [$_{Place}$ AT([Y])])]。[过程-结果]转喻在语言中很常见。比如,汉语"到头"和英语"across"的语义演变就有这种转喻作用的痕迹。例如:

(55) 愿得篙橹折,交郎到头还。(《乐府诗集·清商曲辞六·那呵滩》)

(56) a. He walked across the street.(他走过马路。across 引出位移运动的路径)

b. He lived across the street.(他住在马路对面。across 引出视觉运动的终点)

例(55)中"到头",太田辰夫(2003:223)释为"终于"。而"终于"义当是由"(在)最后"义通过语境吸收演变而来(详下)。"(在)最后"义则是由"到最后"义通过[过程-结果]转喻引申而来,"到最后"义又是由"到尽头"义通过时空隐喻演变而来。换言之,"到头"的整个语义演变过程可以表示为:到尽头>到最后>(在)最后>终于/终究。[18] "到底"的语义演变跟"到头"相似。通过[过程-结果]转喻,"到底"从"到最后"义引申出"(在)最后"义后,"到"词义虚化,近似于"在"。[19] "到"在很多

[18] 与"到底""到头"的语义演变相关的是"彻底"。韦昭《国语注》:"彻,达也。"因而"彻底"本指"到达底部"(唐贤清,2005),现指"全部"。这样,"彻底"当经历了[过程-路径]转喻。与此相似的还有"竟""终"等。它们本表活动终结(与"彻底"本表运动终结相似),后来发展出"尽/全部"义。用图 2-1 可解释如下:小球既然已抵达长方形底部,说明它在运动中覆盖了全部路径。

[19] "到底"中"到"的词义虚化似乎在其空间用法阶段就有所体现。比如,下两例中"到底"表达的意义似乎不是"到底端",而是"在/从底端"。

(1) 死灰到底翻腾焰,朽骨随头却长肥。(方干《谢王大夫奏表》)

(2) 八月瞿塘到底翻,孤舟上得已销魂。(李频《将赴黔州先寄本府中丞》)

方言里有“在”义也可以旁证[过程-结果]转喻确实可发生在“到底”身上。例如：中原官话（山西芮城话）“到黑板上写字”“到这儿坐着”；徽语（安徽绩溪话）“到尔搭坐坐，别东西地行”（意即“在这儿坐着，别到处走”）。经考察发现，“到底”在宋代通过[过程-结果]转喻完成了从状位介词短语向“（在）最后”义时间副词的词汇化。[20]例如：

(57) 所谓打初不遇作家，到底翻成骨董。(《密庵语录·示道禅人》)

(58) 他作县，不敢作旬假。一日假，则积下一日事，到底自家用做，转添得繁剧，则多粗率不子细，岂不害事！(《朱子语类》卷一一二)

在上两例中，“到底”既可看作“到最后”义介词短语，又可看作“（在）最后”义时间副词。首例中，由于“到底”跟“打初”互文见义，而“打”和“到”分别犹英语“from”和“to”，因而“到底”似乎不宜解读为“（在）最后”义时间副词。但是，考虑到“打初”中“打”发生了实义虚化，对“到底”作“（在）最后”义时间副词解读似亦未为不可。到了元明时期，作“（在）最后”义解读的状位“到底”就更多了。例如：

(59) 我若把这小厮与了海棠，到底马家子孙，要来争这马家的家计，我一分也动他不得了。(李行道《灰阑记》第一折)

(60) 谩言管鲍共交情，一到临财便起争。到底钱亡身亦殒。何如守分过平生？(《型世言》第二十三回)

综上所述，状位“到底”通过[过程-结果]转喻从“到最后”义引申出“（在）最后”义。这样，“到”对整个介宾组合的语义贡献就大大减小了。换言之，“到”发生了语义虚化。相应地，它在“到底”中作为独立词的地位受到了动摇。由于它跟同样发生语义虚化的“底”正好可以构成一个标准音步，因而最终在汉语词汇双音化趋势的作用下发生界限消融，实现了从介词短语向时间副词的词汇化，“到”和“底”降格

[20] 汕头方言中“在底”是相当于“呢”的语气词，这也许可以旁证[过程-结果]转喻的存在。例如：

(1) 阿弟本生爱哭在底，唔弄伊好不好？(弟弟本来就想哭呢，别撩他好不好？)

由于“到底”可以和语气词“呢”共现于问句，则“到底”通过[过程-结果]转喻后形成的“到底”的变体“在底”可以与“呢”共现于问句；进而“在底”游移到“呢”所在的空位，就形成了上面的用法（游移到结构模板中它词所在空位是“到底”类词语在古汉语中十分活跃的用法，详见张秀松，2012）。

为词内语素。“到底”完成词汇化的语音标志是“底”的可以轻读。

2.1.3.2.4 时间副词“到底”的语用强化和语义主观化

状位“到底”从短语词汇化为时间副词后本只有“(在)最后”这种客观真值义。例如:

(61) 是则是、霜严雪劲,到底春风生意满。(陈著《宝鼎现·寿京尹曾留远侍郎渊子》)

(62) 闲中一首醉时歌。此乐信无过。阳春自来寡和,谁与乐天和。言不尽,意何多。且蹉跎。功名莫问,富贵休言,到底如何。(张抡《诉衷情》)

(63) 他作县,不敢作旬假。一日假,则积下一日事,到底自家用做,转添得繁剧,则多粗率不子细,岂不害事!(《朱子语类》卷一一二)

但由于在不同语境中听/读者会根据当事人对动作结果的主观预期[21]、事件发展的最终结果跟主观预期的吻合程度等诸方面的不同对“到底$_1$”的客观真值义进行语用充实(pragmatic enrichment),所以“到底$_1$”的“(在)最后”义会有不同的语境实现,使它在不同语境下呈现出如下不同义面:① 终于;② 终究,最后还是;③ 始终,一直。例如:

(64) 桂娘道:“我和你自幼相许……所喜者,隔着多年,又如此远路,到底团圆,乃象是天意周全耳。”(凌濛初《二刻拍案惊奇》卷三)

上例中,和权翰林成眷属是当事人桂娘极力追求的有利结果,桂娘用“到底”凸显该结果的久盼而至。所以,句中“到底”呈现出①这种义面,强调目的达成之不易。再如:

(65) 径山穷天文、究地理,到底不识者个毕竟是什么。(《虚堂和尚语录》卷九)

(66) 抱桥柱澡洗底,到底不知。依样画胡芦底,转增妄想。(参学可宣编

[21] 预期包括预料和期望。预期与结果构成基底和侧面的关系。词义不只取决于词语所凸显的侧面或该侧面所在的基底,而且还取决于侧面和基底的关系。观察同样的场景,基底(预期)不同,得到的识解就不同。比如,对装满一半水的瓶子可以识解为半满,也可以识解为半空。差别只在于前者以用空为预期状态,后者以装满为预期状态。所以,“到底$_1$”的强调义的不同跟预期密切相关。

《嘉兴府报恩光孝禅寺语录》)

(67) 女巫道:“……明日我每只把雨期约得远些,天气晴得久了,好歹多少下些;有一两点洒洒便算是我们功德了。万一到底不下,只是寻他们事故,左也是他不是,右也是他不是。”(凌濛初《二刻拍案惊奇》卷三九)

上三例中,施事通过某行为追求某有利结果的实现,最终该结果还是没有出现。换言之,当事人除阻失败。比如,在首例中,施事试图通过上穷天文、下究地理的方法来识得某物,但最终还是不识。末例中,施事试图通过把雨期约远的方法来使得自己关于“天将下雨”的预言成真。但在她假设的可能世界里,这种结果最终还是没有出现。句中“到底”通过语境吸收具有了强调希望落空的作用,因而呈现出②这种义面。又如:

(68) 他跪在地下,断不敢接酒。叫他坐,也到底不坐。(吴敬梓《儒林外史》第二十四回)

(69) 两边一声答应,取了杠子,认定常公爷的腿上,打了五七杠子,一时打倒,睡在地下,倒底不跪。(佚名《五美缘》第四十回)

上两例语境中有一种来自他人的外力逼迫当事人(如首例中的鲍文卿、次例中的常公爷)发生状态改变(比如从跪到坐、从站到跪)。当事人试图凭借自身的抗力阻止这种不当或不利结果的出现。最终当事人的愿望达成了。换言之,当事人持阻成功。句中“到底”通过语境吸收具有了强调当事不因外力作用而改变自身存在状态的作用,凸显义面③。凸显义面③的“到底”类词语后来进一步主观化为“无论如何,坚决/就是”义动力情态副词(详见张秀松,2014)。

综上所述,“到底$_1$”通过语境吸收获得了语用环境和语用推理赋予的主观强调义。这可以解释为什么现代汉语中说“到底 VP”一定语用预设 VP 这种活动的进行受到过阻碍。“到底$_1$”句及其所在语境的二力互动图式、“到底$_1$”的“(在)最后”义在不同力互动图式中呈现出的义面(即语境意义)可以表示如下[22]:

[22] 表中圆球表示射体(即处于观察者注意中心的物体,Agonist, Ago),凹透镜表示地标(即处于观察者注意边缘的物体,Antagonist,Ant);“>”表示物体自身固有的趋于运动的惯性,“·”表示物体自身固有的趋于静止的惯性;“+”标在哪个物体上,就表示来自哪个物体的作用力更大;“→—”表示二力互动的结果是射体运动,“—•—”表示二力互动的结果是射体静止。

表 2-5　时间副词“到底”的语义主观化参数表

例句	心理状态	采取手段	最终结果	力互动图式	义面(即语境意义)
(64)	期望 结果出现	积极 追求	R 出现	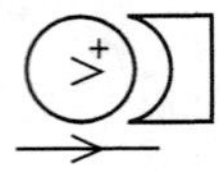	“终于”义[即强调目的达成之不易/有利结果的久盼而至]
(65) (66) (67)	期望 结果出现	积极 追求	R 未现	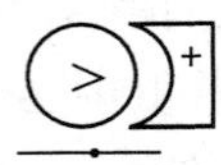	“终究,最后还是”义[即强调希望落空/结果出现之反意愿]
(68) (69)	不期望 结果出现	努力 规避	R 未现	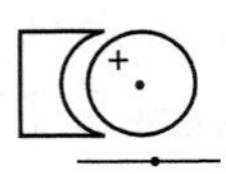	“始终,一直”义[强调物体不因外力作用而改变自身存在状态]

上表所示“到底$_1$”的义面实际上是“到底$_1$”的客观真值义跟语境信息互动的产物。这些语境意义被“到底$_1$”吸收后,上升为“到底$_1$”的核心意义,并使其原来的核心意义[即“(在)最后”义]逐渐淡化为边缘意义。这个从语用充实到意义隐现的过程,实际上就是语用推理义向词汇意义的规约化,是义面上升为义位的过程,是语用信息对语义的强化。语用强化后,“到底$_1$”的语义主观性更强,具有对结果(或意愿)的强调作用。所以,“到底$_1$”从客观真值义向主观强调义的演变过程就是其语义主观化的过程。语料调查显示,这种主观化过程发端于宋代,完成于元明。在宋代14 例“到底$_1$”中只有 3 例表示主观强调义,余例都表示客观真值义;而在元明 81 例“到底$_1$”中,表客观真值义的只有 5 例,余例都表主观强调义。

“到底$_1$”出现于宋代,这也很好理解,因为“到底$_1$”作为时间副词要具有两个特点:① 常作状语;② 用于时间域。这两个条件在唐五代是不大能同时具备的。虽然在唐五代“到底$_0$”常作状语,但那时它作谓语的用法也很兴盛,且在唐五代状位“到底$_0$”全部是空间用法。时间用法的“到底$_0$”在那时是一种偶发性创新用法(详见 § 2.1.3.2.2),那时“到最后”义尚未固化为“到底$_0$”的义位。到了宋代,“到底$_0$”的时间用法已非常成熟。[23] 这是因为,在唐五代 18 例“到底$_0$”中,时间用法只有 2

[23] 在宋代,补位“到底$_0$”前可以是动词,也可以是形容词。例如:

(1) 所以道,无为无事人,犹遭金锁难。也须是穷到底始得。(《佛果圜悟禅师语录》卷四)

(2) 今学者贵于格物、致知,便要见得到底。(《朱子语类》卷一二六)

(3) 错时错到底。亲时亲见真。(《明州天童山觉和尚上堂语录》)

换言之,补位“到底$_0$”在宋代已经可以用于属性子域,表示“到极致”义了。

例，占11.11%，而到了宋代，74例“到底$_0$”中，时间用法有32例，占43.24%，时间用法的成熟为“到底$_0$”发生[过程-结果]转喻提供了方便。

比较支持“到底$_1$”是从状位介词短语词汇化而来这种观点的是，汉语史上“到底$_1$”曾经可以用在一个结果分句前。在现代汉语中“到底”也可用于结果分句句首。试对比：

(70) 他作县，不敢作旬假。一日假，则积下一日事，到底自家用做，转添得繁剧，则多粗率不子细，岂不害事！(《朱子语类》卷一一二)

(71) 丁翼平：“到底我还是把飞机票退了，没去呀！”(老舍《春华秋实》)

上两例中“到底”都表示“最后”这种客观真值义。如果要表示主观强调义——“终于/终究”义，“到底”必须移至主语“自家”“我”后。换言之，随着“到底$_1$”的语义主观化，其辖域从S缩小到了VP。这跟Lehmann(2002[1982]：108-118)关于语法化研究的参数理论的预测相符。[24] 上两例表明：直至清代甚至现代，“到底$_1$”也还滞留有词汇化前的句法特征(即可用于分句前)和词汇化前的“(在)最后”义。

2.2　“到底”的语法化

2.2.1　现代汉语中的“说到底”

在现代汉语里，“说到底”用于行域时表示“说到本质(真相)”义，因为事物的本质往往隐藏在表象的底下(即背后)。例如：

(72) 市场竞争，说到底靠的是高质量的服务。

(73) 不过，话又说到底，行动胜于空言。(梁锡华《博士“真腻拖”》)

(74) 莫大年恳切地说：“……你爱欧阳，不必强迫我！我老莫是傻老，我说不出什么来，反正一句话说到底，我不再见欧阳！”(老舍《赵子曰》)

上几例中“说到底”表示“说到本质(真相)”义，它们还不是典型的习语。比如，例

[24] 参数理论预测：随着语法化程度的加深，词项的辖域逐渐缩小。

(73)(74)中“说”因“(一句)话”的激活而还有比较实在的言说义。

当“说到底”扩散到语篇域和知域(推理域)时[25]，句中经常没有“说”的内容宾语来激活言说动作。这时“说”的言说义进一步从语境中退隐，短语“说到底”开始习语化或一体化。例如：

(75)(上文交代姑妈打算帮我告母亲不尽抚养义务，我不忍，把这件事告诉了母亲，后被姑妈知道)姑妈现在也不理我了，说“你们一家人说到底还是一家人”。(《谁是我的爸爸妈妈》,《都市文化报》,2007-9-13)

→ 你们一家人最后/毕竟还是一家人。

对比上例和例(73)(74)可以发现，上例中“说”的言说义中因缺乏“话”类内容宾语的激活而处于退隐状态，因为“你们一家人还是一家人”不一定是言说的内容，也可以是推理的结论。正因为句中“说”的言说义弱化，“说到底”才可以替换为纯客观的“最后”(义近于凸显客观真值义的“到底$_1$”)或纯主观的“毕竟”。

考察可知，习语“说到底”经常充当句首或句中独立语，表示“总之”义或“毕竟”义。表示“总之”义时，用于语篇域，主要发挥语篇总结(discursively synthesizing)功能，强调结论；表示“毕竟”义时，用于知域，主要发挥认知评价(cognitively evaluative)功能，强调事物的根本特点或原因。但是，由于“毕竟”义源于“总之”义，习语“说到底”在发挥主观评价功能时可能还滞留有一丝语篇总结作用。例如：

(76)……有些人的英文名字不太好听。当然，你写简历时不一定要用自己的真实英文名字。说到底，这份简历只是你们交上来的一次课后作业。

→* 最后，这份简历只是你们交上来的一次作业。

→？总之，这份简历只是你们交上来的一次作业。

→毕竟，这份简历只是你们交上来的一次作业。

---

[25] 在Sweetser(1990)中，知域内的成分除了指那些表示认识推理意义的成分(如英语中表“明白”义的see、表肯定性推测语气的must)，还包括起语篇组织作用(反映言者运用复句时所伴随的推理)的连词。因此，Sweetser没有在她的行、知、言三域外列出“语篇域(textual domain)”这个术语。本书从Sweetser的知域之中分出一个语篇域，是为了准确描写“完结”义表达的语义演变路径。本书把语篇论证过程中列举证据用的“首先”“其次”“最后”和概括结论用的“总之”等词语都视为狭义的语篇域内的词语。而把强调结论或原因的“毕竟”“到底”等词语以及表示逻辑推理关系的连词都视为知域(推理域)内的成分。

(77) 你越躲，他们越来劲儿，咱们越被动。与其这样，不如大大方方地走出去跟他们周旋。说到底，咱们在上边还有朋友，还没到那个一点周旋余地都没有的地步。(陆天明《大雪无痕》)

→*最后，咱们在上边还有朋友……

→*总之，咱们在上边还有朋友……

→毕竟，咱们在上边还有朋友……

上两例中“说到底”都不可替换为纯客观的“最后”，都可替换为强调原因的“毕竟”，这说明句中“说到底”的语义有主观性。但是，两例中“说到底”替换为“总之”后可接受度不同。这说明，例(76)中“说到底”的语篇总结功能比例(77)强，而例(77)中“说到底”的认知评价功能比例(76)强。

综上所述，现代汉语中“说到底”的多功能性比较支持如下的语义演变路径：

　　　　　　　　　　　↗[行域]说到本质

[时间域]说到最后→[语篇域]说到结论，总之→[知域]毕竟

这条路径在一定程度上也展示了古代汉语中“到底$_2$”的语义演变过程(详下)。“说到最后”义之所以能向“说到本质”义和“说到结论，总之”义两个方向演变，是因为人们讲话作文时常在最后(即结语)重提最本质的观点。这也可以解释为什么很多语言中含有“最终”义或“完结”义的表达式常演变为具有语篇总结功能的成分。比如英语“in final analysis(归根到底/总之)”“in conclusion(总之)”[26]“after all(说到最后/毕竟)”、法语“en fin(总之)”“finalement(总之)”等。

2.2.2　古代汉语中的“说到底”与相关问题

2.2.2.1　古代汉语中的“说到底”的义面与隐含用法

在古代汉语里，“说到底”充当谓语时言说意义较实，通常表示时间域里的“说到最后”义(在具体语境中呈现为“说到位/说清楚”这样的义面)。例如：

(78) 忠信……谓与人说话时，说到底。见得恁地了，若说一半不肯说尽，

[26] 其中，“conclusion(结论)”是“conclude(结束/关闭)”的名词。

便是不忠。(《朱子语类》卷二一)

(79) 孔子说得都浑成。伊川那一段却只说到七分,不说到底。(《朱子语类》卷四七)

(80) (旦悲科,云)孔目,你怎生说的这等。你就说到底,则不辱没你便了。(岳伯川《铁拐李》第二折)

(81) 惟有孤灯照,长吁气一声吹灭了。昨先话儿说到底,今日都翻悔。(钟嗣成《情》)

(82) 元来你还不知哩! 如今那穿红的正是奸臣屠岸贾,赵盾是你公公,赵朔是你父亲,公主是你母亲。(诗云)我如今一一说到底,你刬地不知头共尾;我是存孤弃子老程婴,兀的赵氏孤儿便是你。(纪君祥《赵氏孤儿》第四折)

充当独立语时其言说意义较虚,因而这时"说到底"义可以径直用"到底"来缺位编码,即言说概念实行零编码。对"说到底"义进行缺位编码的"到底",如果用在行域,则重在凸显"说到本质,其实"这个义面。例如:

(83) 真得是无得之得,真用是无用之用。若如是也,却是个豁落做处,却是个真实做处。一切法到底其性如虚空。(《宏智禅师广录》)

(84) 先生极论戒慎恐惧,以为学者切要工夫。因问:"遗书中'敬义夹持直上达天德'之语,亦是切要工夫?"曰:"不理会得时,凡读书语言,各各在一处。到底只是一事。"(《朱子语类》卷一一三)

上两例中的"到底"犹"说到底",表示"说到本质,其实"义。如果扩散到语篇域,则通常凸显"说到结论,总之"这个义面。比如,下几例中"到底"犹"说到底,说来说去,总之"。当然,它仍可看作行域内成分,解读成"说到本质,其实"。这种语用歧解(pragmatic ambiguity)是它逐渐从行域向语篇域扩散的正常现象。

(85) ……益戒云:"到底来是不肯商量便是也。不知除此外,南朝皇帝更有何意旨?"(沈括《乙卯入国奏请(并别录)》)

(86) (上文交代对是非善恶的判断须有确定的尺度)到底说得来,只是个定则明,明则事理见;不定则扰,扰则事理昏杂。(《朱子语类》卷七九)

(87) 荀卿之言，只是横说如此，到底灭这道理不得。(《朱子语类》卷五七)

(88) ……初谓只是一岭，及少时又见一峰出来，便是未曾尽见全山，到底无定据也。此是学者紧切用功处，宜加意焉。(《朱子语类》卷二〇)

由于人们说话作文常在最后总结陈词，因而缺位编码“说到底”义的“到底”很容易从时间域的“说到最后”义引申出语篇域的“说到结论”(即“总之”)义。经考察发现，古代汉语语篇域里的“说到底”义“到底”通常用在话段或语篇末尾，发挥语篇总结功能，强调最终的观点(即结论)。[27] 但由于“到底”的“说到本质，其实”义和“说到结论，总之”义分别是时间域的“说到最后”义在行域和语篇域的语境实现，而且语篇域中的结语中阐述的往往是全篇或整个话段中最本质的观点，所以，例(86)中“到底”虽然主要表示“总之”义，但似乎不能排除它带有一丝“其实”义的可能。

2.2.2.2　言说概念零编码的跨时代和跨语(方)言共性

言说概念的零编码现象在很多语言中都很常见。比如，在英语中，句首“frankly”“honestly”“briefly”“more specially”等通常表示“say frankly/honestly/briefly/more specialy(坦率地说/老实说/简言之/更具体地说)”义；“Pray, wh-...?”表示“I pray you to tell me,...?”义(Akimoto, 2001)；“What's the time, please!”表示“What's time, tell me please!”义(Cruse, 2004: 352)。在法语中，句首“franchement”(犹英语“frankly”)也表示“坦率地说”义。例如：

(89) Franchement, Céline est une imbécile. “Frankly, Céline is an idiot.”(= I say to you frankly)

(90) Franchement, est-ce que Céline trompe son mari? “Frankly, does Céline cheat on her husband?”(= Tell me frankly)

---

[27] 跟古代汉语中的“到底”兼有“终于”“总之”“毕竟”三义相似，法语“enfin, finalement”兼有“终于”义和“总之”义，“après tout”兼有“总之”义和“毕竟”义(详见张秀松，2010)。跟古代汉语“到底”相似，北京话“归结”([kuei⁵⁵ tɕie³⁵])兼有“总之”义和“究竟”义。例如：

(1) 归结还是那么句话。(说到底，总之) | 他归结也不知上哪儿了？(他到底也不知上哪儿了？)

早期现代汉语中“归起”也是兼有“总之”和“究竟”义(详见张秀松，2017)。这也可旁证本编第一章关于“到底$_3$”句往往具有语篇承上功能的论述。

这类副词因而被称之为"言语行为副词(illocutionary adverb)",因为可以假设在句子深层结构中,它们修饰一个零形式的言语行为动词。

言说概念的零编码在德语等语言中有一系列句法后果。第一,在德语中,当言说概念零编码时,编码言说态度或言说方式概念的语言表达式[如"mal ehrlich"(诚实地/坦率地)]在整个句子中就是一个语用层面的插入语,而不是句法成分,不占据句法位置。因而这时句子的主要动词(如下引首例中的"ist")不能紧接在"mal ehrlich"后,因为德语是 V_2 语言,句子的主要动词要居于第二个句法位置。试对比下两例:[28]

(91) * Mal ehrlich ist er wirklich nicht so schlau.
honestly is he really not so smart
(老实说,他真的不是那么聪明。)

(92) Mal ehrlich er ist wirklich nicht so schlau.
honestly he is really not so smart
(老实说,他真的不是那么聪明。)

上两例的主要差别在于:首例中"ist"居于主语"er"前(即居于句子第一句法位置),因而句子不合格;次例中"ist"居于主语"er"后(即居于句子的第二句法位置),因而句子合格。但是,当言说概念显性编码时,即把次例中的"ehrlich"换成"ehrlich gesagt(老实说)"时,"ehrlich"等表示言说态度或言说方式的语言表达式就跟"gesagt"等言说动词一起构成句法层面的高层谓语。这时句子主要动词"ist""habe"等要移到"ehrlich gesagt"后,以便居于第二句法位置。例如:

(93) Ehrlich gesagt habe ich keine Lust auf Eis.
honestly said have I no mood for icecream
(老实说,我没心情吃冰激凌。)

上例中"habe"居于"ich"之前,因为它前面已有一个句法(而非语用)成分"ehrlich gesagt"。第二,当言说概念零编码时,言说的主体只能是言者;而当言说概念显性

[28] 本小节中的德语用例[即例(91)—(95)]摘自 Scheffler(2008:17-23)。

编码时，言说的主体还可以是言者以外的其他施事。比如，例(94)中“ehrlich”前还可以增补言者以外的其他言说主体（如“er/他”“Paul/保罗”），而例(95)中“ehrlich”前只能增补言者（即“ich”）作为言说主体。第三，当言说概念显性编码时，其所在小句可以被嵌入到以言说动词作为谓语中心的主句的宾语位置；而当言说概念零编码时，其所在小句则不可以被嵌入到以言说动词作为谓语中心的主句的宾语位置。试比较：

(94) Paul meinte zu Peter, dass er ehrlich gesagt keine Lust mehr hat.
Paul said to Peter, that he **honestly** said no interest anymore has.
（保罗对彼特说，他真的不再感兴趣了。）

(95) * Paul meinte zu Peter, dass er mal ehrlich keine Lust mehr hat.
Paul said to Peter, that he **honestly** no interest anymore has.
（保罗对彼特说，他真的不再感兴趣了。）

例(94)变成例(95)后之所以不合格，是因为编码言说概念的“gesagt”潜隐起来了。这就使得(95)中的“ehrlich”变成了一个纯粹的语用平面的插入语，因而它在句法平面就不宜嵌入太深。否则，在语义解读上，被潜隐的言说概念指向的言说主体就不容易获取。而在例(95)中“ehrlich”所在的小句本身又是个（由 dass 引出的宾语）从句。这就使得全句不合格。总之，德语中主要谓语动词的句法位置的变化、能否添加言者以外的其他言说主体和所在小句能否嵌入到以言说动词作为谓语中心的主句的宾语从句位置，这些标准可以帮助我们识别出某言说概念的零编码现象。

综上所述，在英语、法语和德语等语言中当表示“坦率地说”“老实说”等意义的语言表达式作高层谓语等句法成分时，其中的言说动词不能潜隐；而当它们作插入语等语用成分时，其中的言说动词可以而且通常潜隐（即实现零编码）。

言说概念的零编码现象不仅在外语中有，在现代汉语中也是存在的。例如：

(96) 人彻底是具体的欲求需要，是千百种需要的凝聚体。（于润洋《歌剧〈特里斯坦与伊索尔德〉前奏曲与终曲的音乐学分析》）

(97) 讲仔半日天闲话，彻底侪是空格。（吴语江苏昆山话）（讲了大半天闲话，其实都是空的。）

(98) 太上老君："一言到尾，万万不能干涉人间的事。否则天地失衡，必招恶业。"(电视剧《搜神传》第一集)

例(96)(97)显示，在吴语昆山话等现代汉语方言中"彻底"表示"说到底"义(在这两例语境中实现为"其实"义)。而"彻底"本表"达到底部"义(唐贤清，2005)，所以这两例中言说概念是零编码的。例(98)中"一言到尾"表示"一句话说到底"义。其中的"说"义没有诉诸语码。在福建厦门、泉州等地的闽语和广东增城等地的粤语中，"说到底"义不一定非要说成"话/讲到尾"，也可以直接说成"到尾"。可见，在部分地区的闽语和粤语中也存在言说概念的零编码现象。该现象在汉语其他方言和汉语共同语中也是广泛存在的(如北京话中的"归齐"有时相当于"说归齐"，详见张秀松，2017、2018b)。

基于上面对外语和方言现象的考察，我们推测，在古代汉语中也存在言说概念的零编码现象。事实确实如此。[29] 据我们考察，在古代汉语中，跟上文所述"到底"能缺位编码"说到底"义相平行的是，"究竟"能缺位编码"说到底"义，犹"言究竟/言彻底"。不过，这时"说到底"义位呈现的义面也是"其实"。例如：

(99) 迷时以空为色，悟即以色为空。迷悟本无差别，色空究竟还同。(《全唐诗续拾》)

(100) (汉高祖)……只小小一个泗上亭长，手提三尺剑，从芒砀斩蛇起义，便赤手创成了汉家四百年江山，似乎称得起个英雄气壮了。究竟称不起，何也？(文康《儿女英雄传》第一回)

(101) 宝玉听了……忙回道："实在不知此事。究竟连'琪官'两个字不知为何物，岂更又加'引逗'二字！"说着便哭了。(曹雪芹《红楼梦》第三十三回)

(102) 原来宝钗素知薛蟠性情，心中已有一半疑是薛蟠调唆了人来告宝玉的，谁知又听袭人说出来，越发信了。究竟袭人是听焙茗说的，那焙茗也是

[29] 袁毓林(1997)指出，上古汉语中的"X者，Y也"里，X前的言说动词隐含了。本为"所谓X者，Y也"。"有PN者，……也"格式中，专有名词PN前的言说动词也隐含了。本为"有谓PN者，……也"。请看：

(1) 仁者，人也。←所谓仁者，人也。

(2) 有颜回者，好学，不迁怒，不贰过。←有谓颜回者，好学，不迁怒，不贰过。

曲守约(1972:19)引中古《十地经论》(一)释"不请而说"为"乃谓无人请问，而竟为之宣说也。请乃请问之省也"。虽然袁文把这种现象视为句法现象，叫"谓词隐含"，而曲文把这种现象视为语用现象，叫"省略"，其实他们提到的现象都说明古汉语中言说概念可以不编码。

私心窥度，并未据实，竟认准是他说的。那薛蟠都因素日有这个名声，其实这一次却不是他干的，被人生生的一口咬死是他，有口难分。（曹雪芹《红楼梦》第三十四回）

(103) 鸳鸯：“嗳哟！依你这话，这可不成了血山崩了。”平儿：“你女孩儿家，这是怎么说的，倒会咒人呢。”鸳鸯：“究竟我也不知什么是崩不崩的，你倒忘了不成，先我姐姐不是害这病死了。”（曹雪芹《红楼梦》第七十二回）

(104) 尤氏笑道：“我们家下大小的人只会讲外面假礼假体面，究竟做出来的事都够使的了。”李纨听如此说，便知他已知道昨夜的事，因笑道：“你这话有因，谁做事究竟够使了？”（曹雪芹《红楼梦》第七十五回）

在古汉语中，语篇域里的“到底”等词之所以经常缺位编码“说到底”义，是因为这种语境下真正要表达的不是言说概念，而是言说概念根据言为心声机制通过溯因推理而连带激活的推理概念。[30] 而推理义可从语篇推知（话段或语篇的末句通常是说话人从前文相关论证推出的结论部分）。那么，为什么现代汉语中“到底”等通常不缺位编码“说到底”义呢？因为现代汉语中它已有了专门的表义功能，即表示新产生的强调原因或事物根本特点的“毕竟”义。

2.2.3　评注语气副词“到底”的形成

关于“到底$_2$”的来源，学界有两种看法，即介词短语说（杨荣祥，2005：92）和时间副词说（史金生，2003：69；冯雪燕，2009）。两说的分歧在于，介词短语说认为“到底$_2$”直接来源于“到底$_0$”，并不像时间副词说主张的那样取道“到底$_1$”。我们也赞成介词短语说，因为我们的语料统计（见表2-1、表2-2）显示：虽然从大规模使用角度看，“到底$_3$”的出现晚于“到底$_2$”，“到底$_2$”的出现晚于“到底$_1$”，但这只是个相对的总体趋势。就绝对用例看，在唐五代它们都有了，更不用说在宋代和元明了。造成介词短语说和时间副词说分歧的原因可能是，时间用法的“到底”在句中有时有语用歧解的可能，既可释为“到最后，到头来”，又可释为“最终，终于/终究”。例如：

(105) 文章事，到底将身自误。（苏泂《摸鱼儿·忆刘改之》）

[30] 可资旁证的是，古代汉语中的“谓”“言”等言说动词可表示“以为”“认为”等心理活动义（详见蒋绍愚，2005：82-84）。

(106) 夜月溪篁鸾影。晓露岩花鹤顶。半世踏红尘，到底输他村景。村景，村景，樵斧耕蓑渔艇。(蒋捷《如梦令·夜月溪篁》)

例(105)既可理解为“写文章的事到最后还是误了自己”，又可理解为“写文章的事终究还是误了自己”。换言之，其中“到底”有两解：“到最后”义短语、“终究”义时间副词。例(106)也是如此，具体分析略。学者们提出时间副词说可能是受到了“毕竟”等其他双音“完结”义词和“终”“竟”等单音“完结”义词的历时演变的影响，因为这些词的“毕竟”义评注副词用法是从时间副词用法演变而来的。介词短语说既可以回答“为什么单词‘到底’的各种用法在唐五代都有用例?”(因为它们都是直接从短语“到底”演变而来的)，也可以回答“为什么从广泛使用角度看，‘到底$_1$’‘到底$_2$’‘到底$_3$’会依次出现?”(因为“到底$_0$”向行、知、言三域的扩散遵循着领域扩散论所主张的基本顺序)。

当然，杨荣祥先生在提出介词短语说时，受研究主题所限，对“到底$_2$”的语义获得机制(即它究竟是如何从“到底$_0$”那里获得“毕竟”义的)语焉不详。本节试作进一步探讨。如上文所述，“到底”可缺位编码“说到底”义，因而用于末句时往往兼有语篇总结功能，表示“总之”义，主要用来强调结论。正因为人们说话作文往往在结语重提本质(即最根本的)观点，所以“到底”的强调结论的用法可以演变为强调事物的根本特点不因情况改变而变化的用法。当“到底”用来强调事物的根本特点不因情况的改变而变化时，多用在[让步-转折]关系复句(本书简称为“让转复句”)的转折分句里，分句谓语中心呈现[+静态]特征。例如：

(107) 直卿言：“廖子晦作宰，不庭参，当时忤了上位，但此一节最可服。”先生曰：“庭参底固不是，然待上位来争，到底也不是。”(《朱子语类》卷一一三)

(108) 尽己之谓忠，推己之谓恕。中庸言“忠恕违道不远”，是也。此是学者事，然忠恕宝用到底只如此。(《朱子语类》卷一一三)

强调特点的“到底$_2$”用在因果关系复句的原因分句中时兼有强调原因的作用。例如：

(109) 问：“忠信进德之事，固可勉强，然致知甚难。”曰：“子以诚敬为可勉强，且恁地说。到底，须是知了方行得。……”(程颢、程颐《河南程氏遗书》卷一八)

(110) 到底高祖洪福果齐天，整整四百年。(佚名《刘知远诸宫调》第一则)

(111) 告得刘郎，别且喜得安否。咱家不恶，到底是亲故。自今后好商量，与你妻女。(佚名《刘知远诸宫调》第十一则)

(112) ……还念古往今来，功名可共，能几人光武。一旦星文惊四海，从此故人何许。到底轩裳不如蓑笠，久矣心相与。(王自中《念奴娇·题钓台》)

例(109)中“到底”强调“懂了才能遵行”是我发出“且恁地说”这种祈使行为的原因。[31] 例(112)中“到底”本强调事物的根本特点不因条件变化而改变(即：富贵生活不如隐居生活清闲，这不因刘秀富贵不忘友、诚邀子陵为官而有所改变)。但是，由于它后续结果分句“久矣心相与”(“对隐居生活早就很向往了”)，因而获得了强调原因的(“毕竟”义)解读。余例可作类似分析。正因为强调原因用法离不开强调特点用法，强调原因的“到底$_2$”有时兼有强调特点的作用。比如，例(111)中“到底”句还强调“我们是亲戚”这个特点不因我洪义过去亏待过你而有所改变。当强调特点的“到底”的优选句式(让转复句)和强调原因的“到底”的优选句式(因果复句)共现时，“到底”所在句式呈现为[让转-因果]关系二重复句。例如：

(113) 你便奢遮杀，到底是我亲哥哥，便叫我一处吃盏酒，有什么辱没了你？(施耐庵《水浒传》第十六回)[32]

(114) 草寇虽是不良，到底是个人身，不该打死……(吴承恩《西游记》第五十七回)

当“到底$_2$”用于[让转-因果]二重复句时，它和“终于/终究”义“到底”(即“到底$_1$”)之间的语义相似性最强。“到底$_1$”强调有利结果不因客观困难的阻碍而不出现或不利结果不因主体的规避而不出现，“到底$_2$”强调因果推理不因某不利因素的阻碍而中断。两者都含有[除阻](排除阻碍)义素。例如：

(115) 止缘序有“刺朝廷不知”之句，故后之说诗者，悉委曲附会之，费多少辞语，到底鹘突！(《朱子语类》卷八一)

---

[31] 这表明，“到底$_2$”偶尔也用于言域。

[32] 按：该例中“奢遮”犹言“了不起，出色”。“杀”犹“煞”，在这里意即“死”，表示程度高。

(116) 操曰:“人皆言周瑜、诸葛亮足智多谋,以吾观之,到底是无能之辈。若使此处伏一旅之师,吾等皆束手受缚矣。”(罗贯中《三国演义》第五十回)

例(115)中“到底”表示“终究,最后还是”义,强调已然结果(即“刺朝廷不知”之句显得唐突)不因后世说诗者的歪曲和附会而消失。例(116)中“到底”本是强调结论的。但是,由于“人言……”句与“吾观……”句的对比,“到底”在语境中获得了强调特点的作用,即强调事物的特点不因条件变化而改变(即言者认为周瑜、诸葛亮的无能并不因人言其足智多谋而有所改变)。根据我们的语料调查,在宋代“到底$_2$”只用于单句、让转关系复句和因果关系复句。到了元明时期,才开始用于[让转-因果]二重复句,共有14例。

综上所述,我们可以把“到底$_2$”的形成和演变过程概括如下:

表示时间上的“到最后”>强调结论的不变性(“说到结论,总之”义)>强调事物的根本特点不因条件变化而改变(“毕竟”义)>强调(事物的根本特点是导致某结果的)原因(“毕竟”义)

2.2.4 疑问语气副词“到底”的形成

正如语篇域中的“到底”可以缺位编码“说到底”义,言域中的“到底”可以缺位编码“说/问到底”义。在言域X可以表示“说/问X”义。这已得到很多语言里“说X>X”式演变的证实。比如,古代汉语中“珍重”意即“说‘珍重’,道别”,现代汉语中“再见”意即“说‘再见’,告别”,“寒暄”意即“问‘冷暖’,聊天”(详见李明,2004),江淮官话江苏阜宁话和吴语上海崇明话中“难为”意即“说‘难为’,感谢”,英语“damn”意即“说‘该死的’,诅咒”,这些都是言说概念零编码的结果。现代汉语普通话里类似现象也不少。比如,“到底谁去吧?”义近于“(你)说吧,到底谁去?”。再如,下例中“这个你可以说‘有’”这种意义能从“这个可以有”中获取出来。

(117) 主人:你这儿怎么什么都没有。那就来一份小鸡炖蘑菇吧!
服务员:没有。
主人:这个可以有。
服务员:这个真没有。(2009年春晚小品《不差钱》)

明白了这一点，就可解释为什么“到底”总要预指而不能回指疑问点，因为“到底 Q”原本表示的就是“说到底 Q”义，“说到底”作为独立语当然要位于问句 Q 之前了。那么，为什么在言域 X 可独立表示“说/问 X”义呢？因为人类言语交际并不完全按照代码交际模式(code model)进行，言者无需也不可能将所要传递的全部信息(思想内容)编码进语言，他可以也应该将双方共享或不言自明的常识性内容隐而不说，由听者推出。众所周知，提问行为和回答行为不同，回答可离开语言而用手势、身姿、表情等非语言手段表示。比如，对是非问的回答可用点头或摇头表示；对特指问的回答，如果答案所指在现场，可用手势指示。而提问必须借助语言手段才能进行。换言之，提问一般预设言说行为的存在。在疑问句里疑问成分具有提问功能，它本身已预设言说行为的存在。那么，疑问句里言说行为概念自然可以不诉诸显性编码。可旁证这一点的是，汉语史上曾短暂出现过“问”与“曰”“云”等言说动词共现的情况，例如：[33]

(118) 子贡问曰：“贫而无谄，富而无骄，何如？(《论语·学而》)

(119) 相公问云：“有僧寺否？”答云：“多有”。(圆仁《入唐求法巡礼记》)

提问行为预设言说行为的存在使“曰”“云”等言说动词因语义羡余而从“问曰”“问云”等表达中消失。因此，听者完全能从疑问句里的“到底”中解读出“问/说到底”义。[34]

下面以后时语料为例说明“到底$_3$”形成过程中“到底”的语义演变。经考察发现，在古代汉语里，“说到底”“问到底”既可用于行域，又可用于言域。例如：

(120) 若子路见识较高，他问时须问到底。(《朱子语类》卷四四)

(121) (旦悲科，云)孔目，你怎生说的这等。你就说到底，则不辱没你便了。(岳伯川《铁拐李》第二折)

(122) 有两个年长的道士说道：“……咱们先问到底的这些女子准是人、准是妖，再作定夺。”(醉月山人《狐狸缘全传》第十三回)

---

[33] 下两例转引自刘丹青(2004)。

[34] 汉语中“的话”能演变为表示假设关系的助词，也跟言说概念“说”的零编码有关，因为“话”能激活言说概念。

例(120)(122)中"问到底"意即"问到最后(即问到得出正确答案时)、问到位/清楚"。例(122)中"问到底"后续划线的疑问子句(Q)作宾语,字面意义是"把Q这个问题问到最后"。因此,"问到底Q"实为"问Q到底",表示言者要把询问Q这个问题的言语行为进行到底。同样,例(121)中"说到底"意即"说到最后,说到位/清楚","说到底Q"表示言者要求对方把Q这个问题(的答案)说清楚。当然,这并不是说历史上存在一个"说/问到底Q>到底Q"的演变过程,而是说"说/问到底Q"义在历史上可直接用"到底Q"来编码。这样,言者本来在元语层面使用"到底$_1$",暗示问Q是言者的最后一次询问,因而现代汉语中"到底Q?"带有最后通牒的意味(冯雪燕,2009),但由于给出的语境明示不足,言者的这种言外之意听者无法通过推理获得。相反,听者会基于如下溯因推理(abduction)而从"到底$_0$"中通过重新分析解读出追究语气义:

大前提:如果言者要追究Q这个问题的答案,则会把"问Q"这个行为进行到底。
　　　　如果言者要追究Q这个问题的答案,则会催促听者把Q的答案说到位。
小前提:现在言者要把问Q这个行为进行到底,或者要听者将Q的答案说到位。

推　论:言者要追究Q这个问题的答案。

图 2-2　溯因推理

换言之,听者认为,追究问题答案是言者的交际意图,但言者使用的交际手段是宣示决心或催促作答。这样,在听者看来,言者是用"到底$_0$"来间接表达追究语气,因而听者从言者那里学得并在以后跟言者及他人的交际中仿用的语言创新,不是用"到底$_1$"而是用"到底$_0$"表示追究语气义,这才导致"到底$_0$"向"到底$_3$"演变。起初,"到底$_0$"表达的字面意义(即宣示要问到底/催促说到底)跟言者的交际意图(即追究问题答案)之间,存在着需依赖上述溯因推理这种或然性推理才能建立起来的非恒定关系。但是,随着使用频率的递增,字面意义和交际意图之间的关系就会变得恒定起来,对推理的依赖就会越来越少,以至消失。这个过程就是交际意图规约化(固化)为"到底"的词义的过程。这表明,在"到底$_3$"的形成过程中,推理发挥了重要作用。当然,"到底$_3$"的形成可能也跟概念隐喻的引导有关系。如上一章所述,在"过程持续到最后(即到出现结果时)"跟"言语行为进行到最后(即到得到答案时)"之间存在相似性。

2.2.5　走出两难困境:再论疑问语气副词“到底”的来源

关于“到底$_3$”的来源,学界有三种观点:时间副词说(史金生,2003:69)、介词短语说(杨荣祥,2005:92)和评注副词说(冯雪燕,2009)。表 2-1、2-2 的统计结果表明评注副词说不能成立。“到底”的方言对应词的多义模式(详见张秀松,2018)及“究竟”“毕竟”等同类表达式的语义演变模式,也不支持评注副词说。下面重点论述时间副词说和介词短语说能否成立。考察发现,对如下几个问题:

> [1] 为什么现代汉语方言里“到头”“到尾”“到了”等“完结”义表达式如果具有“究竟”义,一般也具有“最终”义(详见张秀松,2018b),而不大会出现只有“究竟”义和“到尽头/最后”义(或/和“毕竟”义)而无“最终”义的多义模式?
> [2] 为什么汉语史上“毕竟”“至竟”等“完结”义表达式不约而同地都先有“最终”义的广泛使用,而后有“究竟”义的广泛使用(详见张秀松,2015、2018b)?
> [3] “到底$_1$”在宋代就已正式形成,为什么“到底$_3$”的大规模使用要晚至明末清初?

时间副词说能回答问题[1][2],但是不能回答问题[3]。介词短语说能回答问题[2][3],[35]但是不易回答问题[1]。这样,我们就走入了一个两难困境。要准确回答问题[1]必须从听说双方分别切入,对介词短语说作进一步说明。在§2.2.4 中,我们注意到了在明示-推理交际中明示不足的语境后果,发现从“最后 Q?”推出“这是最后一次问 Q/请对 Q 的答案作最终确认”显然比从“到最后 Q”推出“说/问到最后 Q”困难得多。所以,在语境明示同样多的情况下,听者执行后一种推理的可能远远大于执行前一种推理。换言之,尽管言者想用“到底$_1$”来临时表达追究语气义,但是听者则更可能认为言者用的是“到底$_0$”。这样,§2.2.4 中的观点就既能克服时间副词说只看到言者在语义生成过程中的能动作用的弱点,又能克服单纯的介词短语说只看到听者在语义理解中的能动作用的弱点,同时关注听说双方之间的互动,因而能同时回答上述三个问题。

综上所述,我们赞同介词短语说,认为“到底$_2$”“到底$_3$”源于“到底$_0$”。但是,在介词短语说的基础上,我们进一步探讨了“到底$_0$”向“到底$_2$”“到底$_3$”演变的机制,

[35] 对问题[2]的回答是,“最终”义比“究竟”义更具体,前者用于时间域,后者用于言域,因而当然先有“最终”义,后有“究竟”义。对问题[3]的回答是,因为“到底$_3$”不是从“到底$_1$”演变而来。

特别是"到底$_2$""到底$_3$"的语义获得机制，对介词短语说作了进一步完善和说明。

2.3 "到底"词汇化和语法化的动因

关于语法化的动因，学界有两种截然不同的理论。一种理论把语法化看作言语交际的省力（又称"效率/efficiency""经济/economy"）原则与明晰（clarity，又称"效力/effectiveness"）原则互动的结果，认为语法化的动因就是言者在保证言语表达的明晰的同时，尽可能追求言语交际省力的结果。持这种观点的学者以 Geurts（2000a，2000b）为代表。Geurts 认为，语言表达式因长期使用会发生语音或形态磨损，使人们对其表义功能习焉不察。这时，言者为了避免被误解（即追求表达明晰），会违反语言使用的语法约定，创造性地采用其他表达式来表示所要表达的意义。这就导致其他语言表达式的语法化。Geurts 认为，这种观点是 Givón 等主流语法化研究人员的传统观点，所以被视为解释语法化的标准理论（standard theory）。另外一种理论是把语法化看作表现力准则（extravagance maxim）和一致准则（conformity maxim）互动（即创新和模仿互动）的结果，认为：在言语交际中，个体为了追求表达效果以引人注目，故意违反语言使用的语法约定，弃现存表达式（通常是屈折式或综合式）不用（这个现存表达式可能并未发生任何语音或形态磨损，不会影响言语交际中表义的明晰）而采用某种新的表达式（通常是迂说式或分析式）。后来，其他个体纷纷仿效，从而导致新形式的语法化。这种理论以 Haspelmath（1999，2000）为代表。

上述两种理论之间的差别，在 Haspelmath（2000）看来，是磨损优先（reduction first）还是迂说优先（periphrasis first）的问题，即：旧形式的音形磨损与新形式在某语境中代替旧形式来表义，这两者孰先孰后、孰因孰果？如果这两种理论之间的差别真的如 Haspelmath（2000）所理解的那样，那么，我们认为他和 Geurts 的观点都失之偏颇。他们都试图把某一种解释理论上升为解释所有语法化现象的全能冠军。事实上，有些语法化现象是现有表达式的音形磨损导致表义不明从而启用新形式的结果，而另外一些语法化现象可能跟现有表达式的音形磨损无关，纯粹是语言表达求新求异的结果。对这些语法化现象来说，音形磨损是果而非因。Geurts（2000b）承认因为自己（Geurts，2000a）表达不清导致 Haspelmath 把他归入赞同磨损优先论的一派。Geurts（2000b）认为，上述两种理论之间的根本区别不在于磨损优先还是迂说优先，而在于：

> 言语交际的省力原则和明晰原则的互动是否足以解释语法化为何发生和具有单向性。Haspelmath(1999)认为，不足以对其作出解释，因为省力原则和明晰原则二力互相抵消，语言应该相对稳定，不会发生语法化，更不会使语法化具有单向性。在Haspelmath看来，除了言语交际的省力原则和明晰原则以外，还需要别的限制条件，这些限制条件(即表现力准则和一致准则)与交际本身没有关系。表现力准则和一致准则分别激发了言者的语言创新和语言保守这两种行为。言者实施语言创新或语言保守不是为了使交际更顺畅，而是为了提高或者巩固言者的社会地位。因此，Haspelmath认为，语法化的诱因就跟驱动服装时尚演变的动因一样。有一部分人为了吸引眼球，故意突显自己(语言表达或者服装上)的与众不同，来一个(语言表达或装束上的)创新，而这些人往往是优势群体，其他人为了巩固与这些人之间的社会关系或者获得这些人的认同，纷纷仿效。这样，就推动了整个社会(的语言表达或服装)时尚的更新和演变。

我们认为，Geurts(2000b)误解了Haspelmath(1999)的观点，Haspelmath(1999)明确把表现力准则和一致准则跟原有的省力准则和明晰准则并列在“成功交际(socially successful)”这个上位准则之下，怎么能说Haspelmath(1999)的表现力准则和一致准则是从交际之外来解释语法化呢？而且，Haspelmath(1999)所说的“一致准则”更多地指言语交际中听者为了跟言者成功交际而默认和模仿言者的创新行为。听者在以后的言语交际中模仿这种创新，不是为了巩固自己的社会地位或获得社会认同，而是听者也觉得这种新创形式更有表现力。

“到底$_0$”向“到底$_2$”语法化的动因，我们认为有两种可能：① 言者用“到底$_0$”凸显时间先后关系，而听者在相关语境的指引下，把“到底$_0$”解读为凸显认识上的前提-结论关系(英语、法语、意大利语中存在相似现象，详见张秀松，2010b：§10.3.4)。那么，言者为什么在明显存在前提-结论关系的语境中仍然弃而不用当时已具有强调结论作用的“至竟”“究竟”“毕竟”“到头”等现存形式，[36]而要使用当时还只有凸显时间先后关系作用的“到底$_0$”呢？这可能是因为前提-结论关系比时间先后

[36] 按：“至竟”“究竟”“毕竟”“到头”的强调结论的用法比“到底”出现得早得多。在唐五代，这几个词的强调结论用法已经很成熟，而“到底”的同类用法才刚出现(详见张秀松，2010)。

关系主观性更强，而言者试图追求语言表达的客观化。这种追求恰恰是导致“到底$_0$”向“到底$_2$”语法化的动因。曼德维勒悖论(Mande ville paradox)告诉我们：在个体表达层面上越是追求客观化，在语言系统层面上就越会导致主观化(具体参见 Keller，1995：25-28)。比如，在那些因为语用原因而显然要出现因果或让步关系解读的语境中，言者为了追求表达的客观化以显得与所述内容有一定距离，宁愿使用那些更客观的只凸显时间关系的表达，尽管语言中已有因果或让步关系连词。言者追求表达客观化的语用行为高频复现并在语言社团中被仿效，就会导致被借用的时间表达发生语义主观化。这样，在那些因为语用原因显然要凸显前提-结论关系的语境中，言者为了追求客观化，会使用纯客观的时间表达而不用现存表达。再如，在“到底$_1$”的主观强调义产生之前，已有很多具有强调结果作用的表达，如“至竟”“究竟”“毕竟”“到头”等(详见张秀松，2010b：Ch6-7，10)，但是言者弃而不用，反而选用当时还较为客观的时间表达“到底”，把因果关系客观化为时间先后关系。尽管言者作了这样的努力，但是由于“到底”和“至竟”等处于同一聚合，听者仍然会基于类推心理认为言者是在强调结果的意义上使用“到底”，从而在会话过程中遵守一致准则(conformity maxim)以顺应言者的创新，为“到底”解读出强调结果义。这种创新被听者在以后与言者及他人的交际中重复，从而导致“到底$_1$”发生从客观真值义向主观强调义的语义演变。② 言者对现存的语言表达实施旧词新用策略。言者因为要遵循表现力准则使自己的语言表达能引起注意(即为了求新求异)，在可以说“Y A_F Z”的情况下却说“Y B_L Z”(其中 F 代表功能范畴，L 代表词汇范畴)。听者在言语交际中，为了交际成功，则会遵循一致准则，接受言者的这种创新，并且同样出于对表现力准则的遵守而仿效言者的这种语言创新。这种仿效在语言社团中被高频重复就导致 B 这个表达式的创新意义逐渐脱离具体语境(即“离境化/detextualization”)，进而固化为 B 的新义。具体到“到底$_2$”身上，言者在可以用“至竟”“究竟”“毕竟”等现存表达的情况下，创造性地用在词汇意义上跟这些词处于同一聚合的“到底”来凸显认识上的前提-结论关系。听者明明意识到言者的语言使用偏离常规，但为了成功地跟言者进行交际，会默认这种语言创新，甚至在以后跟言者或他人交谈时仿效这种创新，进而使这种创新意义规约化。①②两说的差别在于类推只在听者心里起作用(①)，还是在听说双方心里都起作用(②)。言者使用“到底”追求的是表达的客观化(①)还是表达的新颖性(②)。共同点在于，是听者对言者的顺应为“到底$_1$”的语义主观化以及“到底$_0$”向“到底$_2$”的语义演变提供了可能。[37]

至于“到底$_3$”的形成，可能还有礼貌原则的作用。言者弃而不用当时已有疑问语气副词用法的“究竟”“至竟”“毕竟”“到头”等，而用当时还没有疑问语气副词用法的“到底”来表示追究语气，当然可能是为了遵循表现力准则，但更可能是为了照顾听者的面子，因为问“这个问题的答案究竟是什么?”显然没有说“请把这个问题回答到底(即答出其真实/最终答案)”显得礼貌。

3. 基于演变事实对相关预测的验证

本节运用上文的考察结果对引言中的相关预测逐条进行验证。引言预测①："到底"的短语、时间副词、评注语气副词和疑问语气副词用法在历史上依次出现。§2的考察表明，从广泛使用的角度看，“到底$_0$”出现最早，在唐五代；“到底$_1$”次之，在宋代；“到底$_2$”再次之，在元明；“到底$_3$”最后，在清代(见表2-1)。但是，跟预测稍有出入的是，在唐五代，“到底$_2$”“到底$_3$”出现了极少数用例，而“到底$_1$”反而未见。我们认为，这可能是因为“到底$_2$”“到底$_3$”并不源于“到底$_1$”而是源于“到底$_0$”，因而不必全部都比“到底$_1$”晚出，少数“到底$_2$”“到底$_3$”先于“到底$_1$”出现，可能是由于语用创新的需要驱动类推操作使然，因为跟“到底”处于同一聚合的“究竟”“至竟”“到头”那时都已兼有时间副词、评注语气副词和疑问语气副词三种用法。正如Newmeyer(1998:Ch5)所说，类推引发的语法化往往导致后起的语法演变无法反映源形式语法演变的渐进性。“究竟”“至竟”“到头”对“到底”的类推使预测①只能总体上得到印证，但不能完全得到印证。引言预测②：“到底$_0$”的使用呈递减趋势；“到底$_2$”“到底$_3$”日趋成熟的过程是“到底$_0$”日趋衰减的过程。§2的考察表明，历史上“到底$_0$”的用例比呈递减趋势，“到底$_2$”“到底$_3$”的用例比呈递增趋势，“到底$_1$”的用例比先增后减，且“到底$_0$”用例比的骤减期正好是“到底$_2$”“到底$_3$”使用比例的递增期(见表2-2)。唯一不符预测的是，“到底$_0$”的用频从唐五代到元明一直在上升(见表2-1)。这可能是其交替形式“至竟”“到头”“到了”等越来越不常用或使用场合越来越受限所致。所以，预测②不能得到全部证实，当是因为它是我们在“到底”的演

[37] 当然，上述解释是在假设“到底”的词汇化和语法化是有动因的前提下作出的。我们不排除“到底”的词汇化和语法化自动发生(无显著动因)的可能。

变不受同聚合其他成员干扰的理想状态下作出的。引言预测③：在各种“到底”都很成熟的时代，“到底$_0$”用例最少。§2 的考察表明事实的确如此。在“到底$_1$”“到底$_2$”“到底$_3$”都广泛使用的清代，“到底$_0$”只占 8.08%，用例最少（见表 2-2）。引言预测④：“到底$_0$”先有空间用法，后有时间用法。§2.1 的考察表明，“到底$_0$”的空间用法成熟于唐五代，而其时间用法要晚至宋代才成熟。引言预测⑤：“到底$_0$”先有“到最后”义，后有“（在）最后”义，最后有“终于，终究”义。§2.1.3.2 的考察表明事实确实如此。引言预测⑥：“到底”的时间用法在使用之初带有特殊修辞效应，即“到底”先有修辞隐喻，后有概念隐喻。§2.1.3.2.2 的考察表明，在唐五代“到底”偶现的时间用法确实带有特殊修辞效应。到了宋代，这种修辞效应才被抹除。换言之，到宋代“到底”表时间义才实现了从修辞隐喻向概念隐喻的转变。引言预测⑦：“到底”中“底”的方位义当经历了“底端＞尽头”的泛化过程。§2.1.3.2.1 的考察表明，“底”的语义泛化（即“底端＞尽头”）在晋代就已开始，鼎盛于唐代。所以，在唐五代“到底”发生了从“到底端”义向“到尽头”义的语义演变。引言预测⑧：“到底$_1$”可以用在一个结果分句前。§2.1.3.2.4 的考察表明，事实确实如此。引言预测⑨：古汉语中的“到底”可以缺位编码“说到底”义，且“到底$_2$”形成之初可位于句首。§2.2.2 的考察表明事实确实如此。引言预测⑩：古汉语问句中言说概念可以不编码，§2.2.4 的考察表明事实确实如此。引言预测⑪：“到底$_3$”形成之初可以位于（话题句）句首。事实确实如此（详见本书第二编第一章之§2）。引言预测⑫：“到底$_3$”曾可以粘附于选择问标记“还是”。事实基本如此。[38] 综上所述，引言中的相关预测基本得到了验证，个别不符之处大多是由同聚合其他成员的演变的干扰造成的。

4. 两种主观化学说对“到底”历时演变的解释

共时主观化是共时层面的信息编码策略，是言者的信息报道者或话语指示中心的身份在语言编码中被屏蔽的过程，或者说，是认知主体从被识解事态中逐渐隐

[38] 在汉语史上，“到底”可以粘附于选择问标记“还是”所在空位，详见张秀松（2010b，§2.2.2）。这里仅举例如下：

（1）翠缕道：“这是公的，到底是母的呢？”（《红楼梦》第三十一回）

（2）到了偏咱，到底亏他，不信情杂，忘了人那！（卢挚《咏别》）

退的过程。(张爱玲,2015)因此,言者信息报道者身份在话语中越隐晦,话语表达的主观性越大,听者越要依靠推理等主观手段来识解话语意义。(Langacker, 1985)比如,“看来,他是个傻子”的语义主观性比“在我看来,他是个傻子”强,因为“我”的信息报道者身份在前句潜隐,而在后句凸显了。前句中的“看来”可以理解为“可能”义,带有明显的主观评注语气;后句中的“看来”的语义带有一定的客观性,意即“看起来”。共时主观化理论由认知语言学家 Langacker 提出。Langcker (1985: 122)用观众与演员的关系来说明共时主观化:当观众完全沉浸在对舞台艺术的欣赏中而浑然不觉自我的存在时,他对艺术欣赏这种行为的主观参与程度最高。历时主观化理论由历史语言学家 Traugott 提出。Traugott(1982, 1989, 2002)认为,主观化指“语言表达式的意义变得越来越以言者对命题(即言者所说内容)的主观信仰、态度或情感为基础的语用-语义变化过程”(Traugott,1989: 35)。历时主观化是一种语义演变机制,是语符的规约意义的语境实现被约定俗成为其新义的过程。比如,汉语史上“把”从表示客观处置义到表示主观处置义的演变(试比较:他把钱都花了。～他把钱弄丢了。～一两银子就把他乐成那样)。学界对历时主观化及相关研究关注较多,而对共时主观化及相关研究关注相对较少,一般都会着意区分这两种主观化。其实,这两种主观化是密切相关的。历时主观化往往以共时主观化为基础。共时主观化这种编码策略用得多了,就会触发语符的意义的主观化,即历时主观化。下面从共时主观化与历时主观化的关系角度探讨一下“到底”的主观性问题。

根据上一章的考察,在句子里“到底$_0$”前有显性填项;“到底$_1$”前有隐性填项,其隐性填项是前句或本句自主可控动词充当的谓语中心的拷贝;“到底$_2$”和“到底$_3$”前没有句法填项。其中,“到底$_2$”的语义填项是表“推(理)”义的“说”;“到底$_3$”前的语义填项是“说”或“问”,因而确定性不如“到底$_2$”的语义填项。如果“到底$_3$”不在句首,只要先进行一些句法操作上的准备(如移位)即可。这样,根据填项的特征,四种身份的“到底”可以形成如下等级:

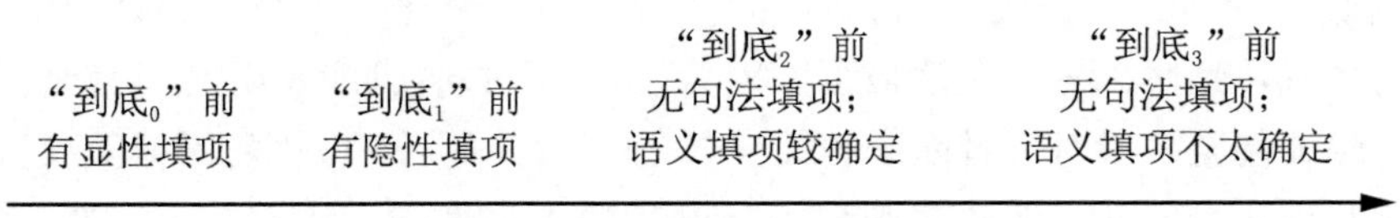

图 2-3　四种身份的“到底”形成的等级

众所周知，言者在话语活动中的作用包括：① 作话语指示中心，即充当空间、时间和人称指示的参照中心；② 作认知评价中心，即言者通过一些编码策略表达自己对命题的判断、情态等；③ 作信息报道（或索取）中心，即言者可以选择在话语活动中是否凸显自己的信息报道者（或索取者）身份和具体的凸显度。以上几方面都是影响话语表达主观性的因素。（Iwasaki，1993：12）“到底$_0$”“到底$_1$”主要与动作的施事相关，跟言者基本无关；而“到底$_2$”“到底$_3$”分别关联着言者的认知评价中心身份和信息索取中心身份，因为它们分别是评注语气副词和疑问语气副词。“到底$_2$”前的填项的隐退（即零编码）必然导致推理活动的施事（即言者）的认知评价中心身份随之隐退，“到底$_3$”前的填项的隐退（即零编码）必然导致言说活动的施事（即言者）的信息索取中心身份随之隐退，因而“到底$_2$”“到底$_3$”前的填项的隐退是一种共时主观化，是古人话语活动中的编码策略。但是，这种编码策略高频重复使用，就会诱发“到底”通过语境吸收发生历时主观化而获得“毕竟”义和“究竟”义。四种“到底”因其前的填项在显隐和确定度上存在如图 2-3 所示的等级，所以其主观性应该呈现如下强弱等级：到底$_0$＜到底$_1$＜到底$_2$＜到底$_3$。而根据历时主观化理论，主观性越强的成分往往在历史上出现得越晚。这样，从主观性强弱的角度也可以预测到“到底$_0$”“到底$_1$”“到底$_2$”“到底$_3$”在历史上当是依次大规模出现的。上面的考察说明：若能把共时主观化理论和历时主观化理论有机结合起来，可以对语言现象作出更充分的解释或预测。

5. 余论和小结

本章的考察显示，四种性质的“到底”所在概念域一个比一个抽象。相应地，从空间域到时间域，从行域到知域，再到言域，“到底”陈述的动作越来越抽象，“到底”逐渐从表示客观运动、活动转向表示主观评价。这样，运用主观化理论，“到底$_0$”“到底$_1$”“到底$_2$”“到底$_3$”的主观性当一个比一个强。另外，从交互主观化角度看，“到底$_3$”的主观性最强。因为“到底$_3$”的形成涉及听者对言者的言外之意的解读甚至言者对听者面子的关注（详见 § 2.2.4，§ 3），故而因涉及交互主观化而比其他几个至多只涉及主观化的“到底”的主观性强。我们知道，词语主观性越强越易位于句子的外围。那么，“到底$_0$”“到底$_1$”“到底$_2$”“到底$_3$”就该一个比一个离谓语核心远。根据上文的论述，事实确实如此。“到底$_0$”多作补语，与谓语中心关系最近；[39]“到底$_1$”多作辖谓状语，与谓语中心关系稍远；“到底$_2$”多作句子状语，作用于整个句子，与谓语中心关系更远；“到底$_3$”看似位于句中，但如果考虑到它是对“说/问到底”义的缺位编码，则可认定它是最外围的成分。如果说“到底$_0$”“到底$_1$”是指向主语的(subject-orientatated)，那么“到底$_2$”“到底$_3$”则是指向作为认知评价中心或信息索取中心的言者的(speaker-oriented)了。它们的相对位置在下图中可能看得更清楚点。

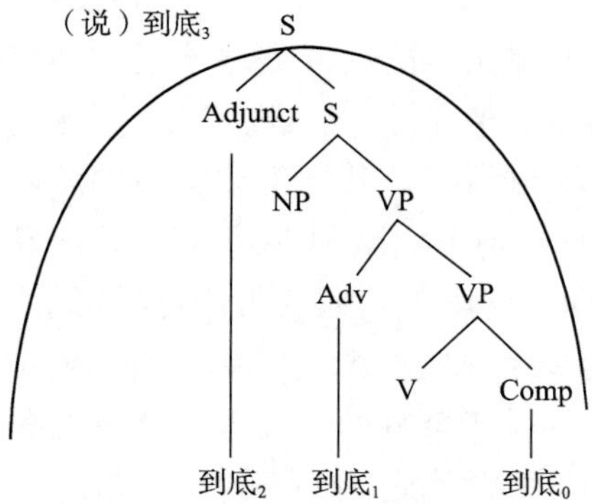

图 2-4

上图表明“到底$_3$”占据[SPEC，CP]位置。而[SPEC，CP]位置已为表示疑问的语气词“吗”所占据。这样，追究语气和疑问语气的辖域发生冲突使“到底$_3$”不能用来追究内部疑问(即不能用于是非问，详见第一章§2.4)。说[SPEC，CP]位置只能为一个成分占据有什么证据呢？这可从英语中的下列现象得到旁证。英语中 WH-词在疑问句中必须强制移到句首位置，即[SPEC，CP]位。但是，当这个位置已经为一个 WH-词占据时，另一个 WH-词就不能移入。例如：

(123) Who did John say bought what?(约翰说谁买了什么?)

所以，疑问语气副词“到底$_3$”的辖域是 IP。这样，“到底$_3$”自然不能管辖“吗”，因为“吗”作为疑问语气词位置在 IP 外。而在“到底 VP 不 VP(呢)”中，没有其他成分和“到底$_3$”争夺[SPEC，CP]位置，所以全句合格。

[39] 按：“到底$_0$”作谓语时本身就是谓语中心。

本章首先在前一章的基础上，基于理论观照下的“到底”的共时变异，对“到底”的历时演变作进一步预测；然后，考察“到底”的历时演变，即它从状位介词短语向时间副词的词汇化、向评注语气副词和疑问语气副词的语法化，探讨其词汇化和语法化的历程、机制和动因。最后，运用对“到底”的历时演变的考察结果，检验相关预测的效度，并作些理论探讨。经考察，发现短语“到底”向时间副词的词汇化经历了如下阶段：[连谓前项：动词短语→] 状位：介词短语→ 状位：(时间)副词。相应地，它发生了如下语义演变：到底端＞(到尽头＞)到最后＞(在)最后。其中，最后一步是语义虚化，其他几步是语义泛化，且语义虚化以语义泛化为基础。时间副词“到底”形成之初，只有客观真值义[“(在)最后”义]，后来通过语用强化和语境吸收获得了“终于/终究”等主观强调义。其词汇化背后的认知-语用机制是时空隐喻、[过程-结果]转喻、主观化与语用强化。其词汇化的语用动因是状位“到底”频现于时空双关语境。“到底”向评注语气副词的语法化经历了“凸显时间先后关系＞凸显(认识上的)前提-结论关系”的演变。在“到底”向疑问语气副词的语法化过程中，在听说双方之间发生的基于转喻的语义重新分析发挥了重要作用。言者在元语层面使用“最后”义时间副词“到底”暗示听者问题 Q 是其最后一次询问，要求听者对 Q 的答案作出最终确认；由于语境明示不足，听者认为言者使用的是对“说/问到底”义进行缺位编码的介词短语“到底”，因而通过溯因推理推出“到底”表示追问语气。与上一章相比，本章除了强调隐喻在“到底”宏观演变中的作用外，更强调转喻、语用强化、语境吸收、重新分析在“到底”的微观演变中的作用。

第三章

视觉感知动词“看”向情态标记和时体标记的语法化

1. 视觉感知动词“看”向认识情态标记的语法化

1.1 “看”的三个领域用法

Sweetser(1990)认为，词语表达的内容有三个领域，即现实域[content domain，毕永娥(1994)译作“内容域”，又叫“社会-自然域/social-physical domain”]、认识域(epistemic domain，又叫“思维域”)、言语行为域(speech act domain)。[1] 至于Sweetser所谓的三个领域跟Traugott(1982)所谓的“命题意义”“篇章意义”“表述意义”、Halliday(1994)所谓的“概念意义”“语篇意义”“交际意义”之间的复杂关系，请参看张爱玲(2015)。[2] 下面结合英语“because”的用法来说明词语意义在三个不同领域中的语境实现。请看：

(1) a. 地湿了，因为天下雨了。

b. 约翰喜欢玛丽，因为玛丽酷似约翰的初恋。

---

[1] 沈家煊(2003)分别译作“行域”“知域”“言域”。沈先生对第一、三个领域的翻译似乎不大准确，易造成对这两个领域的混淆。在自然界或人类社会领域存在的未必都是行为或事件，也有可能是状态或关系。所以，把“社会-自然域”译作“行域”欠妥。本书第一编第一章用沈先生的译法是权宜之计。

[2] 笔者(张秀松，2004)曾认为Sweetser的三个领域观跟Verschueren(1999:87)关于交际语境由物理世界、心理世界、社交世界组成的观点相通。

(2) 约翰喜欢玛丽,因为他冒死救了她。

(3) 今晚还开会吗? 因为礼堂有部好电影。

上三例中“因为”都表示因果关系。在例(1)中,因果关系存在于现实域前后两个事件之间。这种因果关系是真值条件性的,因而它处在否定算子或疑问算子的辖域之内。这从例(1)a可以转换为“地湿不是因为天下雨了,而是因为洒水车从这里路过”或“地湿是因为天下雨了吗?”可以窥见一斑。这样,现实域因果关系是连词“因为”的语义意义(semantic meaning)。在例(2)中,因果关系不仅可以存在于现实域,还可以存在于认识域推理过程中的前提和结论之间,“因为”引导的句子表示的事件未必是约翰喜欢玛丽的原因,而很可能是言者得出“约翰喜欢玛丽”这个结论的原因。这样,认识域因果关系是连词“因为”的语用意义(pragmatic meaning),不是真值条件性的,因而不能处在否定算子或疑问算子的辖域之内。这从例(2)用在推理语境中时不能转换为“约翰喜欢玛丽不是因为他冒死救了她,而是因为他给她买来了条项链”或“约翰喜欢玛丽是因为他冒死救了她吗?”可以窥见一斑(按:转换后的句子作现实因果关系而非推论因果关系解时合格)。在例(3)中,因果关系存在于第二句的内容与第一句实施的言语行为之间。“今晚有部好电影”是我问你“今晚还开会吗?”的原因。

表示假设、条件等其他关系的词,其意义在不同概念域中同样有不同的语境实现。例如:

(4) a. 如果你(能)考上大学,我就奖你一台电脑。

b. 如果你*(能)考上大学,太阳都从西边出来了。

c_1. 如果说打也是一种爱,那么,他经常被老婆爱得死去活来。

c_2. 上海,如果不是中国最大的城市,至少也是比较大的城市。

c_3. 如果你饿的话,冰箱里有面包呢。

c_4. 如果我没有猜错的话,你是娟娟男朋友吧?

c_5. 如果可以的话/你不介意,请帮我填一份关于食堂服务满意度的问卷调查!

在例(4)a中,假设关系存在于现实域“你考上大学”和“我奖你一台电脑”这两个事件之间;在例(4)b中,假设关系存在于认识域“你能考上大学”和“太阳从西边出来了”这两个命题之间。在现实域中，你能否考上大学跟太阳是否从西边出来之间不存在必然联系。该句只是利用了命题逻辑中蕴涵式“p→q”的特点（假命题可以蕴涵一切命题）。也就是说，言者坚信“你考不上大学”（即坚信“你能考上大学”是假命题），所以该例中言者除了可以在“如果”分句后续加“太阳都从西边出来了”之外，还可以续加“狗嘴里都能吐出象牙”“猪都会飞了”等在现实域显假的命题。言者就是要通过正句所示命题的荒谬性来反衬“你能考上大学”之荒谬性。例（4）c_1中有“说”，其中假设关系连词“如果”表示的是两个言说行为之间的条件关系。意思是说，如果你可以说打是一种爱，那么我就可以说他经常被老婆爱得死去活来。所以，例（4）c_1、c_2中偏句是为正句提供言说（实施宣告行为）的合适条件的。例（4）c_2约等于“上海即使不是中国最大的城市，至少也是比较大的城市”。在该例中“如果”表面上跟英语“if”对应，其实跟“even if（即使）”对应。同理，例（4）c_3-c_5中偏句也只是为使正句实施某言语行为（声明、测度问、请求）提供合适条件。

同一种语义关系在不同认知域中的用法差异在不同语言中有不同的表现。比如，在英语中，关系词用于现实域时前后分句之间通常无停顿，而用于认识域时通常有停顿。“用于言语行为域时，从句往往不是叙述事件的，而是表示判断或属性的”（Dancygier，2003：83）。德语和丹麦语则通过使用“从句→主句”和“主句→从句”语序来区分同一个关联词的现实域和认识域用法（详见 Hansen，2005）。德语还可以通过关联词的不同选用来区分。表示现实域因果关系，关联词既可用“weil（因为）”，又可用“denn（因为）”；表示认识域或言语行为域因果关系时，关联词只能用“denn”，而不能用“weil”。试比较（摘自 Scheffler，2008：40）：

（5）a. Die Straβe ist naβ，weil es geregnet hat.
　　The street is wet，because it rained has
　b. Die Straβe ist naβ，denn es geregnet hat.
　　The street is wet，because it rained has
　　（街上湿，因为下雨了。）
（6）a. * Peter ist zuhause，weil sein Licht an ist.
　　Peter is at home，because his light on is
　b. Peter ist zuhause，denn sein Licht ist an.
　　Peter is at home，because his light on is
　　（约翰到家了，因为他家灯亮了。）

(7) a. * Willst due in Bier? Weil ich noch eins Übrig habe.
Want you a beer? Because I still one left have
b. Willst due in Bier? Denn ich habe noch eins Übrig.
Want you a beer? Because I have still one left
(你需要啤酒吗? 我还剩一瓶。)

同理,英语有时也通过关联词的不同来区分同一种语义关系在不同认知域中的用法。表示现实域因果关系通常用"because",而表示认识域因果关系通常用"for"。汉语表示认识域因果关系时,引导结果的关联词可换成"所以说"。换言之,由"所以说"标记的因果关系通常存在于推理上的前提与结论之间。例如:

(8) 这小周上星期天在屋门口晒被子,大家伙兴许都没留神儿——那被面是大红的线绨,这不稀奇,可那被里居然也是清一色的大红布,真是透着古怪! 所以说,该做的事不是去报告派出所,而是去找大夫……(刘心武《黑墙》)

(9) 这种选择并不是一成不变的,当你意识到你的选择错了或者觉得它不适合你的时候,你就应该立刻改变它。所以说,命运其实掌握在自己手中。(王朔《不想上床》)

根据 Sweetser(1990),多义词或存在语用歧解的词往往先有现实域用法,再从现实域用法派生出认识域用法,最后派生出言语行为域用法。比如,上文例(1)中"因为"的用法早于例(2)(3)中"因为"的用法。这是因为,世界可以分为自然界、人类社会、思维领域,人们认识世界的过程是从具体到抽象,所以,用于自然界或人类社会领域的词可以搬到思维领域/认识领域中,但反之不能。而改造世界是在认识世界的基础上进行的,所以用于现实域、认识域的词可能会向言语行为域扩散,因为一旦实施了某种言语行为就意味着对世界实施了某种改造。比如,上文例(3)中的"因为"协助前半句实施询问行为,把被询问人由沉默状态改造为作出答复状态,还有可能使被询问人作出取消晚上会议的决定,这是对世界的广义改造。

汉语中以表示"注意、小心"义的"看"(记作 K_0)作谓语中心的祈使句(下文简称"'看'字祈使句")有引起注意、要求小心的作用。它能在特定交际环境中将听话人的注意力导向特定事件。这种"看"字祈使句也有现实域、认识域和言语行为域三种用法。例如:

(10) 看刀/剑/枪/棍/鞭、看招/拳、看打
(11) 不好好学习,看我非揍死你不可。
(12) “快吃罢,看饭都凉了。”母亲在一旁催促他。(巴金《寒夜》)

上三例中,“看”分别用于现实域、认识域和言语行为域。这三种用法的“看”,我们分别记作 K_a、K_b、K_c。例(10)中,“看”的宾语通常是工具名词、攻击义动词“打”等。宾语的指谓对象是现实可见的。这种用法的“看”本来表示“注意、小心”义。当攻击方说“看刀”“看招”“看打”等时,起初是通过提醒对方注意来暗示对方我不是偷袭你,而是在明处攻击你,可见我对自己的实力很自信。这时“看 N/V”实施的言语行为是攻前威胁。这种语境中的“看”的意义后来逐渐发生了变化,“看”变得义近于“接”。例(11)中“看”用于认识域,是因为它用于两个命题[即假设出的前提“(你)不好好学习”和相应的结论“我非揍死你不可”]之间(详见下文);例(12)中“看”用于言语行为域,因为其前用的是祈使句,“看”暗示祈使行为与相关事态之间存在因果关系(详见下文)。例(11)(12)中“看”的宾语是小句,“看”分别可以替换为因果关系连词“所以”和“因为”,尽管替换后意义略有变化。一个引导结果小句,一个引导原因小句。但例(11)中“看”由于是从现实域投射到认知域中的,所以该例中因果关系还可以理解为存在于现实域两个事件之间,“你不好好学习”是“我揍死你”的原因;例(12)中因果关系存在于言语行为域,具体说,存在于前一小句实施的言语行为与后一小句表示的事件之间。“饭要凉了”是我发出“快吃罢”这一祈使行为的原因。

1.2　“看”字祈使句的话语功能

“看”字祈使句可以用在中性语境中。这时“看”重在表示视觉活动。例如:

(13) 君看班定远,立功不负义。(吴均《边城将诗四首》之四)

但多数时候,尤其当“看”表示心理活动义(“注意、小心”义)时,“看”字祈使句所在语境常常不是中性的。它在不同语用背景下发挥不同的语用功能,或表示关切性提醒,或表示威胁性提醒,或表示责备性提醒,不一而足。其中,发挥关切性提醒功能的“看”字(K_c)祈使句常常是“看 VP”形式的。例如:

(14) 你身上才好些,别出来,看着了风。(《红楼梦》第八十七回)

(15) 快别干了,看把你忙得满头大汗。

这种用法的"看"在古代汉语中还作为一个构词语素用在"好看"中。"好看"是叮嘱之词,含有"留心,提防"之义(袁宾,1992:108)。例如:

(16) 大随元静禅师:"子胡有一狗,上取人头,中取人腰,下取人脚。入门者好看。"(《五灯会元》卷一九)

发挥威胁性提醒功能的"看"字(K_b)祈使句,其威胁、告诫语气可以指向听话人[见例(17)(18)],也可指向第三方[见例(19)(20)]。这种"看"字祈使句常呈现为"你看我VP、我看你VP、你/我看他(她)VP"句型,"看"前后的代词可省其一。

(17) 你敢再多说一个字,看我不撕烂你的嘴!

(18) 春梅道:"那藏春阁是爹的暖房儿,娘这一向又没到那里。看我寻不出来和你答话!"(兰陵笑笑生《金瓶梅》第二十八回)

(19) 娘惜情儿,还打的你少,若是我,外边叫个小厮,辣辣的打上他二三十板,看这奴才怎么样的!(兰陵笑笑生《金瓶梅》第二十八回)

(20) 她把送信羚羊递到我手上,"好好拿着,别难受,看我呆会儿揍她!"(张之路《羚羊木雕》)

发挥责备性提醒功能的"看"字(K_a)祈使句"(你)看$_S$[NP VP]",是孕育语用标记"你看""(你)看你"的句法环境。例如:

(21) 陈经济道:"你看,我好心倒做了驴肝肺,你倒讪起我来。恁说,我去了。"(兰陵笑笑生《金瓶梅》第二十八回)

(22) 妇人道:"你看胡说!我没穿鞋进来,莫不我精着脚进来了?"(兰陵笑笑生《金瓶梅》第二十八回)

(23) 西门庆走来,见他把脸抓破了,滚的宝髻蓬松,乌云散乱,便道:"你看蛮的!"(兰陵笑笑生《金瓶梅》第五十九回)

(24) 颂莲递给她一块丝帕:"看你脸上擦得红一块白一块的,活脱脱像个

鬼魂。”（苏童《妻妾成群》）

例(21)中“你看”后有较大的停顿，当是表示委婉责备语气的语用标记。例(22)—(24)中的“你看”“看你”则既可看作表示委婉责备语气的语用标记，又可看作起提请注意作用的词串。

考察可知，语用标记“你看”“(你)看你”是从带宾语从句(该从句常以二身代词“你”作主语)的包孕句“你看$_S$[你 VP]”中语用化而来。在汉语史上，“看”与其续段之间本没有较大停顿。说话人通过使用祈使句“你看$_S$[你 VP]!”来引起听话人对亲历事态的反省。提请对方反省其实是责备对方的一种手段。只是这种责备不露痕迹，能让对方思而得之，故而是委婉责备。指称听话人的“你”在“你看”的宾语从句 S 中充当主语。由于责备是威胁到听话人负向面子的言语行为，[3]所以，说话人往往倾向于将 S 省而不说。这时，语用化的结果就是生成语用标记“你看”。这和“这话说得”“这事弄得”后面的成分省而不说一样，都是礼貌原则的作用使然。礼貌原则的作用使得执行面子威胁性言语行为的话语要隐实示虚。但是，如果把 S 全省，有时会影响听话人的语义解读，听话人有可能把“(你)看”误解成让他看某人或某物。所以，说话人可选择将 S 的主语“你”保留下来。[4] 续段主体部分的高频隐含导致“你”逐渐向其前的“看”靠拢。这时，语用化的结果就是“(你)看你”。无论生成的语用标记是“你看”还是“(你)看你”，其委婉责备义都经历了从原来整个话语的特殊会话含义蜕变为一般会话含义，继而被规约化为含“看”语用标记的固有意义的演变过程。这种语用化，Traugott 等人看作广义语法化。

语用标记“你看”“(你)看你”的语用化是有条件的，即：用在以“看”作主句谓语中心的责备祈使句中，“看”的宾语从句的主语必须是二身代词(即整个话语用在现

[3] Brown & Levison(1978)提出的“面子理论”认为，在言语交际中听说双方要相互照顾面子，以便交际顺利进行。面子就是人们具有并希望别人重视或称许的一种自我形象。它分为积极面子(positive face)和消极面子(negative face)。积极面子是指希望得到别人的赞同、喜爱，希望自己的要求能得到别人的同意；消极面子是指不希望别人强迫自己，希望自己的行动自由不受别人的干涉或阻碍。

[4] 跟汉语中保留宾语从句的主语“你”不同，韩语中选择保留主句末尾的祈使语气词。请看：

(1) Nay cengsin com **pw-ɑ**.(Park，2003：120)
my mind-ACC please **look at**-END
“Where's my mind/look at my mind.” [(你)看我这记性!]

上例中，责备标记“pw-ɑ”是由“看”义动词词干“pw-”和表示祈使语气的词尾“-ɑ”构成的。两者有词汇化的倾向，跟汉语“看你”类似。不过，“pw-ɑ”是自责标记，通常用于言者突然意识到他已忘了要做某事的场合。

场交际中)。不满足这种条件,相关"看"字表达通常不会语用化表示责备的话语标记。例如:

(25) 比丘对曰:"弟子不骂,直言淫种耳。"江神女曰:"看此比丘,已复骂欤!"(东汉失译《分别功德论》卷五)

(26) 你看贼小奴才,把我这鞋弄来的恁漆黑的!看我教他爹打他不打他。(东汉失译《分别功德论》卷五)

上面两例中,"看"的宾语从句的主语分别是"此比丘"和"贼小奴才"。这时,"看"字表达虽然也表示责备语气,但是因不具备"看"后续以二身代词作主语的宾语从句、表示"注意、小心"义这两个条件而没有语用化。

英语中含"look"的祈使句也有提示功能,但"look"前一般不能没有主语"you"。后面也不会出现宾语从句。这一点跟汉语"看"不同。"look"在话语中的位置不同,语用意义也不一样。位于话轮开头的"look"用来把听话人的注意力引向语境已经给定而听话人尚未注意的部分。例如:

(27) a. Will anyone congratulate me on my cooking?
b. Oh, look at that. c. Wow, marvellous.
c. Uh, this comes entirely from Marks and Spencer's. (Olmen, 2012:99)

(28) a. My room is such a pit, I can't believe it.
b. Cor.(表示惊讶的叹词)
c. This isn't it.
a. What a pit. I keep tidying it up.
c. Oh look. There is the photo. b. I know.(Olmen, 2012:98)

在例(27)语境中明明有人(即c)欣赏a的厨艺,但a没有注意到。所以,b用"look at that"来把a的注意力引到c身上。例(28)中"look"可作类似分析。位于话轮中间的"look"用于引入次话题,把听说双方注意力引向当前双方正在关注的某场景要素。这种语用标记有博取对方认同的作用。汉语中的语用标记"你看"也有这样的用法。试比较:

(29) a. No, I've enjoyed doing it. Look, the thing is if you're in this kind of work, you've to have plenty of other interests on the other side your side of life. And I have plent of other interests. (Olmen, 2012)(……你看，事情就是这样。你要做这种工作，那么你就得在生活的其他方面有些别的兴趣。……)

b. 你看，我们都平等地来到了这个世界，一样都要死去。但是，我们的生活是不平等的。

起提示功能的“look”跟汉语“看”一样，在使用过程中经历了语义虚化，有时它不再表示“(使)看”义，而表示“(使)想”义。比如，上文例(29)中“look”就是让对方想想(事情是不是这样)。

1.3　“注意、小心”义“看”向认识情态标记语法化的历程

1.3.1　K_a的句法和语义

“看”表示“使视线接触”义时是视觉活动动词，表示“注意、小心”义时是知觉活动动词。知觉活动是对视觉、听觉等各种感觉活动的结果的综合和升华。可见，“看”从视觉活动动词到知觉活动动词，其词义内化了[这种语义演变符合 Traugott (1982)所谓语义主观化的第一定律——从外部世界义到内部心理世界义]。在“注意、小心”义“看”中，K_a的意义是最实的。它后续单音节实词，具体说是表示具体事物或者有形动作的单音节名词或动词，包括：① 武器类名词，如“刀”“枪”“剑”“戟”“棍”“鞭”“锏”“锤”“箭”等；② 招式类名词，如“招”；③ 身体部位名词，如“掌”“拳”“腿”“脚”等；④ 攻击义动作动词，如“打”。上述①至③类名词都表示攻击工具。所以，可以统一成表示攻击工具的名词。K_a 虽然后续单音节名词或者动词，但是，该名词或者动词代表的是一个攻击事件。这个攻击事件是听话人需要注意或者小心的将成为现实的事件。所以，K_a本质上表示“注意、小心”义，但受其后续名词或动词的词义的反作用，“看”的“注意、小心”义在“看”后续武器、招式类名词的句法语境中变异为“接”义。

K_a一般用在单音节实词前。在这一方面，K_a与下文所说的 K_t(即近将来时态标记词“看”，如“看涨”“看跌”“看淡”等)是一样的。但是，K_a多后接单音名词，后续

动词的仅“看打”一例，且其后续动词是自主动作动词；而 K_t 多后接单音形容词（如“稳”“紧”“淡”等），后续动词的仅“看涨”“看跌”两例，且后续动词是非自主动词。K_a 后续单音实词，而相关单音实词承载的语义信息却很丰富。这是由“K_a N/V”短语多用在习武之人打斗之前或打斗过程中决定的。说话人急于攻击听话人并在攻击前威胁对方，时间上的急迫使他选择将复杂的信息打包编进“K_a N/V”短语。

1.3.2 K_b 的句法和语义

K_a 和中性的“看”在句法形式上没有特性，K_b、K_c 有自己独特的句法-语义特性。故下文只考察 K_b、K_c。K_b 中“看”的用法和“看打/刀/枪/棍/招/拳”中的“看”相似，主要用于严厉的警告、告诫、威胁，K_c 中的“看”的用法与“看车”中的“看”相似，主要用于善意提醒，是一种担心-认识情态标记（anxious-epistemic modality marker，记为“看$_m$”）。K_b 的用法早有人研究。潘攀（1997）的研究得出的结论是：① K_b 所在结构可概括为“（我/你）＋看＋（N）＋VP”。这种句式都出现在对话中，信息发出者和接收者都十分确定，说话人是信息发出者，听话人是信息接收者，因而该句式中 K_b 前的主语成分可有可无，因为无论主语是第一人称“我（们）”还是第二人称的“你（们）”，整句都表示说话人的意愿。用“俺（们）”的如“俺看你往哪儿跑”，意即说话人认为他没处跑了。“你看我不揍死你”，意即说话人要揍你。故 K_b 前的主语都可以隐而不现。② K_b 在词汇层面上是“以为、认为”义，它是由表示“认为”的“看”发展而来，在结构意义层面是否定句子的字面意义。③ K_b 在语音上是全句重音所在。④ K_b 前的主语成分与 K_b 后的主语成分在人称上形成有规律的互补关系。若 K_b 前的是第一人称，K_b 后的就是第二或第三人称；若 K_b 前的是第二人称，K_b 后的就是第一人称或第三人称。⑤ K_b 后的句子不管是正反问式，还是选择问式，抑或是特殊问式，都只表示明确的肯定或否定。例如：

（30）你到明日看我就出去不出去！（兰陵笑笑生《金瓶梅》第七十五回）

（31）等你主子回来，看我对你主子说不说！（兰陵笑笑生《金瓶梅》第二十六回）

（32）你说的一句，我还你十句，看道项王疑我还是疑你！（尚仲贤《气英布》第二回）

（33）今日便怀恨在心，看你怎的奈何了我！（兰陵笑笑生《金瓶梅》第五十六回）

(34) 当初要是我跟上我大哥跑了，看你们这队伍咋阶级，咋清理！(李锐《无风之树》)

潘攀(1997)的研究是富有意义的，得出的结论多数是正确的，但也有少数需要再进行解释、完善或改正。其中，结论①需解释。因为正如 Tiersma(1982)所说，对知觉情感动词来说，第一人称是标记性最差的形式，所以始终表示第一人称“我”的看法的“(我/你)＋看＋(N)＋VP”中主语常可省略。而且，结论①是结论④的自然延伸，因为 K_b 前后主语成分在人称上的互补为 K_b 前的主语省略提供了可能。句中一方确立以后，另一方自可推出。比如，古英语之所以可以是零主语语言，是因为古英语中动词的呼应态词尾多，如“-st”为第一人称词尾，“-th”或“-s”为第三人称词尾，“-φ”为第二人称词尾。结论②的前半句需完善，后半句是不正确的。因为 K_b 仍是实义动词，表示“观察并加以判断”义(高增霞，2003)，是从“看”的“观察”义和“判断、认为”义发展而来的。K_b 在语法层面并不都是否定句子的字面意思，例如：

(35) 胡说！再麻烦，看我带你到局里去！(鲁迅《故事新编·起死》)

结论⑤需要加以解释。我们认为，K_b 后的小句之所以无论是哪种句型(正反问句、选择问句、特殊问句、肯定句)都表示明确的肯定或否定，是因为 K_b 与“非”的词义变化有关。“非”词义变化的典型语境是“非……不可/行”所在的句子。例如：

(36) 我说非你回来不行呢。(吴研人《二十年目睹之怪现状》第十八回)

(37) 因为乾隆的意见，是以为既敢“狂吠”必不止于一两声，非彻底追究不可的。(鲁迅《且介亭杂文·买〈小学大全〉记》))。

“非……不可/行”经过截取形成的肯定副词“非”表示“一定、必须”义。例如：

(38) 看我非揍死你。

(39) 那少年的，如闺女一般深居简出，非细相熟的主顾，或是亲戚，方才得见。(冯梦龙《醒世恒言》卷一五)

这样，K_b 所引小句最初是由“非”和“不可/行”双重否定形成的加强型肯定句；继而是只有“非”的形式上的否定句；后来受到类推，开始用“不”代替表“一定、必须”义

的"非",只要有语境支持,不引起歧义,否定副词不表否定是常事。例如:

(40) 两天的时间都过去了,别是他有事不来了。

(41) 现在有点志气的青年心里都有套计划,别是在准备考研究生吧。

至此,K_b后的小句已有肯定、否定两种形式,当两者共现时,形成正反问式。例如:

(42) 你不好好学习,看我揍不揍死你。

正反问句也可看成是选择问句缩合而来,故 K_b后的小句也可以是选择问句。最后,K_b后的小句扩展到特殊疑问句。但无论 K_b后的小句类型如何多样,它都表示明确的陈述,因为言者在要求别人观察并加以判断(即提示/要求小心/引起注意)之前已形成的自己的判断(即"认为")。

1.3.3 K_c的句法和语义

K_c引导的小句通常用在祈使句的后面,用来解释做出该祈使行为的原因。说话人根据经验判断:如果听话人不做出该行为,就要发生对他不利的事情或出现某种他不期望的情况;而做出该行为,就能预防这种不利情况的发生。例如:

(43) 一个人不能去,看掉在沟里头。(老舍《龙须沟》)

(44) 姥姥你上来走,看青苔滑倒了。(曹雪芹《红楼梦》第四十回)

(45) 您还是快回家吧,什么事那么要紧?等人吗?看别让身子骨受了凉。(刘心武《巴黎长生不老药》)

这些高增霞(2002)均有提及。这里旨在通过英汉对比说明这是一种跨语言现象。英语中的"otherwise"虽等于"or else",但前者含有"vise(看、见)"的异体形式"wise",它也和汉语"看"一样在引导结果小句的同时有提示或要求注意的作用。例如:

(46) Do it now, otherwise it will be too late. [现在就做,否则(小心)太晚了。]

(47) Do what you've been told, otherwise you will be punished. [按照吩咐的做,否则(小心)惩罚你。]

另外，汉语中 K_c 可以引导小句，起祈使作用；英语中的“see（看、见）”也可引导小句，起祈使作用，且中间都经历了表示“小心，注意”义的阶段。例如：

（48）See to it that the windows and doors are fastened.（小心/一定要把门窗关牢。）

本来上句中是“see to”表示“小心、注意”义，“it”是其宾语，其又有一个“that”引导的同位语从句。但是“see to”经常与“it＋that 从句”高频共现导致如下重新分析：

（49）See to it that the windows and doors are fastened.

这时“see to it”被分析为动词短语，相当于“ensure”，全句译为“务必/确保关牢门窗”，而汉语中 K_b 后的句子往往表示言者可以确保某事肯定发生，详见§1.3.2，两者不无联系。“see to it”再经过截取，形成“see”：

（50）See that the windows and doors are fastened.

这时“see”与 K_c 一样引导小句，起祈使作用，且引导小句时都是以陈述形式起祈使作用。[5]

另外，我们认为高文的研究可更进一步，汉语中的“看”虽只经历了下列语法化过程：

看：观看[6]→提醒注意、警告、告诫→担心-认识情态

---

[5] 根据 Henie(1997：43)的研究，埃维语(Ewe)中视觉动词“kpɔ́(见)”由表视觉行为的动词演变为表示反预期义的标记(counterexpection marker)。Heine 将其演变归纳为三个演变阶段：

Ⅰ. 视觉感知(Visional perception)　　eg. X sees Y and does Z.

Ⅱ. 智力上的理解(Intellectual perception)　　eg. X understands Y and does Z.

Ⅲ. 原因/理由(CAUSE/REASON)　　eg. Because of Y(鉴于 Y 的缘故)，X does Z.

汉语中的“鉴于”和英语“seeing that”都演变成了表示原因的连接词。夸克等以及《Collins Cobuild 英语语法系列》一书都将“seeing that”归为句间连接词。

[6] 随着“看”从“观看”义引申出“阅读”义，“看客”在某些方言中也从“观众”义引申出“读者”义。例如：

（1）即如几种刊物，有钱有势，本可以风行天下的，然而不但看客有限，连投稿也寥寥，总要隔两月才出一本。（鲁迅《准风月谈·偶成》）

但“看”已经具有了认识情态的萌芽用法，这就是“看来”这一主观认识副词的产生。例如：

(51) 亦有思旧容，看来尽白豆。（项斯《苍梧云气诗》）

(52) 看来“如好好色，如恶恶臭”一般，便是连那“毋自欺”也说。（《朱子语类》卷一六）

(53) 看来他是个少年书生，高才自负的。（凌濛初《二刻拍案惊奇》卷九）

(54) 他十分乐观，身体又好，虽说是四十六七的人了，看来还只四十岁光景。（沙汀《丁跛公》）

“看来”是语法化程度最高的语气副词，表示根据客观迹象作出的主观推测（史金生，2002）。换言之，“看来”是表示可能性推测语气的认识情态副词。近代汉语中的语气副词“眼见得”也是个表示可能性推测语气的认识情态副词，意义与“看来”相同。例如：

(55)（上文交代，尼姑静真、空照与郝大卿勾搭成奸，弄得郝淹淹欲死，郝想见妻子最后一面，以丝绦为信求空照寻其妻来）静真劈手夺取绦来，望着天花板上一丢，眼见得这绦有好几时不得出世哩。空照道：“你撇了这绦儿，教我如何去回复赫郎？”（冯梦龙《醒世恒言》卷一五）

当然，近代汉语中语气副词“眼见得”更多的是表示“显然，分明”义。例如：

(56) 眼见得元宵之夜，必然喧哄。（施耐庵《水浒传》第六十六回）

(57) 徐德道：“小人平日家丑，须瞒列位不得。今日做出事来，眼见得是杨二郎的缘故。”（凌濛初《二刻拍案惊奇》卷三九）

语气副词“眼见得”在今东北话等方言中仍然存在。例如：

(58) 眼见得他是不会来了。（东北话）

“看来”和“眼见得”都是从传信标记（该传信标记表示信息来源是基于观察而作出

的推测)演变为语气副词的。“看来”本表示“想来”义,其中的“看”表示根据视觉活动的结果来做出判断或推理。“在××看来”意即“在××想来”。所以,“看来”是首先从动词语法化为副词,而后进一步从表示信息来源的副词(即传信标记)语法化为表示主观推测语气的认识情态副词的。这种演变路径可以表示为:看来(动词,意即“想来”)→看来[副词,意即“据(我)观察/判断”,表示信息来源]→看来(语气副词/认识情态副词,意即“可能”)。与“看来”的上述演变相似的是,在有些方言(如闽南方言)中,“想着”也经历了从动词到语气副词的语法化。动词“想着”表示“感觉到”(如下例所示),正如“看来”本表示视觉这种感觉活动一样。

(59) 肚想着疼疼。(感到肚子很疼。)

而后表示“我想着”义的“想着”在插入语位置语法化为“看来/可能”义认识情态副词。例如:

(60) 今仔日伊想着无共。(今天她看来有些异样。)

上例中“想着”前的“我”省略了,这种言者主语(speaker subject)的省略导致“想着”从母句谓语中心降级为子句中的插入语。相应地,“想着”发生了从动词短语到认识情态副词的语法化。上例可以看作是经历如下句法转换而生成的表层结构:

(61) 我想着今仔日伊无共。(我认为今天她有些异样。)
→今仔日,伊,我想着,无共。(今天,她,我认为,有些异样。)
→今仔日,伊,想着,无共。(今天,她想来有些异样。)
→今仔日伊想着无共。(今天她可能有些异样。)

1.3.4　从 K_a 到 K_b,再到 K_c

K_a 后续单音节名词或动词。K_b 与 K_c 都后续无定小句。“K_b+S”可以看作是对“K_a+N/V”的扩展。比如,“看打”可以扩展成“看我非打死你不可”之类表达,“看剑”可以扩展成“看剑刺得死刺不死你”。所以,K_b 当是 K_a 进一步演变的产物,K_c 则是 K_b 进一步演变的产物。如高增霞(2002)所说,表面上 K_b 在假设关系复句中引导结果小句[见上文例(30)—(35)]，K_c在因果关系复句中引导原因小句[见下文例(62)—(64)]。其实它们是相通的，两者都引导结果小句。只不过K_c前省略了一个假设关系的条件分句，而K_b前没有省略一个条件分句。请看：

(62)“快吃罢，看饭都凉了。”母亲在一旁催促他。(巴金《寒夜》)
→如果不快吃，小心饭会凉了。

(63)你身上才好些，别出来，看着了风。(曹雪芹《红楼梦》第八十七回)
→如果出来，小心会着了风。

(64)姥姥你上来走，看青苔滑倒了你。
→如果不上来，小心看青苔滑倒了你。

因此，K_c比K_b更复杂、主观性更强，与K_b有一种缩合而来的发展关系。K_c小句是用更简单的形式表达了K_b小句复杂的内容。K_c带有一种担心-认识情态，上述各句的后一分句所述事件，如“饭凉了”“着了风”等，都是说话人认为可能发生且担心其发生的。故我们把K_c称为“担心-认识情态标记”。K_c又传达了信息来源-通过眼观察而来，所以也是传信情态标记。这两者并不矛盾，因为传信情态本质上也是一种认识情态。

1.4 “看”向情态标记语法化的表现

1.4.1 语义虚化

语义虚化主要表现在“看”所示动作的外显性的弱化上。“看”从表示“使视线接触”义到表示“注意、小心”义，[7]再到表示“反省”义[例如在“你看”“(你)看你”中]。它表示的动作的外显性越来越弱。当“看”表示“使视线接触”义时，其所示动作外显性最强。在K_a、K_b、K_c中，K_a所示动作的外显性(简称“动作性”)最强。这也表现在K_a的宾语常为武器/招式类名词、具体动作动词“打”等。

---

[7] 祖鲁语(Zulu)中的“beak”、澳大利亚托阿拜托语(To' aba'ita)中的“ada”、巴斯克语(Basque)中含视觉动词“begira(看)”的词串“begira gero”、英语含视觉动词的词串“see to”“look out”“be watchful”也都经历了从表示视觉活动义向表示“注意/小心”义的演变。

K_a的宾语表示的是现实可见的攻击工具（如武器、招式、手掌拳脚等）、攻击动作（如打）等，可视性强；K_b、K_c的宾语所述是未然事件［如上文例（11）（12）中的“我揍死你”和“饭凉了”］，只有条件满足［如上文例（11）（12）中的“你不好好学习”和“你不快吃”为真］时才肯定或可能在将来出现，可视性弱。而在条件满足时，K_b的宾语［如上文例（11）中的“我揍死你”］所述事态将来一定可见，K_c的宾语［如上文例（12）中的“饭凉了”］所述事态将来可能可见，故K_b的宾语所述事态又比K_c的宾语所述事态可视性强。所以，我们可以根据其宾语所述事态的可视性强弱为K_0（即“注意/小心”义“看”）列出一个连续统：$K_a > K_b > K_c$。相应地，各种性质的K_0的知觉活动义的强弱也呈现如上等级。

1.4.2　搭配复杂化

在K_0内部，从K_a到K_b，再到K_c，K_0所带宾语越来越复杂。K_a的宾语必须是单音节名词或动词，且有语义要求。K_a若接名词，该名词必须是器械、招式类或身体部位类；若接动词，一般只能是“打”。到了K_b、K_c，宾语就可以是一个小句了，显然复杂多了。K_a到K_b，是一种隐喻投射。K_a后表面跟的是一个词，实际上应该看成独词句。因为K_a提醒人们注意的实际是一种眼前已经存在或马上就要发生的事件。比如，“看招”是提示别人言者要出招了。人们之所以把“小心我出招了”义编码成“看招”，用一个单音词“招”代表一个小句“（我）要出招了”，是因为K_a具有强现场性的特点，言者必须在出招之前就把所要传递的信息传递完。这使得言者必须言简义丰。这样，才能达到通过表面的提醒（要求注意）来间接实现先声夺人的威胁功能。否则，这个威胁信息还没传达完，就已进攻到对方面前，话语就无法发挥预期的交际功能。上述语用需要导致言者把通常情况下用一个小句表达的信息压缩进一个词。而对于K_b、K_c所在语境中，言者没有这方面的交际需求，K_b、K_c后的宾语自然会诉诸小句。既然K_b、K_c的宾语是小句，而K_a的宾语是单词，那么，K_b、K_c的宾语当然更复杂。考察可知，K_b后的宾语小句一般不能省略主语，如“你得罪了我，看我收拾不收拾你”中的第二个“我”通常不能省略，虽然“我”在上文已经出现。而K_c的宾语小句往往省略主语，如“快回去吧，看着了凉”中“着了凉”的主语“你”省略了，尽管它在前文甚至没出现。所以，K_c的宾语比K_b的复杂，因为它往往包含着省略现象，解读起来要花更多的精力和时间。综上所述，从K_a到K_b，再到K_c，“看”所带宾语越来越复杂，从单音节名词或动词到小句，从完整小句到省略小句。这就使得人们对“看”的宾语关注越来越多。相应地，对“看”本身的关注就越来越少。这样,“看”就从凸体变成了衬体,“看”的宾语就从衬体变成了凸体。说得更通俗点,就是“看”的宾语越来越尾大不掉,终于反客为主,成为人们关注的焦点。这样,“看”和其前后充当主宾语的NP之间的施受关系逐渐淡化,“看”就逐渐向认识情态标记语法化了。

1.4.3 语用功能专一化

沈家煊(2004)指出,“张三追累了李四”一句,到底是谁追谁,谁累了,说汉语的人有三种理解:(1) 张三追李四,张三累了。(2) 张三追李四,李四累了。(3) 李四追张三,李四累了。但如果变成“把”字句“张三把李四追累了”,就只有第(2)种和第(3)种理解了。如果变成“被”字句“李四被张三追累了”,就只有第(2)种理解了。这是句义的专一化。它和语用功能的专一化一样都是语法化的表现。沈文所举“追累”的例子,从普通SVO句到“把”字句,再到“被”字句,语法化程度越来越高。因为普通SVO句中动词介于主宾语之间,而主宾语对应的默认语义角色是施事和受事。这样的语序安排跟自然界能量流动方向一致,因而句义最易解读。“把”字句用“把”将通常表示受事的O置于表示动作的V之前,句义解读起来比较困难。“被”字句中通常表示受事的O不仅在V前,还在通常表示施事的S前。句义解读起来最困难。这也是世界各种语言中SVO-语序的语言最多,SOV语序的语言次之,OVS语序语言最少的原因。正是因为从SVO到SOV,再到OVS,句义解读难度越来越大,其歧义指数当然要越来越小。同样,语法化程度加大还会导致同一个词所在小句承担的语用功能越来越少,即语用功能越来越单一。我们称为“语用功能的专一化”[即Sweetser(1990)所说的“secpialiaztion”,沈家煊译为“语用功能的择一”]。我们认为,K_a承担的语用功能有威胁(如“看拳”“看打”“看招”)、责备[如“看你”“(你)看你”]、关心(如“走路看车”[8])三种。K_b承担的语用功能是威胁/告诫。其实,从K_c是由K_b缩合而来的角度说,K_b应该还有一种关心功能。例如:

(65) 姥姥上来走,看青苔滑倒了你。←姥姥上来走。如果不上来,看(小心)青苔滑倒了你。

---

[8] 当然,在古代汉语中“看车”还可表示“准备车子”义。例如:

(1) (夫人云)梅香,看车儿着小姐回去。(郑光祖《倩女离魂》第一折)

上例中，基于“看”的词义“小心、注意”跟句中其他词语的语义、祈使句的句式义以及语境信息的互动，生成的“看”字句的告诫功能，因为条件小句“如果不上来”的省略，已蜕变为关心功能。综上所述，从 K_a 到 K_b，再到 K_c，“看”所在小句发挥的语用功能从三种（责备、威胁/告诫、关心）到两种（威胁/告诫、关心），再到一种（关心），越来越少，即单一化了。这也是“看”语法化的重要表现。

2. 视觉感知动词“看”向近将来时态标记的语法化

2.1　现代汉语中时态标记“看”的用法与对历时演变的预测

“看”可以放在单音节谓词前，标记该谓词所示动作或状态的即将出现。这种用法的“看”，我们看作近将来时态标记（immediate future tense marker），记为“$看_t$”。“$看_t$”后续的单音节动词有“涨”“跌”“落”等，单音节形容词有“淡”“紧”“热”“好”“稳”“高”“低”“旺”等。整个“看 V/A”表示无生主语所指对象具有某种性状或趋势。例如：

(66) 大豆粮谷市场期货价格看跌！（《经贸消息》，1989-10-21）

(67) 目前市场上牛肉价格看涨。（江苏电视台 1989 年 9 月 23 日“市场信息”）

(68) 李：你买的公债金八买了三百万。

潘：我早就知道，那么一定看涨了。

李：只要这个消息是确实，金八真买了，那自然是看涨。（曹禺《日出》第二幕）

“$看_t$”是晚近才出现的。孙金龙(1990)认为，“$看_t$”是在二十世纪八十年代末九十年代初随着经济发展和信息流通，特别是对市场行情的预测，于报刊、电台首先出现的新兴用语，并称之为“看”字短语。其实，这种用法的“看”在二十世纪五十年代就已出现了。例如：

(69) 李：金八也买了这门公债……怪不得我们经理也买了，本来公债等于金八家里的东西，操纵完全在他手里……那么要看涨了……（曹禺《日出》第

二幕）

(70) 生意淡，货价就得低，按理说我应当进点货，等时局稍微一平静，货物看涨，咱们就有个赚头。（老舍《四世同堂》第一部第八回）

另据考察，在今现代汉语方言湖南吉首话、常德话和广西柳州话中，“看倒”可以表示近将来时态，犹普通话“眼看”或“看看”。例如：

(71) 看倒就要到期了。[湖南吉首话，引自李启群(2006:209)]

(72) 看到就到期哒。（湖南常德话）

(73) 看到就到我了，票卖完了。（广西柳州话）

而在这些方言中持续体标记“着”经常说成“倒”（如吉首话“跟倒他走”犹普通话“跟着他走”），所以，这些方言中“看倒 VP”犹普通话“看着 VP”。而在现代汉语普通话中，“眼看着”是状中关系的动词短语，意为“用眼睛看着”。例如：

(74) 天干旱，我们也不能眼看着庄稼干死。

(75) 眼看着那架敌机机身上噗地冒出一股火来。（魏巍《东方》第二部第七章）

因“眼看着 VP”有 VP 所示事件或状态能在眨眼之间就出现的意思，所以“眼看着”用在表将来时的句中表示“转瞬间、很快、马上”的意思。例如：

(76) 我可笑玉格傻哥儿，眼看着就要作哥儿的爹了，也这么傻头傻脑的，不言语一声？（文康《儿女英雄传》第四十回）

(77) 大丰大楼已经动了工，砸好地基，眼看着就可以盖起来。（曹禺《日出》第二幕）

基于以上几种语言表达式之间的语义相通性，我们推测，“看$_t$V”是从“看(看)VP”缩合而来（缩合动因详见§2.3），而“看(看)VP”又是从“眼看 VP”演变而来，“眼看 VP”和“看着 VP”表示的意思都是“眼看着 VP”，但这不意味着前两者可以看作“眼看着 VP”的省略式。上述推测可以表示如下：

$$
\text{“（眼）看着 VP”义}\begin{cases}\nearrow \text{眼看 VP} \rightarrow \text{看（看）VP} \rightarrow \text{看}_{t}\text{V}\\ \searrow \text{看着 VP}\end{cases}
$$

下文我们将从“眼看 VP”“看(看)VP”“看着 VP”出现的历史顺序角度对上图所示推测进行验证。这里首先说明相关推测背后的认知动因和机制。“眼看着 VP”义用“眼看 VP”来编码可能是因为“着”承载的信息量不大，在诗词曲等语篇中韵律整齐之需要可以驱动“着”义的零编码。“眼看 VP”可以演变为“看(看)VP”[9]，其认知动因当是人体活动区(active zone)的退隐。我们把某一事物直接参与某种事件或关系的那部分定义为该事物在这种事件或关系中的活动区。比如，在“用笔写字”这个事件中，笔的活动区是笔头。在喝酒事件中，人的活动区是嘴。依此类推，在人看某物或某情景这个事件中，眼睛是人体的活动区。这种常识已经储存在人们的世界知识中，因而除非因为语音、词法等语言方面的原因或者因为对活动区有特别说明之必要(如：她用她那迷人的小眼睛看了看来人)，通常不需对默认活动区(如进行视觉活动的眼睛)进行语言编码。这样，“眼看 VP”就可以说成“看(看)VP”。例如：

(78) 既辞朱夏，看逼新秋。(《敦煌变文集》)

上例中的“看逼新秋”本表示“看看逼近新秋”义或“眼看(着)逼近新秋(了)”义。句中的“看逼新秋”如果说成“新秋看逼”则其中的“看”就有向近将来时态标记词演变的倾向。总之，“眼看 VP”截取为“看(看)VP”这种操作背后的动因是视觉活动诉诸语言表达通常要隐去默认工具——眼睛。这种截取运作的认知机制是概念转喻，即用部分转指整体，用“看 VP”转指“眼看 VP”。这种用“动作”转指“工具＋动作”的例子很多。[10] 例如：

---

[9] 李申(2002)认为“看看”乃“眼看看”“眼看着”之省，意为事情在面前程度越来越深地起着变化。因为原表达——“眼看看”“眼看着”——比较累赘，所以被其缩略形式——双音节的“看看”取代。我们不赞同这种说法，因为在汉语历史文献中有“看看”，而无“眼看看”“眼看着”。

[10] 甚至还有用动作转指工具的。比如，在古汉语中“见前”可以转指“眼前”，因为视觉活动必然是通过眼睛来进行的。例如：

(1) 单道人生功名富贵，总有天数，不如图一个见前快活。(凌濛初《初刻拍案惊奇》卷一)

(79) 这块布(手)摸起来很光滑。

(80) 他(嘴)说着“不要,不要”,手已经把那个红包接住了。

我们上面的推测意味着在历史上先有“眼看 VP”,后有“看(看)VP”。那么,事实如何呢? 请看下节对历史上“看”的相关用法的考察。

2.2 古代汉语中时态标记“看”的形成

据我们考察,在汉语史上“眼看着 VP”始见于明代。例如:

(81) 这阵风原来就是那棹船人弄的,他本是黑水河中怪物。眼看着那唐僧与猪八戒连船儿淬在水里,无影无形,不知摄了那方去也。(吴承恩《西游记》第四十三回)

上例中“眼看着……无影无形”表示唐僧与八戒完全淹没在水中是观察者亲眼目睹的情景。之所以用“眼看着”,是因为要暗示这个事态的出现是眨眼之间的事(即在短时间内发生的)。但“眼看着 VP”在明代仍然很少见。它是在晚清才逐渐变得常用起来的。例如:

(82) 我们家的姑娘们就算他是个尖儿,如今又要远嫁。眼看着这里的人一天少似一天了。(曹雪芹《红楼梦》第一百回)

(83) 人是眼看着就没有用了,怎么等到明天!(李宝嘉《官场现形记》第四十九回)

(84) 这位老爷……如今眼看着书香门第是接下去了,衣饭生涯是靠得住了。(文康《儿女英雄传》第四十四回)

(85) 眼看着这就要作哥儿的爹了,也这么傻头傻脑的不言语一声儿!(文康《儿女英雄传》第四十回)

(86) 他越着急,驴越不走,左一鞭,右一鞭,骂道:“王八日的臭屎蛋! 养军千日,用在一朝。老阳儿(太阳)眼看着没啦,你还合我闹晃晃呢!”(石玉昆《三侠五义》第二十四回)

例(83)—(86)中的“眼看着”可以替换为“马上”，表示相关事态在不久的将来就要出现。

虽然“眼看着 VP”出现较晚，但“眼看 VP”出现较早。它始见于唐五代。在唐五代约 1914 万字的语料中，“眼看 VP”凡 18 见，多用在形容时光飞逝、某时段即将结束或某期限即将到来的语境中，犹“转眼”。例如：

(87) 眼看春又去，翠辇不经过。(令狐楚《思君恩》)

(88) 长安二月眼看尽，寄报春风早为催。(岑参《春光戏题赠李侯》)

(89) 眼看秋社至，两处俱难恋。(白居易《寓意诗五首》)

也用在形容某事态即将出现的语境中，犹“马上就要，很快将”。例如：

(90) 奈何汉弱胡强，旗鼓零洛(落)，节度恓惶，人虽命在，军见无粮，眼看食尽，道理须降。(《敦煌变文·李陵变》)

(91) 若不急抽却，眼看塞天破。(王梵志《自生还自死》)

(92) 岁去年来尘土中，眼看变作白头翁。(白居易《咏怀》)

(93) 眼看欲合抱，得尽生生理。(白居易《杏园中枣树》)

(94) 解事速说情由，不说眼看吃杖。(《敦煌变文·庐山远公话》)

(95) 眼暗耳聋看即是，要(腰)身曲台又如何？(《敦煌变文·金刚般若波罗蜜经讲经文》)

“看看 VP”也始见于唐五代，是“眼看 VP”的交替形式。我们在 TCS2006 中约 1914 万字的唐五代语料里检得“看看 VP”用例共 15 例。仅《敦煌变文集》中就有 8 例。请看：

(96) 玉漏相传，二更四点，临入三更，看看则是斫营时节。(《敦煌变文·汉将王陵变》)

(97) 是人皆老，贵贱亦同，不谏(拣)贤愚，是共老苦，不如闻早，须造福田，人命刹那，看看过世。(《敦煌变文·庐山远公话》)

(98) 遂即送入形(刑)狱，受他考(拷)楚，文案既成，招伏愆罪，领上法场，看看是死。(《敦煌变文·庐山远公话》)

(99) 定拟说，且休㤄，看看日落向西斜。(《敦煌变文·破魔变》)

(100) 红颜渐渐鸡皮皱，绿鬓看看鹤发仓(苍)。(《敦煌变文·破魔变》)

(101) 渐辞方丈，已远毗耶，看看欲到于寿园。(《敦煌变文·维摩诘经讲经文(一)》)

(102) 于是前引，宝积后随，看看欲出离王城，未审拟于何处。(《敦煌变文·维摩诘经讲经文(二)》)

(103) 夫人闻了，又自悲伤。知道者身看看命谢，与王相伴，又得两朝。(《敦煌变文·大目乾连冥间救母变文》)

“看看VP”在唐代诗词和后世文献中也很常见。例如：

(104) 关山月，营开道白前军发。冻轮当碛光悠悠，照见三堆两堆骨。边风割面天欲明，金莎岭西看看没。(王建《横吹曲辞·关山月》)

(105) 十年毛羽摧颓，一旦天书召回。看看瓜时欲到，故侯也好归来。(刘禹锡《酬杨侍郎凭见寄》)

(106) 三复招隐吟，不知寒夜深。看看西来月，移到青天心。(施肩吾《寒夜》)(眼看着，渐渐，马上)

(107) 看看北雁又南飞，薄幸征夫久不归。(施肩吾《望夫词》二首)

(108) 各归席坐下，又吃了一回，看看天晚，那西门庆那里坐的住，趁眼错起身走了。(《金瓶梅》第十六回)

当然，同样的意思在古代汉语里更常用“看着VP”来表示。“看着VP”(又作“看则”)在古代汉语中很常见，出现年代似略早于“看看VP”。例如：

(109) 看着春又晚，莫轻少年时。(张籍《惜别》)

(110) 莫为久住，看则去时。(《敦煌变文·频婆娑罗王后宫彩女功德意供养塔生天因缘变》)

(111) 老来驹隙骎骎度。算只合、狂歌醉舞。金杯到手君休诉。看着春光又暮。(陆游《杏花天》)

上两例中的“看着(看则)”实际上就是“眼看着/转眼”的意思。

在“看(看)VP”中“看”是表示“马上、渐渐”义的副词。[11] 在今冀鲁官话河北雄县话中“看看”仍然可以表示“渐渐”义。

“看”可以和表示将来时的“将”“即”“欲”等连用。例如：

(112) 白云岭上渐生，红日看将欲没。(《敦煌变文·维摩诘经讲经文(一)》)

(113) 红日看将山上没，白云又向岭头生。(《敦煌变文·维摩诘经讲经文(一)》)

(114) 记取今朝相劝语，这身看即是无常。(《敦煌变文·维摩诘经讲经文(一)》)

(115) 王曰：“夫人气色，命有五朝，看即与朕不得相见……”(《敦煌变文·欢喜国王缘》)

这种“看”由于其后缺少动态助词“着”，其前缺少工具状语“眼”，其动词性减弱，经过重新分析语法化为表示“渐渐”义的副词。吴福祥(1996:385)、张谊生(2000)均认为“看看”是由“看”叠音而成。例如：

(116) 看看白苹花欲吐，雪舟相访胜闲行。(杜牧《湖南正初招李郢秀才》)

(117) 又睹霜前篱畔，菊散余香，看看又还暮。(周邦彦《留客住》)

正如张谊生(2000)所说，因“看看”一再作状语，到了元代，它几乎必须带上语缀“的/地”。例如：

(118) 看看的过百日，官事又萦羁，衣食又催逼，儿女又央及。(岳伯川《铁拐李》第二折)

(119) 那一个枪举的迟，这一个马骤的微，看看的马乏人困怎支持。(郑德辉《智勇定齐》第三折)

[11] 据张相《诗词曲语词汇释》，“看看”犹云“眼看，转眼”，“看则”犹云“随即”。

“看看”在一定语境中可代替“眼看”，与“见前”在古代指“眼前”类似。例如：

(120) 单道人生功名宝贵，总有天数，不如图一个见前快活。(凌濛初《初刻拍案惊奇》卷一)

因为“眼看”一般是向前的。通过时空隐喻，空间上的前面投射到时间上就是未来，故“眼看着”“眼看”“眼看”“看”等是表示近将来时的(其中“看”可以跟将来时标记“将”“即”“欲”等连用)，暗示某种状态或事件很快就要出现或发生。“眼看”表将来的用法与“眼下”表目前、现在的用法都是时空隐喻形成的。试比较：

(121) 眼下他正在读鲁迅。　　眼看他要走了。
(122) *眼下他就要读鲁迅。　*眼看他正在走了。

故“眼看”“看着”“看看”都既有时间义“就要/将要”，又有方式义“渐渐地”。另一种观点认为，将来时义“看”是方式义“看”所在句子经过 NP 主语提升移位后，由句子副词变成了动词副词并吸收长期与其共现的“即”“将”“欲”义而形成的。方式义“看$_{adv}$”由“看$_{v}$”虚化而来，跟英语方式副词或形容词后缀“-wise”能与表示“见”的“vise”交替有异曲同工之妙。在公元 1150 年以前的古代英语里“vise”的异体词“wise”可以作为名词，表示“方法、方式”，如“in no wise”(＝in no way)、“in this wise”(＝in this way)。这样，“in other wise”就相当于现代英语中的“in other way”。例如：

(123) Do what you have been told. Otherwise, you will be punished.＝Do what you have been told. If you do in otherwise, you will be punished.

(124) We must run quickly, otherwise we will be too late.＝If we run in other way, for example, slowly, we will be too late.

古英语中的“wise”跟现代英语中的“way”都表示“方法、方式”义，在句法表现上有一个共同点，即当“the wise/way”后续定语从句时，其前的介词“in”可以省略。试比较：

(125) He will do the thing (in) the way he did before.

(126) The rent is high but otherwise(<in other wise) the house is satisfactory.(租金昂贵,但在其他方面这屋子还令人满意。)

可见,“otherwise”是短语“in other wise”经过截取和缩合形成的形式,是短语词汇化的产物。生成的“otherwise”本是复合词,但它后来通过重新分析演变为派生词。相应地,“wise”从名词语法化为后缀“-wise”。后缀“-wise”参与构成了很多派生词,如“clockwise”“crosswise”“lengthwise”“moneywise”等。再后来,“otherwise”经过重新分析又扩大了使用范围,可以用在下句中,即语法化为表示“否则”义的连词了。

(127) Do it now. Otherwise it will be too late.

连词“otherwise”引导结果小句,且其中含有本表示视觉活动的“wise/vise(见)”[12],这跟汉语中伪连词“看”[亦即担心-认识情态标记词 K_c,见上文例(43)(44)]亦引导结果小句,且它本是表示视觉活动的动词,有异曲同工之妙。

2.3 “看$_t$”的历史形成的共时表现

语料考察表明,现代汉语中用在单音节谓词前的“看$_t$”经过了从“看(看)VP”到“看 V”的缩合过程,现已发展成为近将来时态标记词。[13] 这通过下两例的对比即可明白。

(128) 武松见事务看看紧急,便收拾包裹要行。(施耐庵《水浒传》第三十一回)

(129) 进一步增加生产限制条件较多,原料供应看紧,采购困难。(《经济日报》,1987-8-15)

---

[12] v-w 语音交替在英语中是常见的,除“vise-vine”外,又如“wade-invade”“waste-devaste”“willing-voluntary”“wine-vine”“worm-verine/vermin”“stove-stew”“wall-interval”“wane-vanish”等(参见马德高,1996:442)。

[13] 当然,在“看$_t$”形成之初,“看$_t$ V/A”可以看作一个形容词,“看$_t$”为类前缀。

上述演变首先发生在股票、债券市场，继而扩大到经济领域甚至一般生活领域。在我们随机搜集到的 21 个“看$_{t}$”用例中，用于股票、债券市场的“看涨”“看跌”占 10 例，近 50%。请看：

(130) 什么都可囤积，什么都可看涨，但我们的商品——你爸爸是用知识来充当商品出卖的商人——却是愈来愈跌价，愈来愈不值钱。（许杰《一个人的独白》）

(131) 李：外面有谣言，市面很紧，行市只往下落，有公债的都抛出，可是您反而——

潘：我反而买进。

潘：我买进，难道我会看落。

李：您自然是看涨。（曹禺《日出》第二幕）

再加上“看稳”“看好”“看淡”等，用于经济领域的“看$_{t}$”用例合计 18 例，约占 90%。例如：

(132) 三季度全省生猪生产形势看好。（《致富报》，1989-10-16）

(133) 今秋，市场禽肉类供求较好，行情看稳。（《经济信息》，1987-9-3）

(134) 今年的消费市场，业内人士看淡。（欧阳因《中国流行新词语》）

(135) 今冬棉皮鞋销售看旺。（《解放日报》，1987-10-4）

(136) 进一步增加生产限制条件较多，原料供应看紧，采购困难。（《经济日报》，1987-8-15）

(137) 目前明星上屏幕做广告已非罕事，还有日渐看热之势。（《新文化报》，1992-7-13）

(138) 凡是能够叫市场人心看高的消息，也不妨说是谣言，赵先生总听着不受用。（茅盾《赵先生想不通》）

(139) 杜飞，公债又跌了！你的十万裁兵怎样？谣言太多，市场人气看低，估量来还要跌哪！（茅盾《子夜》）

从“看(看)VP”到“看 V”的缩合过程首先发生在股票、债券市场，其原因在于这些领域的人士特别看重时间和信息，要求在短时间内获得关于市场动态的第一手信息。这样就不能采用冗长的语言形式,而要在不影响信息传输的情况下简化语言形式。否则,某一市场信息还没传递完就因市场的瞬息万变而过时。故“看(看)VP”开始缩合为“看 V”,这和经济界人士喜欢用 WTO 代表“世界经济贸易组织”道理是一样的。Hopper 和 Traugott(2001: 64)指出,交谈过程中交谈双方受省力原则和明晰原则支配。省力原则作用的结果是词语的固化或使用的仪式化(routinization),仪式化又导致词语形式省缩。后来,“看”标记近将来时态的用法扩展到非经济领域。例如:

(140) 该校近年来办学质量显著提升,一本录取线看涨。

(141) 他作为一颗政治新星,前途看好。

这时“看”就已彻底语法化为近将来时态标记词(即“看$_t$”)了。我们预测,在不影响信息清晰度的情况下它会扩大其使用领域。事实确实如此。后来,“看$_t$V/A”又出现了带宾语的意动用法。[14] 例如:

(142) 谁演射雕女魔,网友看好王菲。(《都市晨报》,2001-4-30)

(143) 市场继续在挣扎盘旋,人们用最后的力量来争“收盘”的胜利。何慎庵回过脸来看着刘玉英笑道:“刘小姐……你是看涨呢看跌?”(茅盾《子夜》第十一章)

在“看$_t$V/Adj”的类推下,“见”也出现了近将来时态标记(即“见$_t$”)的用法。例如:

(144) 当前市场重要趋向是:高档见俏。

(145) 如今的家具市场也是行市见涨,全都挑剔起来。(《新华日报》,2003-3-27)

现将上文所述“看$_t$”的语法化过程总结如下:看(看)VP→{股票、债券市场}“看$_t$V/Adj”→ {经济领域}“看$_t$V/Adj”→{其他领域}“看$_t$V/Adj”。

[14] 有一种观点认为“看$_t$V/A”能出现意动用法跟“看”本身有“认为”义及很多形容词有意动用法有关。例如“失败与轻敌是分不开的”和“兵贵神速”中的“轻”和“贵”就是形容词用作意动词。

3. 视觉感知动词“看”向尝试体态标记的语法化

“看”可以用在动词重叠式或“V 一下”等形式后面表示尝试意义(详见下文)。本书把这种“看”称为尝试体态标记(tentative aspect marker),记为“看$_a$”。关于“看$_a$”,张爱玲(2004)有过详细论述。本书旨在在张爱玲(2004)等现有研究的基础上,引入跨语言比较视角,展示从表示视觉活动到表示尝试意义在一定程度上是跨语言有效的语义演变模式。

在日语中,表示视觉活动的“見る”(又作“みる”)放在动词终止形后也可以表示尝试义。Ono(2000: 61)曾指出,“見る”表示“试着做某事,看看结果如何(to try doing something to find out what it is like)”。另据 Ohori(1994),在中古日语中,“見る”就表现出了向表示尝试意义的体助词演变的倾向。例如:

(146) 水の 底へ 頭を 入れて 見れば……
mizu-no soko-he atama-wo ire-te mire-ba...
water-ATTR bottom-to head-ACC dip-PART see-PART
(彼犬)试将头浸入水底看。

上例中“ば”是小句连接词,“見る”在后续“ば”时发生形变,变成“見れ”。

在韩语里,视觉动词“pa-”也可以表示“尝试”义(Park,2003: 122)。例如:

(147) Na-to ka chayk ilke pa-ss-e.
i-also that book-ACC read see-PST-END
我也读读那本书看。

另据 Matisoff(1991:407)考察,在藏缅语族(Tibeto-Burman)奴缅(Lolo-Burmese)语支拉祜语(Lahu)里,视觉感知动词“ni”(看)也可以表示尝试义。

可见,视觉动词语法化为尝试体标记词是一种跨语言现象,需要从认知等语言系统外部因素寻找解释。伍和忠(2002)曾解释说,汉语中“看”表示尝试的功能是受到“试”的近距离感染所致。换言之,伍和忠认为,汉语中的“看”表示尝试是因为它在“试VP看”结构中受到“试”的组合同化。这种组合同化说显然不能解释其他很多语言中为什么也出现用视觉动词表示尝试体意义的现象。

考察可知，在“VV看”中，表示尝试义是“看”的主要职责，而动词重叠则主要表示动量小或时量短，只带有微弱的尝试义。既然体态标记词“看”能表示尝试，那么，“看”类词前面的动词重叠与否就往往因语言和使用环境而异。日语、韩语中不需要也不能重叠。汉语中则通常重叠，但若V后带有宾语或补语时，在汉语中V也不重叠(详见下文)。在苗瑶语族布努语中，动词一般不能重叠，只有表示“想”“听”“看”“尝试”等意义的动词能重叠，重叠后还要与“看”组合，才有“尝试、试行”义(蒙朝吉，2001:117)。在广西荔浦方言中“V一下子看”与“V一下子”有明确分工，后者表示短时态，前者表示尝试体(伍和忠，2002)。这表明，整个结构的尝试体意义绝不是从跟“看”共现的“一下”的短时义衍生而来。上述现象表明，源于视觉动词的尝试体标记“看”表示尝试体意义时，跟它共现的动词要不要重叠，这是因语言或方言而异的，还受到共现动词本身是否带补语的影响。这种结构中动词重叠与否，表现的只是一种语言对重叠相似原则的遵守程度。至于在现代汉语中尝试体标记“看”的优选组合对象是动词重叠式，这说明现代汉语在这方面对重叠相似原则的遵守程度高。因为动作的尝试性往往表现在动作的重复进行和对动作结果的反复观察上：动作先进行一段时间，然后停下观察动作效果是否符合预期目标。若不符，则修改动作方式和工具，再进行下去。

关于“看$_{a}$”的出现时间和历史来源，汉语史上曾有过讨论。关于“看$_{a}$”的出现时间问题，大致有以下几种观点：[1] 魏晋南北朝。蔡镜浩(1990)认为，“看$_{a}$”早在南北朝就开始产生于口语之中。吴福祥(1996)认为“看$_{a}$”产生于魏晋南北朝。李维琦(2004:194)更是具体指出，“看$_{a}$”的最早书证是北魏贾思勰《齐民要术》中的“尝看”。其后，便是《敦煌变文·庐山远公话》中的“略说身上伎艺看”。李维琦又补了几个隋代佛典用例。俞光中、植田均(1999)指出，蔡镜浩文中只有二例是真正的“看$_{a}$”，因而不能认为“看$_{a}$”早在南北朝时就已产生。[2] 唐代出现，北宋成熟。陆俭明(1959)认为，“看$_{a}$”从唐代开始逐渐在口语中出现，《水浒》以后成为地道的语助词。劳宁(1962)认为“看$_{a}$”在北宋就是个地道的语助词了。心叔(1962)认为，“看$_{a}$”的形成可能更早些。换言之，心叔认为，在宋代以前“看$_{a}$”就已经形成。关于“看$_{a}$”的历史来源问题，大致有以下几种观点：[1] 陆俭明(1959)认为，“看$_{a}$”跟实义动词“看”密切相关。他指出，下面前两例中的“看”与后两例中的“看”意义有密切关系。

(148) 他还没有想通,你再跟他谈谈看。

(149) 我不骗你,这很好吃,不信,你尝一下看。

(150) 他还没有想通,你再跟他谈谈,看怎么样。

(151) 我不骗你,这很好吃,不信,你尝一下,看味道如何。

徐中舒(1990:2474)更直接说“看$_a$”是“看怎么样”的省略,用在动词或动词结构的后面,表试一试。按照这种观点,则例(148)(149)中的“看$_a$”来源于例(150)(151)中的动词“看”。同理,下两例中的“VP看”可以看作从“VP看怎么样”演变而来。

(152) 赵能道:“说的是,再仔细搜一搜看。”(施耐庵《水浒传》第四十二回)

(153) 哥哥不要打,等我变了看。(吴承恩《西游记》第四十七回)

李宇明(1985)持相似观点。李宇明认为,“VP看”中VP所示的动作不是一直要进行下去。一般是先进行一段时间,然后对这种行为的结果或周围情况进行观察,从而得出某种结论或作出某种决定。换言之,李宇明认为,“看$_a$”是从“观察”义“看”发展而来,是“看X”结构省“X”后虚化而来。蔡镜浩(1990)认为,“看$_a$”由“测试”义“看”虚化而来。我们认为,上述各种观点中,关于“看$_a$”的出现时间问题,蔡镜浩(1990)、吴福祥(1995)的观点比较稳妥;关于“看$_a$”的历史来源,李宇明的观点比较合理,因为行为的尝试性往往表现在:行为不是一直进行下去,而是做做停停,以便及时观测行为的结果是否符合既定目标。因此,我们不赞同蔡镜浩关于“看$_a$”由“测试”义“看”虚化而来的观点。但是,我们仍然认为,徐中舒(1990)的观点欠妥,因为我们不能由于某句可以说成另一句,就认为它来源于该句。

“看$_a$”在现代汉语普通话中的语表形式有四种:(1) V V 看。[15] 参见例(154)。(2) V一V看。参见例(155)。(3) VC看(C为时量短语或趋向动词)。参见例(156)—(158)。(4) VVO看(O是一个简单名词)。参见例(159)。(5) VO看(O作为一个复杂名词)。参见例(160)。

[15] 当V本身就是“看”时,就形成了“看看看”这种形式。例如:介漂亮个物事拨我看看看。“这么漂亮的东西,让我看看。”(吴语上海话)为了避免重复,吴语上海话中“看看看”中最后一个“看”可以替换为“叫”。

(154) 是桩什么事，你且讲讲看。（李渔《比目鱼·冕》）

(155) 这点印工及纸费，我现在也还能设法，或者来试一试看。

(156) 甲：回来了没有？乙：你去叫一声看。

(157) 收不收不要紧，让她学几天看嘛。|问一声看，浴室还有人没有？

(158) 先少做几个，卖起来看。|有没有生意，做起来看。

(159) 你给我评评理看。|大家不妨也动动脑筋看。|你也来帮我找找毛病看。

(160) 水平怎么样？让他写篇文章看。|这病有几分治得，吃副药看。

江淮官话江苏阜宁话中的“看$_{a}$”除了用在上述几种形式中，还可以用在“V看”“V看看”“VC看看”“V VO看看”“V V看看”“V看瞧”“V看瞧瞧”“V V看瞧”“V V看瞧瞧”中。Croft(2008:232)指出共时平面上的语言变异体现的是历时平面语言演变的不同阶段。“看$_{a}$”在汉语方言及普通话中的分布也同样说明了这一点。根据吴福祥(1996)的考察及本书上文所述，“V看”在现代汉语大多数方言中已不再使用，但在湖北荆沙话及江苏阜宁话里却仍很活跃。另外，吴文对十多种汉语方言进行了考察，列出有“V看看”型的只有安庆方言，这里再补一阜宁话示例：

(161) 生孩子不难，你来生看看。

有“V看”形式的荆沙话、阜宁话也有“VV看看”形式。但有“VV看看”形式的安阳话、娄底话却没有“VV看”。有“VV看”“V看看”的安庆话却没有“V看”，普通话中有“VV看”却没有“V看看”。这一切都说明“看$_{a}$”出现的语表形式在历史上出现的先后顺序很可能是：V看、V看看、VV看、VV看看。这与吴福祥(1995)的研究结果是大体一致的。根据吴文的研究，“V看”出现于魏晋六朝，“VC看”出现在唐代，“V看看”出现于晚唐五代，“VV看”出现于元明清。另外，根据吴福祥(1995,1996)的研究，太原话、呼和浩特话不用“看”而用其他形式如“V V、V一V”表达尝试态。广西荔浦话用“看”而不用其他形式表达尝试态。普通话既用“看”又用“V V”“V一V”形式表达。这一切使我们相信，先是“看”经过演变具有了“尝试”义，而后“看”与“VV、V一V”高频共现使得“VV、V一V”经过词义渗透获得了尝试义。据此我们认为，史有为(1986)关于“VP看”的“看”是“看看”简化、虚化而来，保持了动词重叠式具有的“建议尝试”义和“轻量”义的看法是不对的，应该是

“看看”由“看”为适应特定需要叠音而成，动词重叠式保持了“看”具有的尝试义，这与“看$_{adv}$看”是由“看$_{adv}$”叠音而来是平行的。吴福祥(1995)说“看$_a$”重叠成“看$_a$看”可能是为了显豁尝试语义，以与动词“看”区别开来。同时也便于齐整句式、增强节奏，吴文列出的《敦煌变文集》中仅有的几例“看$_a$”重叠成“看$_a$看$_a$”的例子都是用在对偶的诗文中：

(162) 伏望照宣，诏令广集，颁下群集，大决看看，然可定胜负。(《敦煌变文·降魔变》)

(163) 都讲梨着气力，如擎重担唱看看。(《敦煌变文·父母恩重经讲经文(二)》)

(164) 依实向我说看看，好恶不须生拒讳。(《敦煌变文·降魔变》)

(165) 六师虽五度输失，尚不归降。“更试一回看，后功将补过”(《敦煌变文·降魔变》)

“V 看$_a$→VO 看$_a$→VC 看$_a$→V 看$_a$看$_a$→VV 看$_a$”这一演变的证据是：

[1] “看$_a$”由动词“看”虚化而来，故在“看$_a$”虚化的过程中动作性越来越弱，句子中心由“看$_a$”移动到“看$_a$”前的 V 上，使 V 由无界发展到有界，从 V 到 VO、VC、VV 等。“V 看$_a$看”在这一发展过程中虽然只是昙花一现，但在方言中也仍有少量痕迹。从“V 看$_a$看”到“VV 看$_a$”的过程中 “看$_a$”由重叠变成不重叠，V 由不重叠变成重叠，是 V 动作性增强，夺取句子中心地位，“看”动作性减弱，丧失句子中心地位的表现。因为正如朱景松(1998)所说，重叠式动词出现频率高的多表示具体动作，特别是表示人的感官和肢体动作的动词，是基本动词。刘月华(1983)对《普通话三千常用词》所收的近 1200 个动词进行了考察，发现动作动词可以重叠。聂仁发(2001)指出动词重叠后具有较强的动作性。

[2] “看$_a$”由“看$_v$”发展而来的另一证据是，项梦冰(1997:203)揭示的连城客家话中“V 看一下”是粘着的，不能终句，必须有后续话语；“V 一下看”则可以终句。试比较：

(166) 我㤘看一下有滴物好办法？(我想想看有什么好办法)

(167) 尔猜看一下这系是物？(你猜猜看这是什么)

(168) 我举一下看。

(169) 我来开一下看。

"一下"从修饰"看"变为修饰 V 是句子中心转移的突出表现。

[3] 重心前移是很多语言发展的共性。在历史上句子的主动词常因为重新分析而变成助动词。例如：

(170) I would like (him to buy 3 eggs).
→ I would like(myself to buy 3 eggs).
→ I would like to buy 3 eggs.

在汉语方言里，除了上文考察的"看"外，"相""视""瞧"等视觉动词也都发展出了尝试体标记的用法。比如，在湖南汝城话中尝试体标记就是"相""视"。例如：

(171) 写相呢。[写(一)写看] | 捞转相呢。(搅拌搅拌看) | 研究视呢。(研究研究看)

(172) 话下相呢。[说一下看；说(一)说看] | 走下路相呢。[走一下路看；走(一)走路看]

(173) 整下视呢。[修一下看；修(一)修看] | 翻下书视呢。[翻一下书看；翻(一)翻书看] | 商量下视呢。(商量一下看；商量商量看)(崔山佳，2004:27)

感觉动词用于试探、尝试语境是很常见的，因为人们试探、尝试的前提是感知。不同的感觉动词用于试探、尝试语境的后果不同。视觉动词用于试探、尝试语境的后果是向尝试体态标记词演变，而听觉动词、触觉动词则可能直接引申出"试探"义项。比如"碰碰运气"。再如，在闽语广东揭阳话中，"听"可以表示"试着"义。请看：

(174) 无把握成功呀，可以听做看。(没有把握成功，可以试着做做看。)

第四章

视觉感知动词语法化的规律和动因

1. 视觉感知动词语法化的理论总结

视觉动词语法化和其他动词语法化一样，都是在语义泛化和虚化基础上进行的。认识情态标记词“看”（即“看$_{m}$”）、近将来时态标记词“看”（即“看$_{t}$”）的语法化都是动词“看”高频使用导致其意义泛化或虚化，可以代替其他感知动词、心理动词（如“注意/小心”或“判断/认为”）的结果。[1] 继而，动词“看”虚化为“渐渐”义方式副词“看”或伪连词“看”（记作“看$_{f\text{-}conj}$”），最后，语法化为“看$_{t}$”或“看$_{m}$”。标志是“看$_{m}$”有些近似于英语标句词“that”，“看$_{t}$”有些近似于前缀。尝试体态标记词（即“看$_{a}$”）的语法化也离不开“看”的泛化，是“看”由仅表视觉活动扩大其使用范围而获得尝试义才导致其语法化。“见”由独用的视觉动词到复合词（如：看见、听见、闻见、碰见、梦见、想见、遇见）中表结果义的语素“见”（记作“见$_{o}$”），再到无义衬音助词“见$_{p}$”，也是先泛化后虚化的。尝试体态标记“看”和被动语态标记“见”，一个是助词，一个是助-介兼类词，我们分别记作“看$_{a}$”和“见$_{vo}$”。它们都是直接从动词语法化而来的，没有经过其他用法这一中间阶段，但也是在语义泛化或虚化的基础上进行的。现将上文的分析图示如下：

[1] 根据袁宾（1992：90-91）的考察，动词“看”的另一条语义演变路径是：使视线接触→看待→接待、款待→照料、照应/备办、料理。这样，动词“看”还经历了从感觉动词到心理动词，再到动作动词的演变。

看$_{v}$…………→看$_{adv}$…………→看$_{t}$

看$_{v}$…………→看$_{f\text{-}conj}$ ………→看$_{m}$

看$_{v}$………………………………→看$_{a}$

见$_{v}$………………………………→见$_{vo}$

见$_{v}$…………→见$_{o}$ …………→见$_{p}$

图 4-1　视觉动词的语法化

视觉动词的语法化也遵循人类认识世界的规律。人们认识世界一般是先认识自然界，再认识人类社会和思维领域。在认识世界的基础上才能改造世界。所以，“提示”义“看”先用于现实域，再用于认识域，最后用于言语行为域；用于言语行为域的“看$_{a}$”也是从现实域动词“看”演变而来；指代副词“见”（即“见$_{da}$”）的情态用法（如“见谅”“见笑”“见教”）就是“见$_{da}$”从现实域发展到言语行为域的结果。“看”通过词义引申获得“注意/小心”义是“看$_{m}$”产生的前提。而这些义项的产生则体现了人们认识世界的思维活动是从感性认识到理性认识。在感性认识中是从感觉到知觉，再到表象；在理性认识中是从概念经判断到推理的过程。

视觉动词语法化还遵循 Halliday(1994)提出的及物系统六大过程循环律。人在对其体验进行语义化时可以选择不同的过程小句。这导致了及物系统六大过程循环律。现表示如下：

↗ **物质过程**→行为过程 ↘

存在过程　　　　　　　　**心理过程**

↖ **关系过程**←言语过程↙

图 4-2　及物系统六大过程循环律

其中，物质过程、心理过程、关系过程是最基本的三种过程。“看”从表示视觉活动义到表示“注意/小心”义，再到担心-认识情态标记(K_{c})或表示委婉责备的语用标记，完成了从行为过程到心理过程，再到言语过程的转变；“看”从“看$_{v}$”到“看$_{adv}$”，再到“看$_{t}$”，完成了从行为过程到关系过程，再到存在过程的转变；“看$_{v}$”到“看$_{a}$”则是从行为过程到言语过程，因为“看$_{a}$”常用在祈使句中。“见$_{v}$”到“见$_{vo}$”、“见$_{v}$”到“见$_{adv}$”体现的都是行为过程到关系过程。与此相似的是“看”之“取决于，依靠”义的产生以及古汉语中“顾”之转折连词用法的出现。表示视觉活动的“看”经重新分析可获得“取决于”义。重新分析后看所在的小句也由行为过程句变成了关系过程句。现将其重新分析过程例示如下：

(1) 这场比赛能否赢我们就看他了。(指望)→这场比赛能否赢就看他了。(取决于)

(2) (吕后)面质吕媭于陈平曰:“鄙语曰‘儿妇人口不可用’,顾君与我何如耳。无畏吕媭之谗也。”(《史记·陈丞相世家》)(我怎么处理你就看你对我的态度如何了。)

《汉语大词典》等很多辞书未收这种用法的“看”。但是,曹小云(2005:165)已经注意到这种意义的“看”,并把它释为“依靠,依赖”。例如:

(3) 林氏便泪汪汪下道:“我媳妇怕没有这事,他若去,叫我更看何人?”(陆人龙《型世言》第四回)

(4) 细细听去,又听他数说道:“我的人,叫我无儿无女,看那个?”(陆人龙《型世言》第十回)

(5) 子嗣上,可怜做了两年夫妻,孕也没一两个月;要承继过房,也没一个,叫你看着何人?(陆人龙《型世言》第十回)

(6) 阴氏对陈氏说:“我病已深,便药饵也不能好,这不须费心了。……”又叫世建道:“你命蹇,先丧了父,如今又丧我。平日我多病,全亏亲娘管顾你。如今我死,只得看他了。”(陆人龙《型世言》第十六回)

“顾”从表示回头看的视觉动词语法化为表示反预期意义(“却”义)的语气副词,再从后者语法化为转折连词(犹“不过”),这是从行为过程到关系过程的演变。

感觉活动通感隐喻的单向性。钱锺书《通感》一文(1962)将心理学术语“通感”引入文学和语言研究。所谓“通感”,指各种感觉之间的互通。在通感隐喻两域之间,感官特征只能从低级感官形式映射到高级感官形式,从可及性较强的概念映射到可及性较弱的概念(汪少华,2002)。例如:

(7) Thai curry tastes hot.(泰国咖喱菜很辣。)

此例中,温觉域的感受特征“hot(热)”被用来表示味觉域的感受特征“辣”。它们之间的关联在于两者都会使人出汗。但这种隐喻投射却不能反向进行,即不能用味觉域的感受特征表示温觉域的感受特征。Ullmann(1964:86)早在二十世纪二十年代就对十九世纪中的许多文学作品中的通感进行了调查和分析。他发现文学作品2000个通感例子中有80%呈向上等级分布，即感觉的移动方向总是从较低级向较高级、较简单向较复杂。他在调查结果中将六种感觉依次排列为[2]：

触觉　温觉　味觉　嗅觉　听觉　视觉
→

图4-3　六种感觉的排列

比如，“刺”从表示触觉感受(即刀、剑、针等尖锐的东西戳入身体的感觉，如“刺手”)到表示味觉(如江淮官话江苏阜宁话“刺嘴/戳嘴”指酒、饮料等口感太烈)，再到表示嗅觉感受(如“刺鼻”指气味呛鼻难闻)，继而到表示听觉感受(如“刺耳”指声音尖锐难听)，最后到视觉感受(如“刺眼”指光线炫目)。再如，形声字“味”从“口”，“未”声，意即“滋味”。本表示味觉活动的感受对象，即食物的味道。后来指嗅觉活动的感受对象，即物体的气味，最后指心理活动的感受对象。例如“心里不是滋味”。这最后一步语义演变甚至超过了感觉域。下面结合汉语实例展示相关演变。

[1] 触觉→其他感觉：

(8) 这里的光线很刺眼。(触觉 → 视觉)

(9) 她尖声尖气地责备着孩子。(触觉 → 听觉)

(10) 潘先生一家……立刻闻到刺鼻的油腥味。(叶圣陶《潘先生在难中》)(触觉 → 嗅觉)

(11) 这种饮料她不愿意喝，说很戳嘴。(触觉 → 味觉)

[2] 温觉→触觉以外的其他感觉：

(12) 橘黄色为暖色、蓝色为冷色。(温觉 → 视觉)

(13) 晓镜但愁云鬓改，夜吟应觉月光寒。(李商隐《无题》)(温觉 → 视觉)

[2] Viberg(1984: 136-147)根据53种语言中感知动词语义演变的单向性，列出如下等级：味觉/嗅觉＜触觉＜听觉＜视觉。Viberg列出的序列跟图4-3列出的序列有些差异。汉语中的很多语言演变现象似乎不大支持Viberg的上述结论。

(14) 人不怕挤。尽管摩肩接踵，大家也挤不到一处。像壳里的仁，各自各。像太阳光里飞舞的轻尘，各自各，凭你多热闹的地方，窗对着窗，各自人家，彼此不相干，只要挂上一个窗帘，只要拉过那薄薄一层，便把别人家隔离在千万里以外了。(杨绛《窗帘》)(温觉 → 听觉)

[3] 味觉→触觉、温觉以外的其他感觉：

(15) 秀色可餐。(味觉 → 视觉)

(16) 成都一家私营企业老板苦笑着说："有时电没了，有时水没了，这个意思不说你也明白，那就是该递票子了。……"(库页诗、唐建伯《私营企业热在中国》)(味觉 → 视觉)

(17) 酸溜溜的腔调/甜美的歌声/甜言蜜语(味觉 →听觉)

(18) 已退休在家的王师傅鼻子有些酸楚。他说："虽然现在住得窄点，还能凑合，紧巴一年半载的，就能搬进新楼房。"(《人民日报》，1995-1-31)(味觉 → 嗅觉)

[4] 嗅觉→触觉、温觉、味觉以外的其他感觉(即视觉、听觉)：

(19) 他的演技太臭了。(嗅觉 → 视觉)

(20) 他的嗓子是个香炉，散发着奇特的芳香。(嗅觉 → 听觉)

(21) 他早就臭名远扬了。(嗅觉 → 听觉)

[5] 听觉→触觉、温觉、味觉以外的其他感觉(即视觉)：

(22) 光与影有着和谐的旋律，如梵婀玲上奏着的名曲。(朱自清《荷塘月色》)(听觉→视觉)

当然，违背上述通感隐喻单向性的用例，尽管相对较少，但也是有的。比如，"闻"从表示听觉活动有了结果(犹今之"听见")演变为表示嗅觉活动(犹古汉语之"嗅")。或许是受"闻"的类推，"听"在有些方言中也从表示听觉活动发展出了表示嗅觉活动的用法。例如，在湖南邵阳、安化和江西萍乡等地方言中，“听”可以表示“嗅”义。所以，会有“听香园”“听香亭”等说法。

2. 视觉感知动词语法化的理论解释

2.1　视觉感知动词语法化的认知解释

2.1.1　语音形式、词汇形式与语义内容之间的象似性

“看”及方言中的“瞧”与其他视觉感知动词相比更易发生语法化，这不是偶然的。因为语法形式的构成受制于以语言为媒介的思维活动规律，并且以语音形式与这些规律的一致关系为基础（威廉・洪堡特，1999：186）。“看”“瞧”的韵腹都是[ɑ]。[3] 在舌面元面舌位图上，[ɑ]的舌位是最低，最后的。这样，在认知上，人们根据一贯的思维活动规律——重要的人、事、物总是放在前，所处的位置、职位是高的——来认识起初可能是包括“看”“瞧”的连谓结构。认为“看”“瞧”既然韵腹舌位低、后，那么，它很可能没有连谓结构中的另一谓词重要。这就为人们在认知上把这一连谓结构中的中心重新分析为 V，提供了理据。“看”“瞧”的韵尾分别为[n]、[u]。按舌位高低可排列为[u]<[n]。根据上文论述，语音上舌位的高低与语义上动作义的强弱、表建议尝试态趋势的强弱存在着象似性。因而“看”“瞧”同时与 V 共现时，“看$_{a}$”而不是“瞧”更接近句子的表义中心 V，故人们常说“V 看瞧”而不常说“V 瞧看”。与我们观点有相通之处的是张敏（1998）介绍的张公瑾、刀承华、韦星郎等人的研究结果。张公瑾等人总结出动词、形容词的后附形式的元音交替，这些交替元音舌位的高低往往与这些后附形式所表达的动作行为和性质状态在多少、大小、轻重等方面程度上的高低差别相一致。Dirven & Verspoor（1998：262）指出了语言类型学的研究表明：一种语言至少有两个元音。如果只有两个元音，必为[ɑ]和[u]/[i]。如果有三个元音则为[ɑ][u][i]。如果有四个元音，则要加上[e]或[ɛ]。如果有五个，必为[ɑ][u][i][e][ɛ]。所以，“看”“瞧”“见”“顾”易向时、体、态

---

[3]　据王力（1980：121），“看”在中古读为[k‘ɑn]，后演变为[k‘an]。

标记或关联词语法化(具体说,“看”语法化为近将来时态标记词;“看”“瞧” 语法化为尝试体态标记词;“见”语法化为被动语态标记词和结果体标记;“顾” 语法化为转折关系连词),而“省”等不易语法化。

“见”表结果时本是与其前的动语素组成动补结构,而补语(除趋向补语外)一般都重读(赵元任,2001 [1968]:204)。但“见”在“看见”“听见”等复合词中读轻声而不读原调。这种语音弱化是“见”在语法化过程中经历语义虚化的外在体现。在客观上也营造了“V 见”在语音形式、词汇形式与语义内容之间的象似关系。因为正如赵元任(2001[1968]:208)所说,“见”不大用作普通补语。作为动相补语的“·见”用于表感觉的动词后是极为常见的。而“见”本身也是个感觉动词,如果它在语法化为结果体标记后遵守补语一般重读的原则,在语音上就给人“见”和其前的“看”“听”等感觉动词平起平坐的感觉。这样,在认知上人们就不易解读出“见”是其前感觉动词的补语,表示这一动词所示动作的结果。故而在语义虚化的推动下,在象似性动因的拉动下,表示结果的“见”语音弱化,读轻声。这与现代汉语普通话中“VV 看”常用、“VV 看看”少用、“V 看看”不用是相似的,都有象似动因促动的痕迹。“看”表尝试义时是体态标记词,标记动作的动相,所以它不是整个短语的核心,这种语义状况必然在语音、词法形式上有所反映:尝试体标记“看”在语音上读轻声、在语法上几乎不能重叠。从音节多少来看,“VV 看看”“V 看” 给人一种“看”与其前的动词平起平坐的感觉,而“V 看看”给人一种“看”与其前的动词相比语义上更重要、反客为主的感觉。这两种形式都使人们在认知上不易解读出谁是短语的核心。语用标记“你看”“(你)看你”中的“看”比用于认识域的伪连词“看”读得更轻也是其语义内容进一步虚化的表现。

2.1.2　语法形式与语义内容之间的象似性

在“VO 看”“VC 看”“VVO 看”“VV 看”等“看$_a$”的现代用法中,最后两种形式比较常见,因为最后两者符合句法象似性动因的要求。动作的反复进行往往是动作具有尝试性的外在体现。这种认知上的概念意义在重叠象似动因的促动下要求 V 或“看”最好至少有一个重叠。伍和忠(2002)指出,在广西荔浦方言中能表尝试很可能就是其他动词极少重叠而“看”能够重叠的原因。虽然“看看”比“看”表达的尝试义更显豁,但经济原则的作用使“看看”趋向于简化为“看”。象似动因的促动要求 V 或“看”最好至少有一个在语表形式上用重叠形式来暗示或表示尝试义。

汉语普通话中不用"V看看",常用"VV看",因为"VV看"同时符合重叠象似动因、数量象似动因和语言经济原则的要求,而"V看看"虽然符合重叠象似动因和经济原则的要求,但不符合数量象似动因的要求,音节数多的"看"字部分反而不作句子谓语中心。当然,语言经济原则和重叠象似动因竞争的结果不是象似性的减损,而是语言经济原则作用的弱化。故有"VV看看",尽管它少用。当然,经济原则的作用只是弱化而没有消失。因为如李宇明(1985)所说,"VP看"结构中VP所示动作都不是一直要进行下去。一般是先进行一段时间,然后对这种行为的结果或周围情况进行观察,从而得出某种结论或作出某种决定。这样,如果单纯在象似动因的促动下,那么尝试的外显是动作的反复进行,且动作反复的次数越多,其尝试性越易观察。这种概念意义要求在语表形式上V或/和"看"最好多重叠几次。这时,是经济原则的作用使V和"看"只重叠一次,且最好只重叠其中的一个词。"V看"虽符合经济原则的要求,但不符合重叠象似动因的要求,故在现代汉语普通话中不用。因为在"V看"中,V与"看"因音节数相等而给人一种平起平坐的感觉,听/读者在认知上不易识别出谁是表义中心。"VV看看"虽符合重叠象似动因的要求,但违反了语言使用的经济原则,故而不常用。由于人们在使用语言时总是倾向付出最小的努力,因而使用频率较高的成分往往比较短小(Zipf,1935)。"VV(O)看"是上述形式中最短小的形式,因而常用。当然,因为"看"在"VV看"中通过语境吸收而获得了尝试义(换言之,尝试义已经成为动源助词"看"的词义),今天V或"看"不一定非要重复,因而"VC看""VO看"也存在。现代汉语普通话及绝大多数方言用"VC看""VO看"而不用"V看",是因为V是句子的表义中心,"看"只表示尝试体意义,不是表义中心,所以在音节数上不能喧宾夺主(即最好比前段音节数少)。在"看"语法化过程中,句子的表义中心已由"看"变成V,故而V开始有界化,取VC、VO、VV等多音节形式,以便在音节数上胜出。

2.1.3 视觉感知动词语法化的隐喻机制和转喻机制

2.1.3.1 视觉感知动词语法化的隐喻机制

视觉动词可以通过语义泛化扩大其所指范围,从视觉活动义引申出知觉活动义,如"察觉、观察、小心、注意"等义。在尼罗河流域和撒哈拉地区的撒尔语(Sar)中,视觉动词(如动词"àà")从视觉活动义引申出了"注意"义。这是一种感知域内的语义演变(intrafield semantic change)。再如,例(23)—(25)中“看”分别表示“察觉”义、“观察”义和“注意/小心”义;例(26)中“省”表示“知觉”义。

(23) 甲:他的这层意思你看不出来吗? 乙:我能看出他不安好心。

(24) 村长是外来的,对村里的情形看得不十分清楚。(赵树理《小二黑结婚》四)

(25) 你不好好学习,看我不揍死你。

(26) “么伯娘,你还不晓得,二弟妇死时,我正病得人事不省,若不得亏吃了洋药,我还不是变了鬼了!”(李劼人《死水微澜》)

因为视觉活动就是将视觉注意力(简称“视力”)导向某客体的过程,听觉活动就是将听觉注意力(简称“听力”)导向某客体的过程……所以,在理论上视觉动词、听觉动词、嗅觉动词、触觉动词、味觉动词都可以引申出“注意/小心”义。比如,意大利语听觉动词“ascoltare”引申出了“注意”义。贝伽语(Beja)不可控听觉活动动词“masiw”(犹古汉语“闻”和现代英语“hear”)引申出了“注意/留意”义。它芒语(Tamang)听觉动词“ingjan”引申出了“留意”义。

域内语义演变是相对于域间语义演变(transfield/inter-field semantic change)来说的。域间语义演变指跨越感知域和心理域之间界限的语义演变。域间语义演变的促动机制是隐喻投射。视觉动词的感知活动义通过身心隐喻(the mind-as-body metaphor)机制(详见下文表 4-1)获得思维活动义(即“思考、反思、期待”等意义)。比如,例(27)中“省”表示反思,例(28)(29)中“望”表示期待(得到)。[4]

(27) 君子日三省乎己。(荀子《劝学》)

(28) 此次行动事关重大,望各位精诚团结。

(29) 人苦不知足,既平陇,复望蜀 。(范晔《后汉书·岑彭传》)

再如,瑞典语视觉动词“betrakta(看)”演变为“反思”义名词“betraktelse”

[4] 相应地,名词“望”可以表示“企图”义。如:绝其能望,破其意,勿使人欲之。(《韩非子·主道》)

(Sjöstrom, 1999:70)。思维活动的结果就是主体理解了某知识、明白或懂得了某道理、得出了某结论。[5] 所以,通过[过程-结果]转喻(详见第一编第二章 § 2.1),视觉动词又从思维活动义引申出表示思维活动的结果意义(即"理解/明白、懂得、认为"等义)的用法。比如,"看"有"认为"义,"见"有"知道、懂得"义;"睹"有"懂得"义;"省"有"懂得、理解、明白"义;"瞭"有"明白"义。下面各举几例:

(30) 我看今天的事完不了。

(31) 今使六子者易事,而照弗能见者何?(《淮南子·修务训》)[6]

(32) 年光是也,唯只见,旧情衰谢。(周邦彦《解语花·元宵》)

(33) 日子养双亲,见者之孝。(蒲松龄《聊斋志异·罗刹海市》)

(34) 光曰:"僚素食而恃力,知进之利,不睹退让!"(赵晔《吴越春秋·王僚使公子光传》)

(35) 不睹事撞入咱阵里,你正是有路无归。(郑光祖《智勇定齐》第三折)

(36) 惊起却回头,有恨无人省。(苏轼《卜算子·黄州定惠院寓居作》)

(37) 施恩道:"兄长,如何是无三不过望,小弟不省其意。"(《水浒传》第二十九回)

(38) (旦)……龙卿、子传,搬唇弄舌,口是心非,到底有失,不可轻信!(生)你妇人家省得甚么?只管歪缠,没些了当。(徐仲由《杀狗记》第十七出)

(39) 文必丽以好,言必辩以巧。言瞭于耳,则事昧于心。(王充《论衡·自纪》)

表示思维活动的动词"见"后来又发展出了"见解、主张"义名词用法(如古汉语"起见"中的"见",用例详见蔡淑美,2011)。视觉动词引申出"理解、明白、懂得"义广泛见于世界绝大多数语言。而其他感觉动词引申出这些意义则较为罕见,但也并非没有。比如,古汉语中触觉动词"摸"引申出了"探求、获取、了解"义。"摸底"即了解底细。再如:

---

[5] "理解/明白""懂得""认为"都属于认知层面概念。因为认知(cognition)是跟知识的理解和信念的构建(即本文所谓结论的得出)相关的过程。

[6] 交诱注:"见,犹知也。"

(40) 师曰:"半句也摸不着?"(《五灯会元·大阳玄禅师法嗣·白马归喜禅师》)

(41) 可不是,亏了姥姥这样一办!不然,姑娘也摸不着那好时候。(《红楼梦》第一百一十九回)

(42) 他原是乌禅幕的老奴,有过一段谁也摸不清的痛苦的经历。(曹禺《王昭君》第二幕)

(43) 火焰山方圆十几里完全是个秘密哩,要摸透它,真要有孙悟空的本事才行。(何永鳌《火焰山上四十天》)

触觉动词"摸"作为非视觉动词,引申出的表示心理活动的用法大多具有主观性,比如"揣摸"表示"推测"义。

视觉动词的语义引申网络可以部分地表示如下(域内语义演变用单实线箭头表示,隐喻投射促成的域间语义演变用双虚线箭头表示,横线表示概念转喻促成的转指关系。因横线所示转喻型义变以双虚线所示隐喻型演变为先导,故放在本小节一并论述):

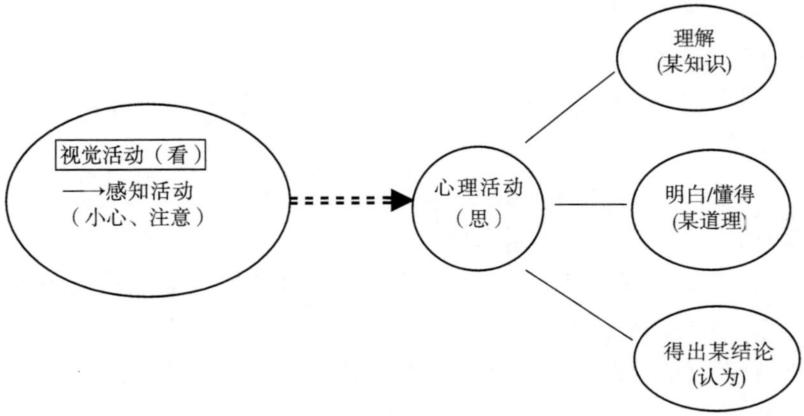

图 4-4 视觉动词的部分语义引申网络

视觉动词语义演变涉及的概念隐喻(具体说,是身心隐喻)是意象图式从现实域向认识域的投射。这种投射关系可以表示如下:

表 4-1 身心隐喻的系统性

	现实域(社会-自然域)		知域(思维领域)
①	**视觉活动主体**	→	**认识活动主体**
①a	视觉活动主体的视力及其好坏 (慧、盲)		认识活动主体的智力及其高下 (聪明、无知)
①b	视觉活动主体的视力障碍(眼疾)		认识活动主体的心理困惑(贪、嗔、痴等)
②	**身体视觉活动(看)**	→	**心理"视觉"活动(思考)**
②a	身体视觉活动有了结果(见)		心理视觉活动有了结果(明白、理解)
②b	视觉活动方式		认识活动方式
②c	观察景象的立足点("观"点)		学习新知的出发点([理论]立场)
②d	观察新事物的角度(视角)		发现新问题的角度([理论]视角)
②e	看景象的方法("看"法)		学习新知过程中形成的体会
②f	观察的范围(视界/vision)		学习知识的区域(视野)
②g	观察景象的条件——光线		学习知识的条件——启发
③	**自然可视物(物像,含光线)**	→	**心理可"视"物(即知识)**
③a	自然可视物在感觉主体的视界内 可以为感觉主体所看到或观察到		某知识在认识主体的理解范围内 可以为认识主体所认知或考虑到
③b	物体的可视性[7]		知识的可理解性
④	**改变物体能见度的行为 (点亮、弄暗)**	→	**改变知识可及性的行为 (阐明/澄清、混淆/模糊)**

这种概念隐喻在起初可能只是修辞隐喻。比如,在例(44)中,说话人借助具体的视力来形容抽象的智力。

(44) 臣患智之如目也,能见百步之外,而不能自见其睫。(《韩非子·喻老》)

(45) 灯不拨不明,理不辩不明。

[7] 物体的可视性跟声音的可听性一样,都是外在刺激物的易感性(susceptibility,详见 Sjöstrom,1999:68)。

例(44)把智力的缺陷比喻成视力的缺陷,例(45)把益智的明理行为比喻成点灯或拨灯照明。这样的隐喻在佛经中常见。根据蓝纯和高秀平(2016),佛教常把修行者志在修得的五种智慧比喻为眼力,把贪、嗔、痴等心理困惑比喻成眼疾。这样,我们就不难理解为什么英语"enlighten"既可以表示"照耀"义,又可以表示"启发"义了。束定芳(2000a:56)指出,英语中存在跟身心隐喻相关的词语。例如:

(46) blind、blind with rage(因愤怒而失去理智)、shortsighted(短视)、bright(眼明/聪明)、brilliant(表示认识主体的能力特征)[8]

(47) see、glimpse、see the light、see through、get the picture(表示对事物的了解)[9]

(48) look at(= think about)、examine、survey、regard、review、search (one's mind)、search me(= I do not know)(表示对事物进行了解的方式)[10]

(49) clear、opaque、transparent、definite、faint、blurred、take shape、come to light、dawn on(someone)(表示事物本身的可理解程度)[11]

例(46)(47)(49)分别诠释了上文表 4-1 中①a、②、③b 这三行左右两列之间的隐喻投射关系。英语中"in view of"本表示"在……视野范围内(within visible range)",后来引申出"为……所考虑到,鉴于"义,展示的是上文表 4-1 中的③a 这种隐喻投射。正如 Sweetser(1990:33)所说,身心隐喻成立的基础是视觉活动是我们关于世界的信息的主要来源(详见下文§2.2)。正因为存在这种隐喻关系,所以很多日尔曼语常有身体视觉(physical vision)和心理视觉(mental vision)[12]、视力和理解力、光线明暗(即明亮与黑暗)和知识难易(即易懂与晦涩)、点亮(灯)/照明(物体)

---

[8] 在有些语言中表示认知主体愚蠢的词语还可能源自"哑的,不会说话"义表达。比如荷兰语(Dutch)中的"dom",详见 De Smet 和 Verstraete(2006)。

[9] 在斯瓦希里语(Swahili)中,动词 kuona 从"看见"义引申出了"理解"义。

[10] 试对比汉语中"概观""鸟瞰""回顾""审视""忽视""盼望"等词兼具表示视觉活动方式和表示心智活动方式的多义性。"回顾"本表示以特定方式进行的视觉活动,即回头看;后来,又引申出表示以特定方式进行的心理活动的用法,即表示回忆(记忆的一种)。

[11] 再如日语中的"明らか"(又写作"あきらか",读作 akiraka),它从"(光线)明亮"义引申出"(知识)易理解的"义。

[12] "心理视觉"这个术语并不是本文首创。Hoffmann(2004:179)已经使用。

和阐明/澄清/解释(道理)之间的歧解。例如:英语中的"look down on(向下看/轻视)、look up to(向上看/尊敬)、look forward to(向前看/期望)"。这展示的上文表4-1中的②b这种概念隐喻。而且,英语中来自拉丁语词根"spec-、vid-"的词往往既有体视觉义,又有心理视觉义。如"perceive""discern""observe";也有一些现在只有心理视觉义,如"suspect""respect""expect""envey(in-vid-ia)""revise""advise""interview""clairvoyance";当然也有些词还没发展出心理视觉义,如"inspect""spectator""vista""view""survey""vision"。其实,汉藏语也有上述多义现象。比如,汉语"近视""短见"既可指视力不好、目光短浅,也可指人见识浅薄,看问题只顾眼前。[13] 例如:

(50) 智所以相过,以其长见与短见也。(《吕氏春秋·长见》)[高诱注:"长,远也;短,近也。"]

(51) 直以无讳之朝,敢肆狂瞽,区区短见,窃有所疑。(《魏书·高闾传》)

(52) 但所谓短见者,谓所见不出闺阁之间;而远见者则深察乎昭旷之原也。(李贽《答以女人学道为见短书》)

(53) 对!——就这样才好。一个人不要太短见了!(沙汀《困兽记》第二十五章)

"盲"可指看不见东西,也可以指在某方面无知,即缺少对某方面知识的理解能力(试比较:"盲人""盲童""夜盲"与"文盲""法盲""脑盲")。"豁然开朗"既可指光线一下子明亮起来(如陶渊明《桃花源记》:"初极狭,才通人;复行数十步,豁然开朗。"),又可指心里一下子明白某道理。其实,Sjöstrom(1999:71)已部分地勾勒了跟视觉活动相关的身心隐喻所促动的语言现象。现摘引如下(例词为笔者所加):

① a"眼睛明亮"——"聪明,理解力好"(如:[汉语]慧[14]眼、[英语]bright)

① a"眼看不见"——"无知,缺乏理解力"(如:盲人/童/女~法/文/脑盲)

---

[13] "短见"后来还引申出"坏主意"义(如下例所示)。这展示的也是视觉活动和思想活动之间的关联。

(1) 鬼谷云:"好则好,有些短见。"庞涓云:"不使这等短见,怎生赚的师傅出来。"(佚名《马陵道》楔子)

[14] "慧"在中医中指眼睛清明,但"慧"在古汉语中还指"才智,聪明"。试比较下引首例与余例:

(1) 身冷若冰,眼睛不慧,语言不休。(张仲景《伤寒论·辨不可下病脉证》)

(2) 周子有兄而无慧,不能辨菽麦。(《左传·成公十八年》)[杜预注:"不慧,盖世所谓白痴。"]

(3) 群居终日,言不及义,好行小慧,难矣哉!(《论语·卫灵公》)["行小慧"犹今之"耍小聪明"]

① a"眼睛不好"——"不理解,见识浅薄"(如:近视、短见、短视)

② "故意不看"——"拒绝理解或接受(某知识、信息)或考虑(某因素)"

③ "(光线、物体)明亮的"——"(知识)易理解的"(如:清楚、[日语]明らか/あきらか)

③ "(光线、物体)黑暗的"——"无知"[如:昏(聩)]

④ "点亮,照明"——"解释,启发"[如:enlighten、cast light on;(阐)明]

④ "弄暗,变暗"——"混淆,模糊"(如:模糊)

只是 Sjöstrom(1999:71)的某些结论并不像他预言的那样具有跨语言有效性。比如,汉语中表示"拒绝理解(某知识),拒绝接受(某信息),拒绝考虑(某因素)"义的词语不都是源自"有意不看"义词语,而是来自跟听觉等有关的词语。比如"陛下对这件事不能再装聋(作哑)了"。当然,汉语中"无视"从表示"不看"义到"不顾及,不考虑"义的语义引申是符合 Sjöstrom 的研究结论的预测的。

2.1.3.2 视觉感知动词语法化的转喻机制及其与身心隐喻的关系

根据 Panther 和 Radden(2011)的研究,在民俗理解中,情绪是[刺激-反应]因果链条中的中间环节。通常是外部世界的物象、声音、气味、力的作用等对我们的身体(即眼、耳、鼻、舌、身等感受器官)产生一定的刺激。这种刺激引发我们的情绪或心理,相关情绪或心理又引发我们的生理或身体反应。比如,他人詈骂的话语这种语言刺激导致我们心理愤怒这种情绪产生,愤怒的情绪引发我们的生理反应,如脸红、脖子粗等。总之,存在如下这种因果致使链条:**感官刺激→心理感受(情绪)/认识→生理/身体反应**。感觉对认识的影响可以从感觉动词在句子中的使用中窥见一斑。例:

(54) John looks sad. (=Judging from his appearance, I infer that John is sad.)

(55) You sound disappointed. (=Judging from your tone of voice, I infer that you are disappointed.)

上两例中说话人是通过对观察对象(约翰、听话人)的神情、语调的观察来得出观察对象心理悲伤或失望这样的认识的。上两例表明我们可以通过观察主体的生理反应来推断其情绪体验。

情绪和反应之间的联系非常密切,不以认知为中介。这使得我们可以用生理反应来转指情绪体验(例如"一说到乳房,她就脸红了"中"脸红"代指害羞),或让两者共现在同一个"情绪-症候"结构(emotion-symptom)中。例如:怕得发抖(tremble in fear/因恐惧而发抖)、气得涨红了脸、气得脸煞白(white with anger)。

Sweetser(1990:30)指出,身心隐喻很可能是由我们对外界事物的体验与我们的情感、认识之间的关联促动的。换言之,身心隐喻很可能是身体的生理活动与大脑的心理活动之间的转喻关系促动的。Kurath(1921)提到印欧语中表示心理活动(含思想活动和情感活动)的词语常来源于表示伴随相关心理活动的生理活动或发出该生理活动的身体器官的词语。比如,心脏推动血液流动的功能明显受爱、激动、恐惧等情感影响。因此,表示心脏的词逐渐可以发展出表示爱、勇气等情感的用法。在谈到对知识的理解时,我们经常不自觉地做起用手抓握知识的动作。所以,"把握"可以从表示手部动作演变为表示思想活动。同样,汉语中"感触"本来表示触觉等感知活动,但因为主体在进行触觉活动等感知活动时通常伴随着一定的心理感受,所以"感触"也可以表示心里感动,如"感触良多"。物体遇火则受热,受热则变软;物体遇水则受寒/冷,冷却则变硬。所以,形容触觉感受的"硬""软"跟形容温度感受的"寒/冷""热"以及导致"寒/冷""热"变化的"水""火"之间存在如下无标记关联模式:

软-热-火-红-嫉妒/热情

硬-寒/冷-水-黑-狠毒/漠然

图 4-5 感觉、颜色、心理等的无标记关联模式

所以,汉语中"心软""耳热""眼红/热""发火""心硬""寒心"等词的形成都有一定的概念基础。若人心受到激情或嫉妒等情绪的感动或控制,则伴随有心跳加快、血压升高、身体发热等身体表征。身体发热可以表现在眼热或耳热上,所以,"耳热"可以表示受到感动(如:两句好话一说,你就<u>耳热</u>了),"眼热"可以表示嫉妒(如:人家一拿到奖学金,你就<u>眼热</u>)。身体发热可以夸张地形容为受到火烧(如"发火""上火""火气"可以表示愤怒或怒气;"光火"在江苏阜宁话、上海崇明话等方言中可以表示发怒),所以,通过溯因推理可知,"眼热"很可能是心里发火使然。而火是红的,所以"眼热"也可以说成"眼红"。至于"耳热"可以换说成"耳朵软"或"心软",则是依据物体受热则变软这个常识而做出的推理使然。相反,"心硬"可以表示心肠狠毒、态度冷漠,"手黑"也表示心肠狠毒。"炽热的目光"代"热情的目光","冷冰冰的目光”代“冷漠的目光”，是借温觉感受来指心理感受。

“明智”“盲目崇拜”这样的说法以及英语“in view of”从表示“在……眼中”到表示“在……看来，因为/有鉴于”的语义演变(Hoffmann, 2005:56)，表明心智活动会受到视觉活动的影响，正所谓“眼不见，心不烦”(Out of sight, out of mind)。“感触很深”说的不是某人感知或触摸到的东西很深，而是说因感知而心动，心理深受影响。说心理视觉和体视觉之间存在着一定的联系，还有一种证据：很多诗人常在黑暗中创作，以便他们能够停止体视觉活动，聚精会神地进行心理视觉活动。这种联系在古印欧文化中被神化，以致自然的眼睛被认为是智力超群的表现，[15]伟大的神话诗人和预言家的典型是盲人。能预算未来的算命先生也多是盲人。心眼和肉眼分别进行心理视觉和体视觉活动。“心眼”始见于佛经。所谓“心眼”，本指观察了悟事物之心，因为佛教提倡观念法门，认为观思真理及佛体时心如眼，能洞察领悟诸法。例如：

(56) 尔时大王虽在幽闭，心眼无障，遥见世尊。(三藏法师畺良耶舍译《观无量寿经》)

(57) 谁知心眼乱，看朱忽成碧。(王僧孺《夜愁》)

汉语成语“独具慧眼”中的“慧眼”本也是佛教术语，指二乘的智慧之目。亦泛指能照见实相的智慧。它的存在，跟英语“bright”、汉语“聪明”的多义性一样，表明眼睛的明亮与否跟智力高下(智慧多少)密切相关。正因为算命用的是心眼而非肉眼，所以，算命的虽多是盲人，但在有些方言中算命这种活动却可以用包含视觉动语素“看”的“看命”来表示。比如，福建福清、永泰、仙游、永春及广东潮阳、海康等地闽语中均用“看命”表示算命。了解了心智活动经常受到视力活动的干扰，就可以回答 Sjöstrom(1999:73)视为例外而不能解释的问题，即为什么瑞典语中表示“glare(炫目的光)”义的词语可以演变出“谬误”义。根据 Sjöstrom 的研究结论，“光线”义词语可以演变出“知识”义，因为光线和知识分别是视觉活动和心智活动的感知和理解对象，某词语兼具“光线”义和“知识”义是身心隐喻投射促动的结果。但是，

[15] 当然，在某些地区的汉文化中，盲人被视为弱智者。由于 2 乘以 5 等于 10，汉语“二五眼”本指“实眼”(即盲人，其中“十”谐“实”)，后来喻指智商低的人。由此派生出“二五/虎子”“虎不拉几”这些意义跟智力低下相关的词语。

为什么词语越是表示明亮的光线，引申出的新义越是表示错误的知识呢？这是因为民间认为，外在光线越亮，对心理活动的干扰越强。

在物理领域的各种感觉活动中，视觉活动与心理领域的智力/思想活动相关，其他感知活动（即非视觉活动）与心理领域的情感活动相关。印欧语系凯尔特语族和日耳曼语族语言有不少多义词兼有物理领域和心理领域两种用法。比如，英语"feel"及其德语同源词、威尔士语"teimlo"、古爱尔兰语"cetuid""mothugud"都是如此。[16] 汉藏语系语言中也有很多类似现象。比如，古代汉语中"感"最初表示触觉活动，意即"触碰"（详见周光庆，2009：151）。例如：

(58) 睹一异鹊……感周之颡而集于栗林。（《庄子・山木》）[成玄英疏："感，触也。"]

(59) 后来许家盲子死了，感着老夫妻念头，又添上几场悲。（凌濛初《初刻拍案惊奇》卷二〇）

后来"感"引申出"动人心"义，继而引申出"感情"义。再如，现代汉语中"听话"既可表示听觉活动，例如"这孩子听话不听音"；也可表示顺从别人的一种情感。下面这个小笑话也许可以说明"听话"一词的两解。[17]

(60) 妈妈说："孩子不听话就得打，可你也不应该总拧他耳朵呀？"爸爸说："那打哪儿呀？"妈妈说："打屁股呗。"爸爸说："你真糊涂。那屁股能听话吗？"（《拧耳朵》）

上例中，孩子爸爸口中的"听话"指听觉活动"听别人讲话"，孩子妈妈口中的"听话"指情感活动"顺从"。

"吃醋"，在汉语方言（如江淮官话江苏阜宁话）中，既可表示味觉活动（犹普通话中的"喝醋"），也可表示嫉妒这种情感活动，尤其是在男女关系上嫉妒别人得到

---

[16] 罗曼语族意大利语表示触觉活动的词也兼有情感义，一如英语"feel(ings)"。

[17] 可见，"听"可以表示对物理声响的听觉感知，也可以表示对所听内容的遵照执行。其实，在这两者之间还有对所听内容的心理关注。比如，荷马史诗《伊力亚特》的英译本中有大量的听觉动词（例如"hear""hearing""heard"分别表示"以耳受声""倾听、心理关注""遵从"义，详见毛帅梅，2006），因为荷马据说是个盲人，他对外部世界的感知主要是通过听觉实现的。

异性的喜欢。[18] 试比较下面两例中“吃醋”的用法：

(61) 四个国家，实在是两派，你亲了这一边，那一边就要吃醋。(茅盾《锻炼》)

(62) 对这种事，书上也有归咎于老婆的，说她“妒”，翻成口语，即好吃醋。(聂绀弩《论怕老婆》)

在粤语广州话中，表示“喝醋”义的“呷醋”也可以泛指任何一种嫉妒，不限于男女关系方面嫉妒对方得到异性的喜欢。在汉语史上，“吃味”也可以表示嫉妒。例如：

(63) 他们做大官员的，怎好厚一个薄一个，叫别位同乡看着吃味。(李宝嘉《官场现形记》第三回)

“吃味”在今冀鲁官话天津话、中原官话江苏徐州话等方言中依然可见。例如：

(64) 人家谁也没说她，她自己吃味儿了。(冀鲁官话·天津话)

(65) 人家都夸小张好，小王听了有点吃味。(中原官话·江苏徐州话)

(66) 翠芬姐，你是不是吃味儿？等会儿也叫小姑妈夏紫棋跟你倬一嘬。(陈纪嬴《华夏八年》)

与上述现象相关的是，汉语中“酸”除了表示味觉感受外，还可以表示痛觉(即因疾病或疲劳引起的筋肉微痛而无力的感觉)或悲伤这种心理感受(在英语中腿酸、腿疼和心里难受用的都是“ache”，并不细加区分)。试比较例(67)(68)和例(69)—(71)：

(67) 肌肉瞤酸。(《素问·气交变大论》)

(68) 口粮没有了，脚饿酸了。(沙汀《代理县长》)

(69) 矧余情之含瘁，恒睹物而增酸。(陆机《感时赋》)

(70) 窗间雨打泪新斑，破处风来叫得酸。(杨万里《过望亭六绝》之二)

(71) 乐队奏出的乐句，触人心酸。(白桦《曙光》第五场)

---

[18] 因为醋是酸的，因而连带导致“酸溜溜”也具有了形容嫉妒心理的用法。

"光堂",在现代汉语方言(如洪巢片江淮官话)中,既可形容触觉感受,表示"光滑,不粗糙"义,又可表示"愉快"这种情感义。[19] 试比较:

(72) 这张桌子刨得多光堂啊。(江淮官话·江苏扬州话)

(73) 恩没借书把他,他心里很不光堂。(江淮官话·江苏阜宁话)
(我没借书给他,他心里很不愉快。)

当然,也有例外。比如,英语中表示心理愉快(而非"聪明"义)的"bright"不是来自表示非视觉活动或其感受的词,而来自表示视觉活动感受的词。它原本表示"明亮的"义。但这种例外现象的出现是有原因的,是受到转喻干扰的结果。人们身处光线明亮的房间通常比身处光线昏暗的房间心理感觉更好。

"恶心"既可表示味觉活动引起的感受,也可喻指对某事物的厌恶之情。形容词"腻"既可形容味觉活动的感受(如:这道菜吃上去有点腻),又可形容厌烦而不想感知这种情感(如:看腻、听腻……)。"心痛"既可指一种痛觉,也可指悲伤的情感。综上所述,表示非视觉活动或其引发的感受的词语,往往还可以表示情感活动或其引发的情感。其间的对应关系可以表示为:

表 4-2 词语的"非视觉-情感"多义性

概念域 / 词语	非视觉活动/感受	情感活动/心理感受
听话	听觉活动("听人说话")	顺从
吃醋、呷醋(方言)	味觉活动("喝醋")	嫉妒
恶心	味觉感受("想吐的感觉")	讨厌
光堂(方言)	触觉感受("光滑,不毛糙")	愉快
腻	味觉感受("油腻、厌食")	厌烦
痛心	痛觉活动("疼/痛")	悲愤/难过
feel(ings)	触觉活动("触摸")	感情

[19] 当然,在有些方言中可能还只有前一种用法,尚未发展出后一种用法。例如:
(1) 桌面子胡嘟光堂。(中原官话·青海西宁话)
(2) 水池子砌得蛮光堂。(湘语·湖南长沙话)
(3) 我看了看剪过的地方,毛槎齐整,光堂平滑。(权宽浮《牧场雪莲花》)

为什么是视觉活动与智力活动对应、非视觉活动与情感活动对应而不是视觉活动与情感活动对应、非视觉活动与智力活动对应呢？这有两个原因：首先，在心理领域中，智力活动是理智的和客观的，而情感活动是非理智的、主观的。而客观与远距离相连（如：与某人的交往要保持理智，就得与他保持一定的距离）；主观与近距离相连。所以，我们常用“亲密无间”形容人与人之间的感情很好。正如Sweetser（1990：39）所认为的，视觉活动的可远距离进行性使它与智力活动对应，而触觉、嗅觉等活动的常近距离（甚至无距离）进行性使它们与情感活动对应。现将上文分析图示如下：

表 4-3　感觉活动与心理活动的系统关联

物理领域	视觉活动	可远距离进行	客观	智力活动	心理领域
	其他感觉活动	常近距离进行	主观	情感活动	

上表中视觉活动与其他活动的对立可从下组例子中看出：

看见　　想见　——动作常远距离进行——* 眼感、* 心感

听见　　闻见　——动作可有距离进行——* 耳感、* 鼻感

* 摸见　　* 尝见　——动作不可有距离进行——手感、口感

汉语中读轻声的“见”表示感觉活动等活动有了结果，如“看见”“听见”“闻见”“碰见”“遇见”“梦见”等。这些词分别犹“看到”“听到”“闻到”“碰到”“遇到”“梦到”。但是，汉语中没有犹“尝到”“摸到”的“尝见”“摸见”。这是因为“见”虽然已经语法化为结果标记，但在共同语中仍然滞留有它表示视觉活动时的语义特征［＋距离］（即要求感知主体和感知对象之间要有距离）。[20] 而“尝”“摸”表示的味觉活动、触觉活动其感知主体和感知对象之间是无距离的，跟“见”的语义特征相抵牾，故现代汉语普通话中无“尝见”“摸见”。最有启发性的例子是“碰”。尽管它表示触觉活动，但“碰见”不表示触觉的结果——触到。“我在路上碰见了他”表示我在路上遇见了他，表示普通物理活动的结果。其次，视觉活动对不同的人来说，如果观察角度相同、都有好的视力，其获得的结果差异较小；其他活动则不然，盲人摸象的故事可以说明触觉易产生个体差异。味觉也容易产生个体差异，所以“众口难调”。所以，视觉活动的个体差异性小使其趋于客观；其他感觉活动个体差异性大使其趋于

---

［20］ 至于在四川话等有些方言中和汉语史上有“摸见”“找见”“猜见”（刘玉红，2009：36），这只能说明在有些方言中“见”丢失了［＋距离］这个语义特征。

主观。这样，视觉活动当然与具有客观性的智力活动相连；其他活动当然与具有主观性的情感活动相连。

2.2　视觉感知动词语法化的经验基础

与其他感知动词相比，视觉感知动词最易泛化，因为眼睛在眼、耳、鼻、舌、身五官中是最重要的感官(Matisoff，1978：161)。Meeussen(1975：4-5)发现撒哈拉地区的非洲语言中表示听觉活动的词语还可以表示嗅觉、味觉和触觉，但就是不能表示视觉。[21] 这或许也能旁证视觉器官在五官中的凸显地位。Sweester(1990：6)举出“甲：Do you believe in baptism? 乙：Believe? Hell(主啊)，I have seen it!”的例子。汉语中也有“百闻不如一见”“眼见为实，耳听为虚”的说法，“见人”可以表示“证人”义，英语“witness(<vit)”表示目击证人。可见，视觉活动在整个感觉活动中极其重要，正如张敏(1998)所说，看见什么往往意味着知道什么。另据统计，人获得的信息中，有70%以上是通过视觉活动获得的。Sweetser(1990：39)指出，视觉活动是我们关于世界的信息的主要来源。儿童语言研究(如Clark，1976)显示，在儿童早期学习区分两个范畴的过程中，视觉特征是最易引起其注意的。对传信形式的跨语言研究也表明视觉活动获得的证据被看作最强、最可靠的证据。例如：

(74) * weid-(看见)：

希腊语“eidon(看见)”，其完成体为“oĭda/知道”(>英语“idea”)

英语“wise(聪明)”“wisdom(智慧)”“wit”(与之同时产生的更自然的“witness”)

拉丁语“video(看见)”

爱尔兰语“fios(知识)”

这是可以理解的，因为日常生活中很多物体无法产生听觉、嗅觉等刺激，但可以产

[21] 比如，非洲地区的茨瓦纳语(Tswana)中的听觉动词“utlwa”还可以表示味觉、触觉和感觉活动。详见Vanhove(2008：362)。其实，欧洲地区的意大利语中的“sentire”也有类似的多义性。它兼表听觉、嗅觉、触觉、味觉，以及“意识到、知道、认为”义。

生视觉刺激，有形状而无声音、味道的物体远比有声音或气味但无形状的物体多。并非每一个事物都要尝、闻、摸一遍儿童才能认识。随着儿童的成长，他们培养出了对恰当距离的交际理解。凡是事物，都尝、闻、摸，这不仅是危险的，而且因这些活动都是近距离甚至无距离进行的，在交际中是不适宜的。而视觉活动可以远距离进行。另外，虽然视觉、听觉都可远距离进行，但听觉集中能力不如视觉那么有意识和容易。我们能很容易准确、迅疾地把视线从一个物体转移到另一物体，但要在很多听觉刺激中把注意力从一个刺激转向另一刺激可能要花更大努力。Ullman(1964)也认为视觉是最凸显的感觉。故而人们有时可以把通过其他感官而不是眼睛，或是综合运用了多种感官获得的信息在语表形式上只归于视觉动词。这时就出现了江蓝生(1998)提出的类似修辞上通感的词义通借现象，又如：

(75) 世人见我恒殊调，见宗大笑皆冷笑。(李白《上李邕》)

(76) 酒为茶曰：岂不见古人才子，吟诗尽道："渴来一盏，能生养命……"(敦煌本《茶酒论》)

(77) 君不见昔日蜀天子，化为杜鹃似老乌。(杜甫《杜鹃行》)

(78) 我常见彭大公说他主人周介开着座卦铺。(王晔《桃花女》楔子)

(79) 却说武松一日在街上闲行，只见一个人叫道："兄弟，本县相公抬举你，做巡捕都头，怎不看顾我！"(兰陵笑笑生《金瓶梅》第二回)

(80) 薛蟠见母亲如此说，只得吩咐人夫，一路奔荣国府而来。(曹雪芹《红楼梦》第四回)

(81) 如吃果子一般，劈头方咬开，未见滋味。(《朱子语类》卷六)

(82) 看君话王室，感动几销忧。(杜甫《西阁口号(呈元二十一)》)

(83) 日月虽明，不照覆盆之下，看说此一事韩公实是冤枉。(关汉卿《裴度还带》第二折)

(84) 顾少爷说什么时候再学萧？颂莲摇了摇头，"不知道"。顾少爷想了想说，"看飞浦安排吧……"(苏童《妻妾成群》)

(85) 老去心情随日减，远来书信来年闻。(元稹《酬乐天叹穷愁见寄》)

(86) 我整天关在房里，只看见那些凌乱的陈设，那些烟，那些雾，那些煤臭……

(87) "是齐侯与？齐侯也。何用见其是齐侯也？"(《谷梁传·僖公元年》)

(88) 今使六子者易事,而明弗能见者何?(《淮南子·修务训》)[高诱注:"犹'知'也。"]

上述例句中的"看""见"本应说成"听"或"感觉""觉得""知道"等。正是因为存在这种词义通借现象,故张相在《诗词曲语辞汇释》中曾把一些例句中的"看"或"见"释为"犹闻也","犹知也","觉也","犹得也,着也"。视觉活动语词表示心理活动义,这种现象在"磨砖作镜"这个禅宗公案中也可窥见一斑。下面是这个公案中南岳怀让禅师和马祖道一禅师的部分对话。

(89) 南:你修学明心见性的禅法,好比播撒种子,而我教你的禅法要旨,就像天降甘霖,二者因缘契合,定当见道。

马:大师说"见道",不知所见何道?据在下的理解,道是无形无色的,怎么能见得到?

南:我说的"见道"不是肉眼见物,而指的是悟道。只要在心地上下功夫,就一定会明心见性而悟道,禅定的最高境界也是如此啊。

(《祖堂集》卷三,《怀让和尚》章)

再如,中医诊治疾病的方式可以概括为:望、闻、问、切。其中,表示视觉活动的"望"居于首位,这是"看""省"(和方言中的"瞧")等视觉活动动词可以代表视觉、味觉、触觉等诊治方式而概括地表示"诊治"义的认知原因。例如:"看病|你这病早派找郎中瞧瞧了(江苏阜宁话)"。[22] 又如,在别人外出时帮助看管门户,汉语普通话中用"看门"。新疆乌鲁木齐地区的兰银官话却用"听门"。这说明这种活动通常既涉及视觉活动,也涉及听觉活动(听动静)。只是普通话和新疆乌鲁木齐地区的兰银官话选择用不同的子活动来代表。表示视觉活动的语词的这种词义通借现象在日语中也有。比如,"そうだ(sou da)"在日语中既是样态助动词,表示某事态即将/眼看就要出现,又是传信标记,表示信息来源是传闻,译作"听说,据说,据报道"。

---

[22] 在佛典中,"看病"又作"瞻病",表示"看护病人"。比如,据《四分律》卷四一所载,看病之法有五:(一)应知病人可食或不可食,可食之物则与之。(二)不贱恶病人之大小便唾吐。(三)有慈愍心,然非为衣食等报酬。(四)应代为准备汤药。(五)为病人说法,而令病人欢喜。(《四分律行事钞资持记·卷下四·瞻病篇》)

这种词义通借现象为“看”“见”等的泛化提供了依据。如：

(90) 先生又见客。(司马相如《子虚赋》)[犹“作”][23]

(91) 以医见业。(陈寿《三国志·华佗传》)[犹“作”]

(92) 众僧见客周匝。(《入唐求语巡礼行记》)[犹“待”]

(93) 乃知宋制许举子见烛三条。(《能改斋漫录》佚文)[犹“点燃”]

(94) 本臼新舂雪花白，急炊香饭来看客。(《宋元戏文辑·三负心陈叔文》)[犹“照顾”]

(95) 不知天下士，犹作布衣看。(高适《咏史》)[犹“看待”]

(96) 二大王平日看你甚好，我推一句在你身上。(吴承恩《西游记》第三十四回)[犹“对待”]

(97) 他愤愤不平地嚷道：“我骑马跌跤，也要看年看月呢？”(沙汀《记贺龙》)[犹“选择”]

(98) 看日私仙药。书符救病人。(王建《赠溪翁诗》)[犹“选择”]

(99) 妹子你看些杂汤来吃。(无名氏《鸳鸯被》)[犹“备办”[24]“料理”]

(100) 这些老太太们喜欢看纸牌。[犹“打”]

(101) 王医生看脉后说是喜脉。[犹“把”]

(102) 看护妇一人跪在枕畔，好像在替他省脉。(郭沫若《残春及其他·残春三》)[犹“把”]

(103) 看护妇把手伸去替他省脉，意识昏迷的他却叫道：“啊，多谢你呀，嫂嫂！”(郭沫若《塔·叶罗提之墓》)[犹“把”]

正因为“看”有“照顾”“对待”等义，“接生婆”在古代才又叫“看生婆”。例如：

(104) 晓得了。还是卖珠婆、牙婆、看生婆，不要他来。(《永乐大典戏文三种·张协状元》)

---

[23] 据《辞海》(第 4094 页)，“见证”犹“作证”。例如：

(1) 这汉慌了道：“现有两个轿番见证，乞叫来问。”(《京本通俗小说·碾玉观音》)

可见，其中的“见”已泛化出“作”义。

[24] “备办”义“看”还常用于“看座”“看饭”“看茶”等词语中。

在现代汉语中,“见”还泛化出了“接触,遭遇”义(这种现象也见于尼罗河流域和撒哈拉地区的撒尔语中的动词“àà”的语义演变)。比如“见水就化”“见光死”“见风就坏”。据 Ono (2000: 63-64),日语中“见る(miru)”除了表示“看”义外,还可以表示“观察”“经历/遭遇”“照顾”义。比如,“dekata o miru”表示看电影,“baka o miru”表示遇到一些蠢事,“oya o miru”表示照顾父母(对比汉语:老奶奶进城看孙子了)。在中国南方贵州、广西、湖南等地区的侗族使用的坎语(Kam)中,表示“触摸”义的“təu[33]”成了被动标记。但是,在它成为被动标记的过程中,它首先经历了从具体触摸义到抽象触摸义的语义泛化(触摸对象的泛化过程:具体物 > 枪、斧子等带有攻击力的工具 > 阳光、风、雨等自然现象 > 疾病、灾害、不幸)。在抽象触摸(如“NP + PASS +‘疾病、不幸’义抽象 NP”)中,动作的方向其实发生了改变,变成了从宾语 NP 的所指到主语 NP 的所指。这种动作方向的重新分析能成为可能,是因为感知觉动词是对称动词,表示的动作有一定的对称性。比如,X 看 Y 的过程同时也是 Y 对 X 形成影像刺激或吸引 X 注意的过程。(Gerner, 2003)上述种种现象都表明,感知觉动词的词义通借确实广泛存在。我们认为,“见”等的词义通借也为“见$_p$”的演变提供了依据。“见$_p$”在产生之初,先与视觉感知动词连用(如“看见”“望见”等),继而与感官动词连用(如“听见”“闻见”等),接着与一般动词连用(如“梦见”“遇见”等)(详见张秀松,2004)。而实义动词“见”先是表示视觉活动,后表感觉活动,继而表示一般活动。这两者之间是平行的。

上文所述汉语视觉感知动词“看”“见”的功能扩展脉络如下:

“看”的功能扩展网络:

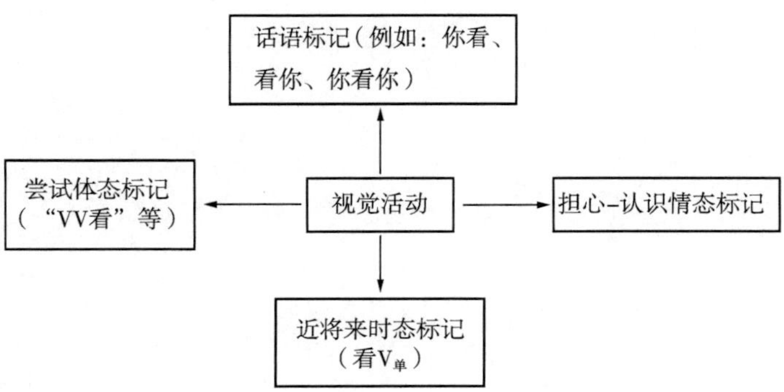

图 4-6　视觉感知动词“看”的功能扩展网络

“见”的功能扩展网络：

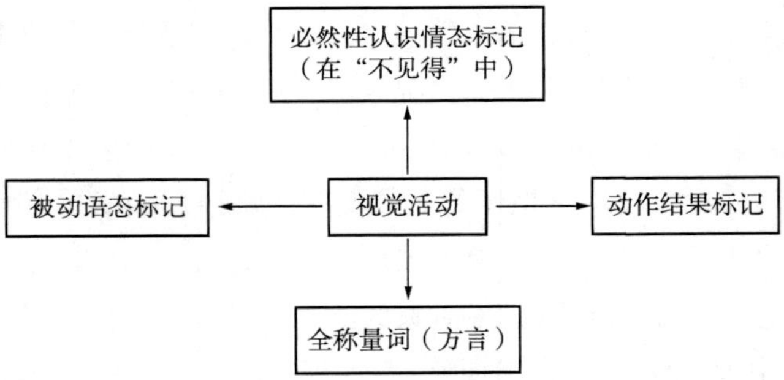

图 4-7 视觉感知动词“见”的功能扩展网络

上图中全称量词用法的“见”指方言中表义“每”义的“见”。例如“见天”“见样买一斤”。此用法的“见”与视觉活动义“见”的关系，我们将另文以详。

第二编

现代语用学背景下的语法化研究

第一章

近代汉语中语气副词“到底”的后续演变

1. 引言

在现代汉语中，副词“到底”有三种用法：① “终于，终究”义时间副词；② “毕竟”义评注语气副词；③ “究竟”义疑问语气副词。下文把这三种用法的“到底”分别记作“到底$_1$”“到底$_2$”“到底$_3$”。其实，在现代汉语方言中，副词“到底”除了上述三种用法之外，还有一些尚未得到广泛关注的用法。例如：

(1) 嗬嗬嗬，你想得倒美。我跪？我跪你能长记性吗？啊？亏得你也想得出来！今天咱们到底看看，是你跪还是我跪。（王朔《编辑部的故事》）

(2) 大节下的给我本《圣经》。哪怕你给我点小玩意儿呢，到底有点过节的意味呀！（老舍《二马》）

(3) 你不知道，这对我成了一个多么沉重的负担。他们只要一看到我就问：“女局长！你到底总得想个办法呀！”（刘白羽《远方来信》）

例(1)中“到底”表示“倒是”义，是表示催促的祈使语气副词。例(2)(3)中“到底”虽可勉强释作“毕竟”，但释作“好歹”，看作缓和语气（把事情往小里说）的语气副词更好。因为这时“到底”小句对前句的语义逆转已不像“到底$_2$”小句那么强，例(3)中甚至没有跟“到底”小句语义论证方向相反的小句。而且，这种用法的“到底”总是用在言语行为域，协助句子排除来自听话人的心理阻碍（暗示听话人本不愿做某事，详下）。这跟"到底$_2$"主要用于认识域或语篇域截然不同。"到底$_2$"主要协助句子排除"即使/虽然"引导的让步小句 s 在语义上对"$p \rightarrow q$"式缺省推理的阻碍（详见第一编第一章）。那么，汉语史上"到底"是否确有"倒是"义祈使语气副词和"好歹"义委婉语气副词这两种用法呢？如果有，这两种用法是如何形成的呢？下文尝试对上述问题作出回答。为了论述方便，我们把上述两种用法的"到底"分别记作"到底$_4$"和"到底$_5$"。

2. 疑问语气副词"到底"的后续演变：疑问语气副词＞祈使语气副词

考察可知，在汉语史上确有"到底$_4$"。它主要用于祈使句，表示委婉催促语气。例如：

(4) 只这一句，再也听不见他答应。此时把个姑娘怄得冒火，合他嚷道："是怎么下不来？你到底说呀！……"（文康《儿女英雄传》第八回）

(5) 舅太太忙劝道："你们娘儿三个且别尽管哭哇，到底问问那个小子，怎么就会出了这么个岔儿？再外甥打发他来，还有甚么说的呀？"（文康《儿女英雄传》第四十回）

(6) 宝玉道："我记得明明儿放在炕桌上的，你们到底找啊。"（曹雪芹《红楼梦》第九十回）

我们对 CCL 语料库语料的调查统计显示，"到底$_4$"在清代开始大规模出现。在清代约 970 万字的语料中凡 20 见。以下这种过渡语境下的用例的出现启发我们："到底$_4$"很可能是从"到底$_3$"演变而来的。

(7) 苍头见众人异口同音，又不好与他们分辨惹气，只得问道："你们到底说他是神仙，是妖怪？你们是被他所惑。"（醉月山人《狐狸缘全传》第九回）

(8) 那妇人说："你只不叫关门，你到底说明白了你是谁呀？"（文康《儿女英雄传》第七回）

上两例中，“到底”既可看作“倒是”义祈使语气副词，跟“说 Q”（Q 表示疑问句）结合，表示催促对方说出问题答案（即催答），又可看作“究竟”义疑问语气副词，跟问句 Q 结合，表示追究问题答案。[1] 比如，例(7)既可看作“你们倒是说他是神仙还是妖怪?”，又可看作“你们说他到底是神仙还是妖怪?”的语境变异。作第二种理解的条件是，“到底$_3$”可以游移出疑问句的辖域。该过程可以表示为[IM = interrogative mood intensifying marker，表示疑问句中的追问标记，如“到底”“究竟”等]：

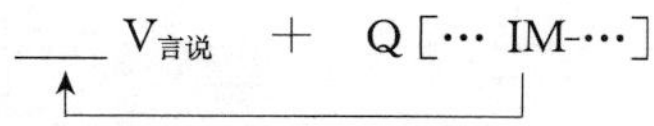

图 1-1　“到底$_3$”游移出疑问句的辖域

验之于语言事实，汉语史上“到底$_3$”等疑问语气副词确有游移用法。例如：

(9) 刘中丞……讲到：“钦差来到这里查办事件，到底不晓得几时可了……”（李宝嘉《官场现形记》第十八回）[试比较：褚家娘子道：“……也不知倒底是甚么因由。”（文康《儿女英雄传》第十四回）]

(10) 公子越听这话越加可疑，便道：“究竟不知谁无端的造我这番黑白，其中一定还有些无根之谈，这事却不是当耍的！”（文康《儿女英雄传》第二十三回）

(11) 黛玉道：“姐姐们说的，我记着就是了。究竟那玉不知是怎么个来历？上面还有字迹?”（曹雪芹《红楼梦》第三回）

(12)（上文交代因袭人在王夫人面前说坏话，晴雯被赶出贾府）宝玉哭道：“我究竟不知晴雯犯了何等滔天大罪！”（曹雪芹《红楼梦》第七十七回）

当然，“到底$_3$”等疑问语气副词的这种语境变异也可以看作是“不知”“不晓得”等主

---

[1] 追问和催促之间的语义关联从下举例(1)中“快”和疑问代词的共现、例(2)中在疑问句后用表示祈使语气的感叹号和例(3)中“到底”问句句末用“吧”等现象中可以看出。

(1) 赵老：你到底干嘛来啦？快说，别麻烦！（老舍《龙须沟》）

(2) “……我想问一下，这围墙到底怎么修啊！”马而立站起来了。（陆文夫《围墙》）

(3) 你到底什么时候走吧？（北京大学中文系现代汉语教研室编《现代汉语》）

句谓语中心(跟英语“I think”“you know”一样)话语标记化的副效应。[2] 总之,最终结果是“到底$_3$”等疑问语气副词脱离开问句的统辖,这使得它有可能被重新分析为表示催说的祈使语气副词。

我们知道,“到底$_3$”等作为追问标记,是协助追究问题答案的。追问,换一个视角看,就是催答。这样,当“到底$_3$”从疑问句扩散到祈使句时,就有可能从疑问语气副词演变为祈使语气副词。例如:

(13) 门里闪出一个中年妇人……说:“我只当是我们大师傅呢!你是谁呀?”说着,就要关那门。那女子探身子轻轻地用指头把门点住。那妇人说:“你只不叫关门,你到底说明白了你是谁呀?”(文康《儿女英雄传》第七回)

例(13)中“到底”问句有前导问“你是谁呀?”。这说明“到底”问句是在问未获答的情况下出现的追加询问,因而在说话人看来,句中“到底”自然是追问标记,它参与发挥的底层语用功能是追问(协助追究问题答案)。但是,由于“到底”直接修饰的表层句法成分是言说动词“说”,因而听话人会进行重新分析,认为句中“到底”参与实现的表层语用功能是催答(即催促说出答案)。保证在听说双方之间能够发生这种语义重新分析(即重新解读)的认知基础是,追问是通过催答来实现的。简言之,在说话人看来,“你到底说明白了你是谁呀?”是“你说明白了你到底是谁呀?”的变异形式;在听话人看来,它是“你倒是(把话)说明白了!”与“你是谁呀?”的缩合形式。这样,听话人把说话人使用的疑问语气副词(“到底$_3$”)重新分析为祈使语气副词(“到底$_4$”)是完全有可能的。进一步把这种可能转变为现实的是:[1]追加问句的隐退使得“到底”离疑问点的表层距离越来越远,使其越来越不可能作疑问语气副词解读。例如:

(14) 姑娘道:“怎么又会下不来炕了呢?”……只这一句,再也听不见他答应。此时把个姑娘怄得冒火,合他嚷道:“是怎么下不来?你到底说呀!凭他甚么为难的事,你自说,我有主意。”(文康《儿女英雄传》第八回)

(15) 花冲(对蒋平)说:“你是自小儿出家,还是半路儿呢?还是故意儿假

[2] 考虑到这些追问标记还能发生从“T, __SVO?”或“T,S__VO?”到“__ T,SVO”(T表示话题)的变异,我们宁愿将这里的这种变化统一地看作是“到底”“究竟”等追问标记本身的位置变化。

扮出道家的样子，要访什么事呢？要实实说来。快讲，快讲！”……花冲对蒋平道：“你到底说呀，为何迟疑呢？”（石玉昆《三侠五义》第六十六回）

上两例跟例(13)不同，句中“说”后无前导问句的拷贝形式，这样听话人就更难把“到底”理解为从疑问句中游离出来的语气副词或追问标记了。因此，多数人倾向于把上两例中“到底”理解为“倒是”义祈使语气副词。[2] 后来，“到底”从(追加)询问语境扩散到普通言说语境。这样，它就完全不能被看作疑问语气副词了，只能被看作祈使语气副词。其催促功能也从催答泛化为催说，作用对象从作答行为扩展到普通言语行为上。例如：

(16) 那女子说：“钟不打不响，话不说不明。有话到底说呀，怎么哭起来了呢？……”（文康《儿女英雄传》第五回）

(17) ……便问：“闹出什么事来？”那婆子又说：“了不得，了不得！”王夫人哼道：“糊涂东西，有紧要事，你到底说呀！”（曹雪芹《红楼梦》第一百零三回）

(18) “日军，日军在……”“日军在抢东西，是吗？”“不是，不是。”“你静下来慢慢说！”“日军，日军在……”巴布哭了起来。“什么事，你到底说呀！”吴良金也急了。（林礼明《贵妇贱婆》）

[3] 最后，语气副词“到底”彻底脱离言说语境，进一步发生功能扩展(functional expansion)，从表示催说演变为表示催做(催迫对方做某事)。相应地，“到底”对跟它搭配的动词的选择限制也从[＋言说动词]放宽到[＋自主行为动词]。例如：

(19) 那矮胖女人……就拿他那条手巾给老爷掸靴子上的那块泥。……扬着脸儿说：“你到底撬起点腿儿来呀！”（文康《儿女英雄传》第三十八回）

(20) 内相哈哈笑道：“你真呕人。你到底打开呀，谁叫你吃盒子呢？”（石玉昆《三侠五义》第八十回）

(21) 叫我走，到底拿我东西来，难道硬留下不成。（石玉昆《三侠五义》第六十七回）

(22) 小孩子家，你到底留神呀！（石玉昆《三侠五义》第六十一回）

例(16)和例(19)出自同一文献，“到底”句在例(16)中表示催说，在例(19)中表示催做。可以说，到第[3]步完成后，"到底$_4$"已经彻底形成。据我们初步调查，"到底$_4$"今天仅存于北京话、东北话、中原官话之江苏丰县话等方言中。例如：

(23) "发生了什么事吗？"徐家光担心地问。衣廷秀第一次这么闷着脸。呆了半天才说："没有什么说头！""你怎么变了样？到底说呀！嘴肿了吗？"（雷加《春到鸭绿江》）

(24) 瑞列维却娃："但是他究竟是谁呢？你到底说呀！"（施友松译《奥若什科娃小说选》）

(25) 她支支吾吾了一阵，未能自圆其说。他大疑，非要弄明白其中缘故，催问道："这究竟是怎么一回事？你到底说呀！"他连连追问。（林淇《民国第一小组》）

正是因为"到底$_4$"已经彻底形成，所以，在方言[如例(24)(25)]中，"到底$_4$"已跟"到底$_3$/究竟$_3$"等分道扬镳。在例(24)(25)中，"究竟$_3$"表示追究语气，"到底$_4$"表示催促语气。例(25)中的"催问""追问"表明，追问和催答虽是一体两面关系，但可以用语言形式分别编码。

综上所述，随着语气副词"到底"的使用环境从追问语境扩大到言说语境，再到一般祈请语境，"到底"逐步放宽对搭配对象的语义选择限制（比如从言说动词到自主动作动词），从表示追究的疑问语气副词演变为表示催促的祈使语气副词，其间它经历的语境扩展路径是：追问→催答→催说→催做。从追问到催答以认知上的视角转换和逻辑上的求逆运算为基础。从催答到催说，再到催做，是语用功能的泛化，因为催答也是一种催说，催说也是一种催做。不过，催答是催促听话人回答问题，催说是催促听话人发出某言语行为。所以，"催答→催说→催做"实际上就是从对特殊言语行为的催促到对一般言语行为的催促，从对特殊行为的催促到对一般行为的催促。在执行以上四种语用功能时，语气副词"到底"所在句子的逻辑结构可以表示为：

[1] 追问：want'(x, [BECOME answered'(question)]) ∧ DO(x, [[ask-again'(x, y, question)]CAUSE[BECOME answered'(question)]])

[2] 催答：want'(x, [BECOME answered'(question)]) ∧ DO(x, [[urge-to-answer'(x, y, question)] CAUSE[BECOME answered'(question)]])

[3] 催说：want'（x，[BECOME known'（something）]）∧ DO（x，[[urge-to-say'（x， y， something）] CAUSE [BECOME known'（something）]]）

[4] 催做：want'（x，[BECOME done'（something）]）∧ DO（x，[[urge-to-do'(x，y，something)] CAUSE[BECOME done'(something)]]）

起不同语用功能的“到底”句在句法表现上的差异，其实是上述逻辑结构向论元结构并通过论元结构向句法结构投射时的投射方式决定的。比如，投射到什么句型、什么句法位置，哪些项被抑制，哪些项最终投射到句法平面。在[2]—[4]中，“到底”统一的语用功能就是表示催促语气，这是一种祈请。所以，应该投射到祈使句。而[1]中的逻辑结构只能投射到疑问句，因为追问是询问的一种。[2][3]中“urge-to-answer”“urge-to-say”里的“answer”“say”投射为句子的谓语中心，[4]中“urge-to-do”里的“do”投射为句子的谓语中心，且在句中要细化为具体的自主动作动词。[2]—[4]中 y 投射为祈使句的主语，而[1]中 y 没有向句法平面投射。上述四种逻辑结构可以统一表示为：want'（x，LS_2）∧DO(x，[LS_1…CAUSE…LS_2])。

“到底”从疑问语气副词向祈使语气副词的演变过程既是一种语用强化，又是一种主观化过程，因为祈使语气副词“到底”有着更为强劲的语力，用在言语行为域能保证说话人突破听话人的心理阻碍从而促成某事的发生(通常情况下，让别人做某事比让别人回答某问题困难)。由于阻力来自言语行为域中的交际对方，因而从疑问语气副词到祈使语气副词的演变是交互主观性增强的过程。使用“$到底_4$”比“$到底_3$”更需要[成阻]这个条件。

能够为上述分析提供旁证的是，“$到底_3$”始见于晚唐，在元明就已变得比较常用，其游移用法在明清出现，而“$到底_4$”的完全形成在晚清(详见张秀松，2010b)。我们需要回答的问题是，为什么“到底”会演变为祈使语气副词而“究竟”“毕竟”等其他疑问语气副词就没有演变为祈使语气副词？一种可能的回答是，“究竟”“毕竟”等虽有发生这种演变的可能，但是没有发生语境扩展。所以，这种可能没有能转化为现实。因为在清代“到底”的疑问语气副词用法远远多于“究竟”“毕竟”。根据我们对清代约 970 万字的语料的统计，在清代三者的使用比例是：$到底_3$ ∶ $究竟_3$ ∶ $毕竟_3$ ＝359 ∶ 101 ∶ 97。另一种可能的回答是，在“究竟”“毕竟”“到底”中，只有“到底”的本义表示位移运动(“究竟”的本义是“究其极，穷尽”，“毕竟”的本义是“完结”)，而位移运动一定是在克服(摩擦)阻力的前提下进行的。换言之，“到底”

的语义结构中含有[除阻](对阻碍因素的排除)义素。所以,它向言语行为域扩展(从而协助说话人冲破听话人的心理阻碍来催成某事)就显得更自然。

3. 评注语气副词“到底”的后续演变

下面考察引言中提出的另一个问题:汉语史上是否有“到底$_5$”,即汉语史上语气副词“到底”是否有“好歹”义用法? 语料考察显示是有的。例如:

(26) 滑氏道:“你就跟你伯回去。”惠养民道:“到底吃了饭回去。”(李绿园《歧路灯》第四十回)

(27) 公子满脸笑容答应着,才要走,太太道:“到底也见见俩媳妇儿再走哇!”(文康《儿女英雄传》第三十四回)

(28) 到底也让我给他刷洗刷洗。(文康《儿女英雄传》第四十回)

(29) 刘姥姥道:“谁叫你偷去呢。也到底想法儿大家裁度,不然那银子钱自己跑到咱家来不成?”(曹雪芹《红楼梦》第六回)

(30) 你只说舅舅见你一遭就派你一遭不是。你小人儿家很不知好歹,也到底立个主见,赚几个钱,弄得穿是穿吃是吃的,我看着也喜欢。(曹雪芹《红楼梦》第二十四回)

上几例中,“到底”表示“好歹”义,带有委婉(责备)语气,协助全句对听话人尚未或不肯做某事进行委婉谴责。因此,它可以用在暗示应该怎么做的“到底 VP 才对/是/好”句式中。例如:

(31) (上文交代张金凤和安公子得十三妹的帮忙喜结连理,忙着拜金凤父母,二老忙着跟安公子说话,忘了感谢十三妹)张姑娘……望空说道:“啊,我们到底该叩谢叩谢这位恩深义重的姐姐才是。”(文康《儿女英雄传》第十回)

(32) 因见麝月只穿着短袄……宝玉道:“夜静了,冷,到底穿一件大衣裳才是。”(曹雪芹《红楼梦》第七十三回)

(33) 凤林不晓得他说些什么,便……问道:“你到底说话叫人明白才好。我实在不懂得你这脸上会好不会好。(陈森《品花宝鉴》第二十三回)

语料调查显示，“到底$_5$”在元明时期就已经萌芽。例如：

(34) 我见他有酒也，将他吊在这里，等他酒醒了呵，我到底不饶了他哩！(乔吉《金钱记》第二折)

王学奇、王静竹编(1999：270)认为，例(34)中的“到底”表示“无论如何”义，跟下举例(35)中的“到底”意义颇近。这表明，编者很可能已经意识到“到底”的“好歹”义跟“毕竟”义之间的语义联系。

(35) 知县道：“我至不济，到底是一县之主，他敢怎的我？……”(吴敬梓《儒林外史》第五回)

但是，在元明共约1530万字的语料中，只能作“好歹”义解而不能作“毕竟”义解的“到底”的总用例不到5个。而在清代约970万字的语料中，“到底$_5$”就多达40例，占单词“到底”总用例(951例)的4.21%。这表明，“到底$_5$”虽萌芽于元明，但只有到清代才正式形成，因为只有到清代其使用才经常化。另外，考察发现，“毕竟”“究竟”等也有“好歹”义委婉语气副词用法。例如：

(36) 王春宇临行时，说道：“我毕竟去与孔二亲家传个信去，叫他好往冠县捎书。”(李绿园《歧路灯》第二十八回)

(37) 王尼道：“阿弥陀佛！这只好在寺里做的，怎走到人家也是这样？就要也等我替你道达一道达才好，怎么生做！”颖如笑道：“这两个丫头究竟也还要属我，我特特起这衅儿，你说的怎么？”(陆人龙《型世言》第二十八回)

但是，“毕竟”“究竟”的这种用法只是一种临时性创新，或许是受到“到底”的类推所致，因为同样在清代约970万字的语料中，“毕竟”“究竟”的委婉语气副词用法我们只检到如上两例。因此，下文将集中考察“到底$_5$”的历史形成。

那么，“到底$_5$”是如何形成的呢？考察发现，它是从“到底$_2$”(即“毕竟”义“到底”)演变而来的。正如本书第一编第一章§3.3所说，“到底$_2$”(和其近义词“毕竟”)具有强调“事物根本特点不因条件变化而改变，因而足以作为导致某结果/结论之原因”的用法。所在分句经常跟“无论s”等成阻分句(即句义构成对“p→q”式缺省推理的阻碍的分句)共现,这使它有可能受到“无论 s”的组合同化而具有“无论如何”义。当然,也可以把“到底$_5$”的“无论如何”义看作是“无论 s”缺失时“到底$_2$”跃居到其空位而获得的,正如“虽然/即使”缺失时“到底$_2$”“毕竟”等可以跃居到“虽然/即使”所在空位而临时具有“虽然/即使,如果”义一样。对后一现象,我们将做深入研究,在此仅例示如下:[3]

(38) 可见人到底是做贼,他存了良心,毕竟原有个结果。(坐花散人《风流悟》第四回)[犹“即使”]

(39) 从古有这家法术,岂有做不来的事?毕竟有一日弄成了,前边些小所失,何足为念?(凌濛初《初刻拍案惊奇》卷十八)[犹“如果,万一”]

上述句法移位过程可表示如下:

虽然/即使/无论 s,但是到底$_2$/毕竟 p,所以/因此 q。

图 1-2　句法位移过程

无论是组合同化还是移位获得,“到底”的“无论如何”义的获得跟“无论 s”类表达式密切相关。可资证明的是,第一,在实际语料中有些“到底”虽然表示“毕竟”义,但也可以释作“无论如何”义。比如,王学奇、王静竹编(1999:270)认为下例中“到底”表示“无论如何”义:

(40) 知县道:“我至不济,到底是一县之主,他敢怎的我?”(吴敬梓《儒林外史》第五回)

---

[3] Lyons(1977: 266, 613)也指出,一个词经常同某些词组合,则有可能把这些词的内容压缩到自身的词义中。伍铁平(1984)称这种现象为“词义溢出”。比如,《诗经》中“夏屋”本表大屋,但是“夏”因经常跟“屋”组合而把“屋”溢出的词义吸收到自己身上,从而可以独立表示大屋。组合同化是有方向的(张博,1999)。比如,“到底$_2$”可以受“即使/虽然”的组合同化,而后者不易受“到底$_2$”的组合同化,因为“到底$_2$”往往依赖于跟后者的共现,而后者不必依赖跟“到底$_2$”的共现。不过,组合同化有方向似乎是个倾向,而非绝对规则。比如,下文例(43)中,“咋作”本表“不管怎样,无论如何”。在此表示“毕竟”义。这可以看作是“咋作”在复句中受到“毕竟”的组合同化的结果。另外,需要说明的是,或许有人主张把例(39)中的“毕竟”释作“最后,终于”。不过,这么解释似乎于文意不通。

第二，在实际语料中“到底$_2$”和其近义词“毕竟”等常跟“无论 s”类表达式共现。例如：

(41) 他乌鸦怎配鸾凤对？奴真金子埋在土里，他是块高号铜，怎与俺金色比？他本是块顽石，有甚福抱着我羊脂玉体！好似粪土上长出灵芝。奈何，随他怎样，到底奴心不美。（兰陵笑笑生《金瓶梅》第一百回）

(42) 袭人道：“你吃饭不吃饭，到底老太太、太太跟前坐一会子。”（《红楼梦》第二十回）[试参照：绍闻道：“我要回去哩。中用不中用，毕竟四外里寻找寻找。”（李绿园《歧路灯》第七十五回）]

例(42)中的“吃饭不吃饭”“中用不中用”实际代表的是“无论吃不吃饭”“无论中不中用”，表示“无论如何”义，跟例(41)中的“随他怎样”表义相近。例(41)(42)中，划线句里已有或可以添加“就是”“虽然”“即使”“无论”等让步或无条件关系连词，这些句子的命题内容表示(或包括)某种阻碍说话人得出“某人该做某事”这个结论的不利因素。不过，“到底$_5$”具有的强劲语力使得说话人能排除这种阻碍(除阻)。另据符其武(2008:330)考察，在琼北闽语中，表示“毕竟”义不用“毕竟”，而要改用“(咋作)都是”[意即“(无论怎样)都是”]。例如：

(43) 伊咋作都是领导，侪讲话欠注意滴囝。（他毕竟是领导，咱们说话得注意一点。）

这说明，该方言中“咋作”(犹普通话“无论怎样”)也可以通过移动到“毕竟”所在空位或者受“毕竟”的组合同化而获得“毕竟”义。这么看来，上文例(2)(3)和(26)—(30)中的“到底”释作“无论如何”义也未尝不可，只是语气稍微客观了一些。由于“好歹”“反正”类正反叠结副词是“无论如何”义的缺省表达式，所以“无论如何”义“到底”就有可能受到“好歹”“反正”的聚合类推而获得“好歹/反正”义。这样，例(37)(41)和下两例中的“到底”类词语释作“反正”义可能更好。

(44) 望前街后街，并无人在。我待再叫呵，咽喉气噎，无如之奈。苦！我如今便死，暴露我尸骸，谁人与遮盖？天天！我到底也只是个死。待我将头发去卖，卖了把公婆葬埋，奴便死何害？（高明《琵琶记》第二十四出）

(45) 祁太公道:"你做的事有许多阴德。"虞博士道:"老伯,那里见得我有甚阴德?"祁太公道:"就如……这都是阴德,"虞博士笑道:"阴骘就像耳朵里响,只是自己晓得,别人不晓得。而今这事老伯已是知道了,那里还是阴德?"祁太公道:"到底是阴德,你今年要中。"(吴敬梓《儒林外史》第三十六回)

能旁证上述观点的是,在东北话中犹普通话"到底""究竟"的"到老"在温州话中表示"反正"义(张秀松,2010b)。综上所述,"到底$_5$"的词义是"无论如何,好歹/反正",下文为论述方便,有时简记为"好歹"。

"到底$_5$"形成后主要用于委婉责备语境。所在句子通过溯因推理(谴责对方尚没或不肯做某事是因为认为对方应该做某事)吸收语境中主观的"应该"义,跟"到底$_5$"的词义组合生成强调"无论情况如何变化(你)都应该做某事"的用法。例如:

(46) 人家牵肠挂肚地等着,你且高乐去,也到底打发人来给个信儿。(曹雪芹《红楼梦》第二十六回)[犹"好歹,无论如何应该"]

(47) 店房也有个主人,庙里也有个住持。虽不是大事,到底告诉一声。(曹雪芹《红楼梦》第四十八回)[犹"好歹,无论如何应该"]

(48) 你侄女不好,你们教导他。怎么撵出去?也到底给我留个脸儿。(曹雪芹《红楼梦》第五十二回)[犹"好歹,无论如何应该"]

上几例中,"到底"都指向已然事实,强调该事实不足以作为(你)不做某事的理由。比如,例(46)中,"到底"指向"你自个高乐去"这个已然事实,强调它不足以作为你不给我们信儿的理由。钟兆华等编(1995:170)径直将这种"到底"释作"应该"。但是,如果释作"应该"就会丢失原有的语气和情貌(即强调不管情况或条件如何变化,好歹 VP。换言之,不管怎样/无论如何都要 VP),使句子原有的委婉责备语气变成了刻板的训教语气。尤其是当"到底 VP"中应该 VP 的施事还没有完全错失 VP 的时机时,把"到底$_5$"解读为"应该"就更会使句子原有的委婉语气消失殆尽。[4] 例如:

[4] 例(46)—(48)中"到底"替换为"应该"后句义之所以基本不变,是因为这几例中"到底"所处的语义背景跟使用"应该"义情态词的语义背景相同,即"(1) 当事人不肯做某事或还没有做某事;(2) 在说话人的信念系统(belief system)里,当事人做这件事将有益于当事人或他人;(3) 在说话人的价值系统(value system)里,如果当事人做了这件事,他将得到说话人及跟说话人持相同价值观的人的正面评价;(4) 因为(2)(3)这两个原因,说话人希望当事人做这件事"(Talmy,2000:448)。

(49) 袭人道:“你吃饭不吃饭,到底老太太、太太跟前坐一会子,和姑娘们顽一会子再回来。我就静静地躺一躺也好。”(曹雪芹《红楼梦》第二十回)

(50) 却说安老爷拣完了字纸,自己也累了一脑门子汗,正在掏出小手巾儿来擦着。程相公又叫道:“老伯,我们到底要望望黄老爷。”(文康《儿女英雄传》第三十八回)

例(49)中,贾母、王夫人等人的吃饭活动还在进行,陪吃/聊这件事贾宝玉还可补做。在这样的语境中,句中“到底”就显然不只表示道义情态(“应该”义),应当还有除阻义。而且,如果把“到底$_5$”径直释作“应该”,那么就无法解释“到底$_5$”经常跟“(应)该”共现的事实。例如:

(51) 紫鹃道:“虽然生气,姑娘到底也该保重着些,才吃了药好些,这会子因和宝二爷拌嘴,又吐出来。”(曹雪芹《红楼梦》第二十九回)

(52) 张姑娘……望空说道:“啊,我们到底该叩谢叩谢这位恩深义重的姐姐才是。”(文康《儿女英雄传》第十回)

上两例中,“到底”跟“该”共现。如果“到底”只表“应该”义,那么句中“该”的出现就是语义羡余。因此,“应该”义当不是“到底$_5$”的全部词义,至多只是其语境义中的真值条件部分。《汉语大词典》主张把“到底$_5$”释作“总要,总得”,并举例如下:

(53) 李纨道:“我不大会作诗,只起三句罢,然后谁先得了谁先联。”薛宝钗道:“倒底分个次序,让我写出来。”说着便令众人拈阄为序。(曹雪芹《红楼梦》第五十回)

(54) 贾政见……故叫宝玉等三人出来警励他们。再者倒底叫宝玉来比一比。(曹雪芹《红楼梦》第一百一十五回)

不可否认,释作“总要,总得”比释作“应该”好。但是,释作“总要,总得”还不是最好的。试看下例:

(55) 再说,我这不出嫁的话,我是合我干娘说了个老满儿,方才他老人家要在跟前儿,到底也知道我是叫人逼的没法儿了,偏偏儿的单挤在今日个家里

有事，等人家回来，可叫我怎么见人家呢？”（文康《儿女英雄传》第二十七回）

(56) 高大爹：你说，你们先讲我才讲；她说，你们先讲我才讲；我也说，你们先讲我才讲……这，到底总得有一个人先讲吧！（《小歌剧集·春夜明灯》）

(57) 你不知道，这对我成了一个多么沉重的负担。他们只要一看到我就问：“女局长！你到底总得想个办法呀！”（刘白羽《远方来信》）

例(56)(57)中已有“总得”，因而“到底”似乎不宜释为“总要，总得”，更宜释为“好歹”。同样，例(55)中“到底”跟上文其他几例“到底”别无二致。但是，句中“到底”既不能释作“应该”，又不能释作“总要，总得”，而只能释作“无论如何，好歹（，倒）”，表示委婉语气，强调“不管怎样/无论如何（都应该 VP）”。所以，我们主张，与其去争论把“到底$_5$”释作“应该”好还是释作“总要，总得”好，不如把它统释为“无论如何，好歹（，倒）”。在辞书编纂中，把“到底$_5$”释作“应该”或“总要，总得”都是一种随文释义，不能覆盖所有同类用例，且会导致句子原有的情貌和语气的丢失或改变。释作“无论如何，好歹（，倒）”才能同时避免这两个问题。

上文关于“到底$_5$”从“到底$_2$”演变而来的论述，预示着“到底$_5$”在某种语境下可以获得反预期用法，因为“到底$_2$”通常凸显解-反预期意义，以反预期意义为前提（张秀松，2008a）。语料调查显示，“到底$_5$”在某些语境下确实可以凸显其词义中的反预期潜义，相当于“反倒，倒是”。例如：

(58)（上文交代丈夫怕妻子伤心，不愿把两个相好的尼姑娶回家）琬娘道：“虽然如此，也难得他两个一片心。到底我今有个主意，你既有约，今中了，少不得要个小，如今将他两个蓄了发，抬他过门，相熟的倒好过些。”（坐花散人《风流悟》第二十七回）

上例中，预期意义是：你这个当事人应该对跟你相好的那两个尼姑有个处理意见；反预期意义是：你没有拿出处理意见，反倒是我（你的妻子）替你想出了两全其美之策。

综上所述，委婉语气副词“到底”是从表示“毕竟”义的评注语气副词“到底”发展而来，后者受到所在复句中“无论 s”的组合同化或者移动到“无论 s”所在空位而获得了“无论如何”义，然后又因受“好歹”“反正”等正反叠结副词的聚合类推而从“无论如何”义引申出了“好歹/反正”义。总之，其演变路径为：“毕竟”义→“无论如何”义→“好歹/反正”义。

4. 余论：语气副词“倒（是）”对“到底”多功能模式的复现

本节旨在论证：近代汉语语气副词“到底”的语义演变机制跟“倒是”等其他词语相同。在现代汉语里，语气副词“倒（是）”用于追问或催促（吕叔湘主编，2001［1980］：154）。例如：

(59)“你倒是去不去，若不去，我们就走了。”她焦急地问道。（向东《我们这一代》）

(60) 人家要订婚，你倒是愿意不愿意？（李刻第编《汉语虚词词典》）

(61) 说老实话，你倒是干过那事没有？（李刻第编《汉语虚词词典》）

(62) 你倒（是）说说看！｜你倒（是）说句话呀！

(63) 我到底还有多少天活头呀？你们倒是给我问问大夫。（韦君宜《夕阳赋》）

陶然等主编（1995：89）则明确提出，“倒（是）”有时有“到底”义。上几例也表明，在现代汉语里“倒（是）”确实兼有表示追究语气和表示催促语气两种用法。张谊生（2000）认为，表示催促的“倒（是）”用在疑问句中有追究意味，和“究竟”“到底”一样表示深究态。可见，张先生认为“倒（是）”表示追问语气的用法源于表示催促语气的用法。我们赞同此说，认为：例（59）—（61）中“倒（是）”虽可释作“究竟”，但其追究语气用法是从催促语气用法发展而来。“你倒是去不去呀？”可以理解为“你倒是（快）说呀！＋‘去不去？’”的缩合，正如“到底爱不爱她吧！”可以理解为“你倒是说说‘到底爱不爱她’吧！”的缩合。从这个角度来看，究竟有无必要为“倒（是）”单列出疑问语气副词用法这个义项，值得商榷。但是，下文为讨论方便计，姑且把“倒（是）”在疑问句中表示追究语气和在祈使句中表示催促语气的用法分别看作疑问语气副词用法和祈使语气副词用法。

验之于历史语料发现，“倒（是）”发生“祈使语气副词＞疑问语气副词”演变的条件是跟言说动词共现于疑问句。比如，在例（64）（65）中，祈使语气副词“倒是”跟

"说""讲"共现，但只表示催促语气（不表示追究语气），因为两者共现于祈使句而非疑问句。

(64) 十三妹笑道："既不曾定亲，问着你，你这也'飞也'，那也'飞也'，尽着飞来飞去，可把我飞晕了，倒是你自己说说罢！"（文康《儿女英雄传》第九回）[犹"还是"]

(65) 宝玉道："你念了懂的吗？你要不懂，我倒是讲讲这个你听罢。"（曹雪芹《红楼梦》第九十二回）[犹"还是"]

当两者的共现从祈使句扩散到疑问句，析言之，当跟祈使语气副词"倒是"共现的言说动词带问题宾语时，"倒是"就有可能被重新分析为疑问语气副词。例如：

(66) 红玉向外问道："倒是谁的？也等不得说完就跑，谁蒸下馒头等着你，怕冷了不成！"（曹雪芹《红楼梦》第二十六回）

(67) 袭人听说，道："姑娘倒是和我拌嘴呢，是和二爷拌嘴呢？"（曹雪芹《红楼梦》第三十一回）

(68) 善金真气极啦，冲着善全说："你出去半天，回到家里，说不清道不明的，倒是甚么事呀？"（松友梅《小额》）

(69) 善大爷……说："你、你、你别费话，倒是甚么事？"（松友梅《小额》）

例(66)中的"倒是谁的？"可视为"倒是说呀！"和"是谁的？"的缩合。缩合前，"倒是"是祈使语气副词，表示催促语气；缩合后，"倒是"是疑问语气副词，表示追究语气，只是追究色彩比"到底"弱些。这种缩合之所以会发生，是因为有缩合的可能和需要。这种缩合之所以成为可能，是因为提问行为预设言说动作的存在（详见第一编第二章§2.2.2.2）。所以，"倒是说 Q"可以缩合为"倒是 Q"。之所以需要这种缩合，是因为在催促语境中说话人急于知道问题答案，所以往往辞不达意，漏说言说动词"说"或发生吞音现象。例(67)—(69)可作类似分析。上述缩合过程导致"倒是"在晚清和民国初年一度发展出"究竟"义疑问语气副词用法。例如：

(70) 善哥，……老大爷倒是在家没在家？……（松友梅《小额》）

(71) 小额说："……兄弟倒是贵姓？"（松友梅《小额》）

那么,祈使语气副词“倒(是)”又是如何形成的呢?当是从评注语气副词“倒(是)”演变而来。我们知道,评注语气副词“倒(是)”表示反预期意义,包括反期望义和反预料义。“反期望”是指根据常情[5],个体 x 应该具有属性 P,可事实上他具有属性 $\overline{P}$ 。这样,客观事实和人们的常规预期相反。“倒(是)”能凸显这种反常规预期意义。例如:

(72) 你这种人呀,好事不干,坏事倒是不少干。

(73) 该说的不说,不该说的倒是说个没完。

上两例中,社会公众对道德良民和交际模型人(model personal,参见张秀松,2009)的期望是多做好事(至少不做坏事)、该说的说(不该说的不说),可个体 x 的实际表现跟这种常规期望相反。“反预料”指客观事实跟说话人依据常识对事件发展结果作出的主观推论或预测相反。例如:

(74) 你说的倒是容易,你真做起来试试。

(75) 这事看起来倒是不难,可做起来就不容易了。

(76) 大尹自己缉获不着,倒是钱大王送来,好生惭愧。(冯梦龙《喻世明言》卷三六)

(77) 定哥道:“……说他没福!看来倒是我没福!”(冯梦龙《醒世恒言》卷二三)

(78) 王太守进内见了夫人道:“今日邀李家年侄与儿子、女婿作文,可笑我两儿、女婿枉带这顶头巾,文理俱不甚通,倒是李郎虽未进,却大有才气,看来不只一青衿终身。”(陆人龙《型世言》第三十四回)

例(78)中,说话人(王太守)根据常识(教育和家庭出身好的人通常更会作文),预料其子、婿(即个体 x_n)比李郎(即个体 x_{n-i})更会作文(记作“属性 P”),可事情发展的结果跟该预料相反,子、婿的作文文理都不通,李郎却显得很有才气。换言之,说话人根据常识预料个体 x_n 比个体 x_{n-i} 更可能具有属性 P,而事实恰恰与此相反。“倒

[5] 常情,在这里特指社会公众对特定情境下某种角色的道德期望。比如,来客的情况下,社会公众对主人的道德期望是热情招待;做错事的情况下,社会公众对当事人的道德期望是认错、向受害者道歉,等等。

(是)”就是凸显这种反预料义,所以,才可以用在转折关系复句中,表示对预期的逆转。“倒(是)”“还”“却”“顾”“更”的实义(“倒退”“返回”“退却”“回头看”等)都跟空间域位移运动方向的改变相关。扩散到语篇域以后,自然也可表示语篇论证方向的转变,即表示转折关系,犹“反而”。例如:

(79) 子之南面行王事而哙老不听政,顾为臣。(《战国策·燕策》)

(80) 是商君反为主,大王更为臣也。(《战国策·齐策》)

其中,“倒(是)”“还”“却”等还扩散到了言语行为域,表示追究语气。[6] 这里我们只关心“倒(是)”是如何实现从评注语气副词到祈使语气副词的演变的。经考察发现,这种演变的发生条件是语境中失去 x_n 的对比项 x_{n-i}。例如:

(81) 人有聚就有散,聚时欢喜,到散时岂不清冷?既清冷则生伤感,所以不如倒是不聚的好。(曹雪芹《红楼梦》第三十一回)[犹“反倒/还是”]

上例去掉“倒是”,命题义基本不变。“倒是”的作用仅在于表示说话人对命题“相聚不如不聚好”的评价,即说话人认为该命题跟人们的常规(或听话人的特定)心理预期相反。换言之,“倒(是)”在这里表达的是一种(交互)主观化意义。“倒是”分句中跟“不聚”相对的“聚”处于退隐状态。它的退隐为评注语气副词“倒是”(即“反倒”义“倒是”)通过语境吸收而发展出委婉语气副词(即“还是”义)用法提供了便利。当跟 x_n 相对比的 x_{n-i} 在语境中退隐,并且 x_n 作为一个自主个体,可以通过补救行为使事情发展结果跟说话人的预期相符时,“倒(是)”就有可能进一步从委婉语气副词用法发展出祈使语气副词用法。换言之,评注语气副词“倒是”用于如下语境就可以演变为祈使语气副词:说话人明知,按照常情常识,听话人应该做某事,并且在当前语境下说话人期望听话人做某事,而听话人尚未或不愿做某事。这时,说话人会使用“倒(是)VP”表示听话人没做或不愿做某事是跟(常规或说话人)预期相反(即相颠倒)的,言外之意是听话人应该赶快补做。说话人的这种言外之意(间

[6] 李焱(2006:207-219)对“倒”的历时演变的考察表明,在唐以前它主要表示运动方向的转变,比如“倒行逆施”“倒立”“倒戈相向”;唐以后才有了表示转折关系的关联副词用法。李焱没有考察“倒”的催促语气用法,我们的语料调查显示,催促语气用法的“倒”的出现晚于关联副词“倒”。

接催促义)作为一种会话含义可以被听话人重新分析为“倒(是)”的创新义。这种创新义经过扩散可以规约为“倒(是)”的新义位。所以,祈使语气副词“倒(是)”的委婉催促义是滞留有反预期义的委婉语气用法在特定语境下的主观化,是会话含义规约化的结果。例如:

(82) 林黛玉道:“你倒是去罢,这里有老虎,看吃了你!”(曹雪芹《红楼梦》第二十八回)

(83) 十三妹道:“还管着他归着家伙吗!你老人家倒是沏壶茶来罢。”(文康《儿女英雄传》第九回)

(84) 老爷道:“……你倒是在那里弄些吃的来,再弄碗干净茶来喝。”(文康《儿女英雄传》第十四回)

(85) 便有一二分错处,你倒是或教导我,戒我下次,或骂我两句,打我两下,我都不灰心。(曹雪芹《红楼梦》第二十八回)

上几例中,“倒(是)”都用在委婉谴责语境中,表面表示听话人尚未或不肯 VP[比如,例(82)中听话人不肯去;例(83)中听话人尚未沏茶]跟常规(或说话人)预期相反,实则表示委婉催促,相当于“还是”。

综上所述,语气副词“倒(是)”的演变路径是:

反预期	→ 委婉语气(委婉陈述)	→ (委婉)催促[催说-催答]	→ 追问
评注语气副词	委婉语气副词	祈使语气副词	疑问语气副词

图 1-3　语气副词“倒(是)”的演变路径

不难看出,语气副词“倒(是)”的多义模式跟“到底”相近。不过,两者的演变路径并不相同,只是存在部分相似和镜像关系。

5. 小结

上文在“倒是”的共时多功能模式和历时演变的参照下,考察了评注语气副词“到底”(即“毕竟”义“到底”)和疑问语气副词“到底”(即“究竟”义“到底”)在近代汉语中的后续演变,发现两者的演变路径分别是:Ⅰ.“究竟”义疑问语气副词“到底”>“倒是”义祈使语气副词“到底”；Ⅱ.“毕竟”义评注语气副词“到底”>“无论如何，好歹/反正”义委婉语气副词“到底”。

对演变Ⅰ来说，必须满足的条件是“究竟”义疑问语气副词“到底”可以游移出疑问句的辖域。演变Ⅰ所经历的语境扩展的路径是：追问>催答>催说>催做。它遵循的机制是认知上的视角转换、语用上的功能泛化。

对演变Ⅱ来说，它涉及的机制是组合同化或结构模板中的位置游移，以及聚合类推。在“毕竟”义“到底”激活的结构模板“无论 s，到底 p，所以 r”中，“到底”或因受“无论 s”的组合同化，或因游移到“无论 s”所在空位，而获得“无论如何”义，之后受到同表“无论如何”义的“好歹”“反正”等正反叠结副词的聚合类推，演变出“好歹/反正”义。

上文还利用语法化过程中的语义滞留原则对为什么“到底”有而“究竟”等近义表达无祈使语气副词用法做出了解释。

第二章

“究竟”义“到底”句的句法、语义和语用考察

1. “究竟”义“到底”的追问标记地位和语力限定作用

在现代汉语中，“到底”(和“究竟”)用在特指问、正反问和选择问三种问句中，表示追究语气，[1]凸显言者急于知道问题(真实)答案的主观情态。例如：

(1) “没……没有其他的事，我想问一下，这围墙到底怎么修啊!”马而立站起来了，一双大眼睛睁得更大了一点。(陆文夫《围墙》)

(2) 营长急于知道山上到底有多少敌人，可是话不通!(老舍《无名高地有了名》)

上两例中“想问一下”和“急于知道”表明言者急于弄清问题答案，它们跟后续的“到底”句一起构成和谐的追问语境。“到底”句负责把言者急于弄清问题(真实)答案的主观情态彰显出来。

经考察发现，虽然“到底”也可用于始发问，但更常见的是用于初次询问受阻后发出的追加询问(详见下文)。即使“到底”用于始发问，在言者的心理通常也要有一定的预设，即自己(或他人)已问(或考虑)过某(相似)问题，但尚未获得满意答

[1] 即强化疑问语气。“到底”“究竟”对疑问语气的调节作用跟“可”正好相反。“可”是减缓疑问语气的。

案。例如：

(3) 钱二宝：满大姐，你坐，我替你倒茶去。

满一花：你不要对我太客气，我心里没底。

钱二宝：姐，你看，毕大眼那债吧，要不是你帮我还了，我还在外面躲呢！还有我们家钱堆看病的钱也是你出的。我哥找了你，我也跟着沾光了。我真不知道该怎么感谢你。

满一花：你到底想说啥？（电视剧《清凌凌的水，蓝莹莹的天》第Ⅱ部第 16 集）

上例中"到底"句是始发问句，但是言者心里有一个预设：你这个平日里忘恩负义、骄横跋扈的人，对谁突然好起来准是有求于他。你现在对我好，不知道又要麻烦我什么事。所以，上文中"我心里没底"实际已经暗示我想知道"你兜这么大圈子说这么多好话，有什么真正意图"。所以，"你到底想说啥"一方面是对心中早有的疑问"你有什么真正意图"的重复与追加，另一方面追究并引出对方的真正交际意图。如果始发问句去掉这样的预设，就无需也不能出现"到底"。例如：

(4)（妈妈手拿饼干，对几个正在玩耍的孩子说：）有**谁**想吃饼干？请举手！[2]

← Sa："有人想吃饼干吗？"+ Sb："想吃饼干的人是谁？"

(5)（一个需要别人帮忙但又不敢肯定是否有人肯帮他的人对一群人说）你们**谁**来一下？

← Sa："有人愿意来吗？"+ Sb："这个愿意来的人是谁？"+ Sc："请来一下！"

例(4)中一般不能添加"到底"，因为这里"饼干"的所指是新引入话语环境的，此前饼干的表征尚未在听者心智中被激活。通俗地说，孩子们没有想到母亲给他们拿的是饼干，甚至也没想到母亲会拿东西给他们吃。母亲也无法肯定会有孩子想吃饼干。对母亲的问话，孩子们的反应可能是谁也不举手。所以，该例中划线问句其

---

[2] 黑体表示重音所在，下同。

实是一个约定俗成的短路式问句(conventionalized shortcut question,CSQ)。它相当于 Sa 和 Sb 这两个问句的缩合。这两个问题中的任何一个在母子的前期交际里都没有出现过。在言者心智中既没被激活,又不处于可及(accessible)状态。所以,这是真正意义上的始发问。当然,就不能在这种问句里使用追问标记“到底”了。总之,“到底”是一个追问标记,有很强的交际动力(Communicative Dynamism, CD)[3]。它往往是在询问已经(或很可能要)受阻的情况下使用(详下)。这跟“将反腐运动进行到底”通常用于言者认为反腐活动已经(或很可能要)受阻的语境是平行的。“到底”不能用于例(4)也可以从形式上得到解释。据第一编第一章的考察,“到底”在现代汉语中通常不能用于是非问,因而“到底”不能用于 Sa。所以,也不能用于 Sa 跟 Sb 合成的短路式问句[即例(4)中的划线句]。同样,例(5)是疑问句 Sa、Sb 和祈使句 Sc 三者的缩合。这三者中 Sa 为是非问,不能插入“到底”。因而由 Sa、Sb 和 Sc 缩合而成的例(5)自然也不能插入“到底”。

综上所述,“到底”作为追问(即追究问题答案的)标记,其典型话语功能是增强对问题答案的追究语气。这决定了“到底”主要用于疑问句,特别是追加问句。当然,“到底”还有一种非典型用法,即用在疑问子句里。换言之,“到底”句不独立成句,而只是充当句子成分。这时,“到底”的追问标记功能就会大大弱化。例如:

(6) 到底谁来还没定下来。

(7) 我也不知道他到底来不来。

(8) 这跟确定词和语素到底有没有一一对应关系似乎毫无关联。

“到底”的非典型用法当是从它用于独立的疑问句的典型用法派生而来的。

考察发现,“到底”还有语力(illocutionary force)限定作用。它能把一个问句的语力(即话语类型)限定在询问上,而不允许它被用来间接地表示委婉祈请等语力。试比较:

(9) 你能不能帮我把那瓶盐递过来?(话语类型:询问或委婉祈请)

---

[3] 交际动力(communicative dynamism, CD)这个术语由布拉格学派(The Prague School)首先提出,指语言表达式推动交际向前进行的能力。在无标记状态下(比如在陈述句中)CD 值越大的成分越靠近句尾。但在有标记状态下(比如疑问句中),这个顺序可能被颠倒。(Erteschik-Shir,2007: 13)

(10) 你到底能不能帮我把那瓶盐递过来?(话语类型:询问)

听者对例(9)的反应可以是言语或身姿上作出的肯定或否定答复(比如点头、摇头),但也可以而且更经常是具体行动(比如递盐或者走开/不理睬这种动作)。对例(10)的反应则只能是言语或身姿上作出的肯定或否定答复(比如点头、摇头)。这样,“到底”可以分析为语力限定语(illocutionary force specifier,IFS)[4],它跟句型、句末语气词和语调所决定的句子的语力类型(illocutionary force type)X 互动,把 X 投射为类型更具体的 $\overline{X}$ 。[5] 既然表示追究语气的“到底”在话语层面起作用,那么当然比在句子层面起作用的表示“毕竟”义的“到底”主观性更强、辖域更大。

2. “究竟”义“到底”句的句法考察

本节主要从句法角度考察“到底”句有哪些使用限制。第一编第一章指出,“到底”句不能是外部疑问句。那么,“到底”句为什么不能是外部疑问句呢?这是因为,“到底”如果用于外部疑问句,就会与外部疑问标记发生辖域冲突。例如:

(11) a. *到底你明天来吗?　　b. 到底你明天来不来?

上例 a 句不能成立,是因为“到底”与“吗”,一个是辖句语气副词,一个是句末语气词,它们都想把自己的辖域延伸至整个句子,即都想将对方置于自己的管辖之下。这种辖域冲突导致全句不合格。如果将 a 改成 b,则句子合格。因为这时用的是内部疑问句,“VP 不 VP”处于“到底”的辖域之内,两者相安无事。与此相类似的是下面这样的对立:

---

[4] 至于语力限定语有哪些类型,请参看 Jacobs(1984,1991)的相关研究。

[5] 接受上述观点,可以解释“到底$_3$”在“怎么”和“为什么”问句中的对立,即“到底$_3$”通常不允许问句获得责备语力。例如:“你(*到底)怎么没来?”句中“到底$_3$”的语力限定作用逼迫“怎么”作方式解读,而不能作原因解读,而方式解读的“怎么”是不能修饰否定性谓语“没来”的,因为一个动作尚未发生,就不能能确知它是采用什么方式进行的。

(12) a. 无论你来不来,会议都照常举行。

b. * 无论他来吗,会议都照常举行。

上例 b 中,“无论”要将其辖域延伸至“他来吗”全句,而“吗”要将其辖域延伸至“无论他来”全句,两者造成辖域冲突。那么,表示追究语气时,“到底”为什么是辖句(而非辖谓语气副词,即不能用于包孕句或复句的分句中)呢?为什么作用对象是个句子或命题呢?这与“到底”的语法化有关。下文将尝试从形式语言学的角度对此作出解释。这里先继续考察“到底”的其他句法限制。

考察可知,“毕竟”义“到底”所在小句虽然很少但偶尔也可内嵌于定语位置,而“究竟”义“到底”所在小句基本不能内嵌于定语位置。试比较:

(13) 他用那近乎绝望但到底还带有一丝希望的眼神向主子哀求。

(14) ?? 到底谁来的问题我们呆会再商量。

这从一个侧面反映了疑问语气副词“到底”的辖域比评注语气副词“到底”更广。当 Wh—词或疑问中心不在句首时,“到底”就有位于句首和句中两种选择。比如:

(15) a.你到底要立妾不要?(老舍《老张的哲学》)

b. 到底你愿不愿当尼姑?

根据“接近度是影响力”(CLOSENESS IS STRENGTH OF EFFECT)隐喻(即距离远近对应于作用力的强弱)[6],语言形式 A 与 B 的距离越近,彼此间的影响越大。“到底”在例(15)a 中比在例(15)b 中更贴近疑问点,因而对它的作用力更大。这样,例(15)a 比例(15)b 的追问语气更强。

至于“到底”句能否用作主语从句和宾语从句,这一点学界看法不一。许多人认为,疑问从句中的“到底”似乎多余,不如删去。但也有许多人认为,如果主句是否定句或疑问句,那么疑问从句中的“到底”就可以保留。(汤廷池,1988:295)试比较:

[6] 这跟距离象似原则有些近似。关于距离象似原则,详见 Lakoff 和 John(1980: 127-129)。

(16) a. 我知道[谁要来]。
b. ?? 我知道[到底谁要来]。
c. ? 我不知道[到底谁要来]。
d. ? 你知道[到底谁要来]吗?

(17) a. [谁要来]跟我很有关系。
b. ?? [到底谁要来]跟我很有关系。
c. ? [到底谁要来]跟我根本没有关系。
d. ? [到底谁要来]跟我有什么关系呢?

我们赞同后一派的观点,但是认为,在肯定句中未必不能用"到底",比如例(16)b中"知道"前加"想",全句就可以成立(具体原因,详见本章§3.3)。那么,为什么当主句是否定句或疑问句时,"到底"就可以出现在其疑问从句中呢?因为"到底"是追问标记,典型话语功能是强化疑问色彩。因而"到底"句具有强[疑问]或[未知]特征。这样,主句谓语中心只有具备[疑问]或[否定]特征,才能符合"到底"句的语义选择要求。

3. "究竟"义"到底"句的语用考察

本节主要考察使用"到底"句的语用背景、(优选)话语模式[(preferred) discourse pattern,(P)DP]、话语类型及语力强弱。"到底"句的(优选)话语模式指"到底"句在言语交际中呈现的(典型)话语结构。

3.1 "究竟"义"到底"句的语用背景与优选话语模式

我们知道,言者S借助"到底"等追问标记向听者H发问是一种以言行事的言语行为。按照Searle(1969)的观点,言语行为有其施行的合适条件。这些合适条件包括预备条件、真诚条件和实质条件。这样,对于"到底"句实施的言语行为来说,这三个条件分别是:

预备条件:S不知道问题Q的答案;S相信H知道问题Q的答案。

真诚条件：S想知道问题Q的答案。而且，S和H共知，在当前情况下H不愿（或者尚未）提供问题Q的答案。换言之，S相信自己的询问行为在当前情境下已经或者很可能受阻。

实质条件：S试图通过追问标记的使用加大语力，使自己排除来自听者的阻碍，达成既定目标——获得问题（真实）答案。[7]

上述真诚条件和实质条件中的阻碍要素和使用短语“到底”、时间副词“到底”、评注语气副词“到底”的相关语篇要求具有平行性。比如，时间副词“到底”所在语境里有阻碍目的达成的客观困难或阻碍不利结果出现的主观努力。例如，“经过不懈努力，田平到底考上大学了”暗示：田平实现考上大学这个目标必定克服了很多不利因素的阻碍；再如，在“他躲了三次，打火机到底还是被抢走了”中，躲闪行为就是阻止打火机被抢这种不利结果出现的阻力，这种阻力来自“他”的主观努力。句中“到底”有暗示对这种阻力的排除（即除阻）的作用。评注语气副词“到底”所在复句“到底p，虽然/即使s，（所以）q”（如：到底是大学生，虽然受到这么大的侮辱，还是说话很文雅）里的s分句表示的就是阻碍“p→q”这种缺省推理进行下去的阻力。

下面具体考察使用“到底”句实施追问行为时所要具备的真诚条件：S相信在当前情境下自己的询问行为已经或很可能受阻。“已经受阻”的语篇表现通常有：①言者已就同一（或类似）问题询问过听者，但听者不愿正面准确作答，或推三阻四，或答非所问，或含糊其词。例如：

（18）双双：天全，你不是亲口对我说喜欢我的吗？（Q1）
郝天全：我没有。（A1）
双双：你怎么变成了这样？（Q2）这是我做错了什么吗？（Q3）
郝天全：没有。（A3）
双双：那是在恨我阿爹当初把你赶出贾府？（Q4）
郝天全：不是。（A4）
双双：那到底为什么你变成了这么一个不负责任、不守诺言的人？（Q5）
（《聊斋·玉女鬼魅艳遇天犬》）

[7] 所以，英语才用本表“准确地、真实地”义“exactly”“actually”表示追问语气，俄语才用本表“就是，恰恰，正好”义的俄语 ИМЕННО 表示追问语气（详见第三编第一章§2.2）。

(19) 邱建：你是谁呀？大清早来砸门？
贾明：我是来抓淫贼的！
……
邱建：丑鬼，你到底是谁？
贾明：我到底是人。（《三侠剑》第三回）

(20) 甲：你什么时候从北大毕业的呀？
乙：79 年，不，80 年，不对，不对，应该是 80 年左右吧！
甲：到底什么时候毕业的？

例(18)中，贾府的双双小姐连续向自己的心上人郝天全询问了五次。但是，Q2 和 Q5 其实是同一问题的两种不同问法。在 Q1—Q5 这几次询问中，双双最关心的是 Q2/Q5 这个问题的答案。而郝天全选择正面回答的却是 Q1、Q3、Q4。而 Q1 是反问句。双双是无疑而问，只希望通过反问激发郝天全对其（忽然冷淡她的）反常言行作出解释，而不需他对这个问题作答。Q3、Q4 都是服务于 Q2/Q5 的。Q3、Q4 中潜隐的"我做错了某事""我阿爹当初把你赶出贾府"是双双在为郝天全提供可能成为 Q2 的答案的候选项。目的还是为了引导甚至逼迫郝天全尽快对 Q2 作答。要是郝天全已经回答了 Q2，自然就没有了 Q3、Q4。这个对话中，双双对 Q2 的询问一次次受阻。郝天全吞吞吐吐，一直不愿正面回答 Q2，不愿说出真相（他是天上的吼天犬下凡。向双双小姐说喜欢她、要娶她的是假吼天犬——狸猫精）。所以，Q5 中双双用了"到底"强化追问语气，表现出她急于知道问题真实答案的迫切情态。例(19)中，邱建已就同一问题向贾明询问过一次，而贾明答非所问。因此，邱建通过"到底"强化询问语气。而贾明却故意违反会话合作原则，以双方显见信息作答。而且，他还利用疑问语气副词"到底"的源义（"说到底"义）向邱建暗示你已经问到底、我也已经答到底了。言外之意，你别再问了，我也不会再答了。因此，贾明的答句有结束当前本轮会话的功能。事实确实如此。该例语境中下文贾明一言不发，任凭对方拷打，只等后面的救兵（师父圣英）来到。例(20)中乙对甲的初始问的回答含糊其词，所以甲才用"到底"问句加以追问。

验之于历史语料发现，"到底"类疑问语气副词在历史上确实常用于①这种语篇环境。例如：

(21)（吕蒙正上，云）小生吕蒙正是也。赶不的斋，天色晚将来也，还我那破瓦窑中去。(见正旦科)大嫂,有甚么人到俺家里来?我一脚的不在家,把我铜斗儿家缘都破败了也。(正旦唱)慹折的匙呵如呆似痴,摔碎碗长吁叹息。(吕蒙正云)端的是谁打了来?(王实甫《破窑记》第二折)

上例中吕蒙正先发出了一个疑问:“有甚么人到俺家里来?……把我铜斗儿家缘都破败了也。”他嫂子没有作答。所以,吕蒙正再度发问时用了追问标记“端的”(义近于“到底”)。②言者自己(或别人)曾就同一问题询问过,但是听者给出的答案前后或(当听者是多人时)彼此不一致,使言者无所适从。例如:

(22)(上文交代了学界对“吧”的分合的不同看法)到底有几个“吧”?(卢英顺《“吧”的语法意义再探》,《世界汉语教学》,2007-7-5)

(23)(上文交代了某大学工商管理硕士培训班课堂上老师给学员讲了一个故事,然后,问了一个问题。学员作出了各不相同的回答。这时老师说)那答案到底是什么呢?(佚名《回报》,《扬子晚报》,2007-9-26)

(24)(上文已经交代了指称论,有人认为源于柏拉图,有人认为源于荀子)到底谁是指称论的代表?(郭锐《形式语义学》,2007年中国语言学暑期讲习班讲稿)

在例(22)的启发下,我们发现一个有趣的现象,即中国学术期刊网上很多争鸣性文章题名中都含有“到底”或“究竟”字样。比如“‘商战’的原意究竟指什么?”“‘赤子’究竟指谁?”“‘惶恐’究竟作何解?”。这是因为,争鸣性文章往往涉及别人对同一问题已作出的解答。所以,它已有了一定的背景预设:别人曾提出过同样的问题,但是学界尚无一致而准确的回答。

不管是以上哪种情况,言者都是在认为自己的(虚拟)询问行为已经或很可能受阻的情况下才使用“到底”句。用“到底”句通常预设自己(或别人)曾就同一(或类似)问题“问”过一次,受到阻碍,自己再问,是为追(加询)问。“到底”的追究语气使它具有强劲的语篇启下功能。因为它的(部分)字面意义是“问到底(了)”,暗示:这是“我”最后一次询问。这样它可以启发对方进行话轮(talk-turn)接续。从这个意义上说,疑问语气副词“到底”是言域内成分,所起的功能主要就是人际功能(interpersonal function)。人际功能包括对话轮选择/转换/接续的规定、对事件发生可能性或出现频率的判断或估测、对交际双方相对地位和关系的反映,等等(Halliday,1967:243)。我们知道,问句和答句在会话结构中构成一个邻对(adjacency pair)。该邻对中问-答之间通常可以插入其他邻对,即可以出现插入序列(insertion sequences)。例如:

(25) A:我可以来一瓶威士忌酒吗?
B:你有 20 岁了吗?
A:还不到。
B:那不行。

而当问句中含有"到底"等追问标记时,问-答邻对通常不能出现插入序列。但是,跟"到底"句呼应的那个同一或相关问句与其答句之间可以而且经常插入其他问答邻对。比如,在例(18)中,言者为了得到与 Q2/Q5 构成邻对关系的答句,迫使听者跟自己合作,在 Q2 和 Q5 之间插入了 Q3-A3、Q4-A4 这两个邻对。考察可以发现,疑问语气副词"到底"的追问标记作用跟表示追加询问的语气词"啊(á)"不同:前者要依赖问句,后者独立使用;前者多用于初次询问时对方给出的答案前后或彼此不一致,或者明显失真的情况下,后者只能用于初次询问时对方未予作答或己方没有听清对方的回答的情况下。

综上所述,"到底"的优选话语模式是追加询问型话语。

3.2 "究竟"义"到底"句的特殊话语模式

"到底"句的语篇启下功能使它与自问自答的设问结下了不解之缘,即"到底"句也可以用在设问环境中,用来引出自己对问题的回答或看法。例如:

(26) 那答案到底是什么呢? 原来……(佚名《回报》,《扬子晚报》,2007-9-26)

(27) 朗读者,或曰启蒙者,到底是谁呢? 我没有找到答案。(陈萱《〈朗读者〉:沉甸甸的感动》,《大学生》,2008-1-3)

上两例中去掉"到底",语篇连贯性就要大打折扣。设问实际上也是一种对话,只不过是自问自答。设问语境中问答之间的停顿减小以至消失导致了"到底"可以用于非疑问句。如：

(28) 甲：他们到底怎样打的？乙：我实在不知道。
→ 他们到底怎样打的？实在不知道。
→ 他们到底怎样打的，实在不知道。(《红楼梦》第八十六回)
→ 实在不知道他们到底怎样打的。

“到底”句强劲的启下功能使它们在言者明知/相信对方给不出答案却还要追问的场合下有很强的反驳语势。换言之，“到底”也常用于无疑而问的反问语境。例如：

(29) 李阳这两个观点显然自相矛盾。他的“伟大的一跪”的理由是：“表达了对老师和父母辛勤付出的真诚感谢”“发自内心”，但他另一方面却又表明是他自己“提议学生给老师跪下感恩的”。既然学生是在提议下下跪的，“发自内心之说”到底从何而来？(佚名《“伟大的一跪”？“疯狂的一跪”？》，《都市文化报》，2007-9-13)

(30) 如今的不少大学，只求外表的光鲜，数字的好看，全然不管这光鲜的外表中，这好看的数字中，到底有多少学术含量，能否担当“时代和社会灯塔”？(佚名《大学，不是当官的地方》，《都市文化报》，2007-9-13)

例(30)还表明，“到底”句作为从句，不仅能充当同位语从句、限定性定语从句、主语从句等，还能充当宾语从句。但支配宾语从句的谓语动词必须是言说动词或与言说动词相通的动词，如这里的“管”[关于“管”“顾”跟“问”“论”等言说动词的相通性，见张秀松(2007)]。考察发现，疑问语气副词“到头”与“到底”一样可用于无疑而问的场合。例如：

(31) 桃李春风结子完，到头谁似一盆兰？(曹雪芹《红楼梦》第五回)

综上所述，“到底”等追问标记的使用环境有：有疑而问的普通疑问句、自问自答的设问句和无疑而问的反问句。其中，第一种是主流。

3.3　"究竟"义"到底"句的话语类型与语力强弱

Austin(1955)提出了言语行为理论,把言有所述的话语称为"叙述型话语"(constative,又译作"讲述性言语"),把言有所为的话语称为"施为型话语"(performative,又译作"行动性言语")。施为型话语由施为句构成。施为句可以进一步细分为显性施为句(explicit performative)和隐性施为句(implicit performative)两类。[8] 例如:

(32) a.我会在两点钟到达。　|　b.我明天会到场的。
(33) a.我<u>答应</u>你在两点钟到达。|　b.我<u>答应</u>你我明天会到场的。

上两例都可以用来实施承诺。不同之处在于,例(33)中有语力显示项"答应",明确地表明了整个话语的施为用意/语力类型,而例(32)中没有语力显示项。这样,例(32)实施的还可以是威胁、安慰等。在这个意义上,上两例如果同时用来实施承诺,例(33)的语力类型比例(32)明显。我们主张,把显性施为句再细分为直接施为句和间接施为句。直接施为句指对言者的施为用意进行直接编码的句子。比如,对询问这种言语行为进行编码,可以直接采用"我问你/问一下"这种语形对询问行为的实质条件进行编码[如例(34)]。间接施为句指虽未对言者的施为用意进行直接编码,但对其进行了间接提示的施为句。比如,对询问这种言语行为类型,虽没采用"我问你/问一下"这样的语形对其实质条件进行编码,但采用了"不知道/想知道"这样的语形对其预备条件或真诚条件进行了编码[如例(35)],从而对言者的施为用意进行了间接提示。

(34) 刘常胜:乐仁,<u>我问你</u>,像咱们这么积极干活,为什么呢?(老舍《茶馆》)
(35) 不过,<u>我想知道</u>,我兄弟栽在谁的手里?(烟波客《神雕奇恋》)
(36) 你们几个谁最大?

[8] 隐性施为句又叫"首要施为句(primary performative)",详见徐烈炯(1995:86-90)、索振羽(2000:133-135)和何自然、陈新仁(2004:62)。

简言之，由于从言者询问某问题这种言语行为可以缺省推导出他想知道该问题的答案，从他想知道该问题的答案可以缺省推导出在询问之前他还不知道该问题的答案，所以，“不知道”这种心理状态是询问的预备条件，而“想知道/想弄清楚”这种心理意愿是询问的真诚条件，“问”是询问的实质条件。对预备条件、真诚条件或实质条件中的任何一个进行编码都可以传达出询问这种施为用意。这样，在如下这个序列中，从左到右是话语的生成过程，从右到左是话语的理解过程。

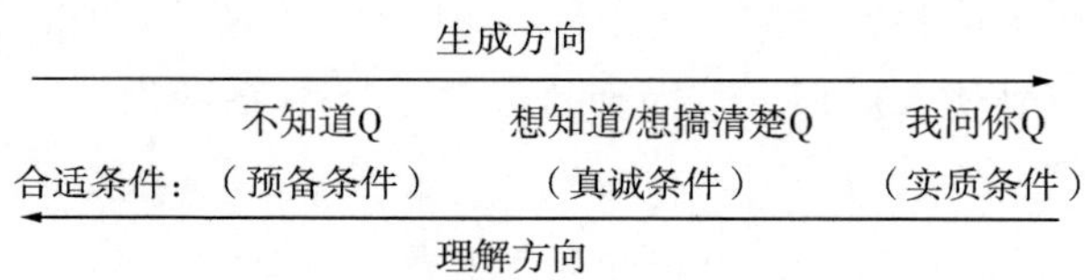

图 2-1　话语的生成过程与理解过程

基于上面的论述，我们可以将施为句从言语行为理论的角度作如下层次划分：

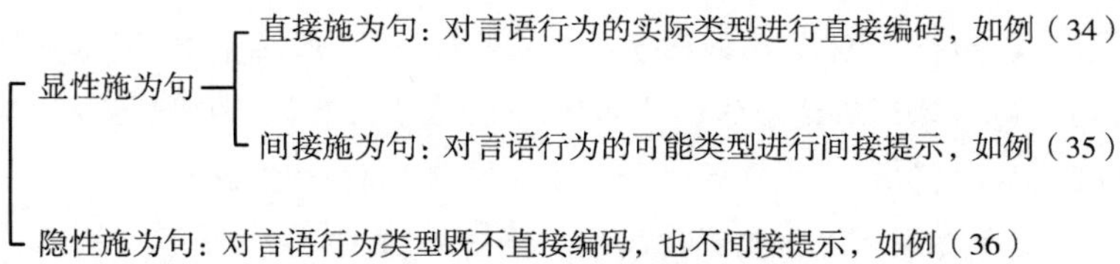

图 2-2　施为句的层次划分

从言语行为理论来观照“到底”，可以发现，它既可用于隐性施为句，也可用于显性施为句。在显性施为句里，既可用于直接施为句，又可用于间接施为句。含有“到底”的间接施为句、直接施为句和隐性施为句，本文分别记为 S_0^a“想知道/不知道 到底 Q”、S_2^a“V_{dict}到底 Q”（V_{dict}表示“问”等言说动词）和 S_1^a“到底 Q”。下面各举一例：

（37）梅根不想把自己的梦境告诉妈妈，于是转移话题说：“我得去上班了，妈妈。”“我想知道到底怎么了？你说出来心里会舒服一点。”（泰瑞·狄利《鸡飞狗跳的英伦大轰炸 强敌进犯的战时岁月》）

（38）爸爸严厉的眼睛逼视着我，点燃一支香烟，使劲吸一大口，问道：“我问你，你到底在搞什么名堂？”（施亮《无影人》）

（39）女干部听得有趣，忙问：“这位先生，你到底是干什么的？”（邓友梅《那五》）

比较可知，就表达的追问语气的强弱来说，(37)⩽(39)⩽(38)，即 $S_0^a \leqslant S_1^a \leqslant S_2^a$。例(37)通过陈述真诚条件间接实施询问行为，其追究语气最弱。例(38)通过陈述实质条件来直接实施询问行为，其追究语气最强。句中“我问你”“到底”和上文的“严厉的眼睛逼视着我”相配合，形成一种和谐的逼问语境，凸显 S_2^a 的追问色彩强到了逼迫的程度。例(39)对询问这种言语行为类型既不进行直接编码，也不进行间接提示，表达的追问语气强弱适中。

根据我们对历史语料的考察，在唐宋时期所有“到底”问句都是 S_1^a。S_0^a 直到明代才出现，S_2^a 直到清代出现。下面为 S_1^a、S_0^a、S_2^a 各举两例：

(40) 新编到底将何用，旧好如今更有谁？（张咏《寄郝太冲》）

(41) 如先生所言，推求经义，将来到底还别有见处否？（《朱子语类》卷一一）

(42) 今人赘我家，不知到底萍踪浪迹，归于何处？（凌濛初《二刻拍案惊奇》卷三）

(43) 不知今生到底能勾相傍否？（凌濛初《二刻拍案惊奇》卷一四）

(44) 我问你到底这个信息是那里来的？（李宝嘉《官场现形记》第二十五回）

(45) 李纨笑道：“你们听听，说的好不好？把他会说话的！我且问你：这诗社你到底管不管？”（曹雪芹《红楼梦》第三十五回）

因此，就出现先后而言，$S_1^a > S_0^a > S_2^a$。形成这种顺序的原因很可能是，S_1^a 是隐性施为句，而 S_0^a 和 S_2^a 是显性施为句，相对于 S_1^a 来说，S_0^a 对交际意图的表达过于间接，S_2^a 又显得过于直接，因而都不太可能成为交际中言者的首选。本文的这项考察结果是否可以说明汉语言语交际首选的编码策略是对言语行为的施为用意既不直接编码，也不进行间接提示。[9] 这个问题值得进一步深入研究。

明白询问行为可以通过编码询问的预备条件(即不知道问题答案)或真诚条件(即想知道问题答案)来实现，则可以解释本章§1发现的“到底”的句法限制(原例改写如下，例句序号不变)。

---

[9] 就现代汉语来说，似乎是肯定的。现代汉语中询问行为通常直接用问句 Q 编码，而很少把“问”“说”等言说概念或“想知道”“不知道”等心理概念编码出来，除非有引起注意之必要。比如，江苏徐州话中初次询问受阻时可以用“我说，Q?”这样，“我说，你什么时候走?”常用在问过“你什么时候走?”而未获答的情况下。这时“说”一般不重读。

(16) a. 我不知道/想知道他什么时候来。→ 我不知道/想知道他到底什么时候来。

b. 我知道他什么时候来。→? 我知道他到底什么时候来。

上例中 a 转换比 b 转换自然，就是因为 a 中左句对询问行为的预备或真诚条件进行了编码，从而能间接地实施询问这种言语行为，而 b 中左句不能实施询问这种言语行为。因此，a 中左句可加疑问语气副词“到底”，而 b 中左句不能加疑问语气副词“到底”。

4. 从话语类型转换看“到底”语法化之初创新意义的解读

4.1　“究竟”义“到底”创新意义的解读过程与机制

本节考察在语法化之初听者是如何从疑问句里的“到底”身上解读出追究语气义的。正如上文所说，一个询问行为除了可以直接用问句 Q 编码，或者用“我不知道/想知道 Q”来编码（它的真诚条件），还可以用“我问你，Q”来编码（它的实质条件）。这样，任何一个意在询问的问句 Q 都可以转换为“我问你，Q”。相应地，“到底 Q”可以转换为“我问你，到底 Q”。在“我问你，到底 Q”里，“问”和“到底”发生语义组合，表示“（把 Q 这个问题）问到底”。如果言者向听者宣示“我要把 Q 这个问题问到底”，那么听者就很容易从中推导出言者在追究问题的真实答案这样的会话含义。这就是我们为什么能从疑问句中的“到底”身上解读出追究语气义的认知动因。

上面所述的“到底”的创新意义的解读过程可以用生成词库理论中的物性逼迫等认知操作作出更具体的刻画。我们知道，“到底”一般要选择一个（运动/活动）过程作为其补足语，表示“（某过程持续）到最后”。因此，听者可以推知，“到底”优选的组合对象是位移动词或过程动词，因为这两类动词是表示移动/活动的常规句法形式(canonical syntactic form，CSF)。[10] 如果在句法表层跟“到底”发生组合关系的不是位移或过程动词，而是个问句 Q，“到底”就要对它施加（语义）类型逼迫

[10] 关于 CSF 及本自然段所用生成词库论的其他相关术语的具体含义，参见张秀松、张爱玲(2009)。

(type coercion),使 Q 不得不从其物性结构(qualia structure)中搜寻可能信息来满足“到底”的这种语义要求。[11] 结果,搜得它的使成角色(agentive role,AR)中有过程事件函项“问”(换言之,是询问这种行为使问句产生,所以询问是问句 Q 的使成角色),就把它抽取出来。这样,在类型逼迫下,“到底”的组合对象就完成了语义类型上的转喻性重构(metonymic reconstruction)。重构后形成的语义结构与“到底”的语义结构进行共组运作(co-composition operation),完成论元和物性角色的合并(qualia unification)与组配,从而最终实现对创新用法的解读。整个运作过程可表示如下:

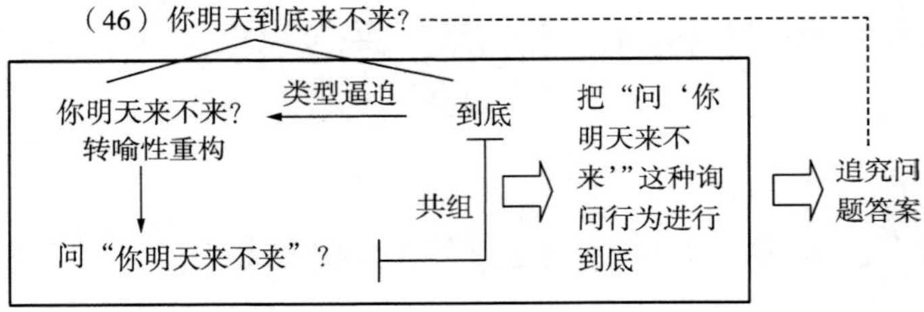

图 2-3

上述运作中最关键的一步就是句法类型的转喻性重构。要保证这一步得以顺利通过,疑问句的某一物性值必须能够把重构前后的语义关联起来。事实上,其使成角色的物性值就做到了这一点。请看:

$$\begin{bmatrix} S = \text{ni mingtian lai bu lai?} \\ \text{ARGSTR} = \begin{bmatrix}\text{ARG1} = x:T_1\\ \text{ARG2} = y:T_2\end{bmatrix} \\ \text{EVENTSTR} = \begin{bmatrix} \text{D-E}_1 = e_1:\ \text{process} \\ E_2 = e_2:\ \text{state} \\ \text{RESTR} = e_1 < 0_{\propto}\ e_2 \end{bmatrix} \\ \text{QUALIA} = \begin{bmatrix}\text{FORMAL} = \text{a\_result}\ (e_2, x) \\ \text{AGENTIVE} = R\ (e_1, x, y)\end{bmatrix}\end{bmatrix}$$

图 2-4

[11] 那么,为什么不是“到底”的补足语对“到底”施加类型逼迫呢?因为“到底”的补足语是变动不居的开放类,而“到底”属封闭类。发生语义冲突时,通常是封闭类成员对开放类成员施加作用力(Talmy,2000:323-328)。

上图中，process 表示言者询问某问题的过程，state 表示某疑问句出现这种结果状态。使成角色 AGENTIVE 表示询问是导致问句出现的使成活动。这样，使成角色就把重构前的结果状态与重构后的动作过程关联起来了。听者听到问句自然能推出：在概念层面，这个问句代表的问题是询问这种行为的受事。这样，听者就能从问句联想到询问行为。这就保证了听者在解读例(46)时，语义上的可获取性原则得到遵守。何为“可获取性原则”呢？假设 t 型语义的 CSF 是 X'，如果把 CSF 看作从语义类型到句法形式的函数运算，那么可写为“CSF：t → X'”。再假设某动词 V 要选择 t 型论元作宾语，现在动词 V 的宾语的表层句法形式如果就是 X'，那么，在其他表层限制得到满足的条件下[V X'…] 就是合法结构，因为 CSF(t)＝X'。但若 V 的宾语表层句法形式是 Y'，而 Y'的语义类型已知是 σ 型，那么，[V Y'…] 要为合法结构，t 必须完全能从 σ 中获取出来。这样，才能使得类型逼迫下的类型转换得以实现，从而最终完成共组。这就是“可获取性原则”(详见张秀松、张爱玲，2009)。比如“问‘你明天来不来’？”可以从“你明天来不来？”中获取出来。在这一解读不断重复的过程中，“到底”进入疑问句必须涉及的“类型逼迫→转喻性类型重构→共组”这三步运作(如图 2-3 所示)用时越来越少，以致最后发生短路——人们看到或听到“到底”与疑问形式共现，就直接走上图 2-3 虚线所示的“花园小径”，解读出追究语气义，即图 2-3 里方框中的部分不再花费心理处理的时间和心力。这时，表示追究语气的疑问语气副词“到底”就形成了。

本小节所述“到底”创新意义的解读和固化机制同样适用于“究竟”“至竟”“到头”等“完结”义语词。这正好满足了意义的重新分析得以发生的匀质性(homogeneity)条件：某种语义上的重新分析机制要高度固化从而使获取某种创新解读的过程不再花费心力，则这种重新分析必须足够概括，以便覆盖多个具体示例(关于意义的重新分析发生的匀质性条件，详见 Eckardt，2006：181-183)。

4.2　一点质疑：语法化一定要以高频为条件吗？

上面的论述表明，疑问语气副词“到底”的形成跟言语行为域言说概念“问/说”的零编码密切相关，跟表示催促的祈使语境或宣示决心的陈述语境相关。这样，“到底”的形成似乎要同时满足以下三个条件：① 经常出现在问句中；② “问/说”概念经常零编码；③ 祈使或陈述语境。而且，按照主流语法化观，同时满足这三个条件的“到底”的用例应该很多才能发生重新分析。第一编第二章的考察显示，疑问语气副词“到底”的大规模使用在清代。按照主流看法，疑问语气副词“到底”要在清代大规模出现，那么同时满足以上三个条件的短语“到底”的句法环境至迟到明代就应该用频很高。可是，我们检索了明代的《水浒传》《金瓶梅》《平妖传》等众多著作，却发现同时满足上述三个条件的句法环境在明代文献中很少。事实上，在我们检索的语料中，到《红楼梦》的成书时期才开始较多地出现同时满足上述三个条件的句法环境。这一现象启发我们思考：① 语法化一定要以高频为条件吗？与此问题相关的是，② 语法化是否一定是渐变的过程；③ 是否可以离开历时，单对语法化进行共时研究。本小节尝试在这方面做些理论探讨。

4.2.1 高频与渐变、低频与突变

在语法化研究中，学者们往往非常强调频率因素，认为某种语言成分的用频足够高，才可能发生语法化（即意义泛化/虚化/主观化、形态简化、句法上的重新分析、语音弱化/脱落和语用强化）。这固然有合理因素，因为：①任何工具反复使用就会产生磨损。语言作为一种交际工具，也不例外。语言项目越常用，人们就越熟悉，言语中的速读/说或书写中的速/简写规则就越容易对它们起作用。这样，就越会导致形态简化和语音弱化（Heine，1993：109-111）。但是，不能绝对化，不能说发生语法化的语言成分必须用频很高。“发生语法化的成分用频必须很高”和“语法化过程一定是一个渐变过程”这种观点紧密相关，因为高频实际上是在时间的流逝中逐渐积累起来的。所以，高频与渐变、低频与突变是紧密相关的。“语法化是一种渐变过程，语言项目必须高频出现才能发生语法化”，这是语法化研究领域比较流行的观点。比如，Hopper 和 Traugott（2003[1993]：103）说：“使用频率是语法化的一个重要因素。一个项目在话语中出现得越频繁，就越易语法化。”再如，在 Bybee（2003）提出的语法化机制中，频率是首要的决定性机制（Bybee & Thompson，1997）。我们认为，高频固然极易导致语法化，但语法化不必以高频为条件。为了理解这个问题，必须找到高频背后的推手。我们认为，高频背后的推手是语法化之初创新意义的心理解读难度（即“创新意义的可学性/learnability”）。个别语言使用者的创新用法心理解读难度越大，则这种用法就越不会被广泛接受，越不可能从个体一时一地的创新用法演变为语言社团约定俗成的惯用法。那么，用频就不会高（但反之不然，即：用频不高，解读难度不一定就大）。决定语法化之初创新意义心理解读难度大小的核心因素是语言形式本身有没有表层条件为创新解读提供启发。比如，在“到底”的创新意义（追究语气义）的解读过程中，“到底”优

选表示过程事件的 CSF 作为其组合对象。这种常识要求听者从“到底”的现存组合对象中搜寻这种 CSF。在搜寻失败时，就转而搜寻该现存组合对象能否激发一种符合要求的 CSF。结果由于“到底”的现存组合对象(即疑问句)很容易激发一个提问行为(换言之，这时提问行为处于可及状态)，而提问是一个过程事件，正好满足了“到底”的语义选择要求。如果“到底”的现存组合不能很容易地激发一种过程事件，即不能给听者提供一种通向过程事件解读的启发，整个创新意义的解读就非常困难，这种创新用法就不会被接受。因此，高频一定以心理解读难度小为条件，但心理解读难度小不一定导致高频。创新用法的出现频率还要受其他因素的影响。这些因素包括：个体喜好、创新用法所示内容是否日常生活所必需、语言中是否有表示这种创新意义的现存形式。因此，某语言形式会不会发生语法化与其用频的高低之间没有必然联系，而是与创新意义心理解读难度之间有必然联系。再加上文献缺失和书面语对口语反映的滞后与片面，我们就更不能仅仅依据某语言表达式在传世文献中的用频的高低来衡量它是否是某功能成分语法化的源头。因此，我们不能说语法化一定是个渐变过程，它也可以是个突变过程(Bybee *et al.*, 1994)。Hoffmann 的著作《语法化和英语复合介词：一项基于语料库的研究》(Hoffmann, 2005)例示了这一点。他通过对英语中 300 多个 PNP 式复合介词(如“in terms of”“with regard to”“in spite of”等)的考察，得出结论：很多 PNP 式复合介词的产生是突变的，没有任何渐变痕迹。这可能是因为语法结构的心理表征还受到用频以外的其他因素的影响(Hoffmann, 2005: 13)。Hoffmann 的研究对我们具有非常重要的启发意义。该书被 Anthony McEnery 和 Michael Hoey 誉为“对语法化和语料库语言学感兴趣的语言学研究人员的必读之作”。

4.2.2　低频、突变与语用法的语法化

由于某些语法化可以在相对较短的时间内不经过漫长的量变的积累而突然实现(即在历史语料中出现频率很低)，只要新创意义心理解读难度小，我们就可以立足于发生突变的那一时期对语法化现象作研究。因此，我们完全可以从共时的、相对静止的角度研究语法化，即从共时平面的交际、认知、篇章功能角度研究语法化。这种研究的对象就是语用法的语法化(或语用法的固化)。有些激进主义者甚至提出“共时语法化研究”的概念，以与传统的实词虚化等历时研究相区分。应该承认，严格意义上，运动是绝对的，时间总是不停流逝的，不存在共时语法化，凡是“X 化”都涉及一种变化过程，而过程是与时段而非时点相连的。所以，语法化研究最好还

是要做到共时考察和历时考察的互动。但是，相对静止也是存在的。所以，只从共时平面的交际、认知、功能角度研究某些突变型语法化现象也应该被允许。总之，我们认为，语法化的共时研究在某些时候可以离开历时考察而独立进行。但是，语法化的历时考察如果离开共时观照，就成了单方面的线索追溯，会造成跟历史语法研究的重合。

第三编

语言类型学背景下的语法化研究

第一章

语言类型学背景下追问标记的语法化模式研究

1. 引言

追问标记是表示对问题答案的追究语气的语词，如汉语“到底”“究竟”、英语“on earth”“ever”“at all”等。本章拟探讨追问标记的语法化模式及语源模式，以汉语现象为主，兼及汉外对比。经考察，我们发现，从跨语言或跨方言角度看，追问标记的语源除“终竟”义词（如汉语“到底”“究竟”）外，还有：①表示时间先后关系的语词，如粤语“先”、德语“denn（之后）”。②真值验证词（即“肯定/的确”义或“真的/确实”义词），如古汉语“（决）定”“准”“端”“的”“端的”等和“果”“真”“果真”等，以及现汉方言“真的”“真个”“真格”等。③否定极项，如英语“at all”“ever”等。④“重复/追加”义词，如古汉语“还”“亦”。⑤“介词＋冠词＋名词”型短语（记作“PDN-型固定短语”），如英语“on earth（世上）”“under the sun（天底下）”等。⑥范围语词，如古汉语“独”和日语“一体”。因“终竟”义词已有专题讨论（详见第一编第二章、第三编第三章），[1]这里主要探讨后六种。

---

[1] “终竟”义词之所以能发展为追问标记，是因为它们都是一种极量词，词义中潜藏着“追根究底”义或暗示在搜索区或量级上搜索符合条件的答案的行为一定要进行完毕。

2. 追问标记的常见语源

2.1　表示时间先后关系的语词

2.1.1　粤语:先

考察可知,粤语疑问句末尾的“先”(读作[sin^{55}],记作“$先_1$”)有加强疑问语气的作用。(蔡建华,1995;张双庆,1997:261;邓思颖,2006)例如:

(1) 边个写先?(到底谁写?)
(2) 边个咗老板先?(到底谁当老板?)

“$先_1$”在语音上读降调、重读且拖长音(蔡建华,1995:69-71)。关于其词性,有时间助词说(麦耘,1993:67)、语气副词说(张双庆,1997:261)、语气词说(邓思颖,2006)三种观点。我们认为,语气词说比较科学,因为“$先_1$”位置固定在句末,且能跟时间副词“先”(记作“$先_0$”)或疑问语气副词“到底”“究竟”等共现。例如:

(3) 边个去$先_0$$先_1$?(到底谁先去?)[广东话,转引自邓思颖(2006)]
(4) 你究竟阿去先?(你究竟去不去呢?)[广东肇庆封开话]

所以,“$先_1$”更近于普通话中的疑问语气词“呢”。两者词性相同且都表示追究语气,只是“$先_1$”表示的追究语气比“呢”强。在句法分布上,“$先_1$”只用于特指问句、选择问句和正反问句,不用于是非问句、反诘问句和语调问句(邓思颖,2006)。“$先_1$”是从“$先_0$”语法化而来的。其演变可构拟为:“Q? 说$先_0$!”>“Q? $先_0$!”>“Q $先_1$?”(其中,Q 表示疑问句)。换言之,存在如下演变:

(5) 饮奶茶定咖啡? 说先!(喝奶茶还是咖啡? 你先说这个问题。)
→饮奶茶定咖啡先?(究竟喝奶茶还是咖啡?)

“说先”表示要求对方先把某事讲清楚(麦耘,1993:67)。[2] 当例(5)这种催答语境中跟“先$_0$”共现的言说动词“说”发生谓词隐含[3]时,整个主从复句就可能经重新分析而语法化为一个单句,从而使“先$_0$”语法化为“先$_1$”。重新分析前,整个话语表示催答;重新分析后,整个话语表示追问。催促对方回答问题和追究问题的答案是一体两面关系。[4] 这使得上述演变成为可能。

2.1.2　德语:denn

德语小品词“denn”(<“dann/之后”)用于特指问句加强疑问语气时,犹汉语“究竟”“到底”。用于反问句加强反问语气时,犹汉语“难道”。例如:

(6) Was ist <u>denn</u> mit ihm los?(他究竟怎么了?)[5]
什么 系词 究竟 在 他 发生

(7) Kann er <u>denn</u> gut Deutsch?(难道他德语这么好?)
可能 他 难道 好 德语

“denn”本表示“(时间上)在……之后”义。它演变为追问标记的语义基础是:追问往往是追加询问,即:已有了初始询问,但未获得(满意)回答,才会追问。在语段中,追加询问是<u>在</u>初始问<u>之后</u>的。相关分析详见第二编第二章。“denn”获得了追问标记用法之后,又进一步从该用法衍生出表示反问语气的用法。因为反问语气词其实是通过反问手段来强化对命题的否定,也是起强调作用的。反问和追问在强化语气这一点上是共通的。所以,从追问标记向反问标记的演变广泛可见,比如古汉语中的“却”和德语中的“eigentlich”。试比较:

---

[2] 言外之意是某问题更为重要,需要先回答。可见,问话人是在追究该问题的答案。这是粤语中“先”从时间副词演变为表示追问的语气词的语义基础。Urgelles-Coll(2010: 3)在解释英语中“anyway”一词的追问语气用法的获得时也提到,它作为话语标记,在疑问句末尾,其元语意义是,表示说话人认为当前所询问的问题是最为重要的,需要首先回答。

[3] 言说动词隐含现象(也可看作言说概念零编码现象)习见于汉、英诸语。详见第一编第二章§2.2。

[4] 这也是近代汉语中“到底”除了表示追问语气,还可以表示催促语气(犹“倒是”,如下例所示)的原因。详见第二编第一章§2。

(1) 你<u>到底</u>说话,别只佯憨。(《红楼梦》第六十二回)

[5] 本例和下例转引自王兆渠等《现代德语实用语法》(2010:432),汉语对释为笔者所加。

(8) Was wollen Sie eigentlich?（你到底想要什么？）
什么 想要 你 到底

(9) Ist er eigentlich immer arbeitslos?（难道他一直失业不成？）
系词 他 难道 一直 失业

综上所述，粤语、英语、德语中都存在“表时间先后的语词>追问标记”式演变。

2.2 真值验证词

使用追问标记意味着言者想追究问题的**真实或准确**答案，因而表示真值确认或强化的“真的/确实”义词或“肯定/的确”义词（下文统称为“真值验证词”，在具体语言中多实现为肯定语气副词）易演变成追问标记。这种演变在很多语言中都存在。下面择要考察。

2.2.1 古汉语：定、决定

2.2.1.1 定

副词“定”在汉语史上有时间副词、肯定（语气）副词和疑问（语气）副词三种用法。时间副词“定”始见于魏晋六朝，多用于叙事句，表示“终于，终究”义（柳士镇，1992：228-229）。例如：

(10) 其夫……笑言：“咄！婢，我定得饼，不复与尔。”（《百喻经·夫妇食饼共为要喻》）

(11) 人言汝胜我，定不如我。（刘义庆《世说新语·方正》）

肯定副词“定”，何乐士等（1985：102）认为始见于战国末期，柳士镇（1992：228）认为始见于汉代。据我们考察，它确实始见于战国时期，但那时很罕见。从汉代起，它变得越来越常见。例如：

(12) 世主眩其辩、滥其高而尊贵之，是不须视而定明也，不待对而定辩也。（《韩非子·六反》）

(13) 主父定死，乃发丧赴诸侯。(《史记·赵世家》)

(14) 项王闻陈王定死，召诸别将会稽计事。(《史记·项羽本纪》)

疑问副词“定”犹“到底”“究竟”，始见于东晋，中古以后较常见(赵长才，2010)。例如：

(15) 我心固匪石，君情定何如？(陶渊明《拟古诗》之三)

(16) 抚军问殷浩：“卿定何如裴逸民？”(刘义庆《世说新语·品藻》)

(17) 服之不衷，身之灾也，头上定是何物？(《南齐书·东夷传》)

关于疑问副词“定”的来源，有时间副词说(高育花，2007：115-122)和肯定副词说(赵长才，2011；谷峰，2011)两种观点。那么，孰是孰非呢？上文已述，肯定副词“定”始见于战国，而时间副词“定”和疑问副词“定”都始见于东晋，且时间副词“定”在历史上用频不高。所以，疑问副词“定”更可能源于肯定副词“定”。因此，我们赞同肯定副词说。谷峰(2011)认为，“定”从肯定副词向疑问副词的演变遵循如下路径：自我确认语气(陈述句)＞求证语气(是非问句)＞追问语气(正反问句、特指问句)。“定”从肯定副词演变为疑问副词，就是其确认语气减弱和探究语气增强的过程，是其所在句子经历“陈述句＞是非问句＞正反/特指问句”型语境扩展的结果。但谷峰没有明示上述演变的机理。我们认为，在“定”类语气副词演变过程中，一以贯之的是[真实]义素。从语义相关性角度看，“的确/确实”义跟“究竟”义密切相关，因为“究竟”义词就是要协助言者追究问题的真实答案。可资旁证的是：①汉语史上“端(的)”也从“的确/确实”义引申出了“究竟”义(详见下文)；②肯定副词“准”(犹“肯定/必定”)在特定语境下可获得疑问副词解读。例如：

(18) 咱们先问到底的，这些女子准是人、准是妖，再作定夺。(《狐狸缘全传》第十三回)

(19) 只疏云梦，不知定梦定觉耶？(《周氏冥通记》卷二)

上两例表明，“准”跟“定”一样，在特定语境中可以表示“究竟/到底”义。只是不像“定”那样把“究竟/到底”义吸收为自身的词义。换言之，“准”表示“究竟/到底”义较为罕见，而“定”表示“究竟/到底”义则很常见。

综上所述，疑问副词“定”是从肯定副词“定”而非时间副词“定”演变而来的。在演变过程中，其语义交互主观性增强，从主观推测义（即“肯定/一定”义）引申出交互主观义（即“究竟/到底”义）。

2.2.1.2　决定

在古代汉语中，“决定”可用作疑问副词，犹“究竟”“到底”（袁宾，1992：156）。例如：

(20) 明招德谦禅师：“且如差别是过，不是过？若是过，一切贤圣尽有过；若不是过，决定唤什么作差别？”（《景德传灯录》卷二三）

(21) 净慈楚明禅师：“祖师心印……决定是何形貌？”（《五灯会元》卷一六）

“决定”的疑问副词用法源于其肯定副词用法。肯定副词“决定”习见于古代汉语。例如：

(22) 云里楚山头，决定有风雨。（《景德传灯录》卷二五）

(23) 若欲与汤进之同做，决定做不成。（《朱子语类》卷一三一）

(24) 若不是断肠词，决定是断肠诗。（王实甫《西厢记》第五本第二折）

当然，有些“决定”类肯定副词虽有演变为疑问副词的潜力，但该潜力尚未得到展示。比如，“决”“断”虽也有“肯定/一定”义（如下两例所示），却没有引申出“究竟/到底”义。

(25) 寡人决讲也。（《秦策》）（《说文通训定声·泰部》注：“决，必也。”）

(26) 若诚能致泣，则声音之有哀乐，断可知矣。（《全三国文·嵇康〈声无哀乐论〉》）

2.2.2　汉语：果、真、果真、果然、诚、端的

古汉语中的“果”“真”“果真”“果然”“诚”“端的”等也都发展出了追问标记用

法。"果真"等词,谷峰(2011)已进行了考察。本文以谷峰(2011)未涉猎的"果然"和"端的"为代表,补充阐述真值验证词演变为追问标记的机制。

"果然"在唐宋时期有一种表示真值确认语气的肯定副词用法。例如:

(27) (净)莫道是非终日有,(合)果然不听自然无。(高明《蔡伯喈琵琶记》)

(28) 谁想哥哥果然许诺,就遣一人请某赴襄阳会。(高文秀《刘玄德独赴襄阳会》)

上两例中"果然"意即"真的/果真"。降至元明,"果然"获得追问标记用法。例如:

(29) 果然是谁要? 告我说。(兰陵笑笑生《金瓶梅》第二十四回)

(30) 他果然要商量何等事?(凌濛初《二刻拍案惊奇》卷一七)

(31) 你们都去瞧瞧,看他果然和我象不象?(曹雪芹《红楼梦》第一百一十四回)

以上三例中"果然"是疑问副词,表示"到底/究竟"义。

"端的"在汉语史上是多功能词,可以用作:(1)"真实/真切,清楚/明白"义形容词;(2)"果真/确实"义肯定副词;(3)"究竟/到底"义疑问副词;(4)"真相/底细、原委/始末"义名词。以上四种用法的"端的",下文分别记作"端的$_1$""端的$_2$""端的$_3$""端的$_4$"。现为它们各举一例。

(32) 圣人也只说得大纲,须是有所证,方端的。(《朱子语类》卷二五)

(33) 相国夫人端的左,酷毒害的心肠忒煞过!(董解元《西厢记诸宫调》卷四)

(34) 爹爹,俺母亲端的在哪里?(关汉卿《鲁斋郎》第三折)

(35) 又交(教)吾下山来探端的。(《七国春秋评话》卷七)

考察可知,"端的$_3$"源于"端的$_2$"(陈明娥,2002)。"端的$_3$"始见于宋代,习见于宋元明清。例如:

(36) 端的为谁成病也?(成德《浪淘沙》)

(37) 并无一个人知道,可端的谁告与?(郑廷玉《后庭花》第二折)

(38) 再烦刘兄……探听起程的日期,端的从那条路上来?(施耐庵《水浒传》第十五回)

(39) 我师父着我来问一声,端的是什么妖精,他敢这般短路。(吴承恩《西游记》第七十四回)

而"端的$_2$"早在唐五代就有,不过多用于佛教文献。后代一直沿用。例如:

(40) 端的忽然知去处,将身愿入法王家。(《敦煌变文·维摩诘经讲经文》)

(41) 师问僧:"汝会佛法么?"曰:"不会。"师曰:"汝端的不会?"(《景德传灯录·清耸禅师》)

(42) 醉死糟邱终不悔,看来端的是无肠。(陆游《剑南诗稿·糟蟹》)

(43) 武松读了印信榜文,方知端的有虎。(施耐庵《水浒传》第二十三回)

(44) 与我取进宫去,细看端的便了。(佚名《双锤记》第十五折)

"端的$_2$"能演变为"端的$_3$"在于它们之间存在着密切的语义联系。前者强化肯定语气(加强传信),后者强化疑问语气(加强传疑),两者在起强调作用这一点上是相通的。再者,"真/正、确实>究竟/到底"式语义演变还见于汉语"端""的""定""果然"等很多词。比如,"端"和"的"经历了从"真/正,确实"义肯定副词[如例(45)(46)所示]到"究竟"义疑问副词[如例(47)(48)所示]的演变。"定""果然"的语义演变详见上文。

(45) 下官端为淑娘姻事,历尽无数间关。(周履清《锦笺记·赐婚》)

(46) 但拂衣行莫回顾,的无官职趁人来。(白居易《百日假满》)

(47) 四海旱多霖雨少,此中端有卧龙无?(王安石《龙泉寺石井》)

(48) 城中太守的何人?林下先生非我身。(苏轼《光禄庵二首》之二)

2.2.3 汉语方言:真介、真正、真格

据谷峰(2011)考察,江西上犹客家话中的"真介"在是非问句中表示确认语气,

在其他问句中表示追究语气。试比较：

(49) 渠真介考上了中山大学无？(他真的考上了中山大学吗？)

(50) 渠真介系唔系你阿哥？(他到底是不是你哥哥？)

而闽语雷州话中的副词“真正”在反复问句和特指问句里也可表示追究语气。例如：

(51) 汝真正肯无肯去嘞？(你到底肯不肯去？)

(52) 汝真正因乜无嗜那个尼官嘞？(你到底为什么不喜欢这个女婿？)

湖南安仁话中的“真格”在反复问中也可以表示追究语气。例如：

(53) 佢真格考起大学哒冇？(他到底考上了大学没有？)

据笔者考察，江西上犹客家话“真介”很可能是近代汉语“真个”的讹变(“介”和“个”形近)，湖南安仁话“真格”很可能是近代汉语“真个”的方言遗留(“格”和“个”音近)。在近代汉语中，“真个”可以用作追问标记，犹现代汉语普通话“究竟”“到底”。例如：

(54)(上文交代：宋金因病而被岳父母设计抛弃。妻子宜春煎好药后寻夫来喝，连呼不应。遂在船上到处寻找。母亲劈手夺过药，往江中一泼)宜春道：“真个在那里？”母亲道：“你爹见他病害得不好，恐沾染他人，方才哄他上岸打柴，径自转船来了。”(冯梦龙《警世通言》卷二二)

2.2.4　藏语：ŋo ma

据谷峰(2011)，安多藏语化隆话中的“ŋo ma”用在陈述句、是非问句中相当于“真的”，用在选择问、反复问和特指问中相当于“到底”。例如：

(55) tɕ^{h}o ŋo ma tɕa　t^{h}wɔ ɕə ？(你真的喝茶吗？)

　　你　真的　茶　喝　语助

(56) tɕʰo ŋo ma tɕa tʰwɔ tɕa o ma tʰwɔ tɕa?(你到底喝茶还是奶茶呢?)

你 到底 茶 喝 助 奶茶 喝 语助

(57) tɕʰo ŋo ma tɕo tɕa mə tɕo ?(你到底走不走?)

你 到底 走 助 不 走

(58) tɕyn tsʰæ ŋo ma tɕɯ ri?(到底是什么原因?)

原因 到底 什么 系词

2.2.5 英语:exactly,actually,indeed

谷峰(2011)曾断言"真值确认＞到底/究竟"式演变是类型学上不显著的模式,主要见于汉藏语。其实,该演变也习见于印欧语。比如,英语"exactly""actually""indeed"等的追问标记用法[如例(59)—(62)所示]也源于表示真值确认的语气副词用法。

(59) What indeed are the contexts which are important for grammatical analysis?(Waugh,1991:5)(究竟什么样的语境对语法分析来说很重要?)

(60) Whether is it indeed epiphenomenal?(这究竟是不是副现象?)

(61) What exactly do you want?(李延林,1999:92)(你到底想要什么?)

(62) The difficulty with these terms lies in determining exactly what they refer to.(Raymond Hickey,2001:31)(……在于断定它们究竟指什么?)

上几例中"indeed""exactly"跟汉语"到底"一样,编码的源义中包含言说概念(关于言说概念的零编码或言说动词隐含,详见第一编第二章§2)。比如,例(61)的源义是"say exactly what do you want?(说清楚,你想要什么?)"。

此外,俄语"ИМЕННО"(正/事实上)、德语"eigentlich(事实上)""tatsächlich(事实上)"也都从表示真值确认的语气副词用法发展出了追问标记用法。下面仅以德语为例:

(63) Er fragte, wann denn eigentlich es stattfände.(Abraham,1991:344)

他 问-过去式 何时　究竟　　它　发生

(他问这件事究竟是什么时候发生的?)

(64) Was tatsächlich geschehen ist.

什么　究竟　发生　系词

(究竟发生了什么?)

综上所述,汉语、英语、德语和俄语中都存在"肯定副词>追问标记"式演变。

2.3 重复/追加义语词——汉语:还、为、亦

古代汉语中"还""为"有"究竟"义,可用作表示追究语气的疑问副词。例如:

(65) 朱三夫妻接着道:"列位还是怎么主张?"(凌濛初《二刻拍案惊奇》卷一〇)

(66) 我向来逢见数人担谷从门出,若不粜者,为是何事?(《古小说钩沉·幽明录》)

疑问副词"还",刘坚等(1992:253-254)认为其源于"复/又"义"还"。后者隐含递进义。而疑问副词"还"多用于追加询问语境。追加询问相对于初始询问来说,语气上更进一层。我们赞同刘坚等人的观点,认为"还""为"的共同义素[重复/追加]是它们发展为疑问副词的语义前提。可资旁证的是,词义中含[重复]义素的"亦"用于疑问句时表示追问语气,有"到底/究竟"义(段德森,1990:347)。例如:

(67) 魏惠王谓子皮曰:"子闻寡人之声闻亦何如焉?"(《韩非子·内储说上》)

(魏惠王对子皮说:"你听说我的声望到底怎么样呢?")

(68) 王问群臣曰:"吾闻北方畏昭奚恤,亦诚何如?"(《新序·杂事》)

(楚王问群臣说:"我听说北方各国都害怕百里奚,到底真相怎样?")

跟我们的这种观点有些相似的是葛佳才(2005)的观点。葛佳才(2005:266-267)认为,"亦"用作语气副词可强化不同语气,如反问语气、追问语气等。它之所以能这么用,跟其词义中的[重复/累加]义素密切相关。从[重复/累加]引申出来的"加

强”义用在元语层面就会导致语气副词“亦”具有强化各种语气的作用。那么，为什么真性疑问句中能够容纳“亦”？换言之，为什么表示类同性追加的“亦”在真性问句中可以不表示类同性追加呢？这是因为追问标记所在问句往往上有所承（详见第一编第一章），即追问是对初始询问的追加或重复。所以，追问标记“亦”仍隐含类同义。正是因为“亦”表示重复询问，它才表现出加强疑问语气的功能。

2.4 否定极项——英语：at all，ever

在英语里，“at all（在任何/所有方面）”“ever（在任何时候）”只用于否定句、疑问句、条件句等非现实情态句子，不用于肯定陈述句。其追问标记用法是从否定极项用法发展而来的。[6] 这两种用法彼此相通，都起强调作用，只是一个强化否定，一个强化疑问语气。例如：

(69) Whether is the utterance metaphorical <u>at all</u>?（那段话究竟是不是隐喻性的？）

(70) What is she there <u>at all</u> for?（李延林，2001）（她究竟为什么呆在那里？）

(71) Will they <u>ever</u> become friends?（他们到底会不会成为朋友？）

(72) Why <u>ever</u> didn't you tell me?（你究竟为什么不告诉我？）

不难看出，“at all”中含全称量词“all”，而“ever”本身就是全称量词，可附在 Wh－词后表任指，如“whoever（无论谁）”“whatever（无论什么）”等。分析可知，否定极项、追问标记和全称量词用法都表示强调，[7]只是强化对象不同。但无论强化否定还是强化疑问语气，抑或强化肯定语气，都基于[完全]义素。否定极项表示完全

[6] 古汉语否定极项“了”（例如：<u>了</u>无牵挂、<u>了</u>无痕迹）也发展出了追问标记用法（见下两例）。

(1) 臣闻人臣宅于家……如今骨肉归土，魂无不之，虽欲自近，<u>了</u>复何益？（《新唐书·姚南仲传》）

(2) 旱气满原野，子行归旧庐。吁天高未动，望岁<u>了</u>何如！（曾巩《酬介甫还自舅家书所感》）

[7] 正如古英语“do”用于肯定句、否定句和疑问句都有强调作用，分别表示“的确/确实”义、“根本”义和“究竟”义一样。只是后来因在疑问句和否定句中使用频率增加和使用范围扩大，“do”发生了去语义化，除了在肯定句中以外不再有强调作用。（Traugott，1980：55；转引自 Lehmann，2002[1982]：28）而且，从“ever”演变而来的“every”也是全称量词。演变过程如下：[古英语] æfre（‘ever’）＋ ælc（‘each’）＞[中世英语]everilk/everich＞[现代英语]every，详见 Partridge（2006 [1958]：1007）。

否定，追问标记表示完全疑问，全称量词表示完全肯定。

现代英语中的“ever”源于古英语中的“ æfre”。关于其源义，有多种说法：第一，“ æfre”从以前的介词短语“a in feore”（意即“ever in life”）词汇化而来。这种说法因被《牛津英语词典》所采纳而比较流行。第二，“ æfre”本表示[重复/追加]义，犹“again”。（Konig，1991a）第三，“ æfre”是古英语中的“āwa”（总是，犹“always”）后附表示比较级的词尾构成。[8] 这种派生始发于基督教英语。（Liberman，2008：64-66）我们认同第三种观点。因为它能统一解释现代英语中“ever”的各种意义（如“从来”义、“曾经”义、“究竟”义）的形成。这些意义分别是“ever”的“在任何时候”义在否定句、是非问/条件问句、特指问句中的语境实现。[9] 而其“在任何时候”义源自其源义（即“总是”义）。接受上述观点，还可解释“never（＜ne‘不’＋ever）”“every”“everlasting（永久的）”“evergreen（常绿植物）”等词的形成。

英语中“at all”和“ever”都既是否定极项，又是追问标记，且源义中都含有“all（全部）”义。这充分展示了[完全]义素是全称量词、否定极项和追问标记的共享义素。所以，虽然“at all”和“ever”的追问标记用法直接源于否定极项用法，但说到底它们都源自全称量化用法。

2.5 PDN-型固定短语

英语中“介词＋冠词＋名词”构成的固定短语（以下记作“PDN-型固定短语”），如“in the world”“in the hell”“in the dickens/devil”“under the sun”“in the heck”等，也可以用作追问标记。例如：

(73) How in the world did they manage?（他们究竟怎样办到的？）

(74) Who in the hell/dickens can understand men?（到底谁能理解男人?）

(75) What under the sun do you mean?（你到底是什么意思?）

---

[8] 表示“总是”义的词在世界很多语言中经常会被附加上词尾来强化其意义。（Liberman，2008：65）

[9] 同理，“at all”的源义“in any respect”。在不同句法环境中，该义可以实现为“根本”“真的”“究竟”等不同义面。例如：He'll come before 12 if he comes at all.（如果他真的要来的话，肯定在十二点以前。）

PDN-型固定短语演变为追问标记后，因高频使用而发生语音弱化和语义泛化。具体表现有三：[1] 介词脱落。比如，“in the world”“in the hell”“in the dickens/devil”可脱落其中的介词“in”。请看：

(76) What the world should I do now?（我现在到底应该怎么办？）

(77) What the hell do you want?（你到底想要什么？）

(78) Who the dickens/devil is he?（他究竟是谁？）

[2] 冠词脱落。比如，“in the hell”“under the sun”可脱落其中的冠词“the”。请看：

(79) What in hell did you do that for?（这到底算什么呀？）

[3] 介词因意义泛化而可以被其他介词替换，比如，“in heaven”中的“in”可换为“under”。试比较：

(80) Where in heaven were you?（你当时究竟在哪里？）（李延林，2001）

(81) Who under heaven would have done such a thing?（到底谁会做这样的事呢？）

因 PDN-型固定短语的句法功能跟副词相同（都是作状语的），故这种追问标记有时有副词交替式。例如：

(82) To this day, I have no idea (of) what earthly we were doing in laundry equipment.

（直到今天，我还搞不清楚我们究竟要洗衣设备做什么。）

上例中的“earthly”可视为“on earth”的变化形式。若把 PDN-型固定短语经历虚词脱落或替换形成的形式或者其副词交替式看作其发生语法化后的弱化形式，那么，可以说英语中有些追问标记已完成了语法化，如“in the blazes”“on the earth”等。这些短语通常只能用其弱化形式作追问标记。例如：

(83) How (* in) the blazes did you do it? (你究竟是怎样搞出来的?)

(84) Who on (* the) earth beat him? (到底谁击败了他?)

也有些 PDN-型固定短语刚完成语义主观化,尚未发生语音或形态上的后续演变。这种短语还不能用其弱化形式作追问标记。比如,"under the sun"可以用作追问标记,而其弱式"under sun""the sun"不行。

PDN-型固定短语之所以能演变为追问标记,是因为它们都带有强烈的感情色彩。其强烈的感情色彩源于其中的名词,即"heaven(天堂)""hell/blaze(地狱)""dickens/devil(魔鬼)""earth""sun""world"等。这些名词都属于 Swadesh (1951)、Gudschinsky(1956)所谓容易发生语法化的基本词汇。它们表示的概念显属人类经验中的最基本范畴。比如,太阳是先民最熟悉的自然物之一,是确定时空的重要参照物;而天堂、地狱、魔鬼对基督教教徒来说,是令其崇敬或畏惧的事物,是基本概念。编码这些概念的语词都是禁忌语词。因而这些词在使用中都带有强烈的感情色彩。其中个别词如"blazes[火焰(的爆发)]"还能形象地表达强烈感情(特别是愤怒)的迸发。而追问标记的使用是以问者在主观上强烈追求问题的真实答案为前提的。

据 Hoeksema(2008: 135-136)考察,英语和荷兰语中的很多否定极项源于禁忌语词(如关于性、排泄物或宗教信仰的词)。比如,英语"hell""damn""devil""thunder""lightning"用在陈述句里带有咒骂色彩(张传彪,2005:47)。例如:

(85) I dont' care a damn what he does. (他干什么我他妈不在乎。)

其实,日语"とんでも"也从"天(堂)"义用法发展出了否定极项用法。它与否定词"ない"组合形成的"とんでもない"表示"一点也不,哪里哪里"义,用来对他人的感谢语等作出否定性回应。禁忌语词带有强烈的詈骂色彩,这使它们易被重新分析为起强调作用的追问标记或否定极项。比如,例(86)中禁忌语词"blessed/damn/fuck/shit"用作了否定极项。

(86) Fred didn't say a blessed word/a damn thing/fuck all/jack shit. (弗雷德一言不发。)

李延林(2001)列出的很多追问标记(如"the damn""the devil""the devilish""in thunder""in the dickens""in the name of God""in the name of heaven""in Christian name"等)都是从感情色彩强烈的(禁忌)语词演变而来的。无独有偶,广州话中詈词"乜鬼"也有追问标记和否定极项用法(曾子凡,1989:114)。例如:

(87) 系乜鬼嘢喋?(到底是什么玩意儿?)
(88) 食乜鬼嘢吖?(到底吃什么呀?)
(89) 得乜鬼闲。(有[个]屁空,意即"根本没空")
(90) 叻乜鬼吖。(棒[个]屁呀,意即"一点也不棒")

例(87)(88)表明,粤语追问标记"乜鬼"跟英语追问标记"ever"相似,在特指问句中都是用在疑问代词后面而非前面的。

上文的考察表明,感情色彩强烈的(禁忌)语词易演变为否定极项或追问标记。这再次展示了否定极项和追问标记之间的语义关联。

2.6 限定/总括性范围语词

2.6.1 汉语:独

在古代汉语中,"独"用于特指问,加强疑问语气,犹"到底/究竟"(葛佳才,2005:35)。例如:

(91) 今恩足以及禽兽,而功不至于百姓者,独何与?(《孟子·梁惠王上》)

(92) 盗跖日杀不辜,肝人之肉,暴戾恣睢,聚党数千,横行天下,竟以寿终。是独遵何哉?(《论衡·祸虚》)

在古代汉语中,"独"在陈述句里还可用作肯定副词,表示"的确/确实"义。例如:

(93) 甘露,和气所生也。露无故而甘,和气独已至矣。(《论衡·讲瑞》)
(94) 真人用意尚如此,夫俗人共犯天禁,言其不然,故是也。今以子况

之，人愚独久矣。(《太平经》卷六五)

“独”的追问标记用法与肯定副词用法是相通的，都表示强调语气。只是前者强调对问题答案的追究，后者强调对命题的肯定。但这两种用法归根到底都源于“独”的限定作用(“单/一”义)，因为限定跟统括在逻辑上互通，[10]而肯定副词和追问标记共享的义素就是表统括的[完全]。

2.6.2 日语：一体

在日语里，“一体”也是个追问标记。例如：

(95) お前 は 一体 だれ だ？(您到底是谁？)
敬称-你 话题 到底 谁 系词

(96) これは 一体 どういう わけ だろう。[11] (这到底是怎么回事？)
这-话题 到底 什么 原因 语助

作追问标记时，“一体”读作“いったい”。“一体”还可读作“ぜんたい”。读后一种音时，它表示“整体/全体”义。比如，“一体周知”意即“大家都知道”；“一体に”意即“在总体上”。可见，日语“一体”兼具“到底/究竟”义和“全/总”义。我们推测，其“到底/究竟”义源于“全/总”义，而其“全/总”义源于其本义——“只”义。这跟古汉语里“独”发展出追问标记用法所遵循的机制是相似的。葛佳才(2005:6)也认为，“独”表示强调语气跟它在语义上是个极性词有一定关系，极性是“独”可以表示强调语气的语义基础。但是，葛先生的分析可以更近一步。因为从“单/一”义可以引申出“全部”义(详见本书第四编第二章§3.2)，所以它可用于陈述句和疑问句表示强调，因为陈述句里的强调跟完全肯定密切相关、疑问句里的追问语气跟完全未知

[10] “只有A才B”在逻辑上等于“所有B都A”。故从“单/只”义可引申出“全/都”义。比如，在先秦汉语中，表示限定的“一”发展出了“完全”义。现代汉语中“净”兼有“光/只”义和“全/都”义。例如：

(1) 须贾意哀之，留与坐饮食，曰：“范叔一寒如此哉！”(司马迁《史记·范雎列传》)

(2) 净顾着说话，忘了吃饭。｜桌上净是书。

英语中“the”既可表限定，用在指称独一无二的事物的名词前，又可表示统括，用在可数名词单数或形容词前。详见本书第四编第二章§3.2。

[11] “だろう”是疑问语气(助)词，犹汉语“呢$_3$”。去掉后句子仍成立，但那时句子只能用于问别人。有“だろう”，句子还可用于问自己。

（对问题答案的一无所知）有关。

无独有偶，德语里起限定作用的范围副词“nur”“bloß”发展出了追问标记用法，它们在表示追究语气的同时滞留有“只”义。（Abraham，1991：337-340）例如：

（97）Wie konnte ich nur/bloß den schlüssel verlieren?（Abraham 1991：339）

怎么 会 我 究竟/只 定冠词 钥匙 丢失

（只是我怎么会把钥匙丢掉呢？/我究竟怎么把钥匙丢掉的呢？）

3. 小结与余论

3.1 追问标记的语源模式的综合解释

上文揭示了追问标记的常见语源：“终竟”义语词、表时间先后关系的语词、真值验证词（多实现为肯定副词）、否定极项、“重复/追加”义语词、PDN-型固定短语和范围语词等。其中，肯定副词、否定极项和追问标记三者之间的语义关联最强，常共享一个语词（简称“共标”）。三者的关系可以表示如下：

表 1-1 肯定副词、否定级项、追问标记的共性与差异

语法性质	肯定副词（F_1）	否定极项（F_2）	追问标记（F_3）
语法功能	强化肯定语气	强化否定语气	强化疑问语气
所在句型	肯定句	否定句	疑问句
词汇意义	的确/真的，一定/肯定	完全/根本	究竟/到底
共同的作用：强调；共同的语义：[完全]			

F_1、F_2、F_3三种用法，有些语词可能兼而有之或有其二。兼有 F_1、F_2、F_3的较少，如古英语“do”；兼有 F_1、F_2的如古代汉语“决”“断”“切”等；兼有 F_2、F_3的如英语“ever”“at all”等；兼有 F_1、F_3的如古代汉语“独”“的”“端（的）”“（决）定”“果（真）”“真”“诚”“果然”“毕竟”“到底”、英语“actually”“exactly”“indeed”和俄语“ИМЕННО”。F_1、F_2、F_3共享[完全]义素。这也是统括性范围语词易演变为追问标记的原因。限定词能演变为追问标记，是因为限定与统括在逻辑上相通（详见第

四编第二章§3.2)，在语言中常共标。“重复/追加”义语词和表时间先后关系的语词能演变为追问标记是因为追问标记的优选话语模式是追加询问(即初始询问受阻情况下的再次询问)。在这种话语中，追问标记总是位于初始询问之后、追加询问之前。PDN-型固定短语能演变为追问标记，这是因为它们有强烈的感情色彩，能起到强化语气的作用。同理，它们也经常演变为否定极项。

3.2　余论

需要说明的是，本章的考察不是穷尽性的，追问标记还有其他语源。比如，英语“anyway”(<“in any way”)有时也可用作追问标记。例如：

(98) How old are you anyway?(《现代英汉综合大词典》“anyway”条，你到底多大岁数?)

(99) What do you want from me anyway?(《柯林斯词典》“anyway”条，你究竟想从我这得到什么?)

“anyway”的追问标记用法可能源于其“以任何方式，无论如何”义用法(见下例)：

(100) I don't know if it was lost or stolen; anyway, it's gone.(我不知道它是丢了还是被偷了。不管怎么说，它没了。)

在上例中，“anyway”表示“say in any way(用任何一种方式说，即不管怎么说)”义。其中，言说概念未编码。例(98)(99)中的“anyway”可理解为“answer＋in any way(无论如何都要回答)”义。让听者无论如何都要回答某问题，意味着言者想追究问题的答案。所以，“anyway”很容易从“无论如何”义引申出“到底/究竟”义。这与古汉语中“到底”的情况有些相近。“到底”在古汉语中也兼有“无论如何”义和“究竟”义(详见第二编第一章§3)。

第二章

语言类型学背景下汉语拥有结构的语法化研究

1. 引言

拥有结构(possessive construction),指激活拥有图式的语法结构。拥有图式即关于拥有关系的概念网络,一般由拥有者和被拥有物(下文分别简称为“有者”和“被有”)两个节点以及连接这两个节点的拥有关系构成。可以图示如下:

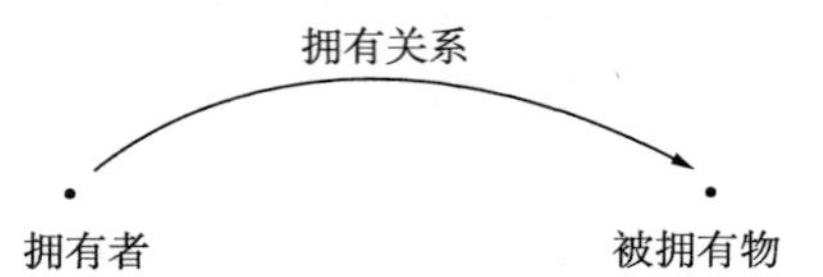

图 2-1 拥有关系网络

据 Lyons(1967)、Freeze(1992)、Heine(1997b)等考察,世界各种语言中拥有结构主要有三种:**(1) S_1:X 有 Y;(2) S_2:Y 属于 X;(3) S_3:X 的 Y**。它们激活的是同一个拥有图式。差别只在于凸显的是该图式中的拥有关系还是处于这种关系中的个体 Y;凸显拥有关系时,是立足于拥有者 X 还是立足于被拥有者 Y。比如,汉语“他有两台电脑”和“那两台电脑属于他”激活了同一个拥有图式。在该图式中,“他”是拥有者,“(那)两台电脑”是被拥有者。但是,说前一句时言者立足于“有者”——他,说后一句时言者立足于“被有”——(那)两台电脑。学界把 S_1 和 S_2 称为“述谓型拥有结构(predicative possessive construction)”,把 S_3 称为“修饰性拥有结构(attributive/adnominal possessive construction)”。在 S_1 和 S_2 中,如果被有不可让渡(inalienable),则通常不能采用 S_2。[±让渡]是拥有结构中被有的一种重要语义特征。[1] 据 Bahr(1986:161-171),分布于美国南部亚利桑那州等地的皮马-帕帕戈语(Pima-Papago),其拥有结构中表示被有的名词(短语)必须根据其所指是否可让渡而选择带或不带可让渡标记“-ga”。比如,“ñ-cu:kug-ga”(我的-肉-可让渡标记)表示我拥有的(动物的)肉,而“ñ-cu:kug”(我的-肉)表示我身上的肉。在 S_1 和 S_2 中,如果表示被有的名词(短语)采用的是有定形式,则通常不能用 S_1。否则,整个句子激活的就不再是拥有关系了。比如,在埃维语(Ewe)中,“kpɔ́”可以表示“拥有”义,但也可以表示“见到”义。差别仅在于相关 NP 是无定还是有定形式。试比较:

(1) a. é-kpɔ́　　ga　lá.　　　b. é-kpɔ́　　ga.　(Heine,1997b: 43)
　　他/她-看见 钱 定冠词　　　他/她-有　钱
　　(他/她发现了那些钱。)　　(他/她有钱。)

关于汉语拥有结构,至少存在以下一些问题,亟待解决:

第一,汉语拥有结构是如何语法化的?换言之,S_1、S_2 是如何形成的?这个问题实际可以化简为“有”的“拥有”义和“属于”的“归属”义是如何形成的。

第二,拥有范畴和存在范畴的关系如何?众所周知,汉语中“有”除了表示拥有,还可以表示存在,《现代汉语词典》(第六版)等权威辞书都把表示存在列为“有”的一个义项。例如:

(2) 桌上<u>有</u>本书。→ <u>有</u>本书在桌上。

上例中“桌上”这个空间范围被概念化为“书”的拥有者。这表明:容器隐喻的作用

[1] 学界一般认为,可让渡/不可让渡的区分是根本性区分,跟拥有关系的编码策略之间具有跨语言或跨文化关联。但是,Lyons(1968:301)提出了反对意见,认为更有用的不是让渡/不可让渡的区分,而是偶发(contingent)/必要(necessary)的对立。偶发指特定的有者跟被有之间的拥有关系是偶发的,必要指有者跟被有之间的拥有关系是持久的、必然的。比如,整体对部分的包含性拥有、物体对物质的构成性拥有、人对其亲属的关系性拥有。

使人们可以把存在于某时空范围内的物体看作容器的内容，继而进一步把这种[容器-内容]关系概念化为领主和属物之间的拥有关系，因为存在物（内容）必须存在于一定的时空范围（容器）内，正如属物必须存在于领主的势力范围内一样。再如，《庄子·逍遥游》的“北溟有鱼，其名为鲲”句中，北溟和鱼之间本是[容器-内容]关系，但是言者可以把北溟拟人化，把它对鱼的包容关系概念化为领主对属物的拥有或属物对领主的归属关系。正因为这种容器隐喻反复发生，很多方位词才可以演变为领属关系标记甚至定语标记（陈玉洁，2007）。由于例（2）中领主是无生（inanimate）空间，所以，该例中领主对属物的拥有关系不典型。学界一般认为例（2）中“有”的词义是“表示存在”而非“表示拥有”。问题是，为什么拥有动词可以表示存在？为什么 S_4："NP_{LOC}＋有＋NP_{THEME}"明明是拥有结构而不是"NP_{THEME}＋在＋NP_{LOC}"这种“在”字句，却可以表示存在？拥有范畴和存在范畴之间究竟是什么关系？

第三，S_1 和 S_2 这两大拥有结构为什么会呈现众多的句法差异。比如，为什么 S_2 中的 Y 通常不能是人，而 X 一定要是人（或拟人，如组织、机构、单位、团体、国家等）。为什么例（3）（4）中的转换不能成立？

（3）张三<u>有</u>两个弟弟。　→*（这）两个弟弟<u>属于</u>张三。

（4）一张桌子<u>有</u>三条腿。→*（这）三条腿<u>属于</u>一张桌子。

过去我们只是简单地将其归结于动词“有”和“属于”对主宾语的选择限制不同，即“属于”选择指称可让渡物的名词性成分作主语，选择所指是（拟）人的名词性成分作宾语，而“有”的主宾语不受此限。但是，这只是把句法问题这个球踢到了词法中，并没有彻底解决问题。因为人们还可以追问：为什么“有”和“属于”对主宾语的选择限制会有这些不同？

第四，据 Kim（1997：6）考察，“有”字句和无“有”句存在部分解读（portative reading）和整体解读（whole reading）的差异。例如：

（5）a. ？26 个大黄蜂在园子里忙着采蜜。

　　b. <u>有</u> 26 个大黄蜂在园子里忙着采蜜。

例（5）a 中，“26 个大黄蜂”只能作部分解读，即在当前论域（universe of discourse）

中一定不止 26 个大黄蜂，所以，a 句的上下文一定交代了其他大黄蜂在哪儿干什么。这样，a 句若离开上下文的陪衬，可接受度就很差；例(5)b 中，“26 个大黄蜂”作整体解读，即在当前论域中只有这 26 个大黄蜂。那么，为什么会存在这种对立？

本章拟首先介绍世界语言拥有结构语法化的常见模式，然后考察汉语拥有结构的语法化路径、拥有范畴和存在范畴之间的关系，最后从语法化角度对上述一系列问题作出解释。

2. 世界语言拥有结构的语法化模式

正如 Heine(1997b)所说，拥有图式是人类概念化而形成的一种相对抽象的图式。激活拥有图式的拥有结构不可能是原生的，它往往是从激活更具体图式的语法结构派生而来。这些语法结构主要包括“取/得”活动结构、伴随结构、存在结构等。“取/得”活动、伴随、存在等可见可感，是人类的基本体验对象。下文为论述方便，把激活“X 图式”的语法结构称为“X 结构”。据 Lyons(1967)、Freeze(1992)、Heine(1997b)等对世界 100 多种语言和 Stassen(2009:56)对世界 400 多种语言的调查，世界语言中的拥有结构往往从以下七种结构语法化而来：活动结构(the action construction)、处所结构(the location construction)、伴随结构(the companion construction)、存在结构(the existence construction)、话题结构(the topic construction)、来源结构(the source construction)和等同结构(the equation construction)。下面只介绍与汉语相关的语法化模式。

2.1　活动结构＞拥有结构

世界上不少语言，特别是印欧语系的西部分支语言(如日耳曼语、罗曼语、斯拉夫语族的东部和南部语言、希腊语、阿尔巴尼亚语)，其拥有结构来源于活动结构(Stassen,2009: 83)。这里的“活动”特指能导致拥有关系出现的活动，即取、得等动作，如拿、抢、抓住、获得等。在这种结构中，有者编码为施事，被有编码为受事。活动结构向拥有结构的语法化模式可表示为：

X Verb Y ＞ X has/owns Y (Verb＝take, get, grab, hold...)

下面谨以日耳曼语族中的英语、德语，罗曼语族中的法语、西班牙语、葡萄牙语，以及一些皮钦英语和克里奥尔英语为例。在英语里，表示拥有的“have”原本义为“take/catch/get hold of/grasp”，是动作动词，此义“have”今存于“have a cold(得[了]感冒)”等固定短语中。当它虚化为拥有动词后，就失去了实义动词的某些特征。比如，变成否定式时不需要助动词“do”协助，不能用于完成体、进行体和被动句，等等。德语中表示拥有的“haben”在中古时期的高地德语中还保留着“take/keep”义。现代德语中此义已消失。法语里的“avoir”原本也是“take/seize”义，现在虚化出了拥有义。西班牙语中，“hold/keep”义动词“tener”在十五世纪取代了“habre”成为拥有结构的必备词(Pountain，1985)。此外，葡萄牙语(Portuguese)、西南非洲霍屯督族的主要部落那马部族使用的那马语(Nama)、西非地区的皮钦英语(Pidgin English)、夏威夷地区的克里奥尔英语(Creole English)，其拥有动词也都源自“take/get”义动词。例如：

(6) 葡萄牙语(Freeze，1992:587)
O　menino　tem　fome.
定冠词　孩子　取得/有　饥饿
(孩子饿了。)

(7) 那马语(克瓦桑语族，Heine，1997:92)
kxoe. p　ke　ˈauto.sa　ˈuu　hââ.
人.阳性　话题　车子.阴性　取得/有　完整体
(那个男人有车。)

(8) 西非皮钦英语(Schneider，1966:103)
dís　kíng-boi　nów　gét　kombi　fo　gów ...
定冠词　王子　否定　得到/有　朋友　不定式　去
(王子没有朋友去……)

(9) 夏威夷克里奥尔英语(Bickerton，1981:66-67)
get　wan　wahini　shi　get　wan　data
得到/有　一　女子　已经　得到/有　一　女儿
(有一个女子，她有一个女儿。)

例(7)—(9)表明，也有些非洲、美洲语言其拥有结构语法化自活动结构。但据

Otten(1992)对非洲语言拥有结构的调查,这样的语言数量较少,93 种语言中有 14 种语言其拥有结构源自活动结构。另据 Stassen(2009: 63)考察,有些语言只用从活动结构语法化而来的拥有结构来编码临时拥有关系,而用从其他结构语法化而来的拥有结构编码其他类型的拥有关系。

2.2 处所结构>拥有结构

处所结构(即 S_4:NP_{LOC}+有+NP_{THEME})向拥有结构的语法化模式可表示为:

Y is at X's place > X has/owns Y [2]

上式表明,有些语言表示拥有关系最初需借助类似英语"X be at Y's Place"这样的处所结构。比如,土耳其语(Turkish)、现代爱尔兰语(Modern Irish)和斐济语(Fijian)都把有者编码为处所,表示有者的词语常带处所格标或引出处所宾语的介词。请看:

(10) 土耳其语(阿尔泰语系突厥语族,Lyons,1968: 395)
Ben-de kitap var
我-处所格 书 存在
(直译:书存在于我身。意译:我有书。)

(11) 现代爱尔兰语(印欧语系凯尔特语族,Orr,1992: 252)
tá leabhar agam
是 书 在:我
(直译:在我身上是书。意译:我有书。)

(12) 斐济语(南岛语系美拉尼西亚语族,Mosel, 1983: 16)
e sega tu vei au na ilavo.
贴谓小词 否定 站 靠近 我 冠词 钱
(直译:钱没站近我身边。意译:我根本没有钱。)

---

[2] 其中,"at"代表"at""in""on""by"等表示空间位置关系的介词;"is"也可替换为"stay""sit"等表示存在姿势或方式的静态存在动词,在个别语言中还可以省略。

处所结构向拥有结构的语法化指有些语言(如梭语/So、格贝列语/ Kpelle、吉西伽语/Gisiga)中"Y在X(的势力范围内)"这样的表示某客体存在于某处所的句型逐渐语法化为拥有结构。根据势力范围是X的家还是X的身体部位,可以把这种语法划分为两个小类:

Y is at X's home > X has/owns Y
Y is at X's body-part > X has/owns Y

其中,身体部位(body-part)最常见的是手,但也可以是头、背等(Claudi,1986),还可以是整个身体。请看以下来自梭语(So)、格贝列语(Kpelle)、吉西伽语(Gisiga)的示例:

(13) 梭语(库里雅克,尼罗河-撒哈拉地区;Carlin,1993:68)
mek　　Auca　　eo-a　　kus-in
否定.是.在　奥卡　家-方位格　皮-复数
(直译:衣服不在奥卡家里。意译:奥卡没有衣服。)

(14) 格贝列语(闪含语系库希特语族,Welmers,1973:316)
sɛŋ-kau　a　n　yee-i.
钱　是.在　我的　手-方位格
(直译:钱在我的手里/手头。意译:我有钱。)

(15) 吉西伽语(闪含语系乍得语族,Lukas 1970:37)
du　'a　vədo
稷/粟　在　身体-我的
(直译:稷/粟在我的身边。意译:我有稷/粟。)

2.3 存在结构>拥有结构

存在结构中最易成为拥有结构来源的是广义存在(extended existence)结构。广义存在结构指表示"Y参照X而存在(Y exists with reference to X)"意义的结构。它可以细分为:领属结构(the genitive construction)、目标结构(the goal construction)、话题结构(the topic construction)。它们的语法化模式分别是:

领属结构>拥有结构：**X's Y exist > X has/owns Y**

目标结构>拥有结构：**Y be/exists to/for X > X has/owns Y**

话题结构>拥有结构：**As for X，Y(of X) exists > X has/owns Y**

下面只介绍跟汉语相关的语法化现象，即目标结构向拥有结构的语法化。这种语法化基于如下推理：Y 为 X 而存在，则 X 在某种意义上就拥有了 Y。日语、玻利维亚境内的盖丘亚语(Quechua)、巴勒斯坦人使用的阿拉伯语(Arabic)、印度境内的克什米尔语(Kashmiri)、法国境内的布列塔尼语(Breton)都是用"Y exists to/for X"这样的句型表示拥有的。现各举一例：

(16) 日语(Ultan，1978：33)

John-ni-wa　　kuruma-ga　　ar-ru.

约翰-给-话题　　车子　　是/有

(直译：车子是给约翰的/为约翰而存在的。意译：约翰有车子。)

(17) 玻利维亚境内的盖丘亚语(南美安第斯山区土著语，Bills *et al.*，1969：186)

waska tiya-puwan.

绳子　存在-为.我

(直译：绳子为我而存在。意译：我有绳子。)

(18) 巴勒斯坦人所用阿拉伯语(闪含语系闪米特语族，Freeze，1992：585)

Kan　　'ind　　il　　walad　　ktaab.

系词.时态　给　　定冠词　　男孩　　书

(直译：书是给那个男孩的。意译：那个男孩有书。)

(19) 克什米尔语(印欧语系印度语族，Kachru，1968：35-36)

šɪ:las　　čhu　d ɔ d.

西拉.与格　系词　牛奶

(直译：牛奶是给西拉的/为西拉而存在的。意译：西拉有牛奶。)

(20) 布列塔尼语(印欧语系凯尔特语族，Orr，1992：252-3)

ur　velo　c' hlas　am　eus.

一　自行车　蓝色　给.我　是

(直译：一辆蓝色自行车是给我的/为我而存在的。意译：我有辆蓝色自行车。)

当然，正如 Heine(1997b:61)所说，很多语言中目标结构和上文提到的处所结构无法区分。故例(16)既可直译为“(那)车子为 John 而存在”，又可直译为“(那)车子存在于 John(手里)”，因为在日语中“ni”既是处所格标(犹英语“at”“in”“on”)，又是对象格标(犹英语“to”)。但有些语言(如埃维语/Ewe)其目标结构和处所结构无论在历时纵面还是在共时横面都是严格区分的。

2.4　伴随结构＞拥有结构

伴随结构向拥有结构的语法化是基于这样的缺省推理：X 拥有 Y，则 Y 往往与 X 在空间上相邻接/伴随。Stolz(1994:54)也指出，伴随结构向拥有结构的语法化是基于“被有是伴随物”隐喻。其语法化模式可以表示为：

X is/exists with Y ＞ X has/owns Y(有些情况下，系动词“be/exist”可实现为零形式)

Stassen(2009:56)考察发现，在澳大利亚东部、巴布亚地区、南美北部、非洲亚-撒哈拉地区的语言，其拥有结构多从伴随结构语法化而来。其实，中非和南非地区的语言，其拥有结构也多从伴随结构语法化而来。比如，东非索马里语(Somali)常用“leh-yahay”表示拥有。“leh-yahay”源于“伴随格标 la＋系动词 ahay”。后来“yahay”脱落掉，独立的“leh”也能表示拥有了。请看：

(21) 索马里语(闪含语系库希特语族，位于亚非接壤地区；Serziskos，1984:179ff)

(a) Naag-ta　baabuur　ay-ay　leh-dahay.
女子-冠词　车子　焦点-三身.阴性　有-三身.阴性
(那个女子有车。)

(b) Guri-gaan　yaa　leh?　Hooya-day　baa　leh.
房子-指示词 焦点　有　母亲-阴性.我的　焦点 有
(这是谁的房子？是我母亲的。)

再如，中非恩巴卡语(Ngbaka，扎伊尔北部的一种班图语)中，“bata…yi”是个框式格标，犹英语"with"。请看：

(22) 恩巴卡语(扎伊尔北部；Hengeveld，1992：166)
Buru-　bata-　gaka- yí?
三身.非单数　伴随-兄弟-伴随
(他们有兄弟。)

拥有结构源自伴随结构的语言还有(西)尼罗河地区的罗语(Luo)、南非地区克瓦桑语族[3]里的阿尼语(Ani)、阿尔泰语系蒙古-通古斯满语族(Mongolian-Tungusic)柯尔克孜语(Khalkha)、帕马-恩永甘语族(Pama-Nyungan)古谷伊米西尔语(Guugu Yimidhirr)等语言。这些语言中表示被有的词要么带上表示伴随的介词(犹英语"with")，要么带有伴随格标。例如：

(23) 罗语(西尼罗河流域；Stafford，1967：18)
Joluo　nı　gı　tım　mabɛy ɔ.
罗族.人　系词　伴随　习惯　好.复数
(直译：好习惯伴随着罗族人。意译：罗族人有好习惯。)

(24) 阿尼语(克瓦桑语族；Claudi，1986：16)
!xǔ　thíyà-n　gábì-n-ka　nûī
小偷　很多　烟斗-复数-伴随　坐落/在
(直译：很多烟斗在小偷身边。意译：那个小偷有很多烟斗。)

(25) 柯尔克孜语(阿尔泰语系蒙古-通古斯满语族；Ultan，1978：35)
xūr　daxa-tai
男子.主格　皮毛-伴随格
(直译：皮毛伴随着男子。意译：男子有皮毛。)

(26) 古谷伊米西尔语(阿尔泰语系帕马-恩永甘语族；Haviland，1979：58)
Ngayu　galga-dhirr　ngayu　buurray-irr.
一身.单数.主格　矛-伴随.通格　一身.单数.主格　水-伴随.通格
(直译：矛伴随着我。水伴随着我。意译：我有矛。我有水。)

---

[3] 克瓦桑语是科伊桑人所用的语言，包括阿尼语(Ani)、霍屯督语(Hottentot)、布须曼语(Bushman)等。

3. 汉语拥有结构的语法化及相关问题

3.1　汉语“X 有 Y”类拥有结构的语法化

3.1.1　活动结构向拥有结构的语法化：占有/获得 ＞ 拥有

汉语拥有结构的语法化归根结底就是表示拥有关系的动词“有”是如何形成的。这涉及动词“有”的本义及其语义演变。关于“有”的本义是什么，学界意见有分歧。主要有形声说、会意说和混合说三种观点。现列举如下：

> 形声说：许慎《说文解字》：“有，不宜有也。《春秋传》曰：‘日月有食之。’从月，又声。”段玉裁《说文解字注》：“不宜有，谓本是不当有而有之称，引申遂为凡有之称……日月有食之……日不当见食，而有食之者。”
>
> 会意说：林义光《文源》：“有非不宜有之义，有，持有也。古作(允敦)，作(盂鼎)。从又持肉，不从月。”
>
> 混合说：张舜徽《说文解字约注》：“徐灏曰：‘……戴侗谓月自无而有，故有之义取焉，其说似通。凡言有者，皆自无而有，然后谓之有……或曰，从肉，古者未知稼穑，食鸟兽之肉，故从又持肉为有也。’舜徽按：徐氏所称或说，亦可自通。上世田猎，食肉衣皮。持肉为有，犹持皮为求耳。”朱骏声《说文通训定声》：“一说，以手取月(肉)，会意，故云不宜有也。”

以上论述表明，许慎、段玉裁等持形声说，认为“有”是形声字，从“月”，表示异常现象(如月食、日食)的出现(无论月食还是日食，都跟月亮有关，故从“月”得义)，即用于志异。林义光持会意说，认为“有”是会意字，本表示以手持肉。张舜徽、朱骏声等则认为两说都可自圆其说。我们更赞同会意说，理由有二：其一，正如苏宝荣(1993:257)和梁东汉(2006:325)所说，甲骨文和金文中“有”都从“又”持肉，不从

“月”。[4] 说“有”的本义是“占有/获得”，这更能得到“有”的字形反映出的造字理据的支撑。用以手拿肉比喻攫取他人财物，再从“攫取”义引申出“占有/获得”义，这很自然。齐冲天(1997:142)也认为，“有”从“占有”义引申出“具有”义。比如，“贿”和“囿”本来分别表示被占有的财物、王者占有的苑囿。其二，“占有/获得”义“有”早在先秦就有，至少一直沿用到清代。例如：

(27) 采采芣苢，薄言有之。……采采芣苢，薄言掇之。…………采采芣苢，薄言捋之。(《诗经·周南·芣苢》)[朱熹《集传》:“有，既得之也。”]

(28) 万物作焉而不为始，生而不有，为而不恃，攻成而弗居。(《老子》第二章)[徐中玉、齐森华主编《大学语文》(第九版，第三一页)释为“据为己有”。]

(29) 戎有中国，谁之咎也？(《左传·昭公七年》)

(30) 有宠而好兵。(《左传·石冰谏宠州吁》)[公子州吁得到庄公的宠爱，喜欢玩弄刀枪。]

(31) 以能有成功，保天子之宠命。(韩愈《送石处士序》)[希望乌大夫因而能够获得成功，保全天子恩宠特赐的任命。]

(32) 今操得荆州，奄有其地。(司马光《赤壁之战》)[完全占有了那里的土地]

(33) 降臣李谅亦讼立前杀其妻子，有其财物。(《元史·世祖纪七》)

(34) 又遣兵收服长白之鸭绿江部，尽有其众。(魏源《圣武记》卷一)

第三，虽然志异的“有”在先秦文献中习见，如“日有食之”“有鸲鹆来巢”“有蜚”“有蜚”等(李佐丰，2004:63)，但是志异的“有”是从表示存在的“有”发展而来的。李佐丰(2004:67)已引《谷梁传·隐公三年》等后世训释证明了“日月有食之”本表示“日月有物食之”。孔颖达在解释《春秋经·隐公三年》时也对“日月有食之”作出了同样的解释：“言有物来食之也。”如上文所说，既然甲骨文和金文中“有”字都不从“月(月亮)”而从“月(肉)”，那么“有”用于志异当跟月食、日食的罕见无关，而且也无法证明“日月有食之”中“有”的使用一定早于所有其他志异的“有”。既如此，“有”为什么最初常表示“不宜有”(即某现象不该出现而出现了)呢？我们赞同朱骏声《说文通训定声》的观点，认为“有”字的字形可以作出回答。“有”字本表示攫取或强占

[4] 梁东汉(2006:325)还认为“日月有食之”中“有”乃“又”之假借。

他人财物，后来表示对攫取或强占物的拥有，而这种拥有是不该出现而出现了（即非法拥有）的。这样，“有”在引申出“存在”义，继而引申出“出现”义时，往往先表示不宜有而有，后表示各种拥有（即成为“凡有之称”）。综上所述，我们认为，“有”的本义是“占有/获得”，其“拥有”义都是从“占有/获得”义引申而来。这也符合世界很多语言拥有结构往往源自活动结构的一般模式。

古代汉语中“得”的语义演变也可以旁证汉语拥有结构是从活动结构语法化而来的。据《汉语大词典》（第九九八页），古汉语中“得”（犹英语“get”）具有今天的“有”的多数常见义项。它们分别是“表示存在”“表示估量或达到某个数量”和“表示发生或出现”。例如：

（35）我三人行，必得我师焉。（《论语·述而》）［《经典释文·论语音义》引《述而》中的这段话时注：“今本《论语·述而》作‘必有。’”］

（36）有芝生于其侧峰之上，其大得石之半，此尤自古爱奇好事之士未之见焉。（戴名世《曹氏怪石记》）

（37）他的一个儿子，名叫宣儿，只得五岁，弥轩便天天和他讲《朱子小学》。（吴趼人《二十年目睹之怪现状》第七十三回）

（38）你去看看财喜那条船得不得空。明天要雇他的船走一趟钱家庄。（茅盾《霜叶红似二月花》四）

在现代汉语普通话中，“得力干将”犹“有力干将”，“得病”犹“有病”。在江淮官话盐城阜宁话中，“有得”和“没得”分别表示“富裕”义和“没有”义。在吴语崇明话中，“有得”和“无得”分别表示“有”义和“没有”义。例如：有得吃，无得着穿。粤语“得”也可表示“有”义。比如，“得闲”意即“有空”。龙州话“dai^{24}”既可以表示得到，又可以表示拥有（张慧英，2002：300-301，339-340）。以上事实让我们不得不得出古汉语中“得”有“有”义的结论。这表明“得”的新义其实是遵从上文§2.1中“get＞have”这样的语法化路径引申而来。“get＞have”这种演变也见于侗台语族的很多语言。比如，靖西壮语中的“nai^{3}”和傣雅语中的“lai^{11}”都既可表示“得到”义，又可表示“有”义。请看：

（39）a. jou^{4}　mit^{7}　nai^{3}　ləm^{4}　wa^{1}　ou^{2}　the：m^{1}。
　　　又　摘　得/有　许多　花　一　再

(还摘到了许多花呢。)

b. nai^{3} pin^{6}ma^{2} tsam^{2} tsɛ^{2}!

得/有 空 来 玩 啊

(有空来玩啊!)

(40) a. ji:n^{33} və:i^{24} nai^{24} hit^{11} vau^{24} tɕa:ŋ^{11} lai^{11} pa^{33}。

因 为 这样 做 不 会 得/有 鱼

(因为这样做就不会有鱼。)

b. lo^{53} sa:m^{55} xo^{31} naŋ^{53} vo^{11} kwo^{33} lai^{11} hjaŋ^{53} ȵa:ŋ^{11}

罗 三 和 娘 娥 也 得/有 力 走

xəu^{31} ma^{53} jwo^{53} ka^{13} mwa:n^{53} jaŋ^{31} hən^{53} tjen^{13}。

快 来 了 去 睡 歇 家居 店

(张慧英,2002:313,314,322,327)

(罗三和娘娥也有力地快走起来,去住店。)

总之,"得"的发展史及其在其他语言中的对应词的规则多义性也比较支持把汉语"有"的语义演变路径定为"take/get>have"。[5]

3.1.2 汉语中貌似违反语法化单向性原则的现象:"在"义"有"的出现

大约在元代,汉语中的"有"出现了"在"义用法。例如:

(41) (柳见旦科云)嫂嫂,哥哥有么?俺兄弟两个将一瓶儿酒来,与哥哥上寿哩。(佚名《杀狗劝夫》楔子)

(42) (正末云)引孙!(引孙云)您孩儿有。(武汉臣《老生儿》第二折)

(43) (鲁云)道童,先生有么?(童云)俺师父有。(关汉卿《单刀会》第二折)

(44) (庞德公云)寇封安在?(寇封上,云)小将有。(高文秀《襄阳会》第二折)

---

[5] 当然,Stassen(2009:59)认为现代汉语"有"的"拥有"义源于"存在"义。当"存在"义"有"用于话题结构时,引申出"拥有"义。请看他的举例:

(1) 他有三个孩子。

上几例中，“有”用于戏曲作品中的问答语境，都表示“在”义。后代一直沿用。例如：

(45) 宋江便问道：“我父亲和四郎有么？”(施耐庵《水浒传》第三十五回)

(46) 戴宗径到门首，咳嗽一声，问道：“萧先生有么？”(施耐庵《水浒传》第三十九回)

只是到了明清时期，用例越来越少，但也并非没有。例如：

(47) (末上)李师父有么？(中净)高大叔来了，请坐。(蒋士铨《香祖楼·蚓悔》)

(48) 这日恰遇见天尊同了夫人升殿，那燕北闲人便隐有一个僻静去处，一同瞻仰。(文康《儿女英雄传》第一回)

(49) 这家店……只有一个伙计，名叫王三……这日有辰牌时候，店里住客……都走了。(刘鹗《老残游记》第四回)

今天，“在”义“有”只保留在部分方言中，且只能用在点名等问答语境下，以独立成句为主。例如：

(50) 他叫唤道：“…… 张班长！”“有！”张班长忙跑过来，立一个正。(周立波《暴风骤雨》第一部)

上例中的“有”跟例(42)中的“有”使用背景相似，只不过在上例中“有”独立成句。对从元代开始出现的“在”义“有”，一种可能的看法是假设它是从“拥有”义状态动词“有”演变而来。演变的理据是“X 拥有 Y→Y 存在于 X 的势力范围内”这种缺省推理。换言之，这种看法假设汉语中发生过拥有结构“X has/owns Y”向处所结构“Y be at X's place”的演变。但是，这种假设是有问题的。首先，前文已述，“处所结构>拥有结构”这种演变模式广泛存在于世界很多语言中，那么根据语法化的单向性规律，逆向演变(即“拥有结构>处所结构”)就不大可能会发生，原因就在于存在比拥有更可见。我们见到的往往是 Y 处在 X 的势力范围内(比如在 X 家中、手里等等)，而 X 对 Y 的拥有则是需要通过观察 X 对 Y 的使用和处置来推知。其次，汉语史事实证明在元代出现的“在”义“有”是汉蒙语言接触的产物。它最常见于古本《老乞大》《〈老乞大〉谚解》和《〈朴通事〉谚解》中（李泰洙，2003：31）。例如：

(51) 店里卖毛施布的高丽客人李舍有么？（古本《老乞大》《〈老乞大〉谚解》）

(52) 更不时，恁都则这里有着，我去税了，送将来与恁。（古本《老乞大》）

(53) 你都这里有着，我税契去。（《〈老乞大〉谚解》）

(54) 其余的伴当家里有着。（《〈朴通事〉谚解·中》）

由于是汉蒙语言接触的产物，“在”义“有”在元代受蒙古语处所介词后置于处所名词的用法的影响，出现了后置于处所名词的用法（李泰洙，2003：31）。例如：

(55) 井在那里？兀那西头有。（古本《老乞大》）

(56) 店在那里？那西头有。（《〈老乞大〉谚解》）

(57) 子龙，且一壁有者。（佚名《隔江斗智》第二折）

上三例中言者使用的是蒙古语语序，想要表达的是“（井/店）在西头”“在一壁”（意即“待在一边”），其中“在”义“有”位于作宾语的处所名词“（兀）那西头”“一壁”后。如果我们假设听者因受汉语语序的影响，把“（兀）那西头”“一壁”重新分析为“有”的主语，因而把全句理解为存在句“西头有（一口井/一家店）”“一壁有子龙”，那就可以推论：元代“在”义“有”的出现强化了汉语中早就存在的“NP_{LOC} + 有 + NP_{THEME}”句式（即 S_4），使得“有”表示存在的用法更加稳固。但是，上述假设的前提是 S_4 在元代以后更常见，且“NP_{THEME} + ______”“NP_{THEME} + ________ + NP_{LOC}”在元代都可见到。可是，事实并非如此。在我们检索的所有历代语料中，“在”义“有”绝大多数用于“NP_{THEME} + __”结构，而用于“NP_{THEME} + __ + NP_{LOC}”的只有如下一例：

(58) 原来这畜生有这里，吕布，我不杀你，誓不姓董。（佚名《连环计》第三折）

所以，上述假设不能成立，即例(55)—(57)中的“有”字句并没被听话人重新分析为表示某处存有某客体的句法结构。由于“在”义“有”是语言接触的产物，只在少数文献中使用。所以，当它置于处所词后时，为了表义明晰，可以在处所词前再加上“在”。例如：

(59) 店在那里？在那西头有。(《老乞大新释》22a8)

(60)（关末云）嫂嫂，你不知俺哥哥兄弟，见在古城有哩。(佚名《千里独行》第二折)

3.2　汉语“Y 属于 X”类结构的语法化

汉语中 S_2（即“Y 属于 X”类结构）很可能也是遵循“活动结构＞拥有结构”的路径语法化而来。尽管表示归属性拥有关系的“属于”早在先秦就已是单词，但以下事实表明现代汉语中及物动词“属于”很可能是从汉语史上“归于”义跨层结构“属(zhǔ)于”词汇化和语法化而来。第一，在先秦，“属”可以表示嘱托。例如：

(61) 景公使圉人养所爱马，暴死，公怒，令人操刀解养马者……晏子止而问于公曰：“尧舜支解人，从何躯始？”公矍然曰：“从寡人始。”遂不支解。公曰：“以属狱。”(《晏子春秋·谏上》第二十五章，卢守助译注本)

上例中“以属狱”是“以之属于狱(把它交给监狱)”的省略。这表明“属”在当时的主流用法还不是表示归属关系，而是表示嘱托动作。第二，“属于”中“属”跟“于”之间常有或可以插入表示被嘱托的事物的名词(短语)。例如：

(62) 楚兵在山南，吾得将为楚王属怒于周。(《战国策·西周策》)

(63) 至死也，十有三具者皆还而属之于死，死之徒亦有十三。(《韩非子·解老》)

(64) 天且怒吾属书于真人，疾往付归之，上德君得之以治，与天相似，与天何异哉？(《太平经》卷四七)

上几例中“属于”是跨层结构，表示“嘱托给”义。但从“Z 把 Y 嘱托给 X”义可以推

导出"Y 归属于 X"义。第三,"属于"还可以跟其他含"于"的跨层结构对举使用。例如:

(65) 入使民属于农,出使民壹于战,故圣人之治也,多禁以止能,任力以穷诈。(《商君书·算地》)

(66) 不属于毛,不离于里,天之生我,我辰安在?(《诗经·小弁》)

例(65)中,"属于"与"壹于"对举使用,分别表示"归于,委(身)于"和"专心于"义。这可以旁证"属于"最初不是单词。第四,其他语言中存在类似现象。据《美国传统双解词典》,英语中表示拥有的"own"跟"owe"同源,在中古都写作"owen",而"owe (to sb)"就表示"归(于某人)"义。例如:

(67) He *owed* his success to his wife's support.(他将成功归之于妻子的支持)

(68) She *owes* 300 dollars to me. = She owes me 300 dollars.

(直译:她将 300 美元的[债权]归属于我。意译:她欠我 300 美元。)

同样,语义上"Y 被(Z)归于 X→Y 被 X 所(暂时)拥有/Y(暂时)归属于 X"这种推理的存在,使得汉语"属于"这个跨层结构具有了表示归属关系的潜能。例如:

(69) 如是诸难,恐畏无量,是朽故宅属于一人。其人近出……(《妙法莲华经》)

(70) 这一行半的文字,本来应该属于破魔变的,王氏误将它系属于四兽因缘。(潘重规《敦煌变文集新书》)

例(69)中"属于"本表示"[将宅子]委托(给一人)"义,但从该义可推出"那人拥有了宅子"。故该例中"属于"有被重新分析为表示归属关系的可能。例(70)中"属于"有两解可能,既可理解为表示归属关系,又可理解为表示动作义(即"归于")。它跟"系属于"的对举使用为优先作后一种理解提供了可能。所以,表示归属关系的及物动词"属于"有可能是表示嘱托/归类动作的跨层结构"属于"经过去语境化(de-contextualization,一译"离境化")演变而来,是跨层结构词汇化和语法化的结果。

接受上述观点，就很容易解释引言中提到的“属于”的选择限制问题[见例(3)(4)]。既然“属”本表“归于”，最常用于委托/嘱托情景，而委托行为的与事当然要是人，至少是拟人，委托行为的受事当然是可以让渡的事物。不能让渡的事物(如亲属、身体部位等)当然不能成为委托行为的受事。因此，从跨层结构“属于”词汇化而来的动词“属于”通常要选择可让渡事物作主事(该事物在“属于”词汇化前是动作“属”的受事)，选择(拟)人作系事(其在“属于”词汇化前是动作“属”的与事)。

4. 汉语拥有范畴与存在范畴之间的关系

拥有图式和存在图式并不是互斥的，二者可以并行不悖，某种意义上可以双向蕴涵。“并行不悖”是说一个句子可以同时激活存在图式和拥有图式。一个参与角色可以身兼二职，既是拥有图式中的被有，又是存在图式中的存在物。当有者退隐时，存在义[6]得到凸显；当存在处所退隐时，拥有义得到凸显。例如：

(71) a. 我有很多钱。← b. 我身上/手头有很多钱。

(72) a. 这家银行里有很多存款。← b. 他们在这家银行里有很多存款。[7]

上两例中，b句既凸显领主对属物的领有(即我对钱、他们对存款的领有)，又凸显某处存在某物(即身上/手头存在着很多钱、这家银行里存在很多存款)。当存在处所不明或者言者不想凸显它时，存在处所就从[存在+拥有]复合图式中退隐，从而导致该复合图式蜕变为拥有图式。比如，例(71)b句向a句的转换使“有”从兼表存在和拥有到只表拥有；当领主不明或言者不想凸显领主时，物主就从[存在+拥有]复合图式中退隐，从而导致该复合图式蜕变为存在图式。比如，例(72)b句到a句的转换使“有”从兼表存在和拥有到只表存在。可以旁证上述关于“拥有～存在”关系之论述的是，韩语中同一动词“있다”(读作[is'ta]，在语流中可音变为[it'ta])

[6] 当然，这里所说的存在义仍然不同于“书在桌上”这种直接用存在动词“在”表示的存在义。这里所说的是通过“NP_{LOC}+有+NP_{THEME}”表示的存在义。

[7] 大西克也(2011)论证b这种句式(“有X于LOC”)是a这种句式(“LOC有X”)的前身。比如，今天的“前面有一片泥淖地”在古汉语里要说成“有淖于前”，今天的“这里有一块美玉”在古汉语里要说成“有美玉于斯”。大西克也的论证可以作为本文这里的论述的旁证。

既可表示典型拥有(即领有),又可表示存在性拥有(即某处存在某物,以下简称“存有”),还可表示“在”义(即某物位于某处)。下面各举一例:

(73) 그는　책이　있다.
他　书　有
(他有一本书。)

(74) 책상　위에　책이　있다.
桌子-在……上　上头　书　有
(桌上有本书,LT语序,表示某处存在着某客体。)

(75) 책이　책상　위에　있다.
书　桌子-在……上　上头　在
(书在桌上,TL语序,表示某客体位于某处。)

上举前两种用法的差别仅在于相关NP是不是处所词(Location,L)。后两种用法的差别仅在于处所词和表示客体的词语(Theme,T)之间的相对次序。日语中同一动词“いる(iru)”也是既可表示领有,又可表示存有,还可表示“在”义[表示“在”义或存有时,如果存在客体是无生命的,则需要用“ある(aru)”代替“いる”]。[8]差别只是,表示领有时“いる”必须以不定式形式“ている”附加在表示具体拥有方式的动词后;表示存有和“在”义时客体名词的后续助词不同,L和T的相对次序不同。例如:

(76) 私は　3冊　の　本を　持っている。
我-话题　三-本　领格　书-宾格　持有
(我有三本书。)

(77) 部屋には　子どもが　います。
房间-处所格-话题　孩子-主格　有
(房间里有孩子。LT语序,表示某处存有某客体。)

---

[8] “ある”和“いる”在句中可分别以敬体形式“あります”和“います”出现。表示“在”义和“存有”(即某处有某人/物义)共享一个语词,这很常见。比如,泰雅语中“ʔu^{24}”既可表示“在”义,又可表示存有(详见张慧英,2002:291,294)。

(78) 子どもは　いま　部屋に　います。
孩子-话题　现在　房间-处所格　在
(孩子现在在房间里。TL语序,表示某客体位于某处。)

例(77)中客体名词"子ども"后续标记主格的格助词"が",而处所短语"部屋に"(在房间里)后续话题标记"は",这表明言者谈论的话题是"房间里"这个处所,而"子ども"则是焦点成分,因为它后续格助词"が",而日语中"が"在标记主格的同时有焦点标记作用。比如,在下例中,无论问句还是答句中焦点成分都后续格助词"が",其中的"が"不能替换为"は"。

(79) 甲:あなたは　誰が　学生です。　乙:彼女が　学生です。
你们-话题 谁-主格 学生-是　她-主格 学生-是
(你们谁是学生?)　(她是学生。)

从例(77)到例(78),客体名词"子ども"的后续助词由主格标记"が"变成了话题标记"は",表明"孩子"变成了全句的话题,全句重在表示孩子在某处。如果把例(77)(78)译成英语,则分别为"There are (some) children in the room."和"The children are in the room."。从例(77)的英译到例(78)的英译,"children"的主语地位没有变化[在例(77)的英译中"children"也作主语,因为"there be"结构中"be"要跟客体名词"children"保持数的一致],但其位置发生了从句中到句首的变化,变成了话题。例(77)的英译中"in the room"跟傀儡主语"there"构成同指关系,因而是话题性成分;例(78)的英译中"in the room"虽也位于句尾,但没有跟其他先行成分构成同指关系,因而不可能是话题。所以,英语虽然没有采用形态手段,但采用了句法手段表明了相关成分的语用性质的变化。汉语则主要采用语序手段来显示客体名词和处所词语的语用性质的变化。如果排除汉语和韩语、日语在基本语序上SVO和SOV的差异,则汉语跟韩语、日语一样,都用L、T之间的相对顺序来区分存在性拥有和存在。例如:

(80) (在)桌上有一朵花。　[LT语序,表示存在性拥有]→
(81) 有一朵花在桌上。　[TL语序,表存在]

对比韩语、日语、汉语中的上述平行现象，可以发现：例(80)不凸显“在”义，所以句中标记存在处所的“在”可以省略。当例(80)转换成例(81)时，“在”义得到了凸显(“在”从可有可无到作表义重心)，而“有”义隐退。这样，“有”当可以省略，但事实上不能省略。这是因为“有”还有标示主语的无定性的语用功能。它能取消主语NP中数词或冠词的存在预设。如果不加“有”，单纯的“数＋量＋名”短语往往预设着该名词(短语)的所指只是一个全集中的子集。比如，引言中例(5)a里的“26只大黄蜂”在语境中往往有一个对比项——“其他大黄蜂”。总之，例(81)是为了凸显引言中提到的无“有”句的整体解读和“有”字句的部分解读的差异、取消数词的存在预设，才在句首用“有”。翻译成逻辑语言 $[\exists x(x \in FLOWER \cap y = table \cap be\_on(x,y))]$ 时，“有”对应于存在算子“$\exists$”。同样，“有一天”“有人”“有时”中“有”也起标示无定、取消存在预设作用，犹“某”。我们推测，“有一天”“有人”“有时”中的“有”可能正是在“有人/时 VP”这种结构中才从“存在”义引申出表示不定的“某”义的。[9] 在日语中，表示拥有的“ある”也已经虚化出无定标记用法，例如“ある人”“ある時”分别犹汉语“有人”“有时”。总之，拥有范畴之所以经常和存在范畴相纠结，是因为[存在＋拥有]复合图式中有者退隐或存在处所退隐时，该结构会分别蜕变为单一的存在图式或拥有图式。

上文所说的“拥有图式和存在图式双向蕴涵”包含两层意思：[1] 存在→拥有。如果Y存在于X的势力范围内，则X拥有Y。这是 S_4“NP_{LOC}＋有＋NP_{THEME}”这种不典型拥有结构可表示存在的原因之一。再如，有些存在句中表示存在处所的语词是由表示有者的词后附方位词构成。例如：

(82) 他和她之间有过一段刻骨铭心的爱情。

上例中，表示存在处所的短语“他和她之间”是由表示存在物——爱情——的领主的短语“他和她”派生而来。这时，可以去掉相关的派生手段，使存在句复原为典型的拥有结构。这样，上例可以转化为：

---

[9] 石毓智(2008：82-83)在论证汉语句子中心动词前的光杆名词经历了从可以表示无定成分到只能表示有定成分的演变时认为，从先秦到秦汉“有”还没有放在光杆名词前表示无定的用法(只有《孟子》中的一例可算作反例)，后来才从表示存在的用法发展出无定标记的用法。

(83) 他和她有过一段刻骨铭心的爱情。

再如,下例 a 句实际上是由 b 句转化而来的。“刘家峧”在 a 中被概念化为有生命的主体,在 b 中被概念化为一个客观处所。

(84) a. 刘家峧有两个神仙,邻近各村无人不晓。(赵树理《小二黑结婚》)
←b. 在刘家峧有两个神仙,邻近各村无人不晓。

这种转化在日语中可以不用任何标记。例如:

(85) 田中さんは　王さんから　お茶を　もらいました。
田中-君-话题　王-君-从　敬称-茶-宾格　得到-敬体-过去式
(田中和从小王那里得到了茶。)

上例中,“王さん”后并没有相当于汉语“那里”的词。[2]拥有→存在:如果 X 拥有 Y,则 Y 一定存在于 X 的势力范围内,或者说在 X 的掌控之中。Lyons(1967)把这种蕴涵关系表示为:X has Y →Y is in hand of X。Clark(1978: 89)甚至把“拥有→存在”这种蕴涵关系极端化,认为拥有结构就是存在结构,只不过存在处所是生命体。Lyons(1977:474)则认为拥有结构可视为存在结构的小类。我们认为,拥有关系和存在关系构成镜像关系。原型拥有是从人的角度出发,表现人对物的主导作用,物对人的依赖状态;原型存在是从物(时间、空间)的角度出发,表现物对人或他物的包容、作为存在客体的人或物对作为存在处所的时空的依存状态。所以,汉语中多数“X 有 Y”可以转化为“X LOC 有 Y”(其中,LOC 表示处所词),通常是“手头”“身上”“家里”等表示领有者的势力范围的语词。例如:

(86) 他没钱。 → 他手头/身上没钱。
(87) 官人,你有病,不能碰孩子。→ 官人,你身上有病,不能碰孩子。
(88) 他还有个妹妹。→ 他家里还有个妹妹。

因为 Y 依存于 LOC,而 LOC 派生自 X(LOC 是 X 的 LOC),所以,Y 依存于 X。因而“X 有 Y”暗含 Y 依存于 X 之意。可以旁证上述观点的是下例。

(89) a. The tree has a crow on it. b. There is a crow on the tree.

上例 a 中,"on it"处于附加语地位,因而"位于某处"义得不到凸显。全句凸显的是树对乌鸦的领有关系。这是一个拟人性表达,言者把树概念化为生命体,而有生命的乌鸦则被概念化为无生客体。在言者的信念世界中,乌鸦只是树的拥有物。[10]所以,就生命度而言,上例 a 中"tree>crow";上例 b 中没有表示拥有关系的"has",全句从"A crow is on the tree"变换而来,凸显的是乌鸦位于树上,即凸显存在关系,树被概念化为一个处所,故此句中树被概念化为无生物。这样,就生命度而言,上例 b 中"crow>tree"。因而根据高生命度成分居前的认知原则,上例 b 中"a crow"在"the tree"前,而 a 中则反之。但是,由于存在图式是[存在+拥有]复合图式中领有者退隐后经容器隐喻发生重新分析而来,有很多存在图式已经无法还原为[存在+拥有]图式或拥有图式。例如:

(90) 桌子上有本书。→ ? 他桌子上有本书。

5. 小结

Heine(1997:234)曾指出:"拥有概念是全人类普遍具有的概念,我们熟悉的所有社会都用一些约定俗成的表达式来表达拥有关系,这些表达式都是从表达更具体的图式性体验的表达式发展而来。"本章的研究表明,这一论断同样适用于汉语。拥有结构、活动结构、存在结构之间的关系为汉语拥有结构的语法化、"拥有结构-

[10] 影山太郎(2001)和顾阳(1997)的观点与我们这里的观点相近。影山太郎(2001:35)指出,在物理意义上进行客观分析得到的"意义"与语言结构反映出来的"意义"未必一致。例如:

(1) There is standing a beautiful woman at the gate.(门口站着一个漂亮的女人。)

影山太郎(2001)认为,从客观上分析,上例中,"a beautiful woman"是施事;但例(1)中,它的施事性被忽略,只被看作是某一场所内的一个客观存在,所以,"a beautiful woman"被编码为一个存在客体。这从上例中不能添加指人副词"reluctantly""carefully"可以看出。例如:

(2) * There is standing a beautiful woman reluctantly at the gate.(* 门口不情愿地站着一个漂亮的女人。)

顾阳(1997)也认为,存在句中的 NP 实际上可以用"客体"来概括。这个存在客体不仅包括物,也包括人。指人词语在存在句中生命度降低了。

存在意义”和“存在结构-拥有意义”之间的错配等一系列语言现象提供了语义基础。汉语“有”的“在”义的出现并不是对“处所结构＞拥有结构”这种单向性语法演变模式的违背，而是汉蒙语言接触的产物。本节的研究还表明，汉语、日语、韩语、英语拥有动词的规则多义性跟其拥有结构的语法化密切相关。这种差异可以表示如下：

表 2-1　汉语、日语、韩语、英语拥有动词的多义模式的差异

<table>
<tr><th></th><th>汉语</th><th>韩语</th><th colspan="2">日语</th><th>英语</th></tr>
<tr><td>物权<u>领有</u>
（某人有某物）</td><td rowspan="4">有</td><td rowspan="3">있다</td><td colspan="2">持っている（持有，带有）</td><td>own，have</td></tr>
<tr><td>某处<u>存有</u>某客体</td><td rowspan="2">ある
（客体为无生物）</td><td rowspan="2">いる
（客体为有生物）</td><td rowspan="2">there be 结构</td></tr>
<tr><td>某客体<u>位于</u>某处</td></tr>
<tr><td>无定标记</td><td>어떤</td><td colspan="2">ある</td><td></td></tr>
</table>

由于日语中“ある”“いる”不是从“取/得”义活动动词演变而来，所以虽然它们在处所结构中可以对译成汉语“有”，但是要表示“某人有某物”这种物权领有时，必须带上相关动作动词，说成“持っている（持有，带有）”。而且，在日语中表示拥有/存在的“ある”的变体“あり”和动词的名词化词尾“て”合并而成的“てあり”后来语法化为结果体标记“たり”，“たり”又进一步语法化为过去时标记“た”。这种演变路径可以描写为：て＋あり＞てあり＞たり＞た。（详见 Narrog & Ohori，2011）

第三章

跨方言视角的汉语"终竟"义词共时多义性与历史溯源研究

1. 引言

"终竟"义词,指源义是"结束"或"最后"的词,如"终于""终归""毕竟""究竟""到底""到头"等。汉语"终竟"义词意义多样、用法灵活。下文尝试基于对方言语料的调查和分析,揭示"终竟"义词在现代汉语中的规则多义性,追溯它们在汉语史上经历的语义演变,从而对其共时多义性作出解释。换言之,本章主要关注"终竟"义词在(词汇化和)语法化过程中经历的语义演变。文中所用历史语料出自北京大学中国语言学研究中心(CCL)语料库。方言语料除源自调查外,亦有源于各种辞书、方言志、方言研究文献的。限于篇幅,除引自方言研究文献的在文中随文标注出处外,其他都径直标注方言点名称。

2. 现代汉语方言中的"终竟"义词

2.1 至竟(则竟)

调查可知,方言中"至竟"犹普通话"到底",多见于吴语区(如江苏无锡、浙江象山等)。例如:

(1) 苟五、六与一、二易地而处，未为序倒而体乖也。然三、四而下，直陈至竟，中无疏宕转换……(钱锺书《谈艺录》)

在吴语浙江象山话中，“至竟”还可表示“终究”义(见许宝华、宫田一郎主编，1999：1867)。而在贵州毕节话中，“则竟”兼有“毕竟”义评注语气副词和“究竟”义疑问语气副词(以下分别简称“评注副词”和“疑问副词”)两种用法。例如：

(2) 则竟去了就是去了，没得去就是没得去。｜则竟有就是有，没得就是没得。(明生荣，2007：274，337-338)

(3) 你则竟得了人家的东西没得？得了还给人家。｜你则竟吃了没得？不要讲客气呕。(明生荣，2007：274，337-338)

但总体来说，根据我们的调查，“至竟”“则竟”在现代汉语方言中比较少见。那么，“至竟”和“则竟”到底是什么关系？由于两者音近义通，我们推测它们是同词异写关系，即“则竟”是“至竟”的异体词。那么，事实如何呢？详见下文§3.1进行的历时考察。

2.2　到罢(到巴、到把、到靶、到坝)

“到罢”又写作“到巴”“到把”“到靶”“到坝”(下文统一记作“到罢”，但在例句中仍保持原作或被调查人的写法)，[1]犹“到了”或“到底”(见李荣主编《现代汉语方言大词典·忻州方言词典》，1998：124)。它本表示“到终了”义。试对比：

(4) 年纪到巴作到头/差不多了。(吴语·江苏启东话)

(5) 年纪本来也到了把，瓜熟自落。(王鲁彦《屋顶下》)

例(5)中“到罢”内部插入了体态标记“了”，这表明其中的“到罢”是动宾短语。可见，现代汉语方言中的支配式复合词“到罢”很可能来源于历史上的动宾短语。

---

[1] 许宝华、宫田一郎主编(1999：3324)记作“到巴”“到靶”，李荣主编《现代汉语方言大词典》之《绩溪方言词典》(1998：114)和《忻州方言词典》(1998：124)分别记作“到把”“到罢”，崔山佳(2006：6)记作“到坝”。

在现代汉语方言吴语上海话、徽语绩溪话中，“到罢”还可表示“(事物具有某属性的程度)达到极限”义。[2] 比如，上海话“功夫到巴”犹言“功夫(好)到家了”。再如：

(6) 迭椿生活做来到巴个(这个活干得极好/好到家了)。(吴语·上海话)

(7) 尔尔回考尔的几分(你每回那么几分)，真系到把了。(徽语·绩溪话)

上两例中的“到罢”，李荣主编《现代汉语方言大词典》之《上海方言词典》(1998：150)和《绩溪方言词典》(1998：114)分别释作“达到相当的水平”和“到了最坏的程度”。我们认为，这是随文释义。没有考虑到“到罢”前有谓词隐含现象。其实，上两例中“到罢”前隐去了“好”“差”之类的谓词。“达到相当水平”义和“到最坏的程度”义都是“到极限”义的语境实现。换言之，“到罢”用于属性域时，它所形容的属性可以不诉诸语言编码。再如：

(8) 我本事差不多到巴哉。(《说新书》，吴语·上海话)

(9) 我看你也是到巴了。(徽语·绩溪话)

在山西忻州、溯县等地的晋语中，“到罢”可以用作“终于，终究”义时间副词和“到底，究竟”义疑问副词。例如：

(10) 你倒把儿终于来了。(晋语·山西朔州话)

(11) 我到罢儿终究也没赶上他。｜他到罢儿也没罗没有盖起房。(晋语·山西忻州话)

(12) 这个问题到罢儿终究总有个水落石出哩。(晋语·山西忻州话)

(13) 他到巴儿到底/究竟来哩不？(晋语·陕北话)

(14) 老四到靶儿到底/究竟走咧没裸没有？(晋语·山西忻州话)

---

[2] 崔山佳(2006:6)把“到罢”解释为“(时间、年龄等)到了一定极限”，并举例如下：

(1) 时候到坝了，稻好割了。｜年纪到坝了，好结婚了。

(2) 见他……一手拿着烟枪，一手执着烟扦……吃得正是到坝时候。(《黑籍冤魂》第四回)

我们认为，例(2)中“到罢”不是指时间到了极限，而是指(抽烟的过瘾)程度到了极限。所以，崔先生的解释应改为“(时间流逝、属性变化等)达到极限”。年龄是时间的一种，不需单独列出。

综合“到罢”在吴语上海话和杭州话、徽语绩溪话、晋语溯县话和忻州话等多个方言中的分布和使用情况，结合现代汉语普通话中“到底”的多义性，我们把“到罢”的语义演变路径初步构拟为：

↗[时间]到最后→[时间](在)最后 →[事件]终于，终究
到终了→[程度]到极限
↘[询问]到最后→究竟

图 3-1　“到罢”的语义演变路径

2.3　到了

语料调查显示，方言中的“到了”犹普通话“到底”，有四种用法，即：(1)“完结”义短语；(2)“最后，终于，终究”义时间副词；(3)“毕竟”义评注副词；(4)“究竟”义疑问副词。以下分别记作“到了$_0$”“到了$_1$”“到了$_2$”“到了$_3$”。在冀鲁官话河南新乡话、山东济南/枣庄话以及北京话中，“到了”主要用作短语和时间副词。在西南官话湖北襄樊话、中原官话安徽阜阳话中，“到了”主要用作评注副词和疑问副词。在东北官话哈尔滨话、兰银官话宁夏银川话中，“到了”分别主要用作时间副词和疑问副词。例如：

(15) 到了儿(到)最后这事儿总得解决。(冀鲁官话・山东济南/枣庄话)

(16) 不过，到了(到)最后她还是没有拗过我去。(马烽《太阳刚刚出山》)

(17) 手段使尽，到了儿(到)最后/终究她也没把儿子管教得规规矩矩。(《北京晚报》，1987-8-13)

(18) 他到了终于还是赢啦，累得满头大汗。| 他到了终究没来。(东北官话・黑龙江哈尔滨话)

(19) 博客到了毕竟是好东西，开还是不开？(西南官话・湖北襄樊话)

(20) 他到了究竟走了没有？你要问清楚。(中原官话・安徽阜阳话、兰银官话・宁夏银川话)

如上所示，在表示客观真值义[即“(到)最后”义]时，“了”可以儿化。在冀鲁官话河北保定话里，“到了”还可以离析成“到归了儿”。例如：

(21) 他到归了儿还是去了。(冀鲁官话·河北保定话)

而在表示主观强调义时,即在表示“终于,终究”义尤其是“毕竟”义或“究竟”义时,“到了”中的“了”很少儿化。基于“到了”在现代汉语方言中的多义性,我们可以把它在汉语史上经历的语义演变初步构拟为:

↗[时间]到最后→[时间](在)最后→[事件]终于,终究
到终了→[推理](到)最后,毕竟
↘[询问](到)最后,究竟

图 3-2　“到了”的语义演变路径

2.4　遘底(顶底、到个)、到(倒)来、到只(支)

“遘底”“顶底”“到个”“到(倒)来”“到只”是普通话“到底”在方言中的对应词。其中,“遘底”“顶底”“到个”与“到底”是词汇替代/方言对应关系,“到只”与“到底”是准-同源关系。它们跟“到底”一样具有规则多义性。下面逐个探讨。

闽语“遘底”犹普通话“到底”,[3]兼具短语和单词用法。短语“遘底”用于空间、时间和属性三个概念域。“遘底”在例(22)中用于空间域,在例(23)(24)和例(25)(26)中分别用于时间域和属性域。

(22) 沉遘底。(闽语·福建厦门/福州话)

(23) 共伊和他战遘底。(闽语·福建厦门话;陈泽平,2003:78)

(24) 说遘底,都是我的错。(闽语·海南海口琼山话)

(25) 介大也贻遘底呢止再大也大不到哪儿去。(闽语·福建厦门话)

(26) 有整隆经过考虑,唎絵郑遘底呢止不会错到哪儿去。(闽语·福建福州话;李如龙等,1994:323)

单词“遘底”表示“毕竟”义时是评注副词,多用于知域;表示“究竟”义时是疑问副

[3] 闽语中语素“遘”(多读作[tau^{55}])表示“到”义,见于福州、长乐、福清、永泰、古田、福安、宁德、寿宁、周宁、福鼎、沙县、大田前路等地(林寒生,2002:78)。比如,“遘尾”表示“到尽头”义,“遘期”表“到期”义。

词,多用于言域。[4] 例如:

(27) 上海遘底是上海,机会很多。(闽语·海南海口琼山话)
(28) 你遘底去不去?(闽语·海南海口琼山话)
(29) 汝遘底八无八会不会其?(闽语·海南北部话)

在河南洛阳话中,"顶底"(又写作"定底")犹普通话"究竟/到底",[5]是"终于,终究"义时间副词。例如:

(30) 我早就告诉他过,不要那么做,可他定底还是那样做了。(中原官话·河南洛阳话)

宁夏同心话中的"到个",陕西户县话和旬阳话以及山西长治话中的"到(倒)来",这些词都是表示追究语气的疑问副词,犹普通话"究竟/到底"。例如:

(31) 他到个走了没?(兰银官话·宁夏同心话;张安生,2006:196)
(32) 你倒来去不去?(陕西户县话、山西长治话;孙立新,2001:431-436;王利,2007:145)

那么,它们是如何形成的呢?我们推测:"到个"是"到底"的方言对应词,正如普通话中"真的"在古汉语中和部分南方方言中常说成"真个"。至于"到(倒)来",孤立地看,很难理解它为何可以表示追究语气。但如果把它和"到底"联系起来,再结合古汉语"到底"又说成"到底来"(正如"到头"常说成"到头来")这个事实(详见下文§3),则可把"到底"和"到来"视为"到底来"的异体,正如古汉语"元自"[6]和"元(原)来"可视作"自元来"的异体、温州话"到老"和"到煞"可视作"到老煞"的异体(详见下文§3),日语"終に"和"程に"可视作"程の終に"的异体(详见下文§3)。

"到只"在湖南常德话中表示"毕竟"义、"究竟/到底"义。下面各举一组例子。

---

[4] 闽语表示追究语气常用"遘底$_{3}$",不能用"到底""究竟"。(符其武,2008:330)

[5] 因为"顶"有"到"义(比如"顶巷尾"犹"到巷尾"),"顶底"本表示"从顶部到底部"。后来变成偏义复词,侧重表示"到底"义,正如"始终"后来侧重表示"至终"义。这使得"顶"具有了"到"义。

[6] 详见曹海东(2009),这里仅举一例:"面脸照人元自赤,眉毛覆眼见来乌。"(苏轼《赠黄照道人》)

(33) 到只是读啊过书哒的，几得很懂道理。（湘语·湖南常德话；易亚新，2007：205）

(34) 到只是哪门怎么回事？｜你到只想哪门怎么搞？｜他到只走哒没有？（湘语·湖南常德话；易亚新，2007：205）

而湖北随州话中“到支”是“究竟”义疑问副词（详见许宝华、宫田一郎主编，1999：3324）。我们推测“到只”和“到支”是“到止”的两种写法，而“到止”则是“至竟”的仿词（详见下文§3）。

2.5 到头

调查显示，“到头”习见于现汉方言，南北方均有，以南方居多。考察可知，“到头”广泛分布于贵州（毕节）、湖南（衡阳）、江苏（常州、江阴、高邮、连云港）、河北（邯郸）等地。在方言中“到头”多表示“到尽头”义或“（到）最后，终究”义。例如：

(35) 一个揖作到底，一条船撑到头到尽头。（西南官话·贵州毕节话）

(36) 吵吵闹闹能偕老，恩恩爱爱不到头到最后。（江淮官话·江苏连云港市区话）

(37) 鸡婆带鸭仔，到头（到）最后/终究一场空。（湘语·湖南长沙话）

(38) 小户捧着汗珠子，开一两垧荒，到头（到）最后都由他霸占。（周立波《暴风骤雨》第一部第四章）

但偶尔也可表示“到本质、（程度变化）到极限”义。这时“到头”在句中多作状语或补语，偶作谓语。例如：

(39) 说到头到本质，您毕竟是一个仁慈并且心软的人。（卡夫卡《致父亲》）

(40) 腴丰满也轮不上你，你也就捏捏她手到头到极限了。（王朔《橡皮人》）

但现代汉语方言中“到头”很少有评注副词和疑问副词用法。在我们的调查范围内，仅在广州和山东等地的极少数方言中“到头”有“毕竟”义评注副词用法。例如：

(41) 王侯将相与草民百姓有何区别？到头这一生难逃那一日。(庄小鱼《像杂草一样疯长》)

(42) 提倡在继承的基础上创新……因为“入帖”最终为了“出帖”。继承到头是第二，创新才能有第一，这是人所共知的道理。(曹柏昆《希望在于继承》)

那么，“到头”在汉语史上有没有评注副词用法和疑问副词用法呢？详见下文§3.4。

2.6 到尾

在闽语和粤语中，短语“到尾”(以下记作“到尾$_0$”)犹普通话“到底”“到头”。例如：

(43) 要交这样纳那样，一年到尾辛苦呀又能养得活几口人？(舒巷城《雪》)

“到尾”作短语时可以插入体标记，扩展成“到了尾”“到落尾”。例如：

(44) 我来真久咯，伊到了尾则叫人来讲伊不来。(闽语·福建厦门话)

(45) 逐个大家拢散阵散伙，到落尾伸我家己咧收拾物件东西。(闽语·福建厦门话)

短语“到尾”既有空间运动义(“到尾部，到尽头”义)，又有时间流逝义(“到最后”义)。例如：

(46) 十月的甘蔗——甜到尾。(欧阳若修《中国歇后语大词典》)

(47) 西王萧朝贵……天王的妹夫教育会员要站稳立场，跑路跑到尾，莫转左转右也。(盛巽昌《太平天国文化大观》)

(48) 因此，使一些商数不能一连到尾，而需要连商几段。这就出现几节的加减乘积的动作。(陈升《珠算学》)

上三例中“到尾”分别表示“到尾部”义、“到尽头”义和“到最后”义。

短语“到尾”可作补语或状语。作补语时，常出现在位移或动作动词后[如例(47)(48)所示]，但也可出现在形容词后。例如：

(49) 文学不等于生活——一场从头错到尾的爱情悲剧。(《风流一代》，1999-10-2)

作状语时常跟“由头/从头”搭配，形成固定组合“从头/由头～到尾”，表示“(空间域位移运动)从(路径)源点进行到终点”或“(时间域活动)从开始持续到(过程的)最后”。例如：

(50) 反之，一个集合，若它所有元素可以排成由头而望不到尾的一列长队，那么它一定和自然数集等价……(胡炳生《揭开集合的面纱》)

(51) 每一条路线不一定从头走到尾。一般以表面的尺寸公差等级和粗糙度见值两项均达到要求时为止。(王宏宇等主编《机械制造基础学习指导》)

(52) 让你从头笑到尾——幽默就这几招。(刘军师《幽默就这几招》)

(53) 谢霆锋演唱会从头“癫”到尾。(庄园《文化名人面对面》)

在闽语福建泉州话中，时间域“到尾”既可表示客观真值义“(到)最后”[如例(54)—(56)所示][7]，又可表示主观强调义“终究，最终一定”[如例(57)所示]。

(54) 在拜师前，我就从唱片上从头到尾学唱了京韵大鼓《红梅阁》。(王铁成《我演周恩来》)

(55) 世人切不可为了钱财而做出伤天害理、置人死地的蠢事，落个天诛地灭、万人唾骂的下场。泉州俗语“好歹到尾才会知”说的就是这个道理。(傅孙义《泉州俗语故事》)

---

[7] 闽语福建厦门话中“到尾”也有“最终”义，如下面例(1)。闽语福建福州话中“遘尾”也可表示“最终”义，如下面例(2)。在福州话中表示“最终”义的“遘尾”还可以被强化为“遘终尾”。

(1) 到尾啥人赢？(李荣主编《现代汉语方言大词典》之《厦门方言词典》，1998:164)

(2) 开始无去，遘尾复去了。(李荣主编《现代汉语方言大词典》之《福州方言词典》，1998:178)

(56) 到尾 ha^{55}个关将跳河自杀 o^{44}。(张慧英《语言现象的观察与思考》)(最后关将自己则跳河自杀了。)

(57) 劝哥若卜免嘴紧,姻缘到尾会成。(劝哥不要太着急,姻缘终究会成。)

而且,在闽语和粤语中“到尾$_0$”跟普通话“到底$_0$”一样,能缺位编码“说到底”义。例如:

(58) 太上老君:一言到尾,万万不能干涉人间的事。否则天地失衡,必招恶业。(电视剧《搜神传》第一集)

上例中“一言到尾”犹普通话“一句话说到底,总之”。这就为“到尾”从介宾短语向“毕竟”义评注副词(记作“到尾$_2$”)演变提供了合适条件。据许宝华、宫田一郎主编(1999:3325),在闽语福建厦门话、广东中山隆都话和粤语广东增城话中,“到尾”有“毕竟”义。据许极炖(1998:346),在闽语台湾话中“到尾”(读作[kau^3 be^2])也有“毕竟”义。

综上所述,基于现代汉语方言中“到尾”的共时多义性,“到尾”的语义演变可构拟为:

[运动]到尾部→[运动]到尽头→[时间]到最后→[时间](在)最后→[事件]终于,终究

↘[推理]到最后,毕竟

图 3-3 “到尾”的语义演变路径

那么,它在汉语史上是否经历了这样的语义演变呢?详见下文§3.7。

2.7 到老

在湖北等地方言中,“到老”表示“到最后,到头来”义[8](以下记作“到老$_0$”)。例如:

[8] 《现代汉语大词典》(上海辞书出版社,2006年,上册)就是把“到老”释为“到最后”义的。

(59) 芒种不见苗，到老不见桃。(湖北话；高进智，1994：38)

(60) 练功不收功，到老一场空。(黄瑞彬《中国民间四季养生秘诀》)

在东北官话黑龙江哈尔滨话、佳木斯话中，“到老”可用作“终于，终究”义时间副词(以下记作“到老$_1$”)。例如：

(61) 白费了半天力气，到老还是过不去江。(杨朔《三千里江山》)

在胶辽官话山东长岛话、牟平话中，时间副词“到老”还有“一直”义。这跟汉语史上“到底”等其他“终竟”义词相似。例如：

(62) 你不能到老一直这么样。(胶辽官话·山东牟平话)

(63) 到老一直这个样儿还行吗？(胶辽官话·山东长岛话)

在东北官话辽宁沈阳话和冀鲁官话中，“到老”可用作“究竟，到底”义疑问副词(以下记作“到老$_3$”)。例如：

(64) 到老怎么样？你给我个明确任务来。(杨朔《北线》)

在吴语浙江温州话中，“到老”表示“反正”义(沈克成、沈迦，2004：75；郑张尚芳，2008：330-331)，可后附语气词“煞”。“到老煞”可缩合为“到煞”。例如：

(65) 逮个皮箱匄我爻这个皮箱给我吧，你到老有用反正没用。(吴语·温州话)

(66) 随便你那訾怎么说，我到老反正不听。(吴语·温州话)

2.8　到半(到伴)、到究(倒究)

“到半”(又写作“到伴”)在晋语里可用作时间副词，意即“最后，终于”，犹普通话“到底”。例如：

(67) 他到半还是来啦。(晋语·山西隰显话)

(68) 尔刻红军真的要来了,咱穷人翻身的一天到伴要来了!(贺敬之《惯匪周子山》)

"到半"疑似"到罢"的音变,因为其读音[$tɑu^{55}$ $pər^{55}$]近于"到罢"。在陕北晋语里,它还可以表示"究竟,到底"义。例如:

(69) 我才将听老乡说过了,周子山这人到伴怎样?(晋语·陕北话)

"到究"(又写作"倒究")在方言中兼有"最后,终于"义时间副词、"毕竟"义评注副词和"究竟,到底"义疑问副词三种用法。其时间副词用法见于山西北部晋语,其评注副词用法见于吴语上海话,其疑问副词用法见于兰银官话、吴语和晋语。例如:

(70) 他装货郎担,倒究终于脱了险。(孔厥《人民英雄刘志丹唱本》)

(71) 到究是小青年,勿怕冷。(吴语·上海话)

(72) 你到究拿了没?(兰银官话·甘肃山丹话;何茂活,2007:381)

(73) 侬倒究来勿来?(吴语·上海话/苏州话)

(74) 只有这里才能证实他亲爱的人倒究是死了还是活着!(晋语·陕西榆林话;路遥《平凡的世界》,第三十二章)

其"最后,终于"义当是从"到最后"义演变而来。"到最后"义在反预期语境中通过语境吸收引申出"结果,原来"义。[9] 相应地,"到究"从短语语法化为醒悟语气副词。例如:

(75) 老汉:(捉住老婆手中的带子)可把你捉定了啊,我说我这树是谁糟蹋的,倒究是你这死老婆子!(苏一平、陈明《延安文艺丛书·秧歌剧卷》)

---

[9] 这种演变也见于北京话中的"归齐",详见下文§2.9。

上例中，“到究”意即“结果(发现真实情况是)，原来”。但是，其“结果，原来”义当源于其“到最后”义。“(搞/弄/闹)到究”起初表示“(搞/弄/闹)到最后”义，其前的泛义动词“搞/弄/闹”实行了谓词隐含。[10] 在上例中，醒悟语气意义本没有诉诸语言编码。换言之，表示“弄到最后”义的“到究”后并没有“原来”一词。但是，“原来”所表示的醒悟语气意义却是可以通过上下文之间的关系意合出来的。这种意合出来的醒悟语气意义后来被“到究”吸收，这使得“到究”从“到最后”义介宾短语语法化为“原来，结果”义醒悟语气副词。

那么，现代汉语方言中的副词“到究”是如何形成的？详见下文§3.6的考察。

2.9　归齐(归其)

在今冀鲁官话山东话和北京话中，“归齐”(又写作“归其”)也可用作介宾短语。这时，它跟“到底”一样，可用作时间状语和补语。例如：

(76) 挑明了说吧，这果实房归其了还不知姓啥哩！(王滋润《内当家》)

(77) 说了归齐，还是有人老觉着是给经理干活儿，吃经理的饭。(老舍《春华秋实》)

例(76)中“归齐”意即“到最后”，例(77)中“说了归齐”意即“说到最后，说到底”。对比例(77)和例(78)可知，“说了归齐”跟“说到归齐”大致相当。

(78) 说到归齐，大家谁都不晓得所长太太与小赵的关系……(老舍《离婚》)

既然北京话中“说了归齐”犹“说到归齐”，那么，北京话和东北话中的“闹/弄了归

[10] 在河南新蔡话中，表示“结果，原来”义的“半天”是“弄嘞半天”隐含了“弄”及其后的助词“嘞”的结果。例如：

(1) 我说以为他们走了哩，半天结果/弄到最后他们还在这等着。

(2) 我说咋怎么找不到那本书哩，半天原来是你拿走了。

(3) 半天原来下的是小冰雹，我还以为是雪呢。

齐”当相当于“闹/弄到最后”[11]，表示醒悟语气，可释作“结果(发现真实情况是……)，原来”。例如：

(79) 好，闹了归齐，你在这儿！(曹禺《北京人》第一幕)

(80) 我以为你早走了，闹了归齐你还在这睡觉呢！(东北话)

(81) 洪、杜：超产不是得奖吗？

关：去年倒说给奖呢，弄了归齐，来蹲点的什么县社王主任一句话，少给一百块钱。(邹春瑞、赵金安《卖桃》，《辽宁群众文艺》，1982-1-11)

由于“闹/弄了归齐”中的“弄/闹”是泛义动词，“了”意义不透明，人们很容易将整个结构表示的醒悟语气意义归之于其中的“归齐”。比如，许皓光、张大鸣(1988：153，382)认为“归齐”表“结果”义。《汉语大词典》把“归齐”释作“结果，结局”。

在现代汉语方言中，“归齐”跟普通话中的“到底”一样经历了“到最后＞在最后”这样的语义演变(演变条件和机制，详见第一编第二章)。试比较：

(82) 没人送她，归齐(到)最后她自个儿走的。(冀鲁官话·天津话)

(83) 归其(在)最后赔了他二百块钱，算拉倒儿了。(冀鲁官话·山东德州/平原话)

获得“最后”义后，“归齐”又继续发生语义主观化，从“最后”义引申出“终于，终究”义。这种语义演变在今冀鲁官话、北京话和东北话中还可窥见一斑。试对比下举首例与余例：

(84) 等了好长时间，归其最后他也没有来。(冀鲁官话·山东德州/平原话)

(85) 你归齐最后/终究还是怕麻烦了。(冀鲁官话·河北秦皇岛话)

(86) 他张罗了好几天，归齐最后/终究还是没去成。(北京话)

(87) 白白准备了好几天，归齐最后/终究还不让我去。(东北话)

(88) 花了老些钱，我的疮归齐最后/终究也没好。(冀鲁官话·山东聊城/

[11] 据许皓光、张大明(1988：153，382)认为，“弄归齐”是“闹归齐”的另一说法。

莘县话）

跟东北话、北京话中的“弄/闹归齐”相似，湘语“搞到圆功”也可表示醒悟语气，意即“结果，原来”。例如：[12]

(89) 几他搞到圆功只不过是个科长，我还以为好大的官呢！（湘语·湖南冷水江话）

“搞到圆功”表示醒悟语气的用法也来源于“搞/弄/闹到最后”义短语用法。在冷水江话中，“圆功”本表示“完工，结束”义。“搞到圆功”意即“搞到完工，搞到最后”。例如：

(90) 搞到圆功，结果哪个谁都不喜欢他。（湘语·湖南冷水江话）
(91) 搞到圆功，结果一分钱都没赚到。（湘语·湖南冷水江话）

跟“弄/闹归齐”的变式“归齐”语法化为醒悟语气副词不同，“搞到圆工”中的“到圆工”并没有语法化为醒悟语气副词。基于“归齐”的共时多义性，我们推测“归齐”可能本表示“到终了”义，写作“归讫”，其语义演变可以初步构拟为：

到终了→[时间]到最后→[时间](在)最后，终于，终究
↘[活动](弄)到最后→结果，原来

图 3-4 “归齐”的语义演变路径

2.10 小结

上文所述各方言点“终竟”义语词的意义和用法可以综合表示如下：[13]

---

[12] 东北官话吉林怀德话中“包堆”“包圆”本表示“究竟”义。其“究竟”义用法也是源自“泛义动词＋包堆/包圆”结构的截略和语义演变。

[13] 显于篇幅，表中没有反映出“到究”“归讫”的“结果，原来”义用法，并把“好歹，反正”义并入“毕竟”义栏，因为“好歹，反正”义源于“毕竟”义(详见张秀松，2012b)，两者之间也并不是泾渭分明的。在我们统计的语料中，只有“到老”在温州话中有“好歹，反正”义。所以，我们的合并处理对结论的得出不会有什么影响。

表 3-1　现代汉语“终竟”义语词的意义和用法的方言分布

词项＼意义	到尽头；到最后，到结束	最后；终于；终究	毕竟，终归；好歹，反正	到底，究竟
至竟(则竟)	吴语(江苏无锡)	吴语(浙江象山)	西南官话(贵州毕节)	西南官话(贵州毕节)
到罢(到巴、到坝)	吴语(上海、江苏苏州)；徽语(安徽绩溪)	晋语(山西忻州)		晋语(陕北、山西忻州)
到了	东北官话(黑龙江安达)；冀鲁官话(山东济南/枣庄)；北京话	冀鲁官话(山东济南)；北京官话；东北官话(哈尔滨)	西南官话(湖北襄樊)	中原官话(安徽阜阳)；兰银官话(宁夏银川)
到头	湖南衡阳；江苏常州/江阴/高邮/连云港；河北邯郸	兰银官话(甘肃兰州)	粤语(广东广州)；山东某些方言	
到尾	闽语(福建厦门)	闽语(福建厦门/泉州)	闽语(福建厦门、广东中山隆都、台湾)、粤语(广东增城)	
遘底	闽语(福建福州/厦门)		闽语(海南海口)	闽语(海南北部)
到老	西南官话(湖北)	东北官话	吴语(浙江温州)	东北官话(辽宁沈阳)；冀鲁官话
归讫(归齐、归其)	冀鲁官话(山东)；北京官话	东北官话；冀鲁官话(河北秦皇岛、山东聊城/莘县/德州/平原)；北京/天津话		
到究(倒究)		晋语(陕北) 吴语(上海)	吴语(上海)	兰银官话(甘肃山丹)；晋语(陕北)；吴语(上海)
到个(到来)				兰银官话(宁夏同心)；晋语(陕西户县/旬阳)
到只(到支)			西南官话(湖南常德)	西南官话(湖南常德、湖北随州)

续 表

词项 \ 意义	到尽头；到最后，到结束	最后；终于；终究	毕竟，终归；好歹，反正	到底，究竟
到半(到伴)		晋语(山西隰显)；晋语(陕西北部)		晋语(陕北)
始终		粤语(广东顺德/大良/珠海前山、澳门)	吴语；江淮官话(江苏阜宁)	
顶底	中原官话(河南洛阳)			
终归		冀鲁官话(山东阳谷)		

观察上表，可以发现：在现代汉语方言中，强调结果(即表示"最后，终于，终究"义)、强调事物的根本特点或原因(即表示"毕竟"义)、表示对问题答案的追究语气(即表示"究竟/到底"义)，一般都使用概念结构为[TO END](到尽头)或[TO FINAL](到终了/最后)的支配式复音词。[14] 它们表达运动概念的精细度和形象性呈现如下高低等级：

1 级：到头、到尾、到底、遘底、到究(概念结构为[TO END])
2 级：到老、至竟、到罢、到了、归讫(概念结构为[TO FINAL])
3 级：始终、顶底、终归、终究(概念结构含[(TO)END/FINAL])
4 级：到个、到来、到半(概念结构不透明)

1 级词的概念结构对完结概念的表达最形象，用具体的空间移动来表达。2 级词次之，用较抽象的时间流逝来表达。3 级词只是语义中蕴含[(TO)END/FINAL]，对完结概念的表达更间接。4 级词是其他词的音变或截取形式，概念结构不透明，激活完结概念难度大。而语词对完结概念的表达越精细、越形象，其概念结构越容易从空间域向时间域，继而再向知域和言域扩散，从而越易呈现出多义性(Talmy，2000)。上表显示，1 级词和 2 级词的义位都多达三四个(仅有的例外是，"归讫"只

[14] 仅有的例外就是"始终""终归"。其实也不算例外，因为"始终"的词义"自始至终"中含有[TO FINAL](到终了)概念；"终归"的词义"最终归于"衍推[TO END](到尽头)概念。

有两义。原因在于“归”“讫”文言色彩较浓，使全词语义透明性不高，难以自由发生概念结构的跨域扩散）；3 级和 4 级词至多只有两个义位，“顶底”“终归”“到个”“到来”甚至只有一个义位。根据上文的考察，其多义模式的形成遵循如下路径：

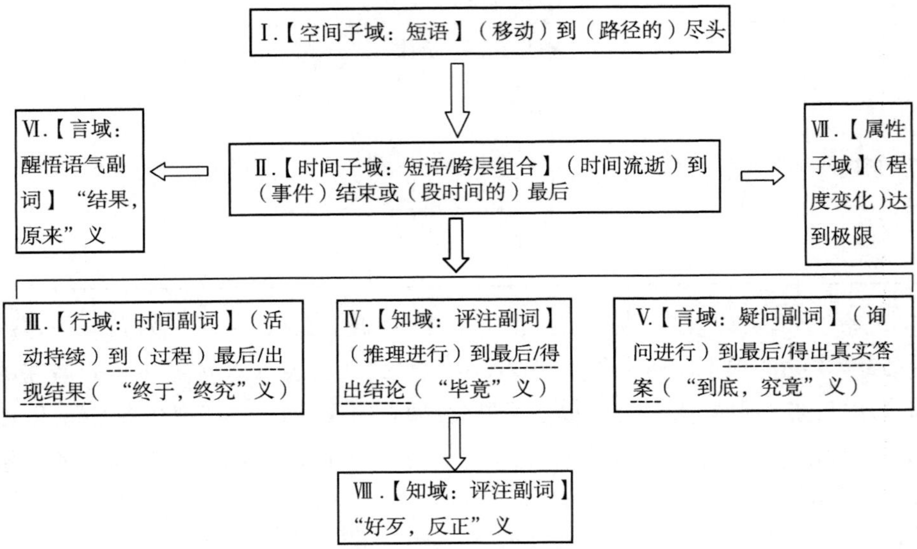

图 3-5　现代汉语“终竟”义词多义模式的形成路径

在上图所示语法化过程中，各方言选择的具体词语不一样，起讫点也各不相同。有的从第Ⅰ站开始（如“到头”“到底”“遭底”），有的从第Ⅱ站开始（如“至竟”“到罢”“到了”“归讫”），有的走到了最后一站（如“至竟”“到罢”“到头”“到究”），有的还停留在中途（如“归讫”）。有的从用法Ⅱ演变出了Ⅲ、Ⅳ、Ⅴ（如“到尾”“到了”“到老”），有的只是演变出了Ⅲ、Ⅳ、Ⅴ中的一两项用法（如“到罢”“遭底”）。但是，其演变方向是一致的。我们尚未发现有哪个方言点里“终竟”义词具有上述路径中两端的意义，而没有中间的意义。我们知道，如果属于同一范畴的多个词语有共同的语义基础、句法位置，且发生演化，那它们一般会朝着同一方向发生相同或相近的演化（叶建军，2007：14），而方言里的“至竟”“到罢”“到了”“归讫”“到头”“到尾”“到底”“遭底”等的语义结构都与“到底”近似。所以，它们会朝着相同方向或沿着相同路径演化。这就是所谓的“类化”“平行衍生”“聚合类推”。方言里的这些[TO END]或[TO FINAL]式复音词有些（如“至竟”“到头”“到了”）是历史的遗留，但更多的是受共同语“到头”“到底”类推的结果。有些词（如“始终”）虽不是动宾式，但其语义结构中蕴含“到最后”义，也会呈现出上图所示的演变路径。因为行、知、言三域的抽象度递增，所以，“终竟”义词的概念结构在发生跨领域扩散时通常遵循“行域>知域>言域”的先后顺序。这在表 3-1 中也得到了反映。表中，凡是有“究竟”义的通常也有“终于”义（唯一的例外是“遵底”[15]），但反之不然；凡是有“毕竟”义的通常也有“终于”义（唯一的例外是“遵底”），但反之不然。这表明“究竟”义和“毕竟”义很可能对“终于”义有单向蕴涵关系。

3. 现代汉语方言“终竟”义词的历史溯源

3.1　至竟

为了搞清“至竟”在汉语史上经历的语法-语义演变，我们调查了 CCL 语料库中的历史语料，发现“至竟”在历史上的使用情况如下：[16]

表 3-2　“至竟”在历史上的使用情况

用法 / 年代	短语（至竟$_0$）	时间副词（至竟$_1$）	评注副词（至竟$_2$）	疑问副词（至竟$_3$）	合计	文本总字数
先秦—六朝	4(1.73)	2(0.86)	0	0	6	2,312,567
唐五代	0	2(0.10)	10(0.52)	12(0.63)	24	19,143,676
宋代	1(0.07)	4(0.27)	2(0.13)	1(0.07)	8	14,881,679
元明	1(0.07)	0	0	0	1	15,285,387
清代	1(0.10)	1(0.10)	0	0	2	9,700,559

上表表明，先秦至六朝，“至竟”主要用作短语和时间副词。唐代以降，始用作评注副词与疑问副词。元以后，文献中已几乎见不到了。根据§2.1 的论述，即便在现代汉语方言中“至竟”也很少见。据许宝华、宫田一郎主编（1999：1867），“至竟”仅见于吴语浙江象山话等极少数方言，且该辞书举出的是古汉语中的一个例子。下面详细论述“至竟”的历时演变。

[15]　这或是因为“遵底”只是普通话“到底”的方言对应词，未必拥有“到底”的全部意义。

[16]　表中圆括号里的数字表示用频，单位为次/百万字，下同。

语料调查显示，短语“至竟”始见于春秋战国时期，多用于空间域，表示“(空间移动)到边境”。例如：

(92) 过国至竟，哭尽哀而止。(《礼记·奔丧》)

(93) 用兵之道，当先至竟侵责之，不服乃伐之。(《左传·庄公二十九年》)

在汉代，它扩散至时间域和事件域，表示“(时间流逝或事件发展)到终了，到最后”。例如：

(94) 入息至竟数一，出息至竟数二。(《大般涅盘经》卷一二)

因“竟”本身有“完结”义且该义出现较早，所以上例中“至竟”的语义结构跟“到了”(详见下文)相同。

汉魏六朝时，短语“至竟”发生了向时间副词的词汇化。时间副词化后，它还经历了从表示客观真值义(“最后”义)向表示主观强调义(“终于，终究”义)的语义演变。例如：

(95) 以诤止诤，至竟不见止；唯忍能止诤，是法可尊贵！(《中阿含经》卷一七)

(96) 贪嗔至竟未能除，荷荷空悲净居殿。(《南史·梁纪中·武帝》)

上两例中“至竟”主要表示“终究”义，但还滞留有语义主观化前的“最后”义。

六朝期间，短语“至竟”还表现出了向评注副词“至竟”语法化的倾向。例如：[17]

(97) 且默以观之，其是非行自可见。或有小是不足是，小非不足非，至竟可不言以待之。(嵇康《嵇中散集·家诫》)

---

[17] 在CCL语料库中，先秦至六朝期间没有发现“至竟”的“毕竟”义用法，下例是笔者的阅读积累。

例(97)中“至竟”主要表示“毕竟”义，但还滞留有“说到底说到最后”义。短语“至竟”的词汇化和语法化历程跟“到底”近似（详见第一编第二章），因为在后时语料中我们发现了“至竟”缺位编码“说到底”义的用例。例如：

(98) 勘破富贫贵贱，参透死生寿夭，至竟本同条。（冯取洽《水调歌头·四月四日自寿，用玉林韵，兼效其体》）

上例中“至竟”表示“说到了，其实”义。[18] 统计发现，先秦至六朝6例“至竟”中有5例出自汉译佛经。这表明“至竟”的盛行可能受到了佛教传入的影响。

至迟到唐五代，短语“至竟”已语法化为评注副词“至竟”和疑问副词“至竟”，且唐五代时这两种用法的“至竟”已经很成熟。换言之，至迟到唐五代，“至竟”就已完全具备现代汉语中“到底”的各种意义和用法（见上文表3-2）。例如：

(99) 未知至竟最后将何用，渭水泾川一向流。（罗隐《关亭春望》）
(100) 如何忠为主，至竟终究不封侯。（贯休《即边将》）
(101) 至竟毕竟不如隋炀帝，破家犹得到扬州。（罗隐《故都》）
(102) 至竟究竟江山谁是主，苔矶空属钓鱼郎。（杜牧《题横江馆》）

到了宋代，“至竟”用例开始变得越来越少。比如，疑问副词“至竟”在我们检索的约1488万字的宋代语料中仅如下一见：

(103) 语及族人，都非庞氏之事，庞方讶之。因问：“至竟郎君何姓？”（《太平广记》卷五三）

元明时期，除了用在仿古语境、特定搭配或个别方言中外，副词“至竟”已基本不见（详见上文表3-2）。明代李翔《戒庵老人漫笔》卷三：“唐人多言‘至竟’，如云‘到底’也。”这说明李翔已意识到至明代“到底”基本取代了“至竟”。

[18] 其中，言说概念没有编码。言说概念在推论和疑问语境下的零编码具有跨方言和跨语言有效性（详见第一编第二章§2.2.2.2）。

语料调查显示，语气副词“至竟”（即“至竟$_2$”和“至竟$_3$”）因语义透明性较低在文献中常被写作“止竟”。[19] 例如：

(104) 止竟悲君须自省，川流前后各风波。（元稹《六年春遣怀》）

(105) 止竟闲人不爱闲，只偷无事闭柴关。（司空图《狂题》）

(106) 止竟多情何处好，少年长抱长年悲。（韦庄《古别离》）

由于“止”和“只”音近（在中古分别是章母之韵上声字和章母支韵上声字），“止竟”在《敦煌变文集》中偶尔又写作“只竟”。例如：

(107) 俗间大有同名姓，相似颜容几百般。形容大（不）省曾相识，只竟思量没处安。……（《敦煌变文集·大目干连冥间救母变文》；转引自蒋礼鸿，1988：460）

上例中“只竟”表示“毕竟”义，划线句意谓“（造次相认，）想起来毕竟不妥当”。近代汉语中的“只竟”当是上文§2.1所述现代汉语方言贵州毕节话中“则竟”的源头，[20]因为在有入声的方言里“只”与“则”音近，都是精母德韵入声字，而毕节话有入声。毕节话中“则竟”具有的也是语气副词用法。

综上所述，历时考察表明“止竟”“只竟”“则竟”是“至竟”的不同写法。“至竟”的语义透明性越差，越容易被写成“止竟”“只竟”“则竟”等。“至竟”的语义演变可以表示为（图中暂时忽略“至竟”的“到边境”义）：

　　　　↗[时间]到最后→[时间]（在）最后→[事件]终于，终究
到终了→[推理]到最后→毕竟
　　　　↘[询问]到最后→究竟

图3-6　“至境”的语义演变路径

[19] 王贵元、叶桂刚（1993：98）也指出，文献中“至竟”又作“止竟”。

[20] 可资旁证的是，在汉语史上“敢只”和“敢则”、“只除”和“则除”常可互换。

3.2　到罢

在汉语史单词“到罢”基本未见，我们只是近代汉语语料中发现如下一例：

(108) 据兄弟看来，企渊先生，卖国贼的资格还没有到巴呢！众位兄弟的话说得错了没有？（陆士谔《十尾龟》第二十回）

例(108)中的“到罢”，许少峰主编(2008:406)释作“吴语，到头，够格”。显然，“够格”义是随文释出的，是“到极限”义的语境实现。因此，现代汉语方言中“到罢”的多义性当是它因袭了“到了”等近义词的多义模式所致，而现代汉语方言中“到了”的多义性才是历时语义演变的方言积淀，详见下文。

3.3　到了

为了搞清“到了”的历时演变，我们调查了 CCL 语料库中的历史语料，发现汉语史上“到了”的使用情况如下：

表 3-3　历史上“到了”的使用情况

用法／年代	短语（到了$_0$）	时间副词（到了$_1$）	评注副词（到了$_2$）	疑问副词（到了$_3$）	合计	文本总字数
先秦—六朝	0	0	0	0	0	2,312,567
唐五代	1(0.05)	1(0.05)	0	2(0.10)	4	19,143,676
宋　代	19(1.27)	9(0.60)	17(1.14)	5(0.33)	50	14,881,679
元　明	5(0.33)	3(0.20)	0	1(0.07)	9	15,285,387
清　代	3(0.30)	0	0	0	3	9,700,559

上表显示，“到了”始见于唐五代，盛行于宋代。在唐五代约 1914 万字的语料中仅 4 见，而在宋代约 1488 万字的语料里就有 50 见。其各种用法的全面出现也是在宋代。元代以后，“到了”越来越少，各用法的用频越来越低。至清代，在文献中基本不见，今仅存于方言。下面详细论述“到了”的历时演变。

短语"到了"表示"到终了,到最后"义,常作连谓前项或状语[如例(109)(110)所示],偶尔也作谓语中心或补语[如例(111)所示]。在汉语史上各朝代都可见到。如:

(109) 贪生莫作千年计,到了都成一梦间。(吴融《武关》)[21]

(110) 姑苏台下烟波远,西子近来何许,能唤否?又恐怕、残春到了无凭据。(王沂孙《摸鱼儿》)

(111) 我心里想着,姊妹们从小长大,亲也罢,热也罢,和气到了儿,才见得比人好。(《红楼梦》第二十八回)

在宋代,短语"到了"在状位正式语法化为"最后,终于,终究"义时间副词[例(112)]、"毕竟"义评注副词[例(113)(114)]和"究竟"义疑问副词[例(115)(116)]。

(112) 人间多少乘除事,到了英雄恨不消。(周文凄《濑上贞女祠》)

(113) 人事几时穷,我性偏宜静。世上谁无富贵心,到了须由命。(吕胜己《卜算子》)

(114) 攒万舸,开一棹,散无踪。到了书生死节,蜂蚁愧诸公。(王奕《水调歌头·过鲁港堵渡江之地有感》)

(115) 身外纷纷,傥来适去,到了成何事?(袁去华《念奴娇》)

(116) 颖又云:"且容问天池神堂到了是北朝地土,是南朝地土?"(沈括《乙卯入国奏请(并别录)》)

时间副词"到了"在元代也时或可见。例如:

(117) 呀!到了呵须按实田地,不要你狂言乱语、花唇巧舌、信口支持;则要你依头缕当,分星劈两,责状招实。(孟汉卿《魔合罗》第四折)

(118) 你这三条计,比当日曹公在霸陵桥上三条计如何,到了出不的关云

[21] 江蓝生主编(1997:88)释此例中的"到了"为"最后,毕竟"。我们认为,此例中的"到了"还可理解为"到终了,到最后"义短语,还不能肯定它是单词。

长之手。（关汉卿《单刀会》第一折）

“到了”的多义模式和演变可能对“到底”有影响。此影响或是通过对举使用实现的。比如，元曲中就可见到“到了$_3$”跟“到底$_3$”对举使用的示例。请看：

（119）到了偏咱，到底亏他，不信情杂，忘了人那！（卢挚《咏别》）

上面的历时考察表明，“到了”本表“到终了，到最后”义，后从该义引申出“最后，终于，终究”义、“毕竟”义和“究竟”义。但历史上“到了”无“到尽头”义，而现代汉语方言中“到了”有此义。例如：

（120）这条路走到了就到医院了。（东北官话·黑龙江安达昌德话）

“到了”的这种用法的产生或是受到“到头”“到底”的多义模式的类推。既然“到头”“到底”都兼有“到尽头”“到最后”“最后/终于/终究”“毕竟”“究竟”五义，而“到了”兼有上述五义中的后四种，因而可以因袭“到头”“到底”的多义模式从“到最后”义逆向引申出“到尽头”义。这种语义演变是借助相因生义机制而发生的反流式演变。

3.4　到头

那么，汉语史上“到头”是何时出现的？又是如何语法化的呢？我们检索了CCL语料库中的历史语料，检索结果如下表所示：

表 3-4　历史上“到头”的使用情况

用法 年代	短语 （到头$_0$）	时间副词 （到头$_1$）	评注副词 （到头$_2$）	疑问副词 （到头$_3$）	其他	合计	文本总字数
唐五代	29(1.51)	15(0.78)	14(0.73)	14(0.73)	7	79	19,143,676
宋　代	33(2.22)	20(1.34)	19(1.28)	4(0.27)	2	78	14,881,679
元　明	57(3.73)	5(0.33)	10(0.65)	1(0.07)	6	79	15,285,387
清　代	54(5.57)	5(0.52)	2(0.21)	1(0.10)	2	64	9,700,559

上表显示，就用频看，“到头”的短语用法呈持续上升态势；其副词用法在唐五代最为鼎盛。唐五代以后，其疑问副词用法的出现频率总体上一直下降，到元明清已极罕见。宋代以后，其时间副词和评注副词用法出现的频率也持续下降，只是在清代时间副词用法的出现频率有所回升。上表的统计也预示着在现代汉语方言中“到头”多作短语和时间副词。对比上表与第一编第二章表 2-1，可见：① 虽然“到头”在汉代就已出现，但其鼎盛再早也要到唐五代，故不难理解“到底”最早也要到唐五代才出现；② 尽管“到底”在唐代也有少数疑问副词用例，但这种用例的大规模出现要晚至明清；而“到头”在唐代各用法基本都已具备；③ 或是因为从宋代到明清，“到底”的时间副词、评注副词和疑问副词用法次第鼎盛起来，副词“到头”的使用在总体上逐渐式微。

考察发现，“到头”始见于汉代。当时它是“到尽头”义短语。例如：

(121) 闻欢下扬州，相送江津弯。愿得篙橹折，交郎到头还。（《乐府诗集·清商曲辞六·那呵滩》）

(122) 各自是官人，那得到头还。（《乐府诗集·清商曲辞六·那呵滩》）

但在我们检索的语料里，先秦至六朝仅见到上两例，且用于乐府诗。故而我们推测“到头”或是当时的方言用法。王学奇、王静竹(1999:270)认为，“到头”一开始就是个来自方言的俗语，因而在反映地方民歌的乐府诗集中可见。从唐代开始，“到头”在唐诗、宋词、元曲和明清小说中频繁出现。这可能表明它由方言开始进入到共同语。

到了唐代，动词短语“到头”从“到尽头”义引申出“到最后，完结”义和“到极限”义。例如：

(123) 语未到头，遂见其子，身着旗袍，在娘前立。（《敦煌变文集·秋胡变文》）

(124) 何用梯媒向外求，长生只合内中修。莫言大道人难得，自是行心不到头。（张辞《谢令学道诗》）

(125) 莫言大道人难得，自是工夫不到头。（吕岩《绝句》）

“到极限”义“到头”犹现代汉语普通话“到家”和上海话“到罢”（详见上文 § 2.2）。

“到最后”义动词短语“到头”可以独立作谓语。例如：

(126) 掘井须到流，结交须到头。（贾岛《不欺》）
(127) 未会到头要已老，岂知终被死于(相)瀑。（《敦煌变文集新书》）
(128) 不辞宛转长随手，却恐相将不到头。（鱼玄机《打球作》）

它在连谓前项位置上虚化出了介宾短语用法。“到最后”义介宾短语“到头”既可作状语，又可作补语。作状语时，既可饰谓，又可饰句，犹普通话“到头来”“到最后”。例如[22]：

(129) 纸裤瓦作恽，到头冻饿杀。（《寒山诗校注·田舍多桑园》）
(130) 到头君作鬼，岂令男女贫。（《寒山诗校注·褴褛关前业》）
(131) 觅道不见道，到头还自恼。（《六祖坛经》）

作补语时，“到头”前面的动词还可以带宾语，“到头”还可以被否定。例如：

(132) 报恩不到头，徒作轻生士(一作“事”)。（刘叉《嘲荆卿》）
(133) 南朝天子爱风流，尽守江山不到头。（李山甫《上元怀古二首》）
(134) 一生判却归休，谓着南冠到头。（柳宗元《奉酬杨侍郎丈因送八叔拾遗戏赠诏》）

现代汉语中“到头”“到底”不能像上几例那样既作补语又跟宾语共现，如：* 追根不到底。

在唐代，推论语境中的短语“到头”可以缺位编码“说到头”义，即言说概念不诉诸语码（这一点跟“到底”类似，详见第一编第二章）。例如：

(135) 到头称意须年少，赢得时光向酒杯。（罗隐《送姚安之赴任秋浦》）

[22] 可能因为文献缺失或者在书面语中没有得到充分反映，“到头”的介宾短语用法反而早于动宾短语用法。所以，例(129)—(131)反而早于(126)—(128)。

上例中“到头”犹“说到底，总之”。“到头”可缺位编码“说到底”义，这为它在唐代语法化为评注副词奠定了基础(演变机制同“到底”，详见第一编第二章)。比如，下例中“到头”虽可理解为“说到底”，但理解成“毕竟”更好。

(136) 休说雄才间代生，到头难与运相争。(徐寅《龙蛰二首》)

在唐代，“到头”在诗歌中开始频繁出现在疑问句句首，缺位编码“说到底”义。这种“到头”通过语境吸收被重新分析为疑问副词(演变机制同“到底”，详见第一编第二章)。例如：

(137) 到头谁是复谁非，云拥根株抱石危。(陆龟蒙《自遣诗三十首》)
(138) 到头苦节终何益，空改文星作少微。(方干《赠黄处士》)
(139) 朱门处处若相似，此命到头通不通。(杜荀鹤《秋日湖外书事》)
(140) 到头袅娜成何事，只解年年断客肠。(孙鲂《柳》)

但上几例中“到头”还不能完全排斥“到最后”义解读。比如，例(138)勉强也可说成“苦节到头终何益”。这样，“到头”就是补语，“苦节到头”跟现代汉语“追根到底”结构平行，该例中“终”作“究竟”义疑问副词解(历史上“终”确有“究竟”义，详见张秀松，2010)。

到了宋代，评注副词“到头”用频更高(见表3-4)，可跟“毕竟”对举。例如：

(141) 毕竟水朝沧海去，到头云自觅山归。(《圆悟佛果禅师语录》卷二〇)

元明以后，评注副词“到头”的用例越来越少，[23]但并非没有。例如：

(142) 角儿粗蹄儿圆，有两湿有三干，到头就值七两半。(蒲松龄《聊斋俚曲集》)

(143) 任拘谁人作下恶，到头都是你承担，心腹人拥撮你头儿断。(蒲松

[23] 王群(2006:136)统计了《聊斋俚曲集》《金瓶梅词话》《醒世姻缘传》三部书，发现仅《聊斋俚曲集》中有2例。

龄《聊斋俚曲集》)

从唐五代直至明清,短语用法一直是“到头”的主流用法(见表 3-4)。短语“到头”习见于文学作品。在戏曲等口语性强的作品里,“到头”常后附语气词“来”。下面为元明清三朝“到头来”各举一例。

(144) 唉!你个呆柳翠,呆柳翠早回头,则你那事,到头来怎出的这无常勾?(李寿卿《度柳翠》第二折)

(145) 赌十场九遭说赢,到头来一文不聚。(吾丘瑞《运甓记》第二十五出)

(146) 想当时联镳游赏,怎到头来刚做了恁般随侣。(洪昇《长生殿》第三十二出)

有趣的是,“到底”在口语性强的作品里也可后附“来”,形成“到底来”。例如:

(147) 钱聚如兄,钱散如奔。钱本无根,钱命元神。到底来养身波也那丧身,这钱呵兀的不送了多人。(刘君锡《来生债》第一折)

(148) 果证幽明,看善善恶恶随形答响,到底来那个能逃?(张岱《陶庵梦忆》)

不过,“到头”后的“来”有一定的趋向意味,而“到底”后的“来”只表示语气[如例(147)],且“到底”以后附语气词“个”为常(张秀松,2010:§2.2.1)。“到头来”习见于宋金元明清曲辞。因宋元明清时期的南戏用的多是江浙等地的江南口语(袁宾,1992:23),所以“到头”在今天主要存在于南方方言。

3.5　到老

现代汉语方言中“到老”为什么会兼有“到最后”“终于/终究”“反正”“究竟”诸义呢?有三种可能的解释:(1)“到老”是“到了”第二音节发生介音丢失的音变形式。(2)“到老”的共时多义性是其语义演变阶段性的共时投影。(3)方言“到老”受共同语相关词语的聚合类推而在相对较短的时间内获得了类似的多个义位。我们倾向于认可第(3)种解释。下面详加论述。

语料调查表明,“到老”始见于东汉。但它在历史上用例较少,用法比较单一,基本都表示“到年老”义。例如：

(149) 又复当冤其常谨良，畏不寿年少，常自苦行，求真道善德奇方，为行常善，不为阴贼，或逢流灾而中死，或到老力尽，而讫不得遭逢明师，可得须臾，竟其天年者，是者大冤，可悲伤也。(《太平经》卷九〇)

(150) 或反蔽塞不通，怀真道德到老死亡，是可冤悲伤。(《太平经》卷九〇)

(151) 凡不急之事，不敢与焉，有知而为此行，到老无知乃已。(《太平经》卷九八)

(152) 我做媒婆做到老，不曾见这般好笑。叵耐一个秀才，老婆与他不要。别人见了媒婆，欢欢喜喜，他反和我寻争寻闹。(高明《琵琶记》第十八出)

(153) 人情若比初相识，到老终无怨恨心。(徐仲田《杀狗记》第三出)

(154) 八戒笑道：“我把你少打的泼物……教你没处贴膏药……纵然不死，也是个到老的破伤风!”(吴承恩《西游记》第二十二回)

在元明两代，“到老”曾短暂出现过向时间副词、评注副词演变的趋势。例如：

(155) 你道是官人则合做官人，信口喷，不本分。你道穷民到老是穷民，却不道“将相出寒门”。(王实甫《西厢记》第三折)

上例中“到老”似乎可以看作“到底/毕竟”义评注副词，但它也可以看作“到年老/终老”义短语。在CCL语料库中未见只能理解为“到底/毕竟”义而不能理解为“到年老/终老”义的“到老”。所以，我们认为，虽然在上例所示语境中“到老”有向评注副词演变的趋势，但这种演变并没有实现。再如，许少峰主编(2008:408)收录了时间副词“到老”，释为“到底，毕竟”，并举例如下：

(156) 我也见出你那心来了，一味在我面上虚情假意，倒老还疼你那正经夫妻。(兰陵笑笑生《金瓶梅》第六十七回)

上例中的“到老”可以释作“(到)最后”，似乎可以认定为时间副词，但这种用法的“到老”仅如上1见。鉴于孤例不足为凭，我们认为，汉语史上“到老”虽然一度向时间副词演变，但这种演变终未实现。

当然，从“到年老”义引申出“（到）最后”义在认知上是有可能的。如果认知主体把死亡感知为生命旅程的终结状态，那就可以通过“生活是旅行（LIFE IS A TRAVEL）”隐喻把生命状态从年轻向年老的转变看作生命体在人生旅途上的移动。这样，通过重新分析“到老”就可从“到年老”义引申出“至死，到人生的最后”义，继而进一步泛化出“到最后”义，从而走上向时间副词和疑问副词演变之路。而且，在汉语史上还出现过有助于“到老”把这种认知可能变成语言事实的现象，即历史上“究竟”“到底”“到头”的义位也曾呈现过“到（人生的）最后，到老”义面。例如：

（157）父母恩重经云：……一者怀胎守护恩，二者临产受苦恩，三者生子妄（忘）忧恩……十者究竟怜愍恩。（《敦煌变文集新书》卷二）

（158）为诗告友生，负愧终究竟。（韩愈《东都遇春》）

（159）（云）我哥哥好狠也。……把我许了人，又要我去害他。难道你妹子害了一个，又好另嫁一个？哥哥，亏你就下的那。（唱）[二煞]想着我同胞的能有几，我大哥哥又不到底，提起来尚兀自肝肠碎。（佚名《隔江斗智》第二折）

（160）那小娟见赵院判出力救了他，他一心遂不改变，从他到了底。（凌濛初《初刻拍案惊奇》卷二五）

（161）郑生忽然对陆氏道：“我与你二人相爱，已到极处了。万一他日不能到底，我今日先与你说过：……”陆氏道：“正要与你百年偕老，怎生说这样不祥的话？”（凌濛初《二刻拍案惊奇》卷一一）

（162）文姬对满生道：“妾见父亲敬重君子，一时仰慕，不以自献为着，致于失身。原料一朝事露，不能到底，惟有一死而已。今幸得父亲配合，终身之事已完，此是死中得生，万千侥幸……”（凌濛初《二刻拍案惊奇》卷一一）

（163）高愚溪罄将所有，尽交付与侄儿。……高文明……只得收了。以后尽心供养，但有所需，无不如意。高愚溪到底不往女儿家去，善终于侄儿高文明之家。（凌濛初《二刻拍案惊奇》卷二六）

（164）却是戏文倒说崔张做夫妻到底。（凌濛初《初刻拍案惊奇》卷二八）

（165）梨花含羞，泪雨交流，可恨丁山不到头，真正可杀不可留。（《明清民歌时调集・霓裳续谱》）

（166）那看命的看得是一对上好到头夫妻，夫荣妻贵，并无冲犯。（《二刻拍案惊奇》卷九）

例(157)中"究竟怜愍"指父母对儿女的爱怜至死不变。[24] 例(158)中"负愧终究竟"意为"终究将背负着这种愧疚直到老死"(顾国瑞、陆尊梧,1992:347)。例(159)中"不到底"指没活到自然老死,犹言早死,与例(165)中的"不到头"义同。例(166)中的"到头夫妻",许少峰主编《近代汉语词典》(2008:406)释作"白首到老的一对"。可见,该例中"到头"和例(165)中"到头"一样呈现"到老"义面。余例"到底"多与"偕老"或"终(身)"同现,暗示句中"到底"呈现"到老"义面。那么,古代汉语中"到最后"义"到底"是如何呈现出"到老"义面的呢?它可能先是在"团圆到底""到底团圆"中呈现出该义面的。据我们考察,"团圆到底""到底团圆"犹"厮守到老""到老都在一起",在宋词和元明清戏曲中习见。仅元曲中就有9见。例如:

(167) 免告官司,免告官司,和你团圆到底。(柯丹邱《荆钗记》第二十九出)

(168) 愿得前意镇如初,团圆到底。(佚名《张协状元》第十六出)

"团圆到底""到底团圆"起初是表示空间位移运动进行到底端或到尽头。例如:

(169) 荼蘼架边,蔷薇洞前,管教你到底团圆,不离了半步儿远。(萨都剌《妓女蹴鞠》)

上例中的"到底团圆",据史良昭编《元曲三百首全解》(2007:149),指"到尽头都是团状圆形的",即踢球过程中完成一组动作而不让球中途着地(从而散开变形)。当"到底团圆""团圆到底"用在时空双关这种创新性语境中时就会获得时间用法。例如:

(170) 铁球漾在江边,江边;终须到底团圆,团圆。(施惠《幽闺记》第四十出)

(171) 铁球儿漾在江心内,实指望团圆到底。(杜善夫《耍孩儿·喻情》)

[24] 唐大足石刻《父母恩重经变相》最后一幅画像下题字云:"第十究竟怜悯恩。颂曰:百岁唯忧八十儿,不舍作鬼也忧之。"这可以作为此处解释的旁证。

(172) 我为甚将几陌黄钱漾在水里?便死呵,也博个团圆到底。(马致远《青衫泪》第三折)

(173) 我和你一似皓月澄清,团圆到底。(佚名《白兔记》第二十八出)

上几例中,“到底团圆”“团圆到底”的字面意思是“(铁球、线团、月影)直到水底还是团状和圆形的”,比喻爱侣到老都不分离。首例中“到底团圆”主要凸显空间用法,尽管它因作爱情婚姻故事的引子而有表示时间义的潜能;余例中“团圆到底”主要凸显时间义,但因前句加虚线部分的激活,使得其空间义有时也处于可及状态。正是在这样的过渡语境中“团圆到底”“到底团圆”才获得了“厮守到老”义。当然,“到底团圆”“团圆到底”虽有习语化倾向,但还没有彻底变成习语,还可以离析开来使用。例如:

(174) 流苏锦帐同欢会,锦被里鸳鸯对,永远团圆直到底。(兰陵笑笑生《金瓶梅》第七十三回)

“团圆到底”在戏曲、小说等文献中又作“团圆到头”“团圆到老”。试比较上例中的“到底”和下例中的“到头”“到老”。

(175) 论起初婚,王氏在前:只因休了一番,这平氏到是明媒正娶,又且平氏年长一岁,让平氏为正房,王氏反做偏房……从此一夫二妇,团圆到老。有诗为证:恩爱夫妻虽到头,妻还作妾亦堪羞。(冯梦龙《喻世明言》卷一)

既然历史上“究竟”“到底”“到头”等都呈现过“到老”义面,那么,与其语义结构相似的“到老”在理论上自然也可发生跟它们近似的语义演变,即:“到年老”义>“到(人生的)最后”义>“最后,终于,终究”义|“究竟”义。当然,“到老”的上述演变在历史上没有发生。所以,我们推测“到老”的上述演变发生于方言,是在相对较短的时间内完成的。那么,在温州话中“到老”为什么可以表示“反正”义呢?因为它受到了“到底”的类推,而“到底”的“反正”义用法是其“毕竟”义用法在复句中移动到“无论 s”所在空位或受“无论 s”的组合同化而获得的(详见第二编第一章§3)。

3.6 到究

鉴于中古以来“到底”亦作“倒底”、汉语史上“究”有“尽头”义(详见张秀松,2010b:Ch7,Ch8),我们推测:“到究”可能是在现代汉语方言中、在相对较短的时间内,从“到尽头”义引申出“到最后”义,继而词汇化为时间副词、评注副词和疑问副词的。或许有人会认为“到究”是“到底”和“究竟”的缩合。果如是,历史文献中当有“到究”用例,因为“到底”和“究竟”在历史上很常见。而事实上历史文献中无“到究”用例。所以,“到究”当不是“到底”和“究竟”的缩合。综上所述,基于“到究”在现代汉语方言中的共时多义性,它的语义演变可以构拟为:到尽头>到最后>(在)最后,终于,终究 | 毕竟 | 到底,究竟 | 结果,原来。

3.7 到尾

根据我们对历史语料的调查,“到尾”在古汉语里一般只作短语,常跟“从头”配合使用。例如:

(176) 每件须要贯穿,从头到尾,皆有次第。(《朱子语类》卷一〇)

(177) 而今人是从头到尾,皆无用。(《朱子语类》卷三四)

也有单独使用的,例如:

(178) 亲情对在林厝了,有银也不得共伊争。须着学古人例,到尾了终会团圆。(佚名《荔镜记》第十八出)

所以,我们推测,方言里单词“到尾”的上述演变可能是受“到底”“到头”等的聚合类推的结果,是在现代汉语中、在相对较短的时间内发生的,而不是历史的遗留。

3.8　归讫

现代汉语方言中的“归齐”“归其”在近代汉语中写作“归起”“归期”。在近代汉语中，“归起”“归期”有三种用法：一是用作短语，表示“到最后”义。例如：

(179) 又是那女儿手拿一块红珠子搁在手里转来转去，一个成十个，十个成百个，归起成咧一大盘的樱桃儿。(《华音启蒙谚解(上)》)

(180) 他苦口不应，你又把他怎么样？归期不过办个偷窃之贼，这贼又有什么大罪名呢？(石玉昆《三侠五义》)第十四回)

(181) 白玉堂英名一世，归期却遭了别人的暗算，岂不可气可耻！(石玉昆《三侠五义》第一百零五回)

二是用作时间词，表示“最后”义。这种用法和第一种用法之间有时界限模糊。例如：

(182) 归起不来咧，我白丢三十多吊钱么。(朴在渊、竹越孝译《中华正音》)

(183) 小(少)不得伙计来，我的言语他，归起凭帖收银就是咧。(朴在渊、竹越孝译《中华正音》)

(184) ……不知几年的工夫赶着发卖，卖到归起，若有卖不了的……(朴在渊、竹越孝译《中华正音》)

上几例中“归起”都表示“最后”义。根据我们的语料调查，“归起”在写于十九世纪末的《中华正音》(现藏日本东京大学阿川文库)中是个高频词。三是用作表示追究语气的疑问副词。例如：

(185) 归起到什么地方来着？(《华音启蒙谚解(下)》)

(186) 自己总没想想，归期是谁花的银子？真是呆的可笑！(石玉昆《三侠五义》)第三十四回)

考察可知，单词“归起”“归期”来源于“到最后”义介宾短语“归讫”。

总之，现代汉语方言中的“归齐”“归其”和历史文献中的“归起”“归期”记录的是同一个词，即“归讫”。“归讫”起初是介宾短语，表示“到终了”义，犹“到了”。[25]而后，它从介宾短语分别向时间副词、疑问副词演变。

当介宾短语“归讫”作状语时，有可能被重新分析为“最后”义时间词。换言之，它会经历如下语义演变：“到最后”义＞“（在）最后”义（演变机制同“到底”，详见第一编第二章§2）。这种语义演变完成的标志就是“归讫”可以用作介词“到”的宾语。例如：

(187) 那个是易又易呀！每种种横竖有人开板子。人家怎吗的咱们也怎吗的罢。到皈起按人家的价钱，算算一笔账是，却不完咧吗。（《你呢贵姓》）[26]

(188) 等着行市往下赶着卖，搁到皈起行市若违咧，立刻就往别处拉，爱发那里就发那里。（《中华濯足》）

上几例中“归讫”不可能是表示“到最后”义的，因为它前面已有“到”。

在起语篇总结作用的小句中，介宾短语“归讫”可以缺位编码“说归讫”。例如：

(189) 横竖你的银子却是有得在那里呢，归起小不得开付你的啊。（朴在渊、竹越孝译《中华正音》）

(190) 王大哥，你那个帽银子是，赶下趟却不定我来不来，若不来的时候乙，小不得伙计来，我的言语他，归起凭帖取银就是咧。（朴在渊、竹越孝译《中华正音》）

(191) 不管怎么说，归齐还是该你去。（西南官话·四川话）

[25] 景盛轩（2008）认为“归讫”（景文写作“归起”）本表示“最后”义。我们认为它表示“到……终了”义，因为它还有近义词“归终”。“归讫”和“归终”用法相似，结构平行。例如：

(1) 他好心好意地帮别人，归终倒落了一身不是。

[26] 据朴在渊主编（2010:175），“皈起”是“归起”的另一种写法。

上两例中“归讫”犹“说归讫”，表示“说到底/说到了，总之”义。[27] 这使得“归讫”在陈述句中获得了时间词用法，在疑问句中获得表示追究语气的用法，从而分别演变为时间名词和疑问副词[详见上文例(185)(186)]。

不难看出，“归讫”的语义演变和“到究”相似。只不过“归讫”的源义是“到终了”，而“到究”的源义是“到尽头”；“到究”有“毕竟”义评注副词和“究竟”义疑问副词用法，而“归讫”有“总之”义语气副词和“究竟”义疑问副词用法。它们都发生了从客观真值义(“最后”)到主观强调义(“终于，终究”)的演变。这种演变还见于上文考察的诸词语和“终到了”。“终到了”在兰银官话甘肃兰州话、新疆乌鲁木齐话中表示“最后”义，在晋语(山西大同话)中表示“终于”义。例如：

(192) 他终到了儿来了。(晋语·山西大同话)

4. 小结

上文的考察表明，现代汉语方言中的“终竟”义词，如果是多义词/多功能词，往往兼有如下用法中的多种：(1) 表示空间领域位移运动进行到路径的终点(“到底端”义、“到尾部”义、“到尽头”义)；(2) 表示时间领域时间流逝到最后(“到最后”义)；(3) 表示事件域事件发展到有了结果，强调结果的久盼而至或力避还来，即强调结果的合目的或反期望[“(在)最后”义，“终于，终究”义]；(4) 强调认识域中溯因推理的原因(即事物的根本特点，“毕竟”义)；(5) 强调认识域解惑行为的结果(即表示醒悟语气，“原来”义)；(6) 用在言语行为域，表示对问题答案的追究语气(“究竟”义)。其中，“毕竟”义、“究竟”义用法的形成跟言说概念的零编码有关；醒悟语气用法的形成跟“终竟”义词前的泛义动词(如“弄”“搞”“闹”等)的潜隐有关。这些终竟义词，有些(如“至竟”“到了”“到头”“归讫”)的共时多义性/多功能性是其历时语义/语法演变阶段性的共时投影；另外一些(如“到罢”“到究”“到尾”)的共时多义性/多功能性则是受到上述第一类词的历时演变和共时多义性/多功能性的类推而在现代汉语方言中、在相对较短的时间内发生类似演变而导致的。“终竟”

[27] 这种情况也见于古汉语中的“到底”等词语(详见第一编第二章§2)。

义词共时多义性和历时语义演变跟空间移动、时间流逝、事件发展、推理进行、问答推进之间在意象图式上的相似性密不可分。认知主体可以用在感知空间位置/空间移动过程中获得的经验来认识时间流逝；可以用时空感知经验来认识事件进展（包括自然界或人类社会具体事件的发展、思维领域从前提到结论的推理活动的展开、交际领域从问题到答案的推进）。

本研究表明，词项语法化往往会导致其新的书写形式的出现。比如，“到罢”语法化后常写作“到巴”“到把”“到靶”“到坝”；“至竟”语法化之后又写作“则竟”“只竟”；“到究”语法化后又写作“倒究”；“归讫”语法化后又写作“归其”“归齐”。出现新书写形式是内部可分析性和语义透明性降低的结果，在客观上有时也能把词项通过语法化获得的新用法和其原有用法区分开来。

第四编

形式语言学背景下的语法化研究

第一章

“毕竟”义“到底”句的主观化研究

1. 问题的提出

在现代汉语中，“到底”是个意义和用法都极其丰富的语言表达式（包括词和短语）。关于“到底”的共时差异与历时演变，第一编第一、二章作了较为详细的考察。本章感兴趣的是“毕竟”义评注副词“到底”所在句子的主观化表达功能。下文所说的“到底”，如无特别说明，一般都是指“毕竟”义“到底”。例如：

(1) 褚桂芳到底是女强人，遇事不惊。不吭声，动脑筋，想不出主意之前先骂男人。（享福《小巷人物志》之二十二）

(2) 十分感谢各位的好意。到底还是哥们儿好说话。（王朔《玩儿的就是心跳》）

观察发现：第一，例(1)中“女强人”、例(2)中“哥们”有与其他相关个体（如“普通人”“普通朋友”）相对比的意味（下文简称为“[＋对比性]”）。第二，“到底”所在的句子往往强调某情况的出现“既在意料之外，又在情理之中”（下文分别称为“到底”句的“反预期”和“解-反预期”表达功能）。如例(1)暗示：说话人开始没有想到褚桂芳她遇到这样的事还能不动声色；但再细想，又觉得这在乎情理之中，因为褚桂芳是女强人。那么，“到底”句为什么具有“反预期”与“解-反预期”这些主观化表达功能？句中相关成分为什么具有[＋对比性]？这种[＋对比性]何来？这些主观化表达功能之间存在着怎样的关系？

根据对大量真实文本中“到底”使用情况的考察，我们发现，“到底”出现的完整格式是 **S_1**：“**（p），到底 q，（虽然）s，（所以） r**。”其中，p 代表“到底”触发的语用预设。例如：

（3）到底赵胜天是男人，虽然手忙脚乱，还是当机立断地把李小兰送到了医院。（池莉《太阳出世》）

例(3)中，p 是“男人一般遇事果断”之类命题，q 是“赵胜天是男人”之类命题，s 是命题“（赵胜天）手忙脚乱”，r 就是“（赵胜天）当机立断地把李小兰送到了医院”这个命题。但是，例(1)(2)的存在表明。S_1 有变式。再如：

（4）他们会随着萧伯纳笑他们自己，但他们到底是他们——萧伯纳连一点办法也没有！（老舍《英国人》）

例(4)中，“到底”（和判断动词）前后甚至是两个同形的 NP，去除“到底”，句子就不能自足。可见，使用“到底”的格式很多。那么，这些格式之间存在着怎样的形式上的推导关系？这些推导关系能否反映“到底”主观化过程中词项与其所在整个格式之间的互动过程？这些推导有哪些意义表达上的动因？

本文尝试通过建立模型的方法对上述一系列问题进行回答。

2. 模型的建立

第一编第一章已经基于 S_1 建立起了一个如下图所示的因果推导模型，解释表达式“到底”（包括短语、时间副词、评注语气副词、疑问语气副词）的共时差异：

大前提：	P	推（理）
小前提：	q	到
结　论：	r	底 ↓

图 1-1　因果推导模型

该模型是针对复句而设，但稍加改进就可以适用于单句。这是因为，很多时候单句可以扩展为复句，复句也可以紧缩为单句。如果我们把 S_1 中 q 转换为“（是）NP”，把 r 替换为 VP，那么，就可以得到 S_1 的简化式 **S_2：“到底（是）NP（，）VP。”**其中，NP 既包括我们通常所说的体词性成分[如上文例（1）（2）中的“女强人”“哥们”]，又包括从谓词性成分转化而来的“AP 或 VP 的人”之类体词性成分。例如：

（5）我知道你眼里没有你妈，不过我到底多活了几岁，吃咸盐也比你多吃几斤，你也该先问问我呀。（杨朔《三千里江山》）

（6）王赓虽然是一介武夫，但肚子里到底喝过西方的墨水。对于陆家所提出的离婚问题慨然允诺。（王映霞《陆小曼的第一位丈夫》）

上两例中，“到底”分句分别可以转换为“到底是多活了几岁的人”和“到底是肚子里喝过西方墨水的人”。因此，对第一编第一章建立的相关模型的改进，说到底，就是把逻辑分析方法从一阶谓词逻辑转向二阶谓词逻辑，把 q 表示的属性看作一个主目。

观察发现，“到底”有引进基于某可能性而设的量级标尺上的最大项的作用。例如：

（7）到底是教友啊，你有良心！（老舍《正红旗下》）

（8）到底你是博士生，说话那么有水平。

上两例中，“教友”“博士生”是“到底”预指的焦点成分。它们在语境中可以有一些同类的替换项和对比项。比如，例（7）中“教友”可以替换成“同事”，例（8）中“博士生”可以替换成“本科生”。例（7）中还可以加进对比项“一般的熟人”，说成“到底是教友，不是一般的熟人，有良心！”。例（8）可以加进对比项“本科生”，说成“到底你是博士生，不是我们本科生，说话那么有水平”。这样，上两例中与焦点“教友”“博士生”具有替换和对比关系的个体连同焦点项目本身合在一起形成一个集合。这个集合就是算子“到底”的焦点域（focal domain）。例（7）中“到底”的焦点域就是{熟人、同学、同事……教友}；例（8）中“到底”的焦点域就是{文盲、小学生……专科生、本科生、硕士生、博士生}。一句话，S_2 中 NP 指称的个体及其对比项、交替项形成的集合就是“到底”的焦点域，而焦点域中的每一个元素就是焦点值。S_2 中的“（是）NP”就是算子“到底”的作用范围（focal scope）。如果用“x_1、x_2……x_{j-2}、x_{j-1}、x_j”分别代表例（7）中“到底”焦点域中的值“文盲、小学生……本科生、硕士生、博士生”，用向下的箭头代表说话那么有水平（下文称作“属性 P”）的可能性从小到大，我们就可以得到下面所示的量级标尺：

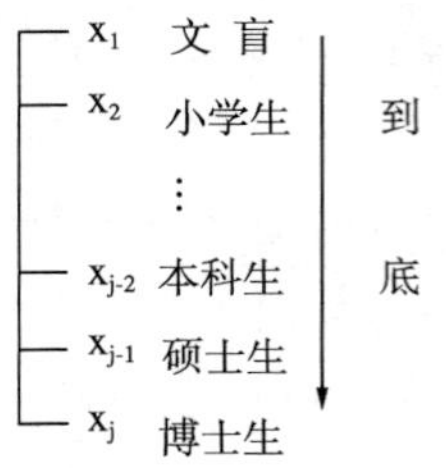

图 1-2

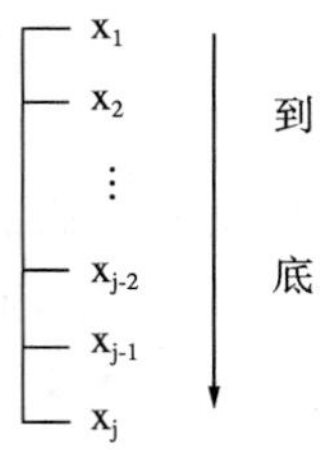

图 1-3

把上面左图中的具体值去掉，就形成抽象的右图。第一编第二章已经证明："毕竟"义"到底"是从短语"到底"语法化而来。它虽然主要起主观评价作用，引出某种感叹性评价，作为得出某种结论之原因，但它仍然滞留有语法化前短语"到底"的"到……底端/尽头/最后"义。所以，"到底"在起主观评价作用的同时，应该还有一种元语意义，而且这种元语意义才是初始的，而主观评价功能则是派生的。"到底"的元语意义就是表示认知搜索指针运行到量级标尺的底端，即：在言者看来，人们在认知心理上搜索与属性 P 相匹配的个体 x 时，只有沿着量级方向一直搜索到量级标尺的最底端才能发现满足条件的个体 x_j。[1] 所以，在图 1-2、1-3 所示模型中，向下的箭头旁边标有"到底"。

3. "到底"句的主观化功能

3.1 焦点成分的[+唯一性]特征

既然作为元语言的"到底"暗示听者只有搜索到量级标尺的最底端才能发现满足条件的个体，那么，言者事实上已经预先认定图 1-2、图 1-3 所示模型中只有一类

[1] 日语中"程に"(hodo-ni)的用法或许能够旁证这一点。Traugott & Dasher(2002:16,38)指出，中古晚期日语中的"程に"兼有"到路径的尽头、到时间的最后、到量级的极限"义和"毕竟"义，且后者源于前者。可见，汉语和日语中这两个强调原因的评注副词很可能有相同的来源，说到底都源于"(空间运动)到尽头"义短语，形成的机制是"心理搜索过程就是注意的焦点在心路上的位移过程"隐喻。

个体具有属性 P,那就是 x_j。换言之,“到底”作为一种预设触发语,具有一种预先认定(identify)的语义功能。即预先认定语境给定的成分集合(set)中只有焦点成分表达的子集(subset)具有句中谓词指谓的性质,而这个子集的补集不具有这种性质。比如上文例(8)中,说话人在说出该句之前,通常已经在主观上认定:只有博士生才说话那么有水平,博士生以外的人都不可能说话那么有水平。这就使得 S_2 中的 NP 的指称对象在当下语境中具有[＋唯一性]特征。[2] 即在当前论域(the universe of discourse)中只有 NP 指称的个体具有属性 P。那么,听者是如何解读出言者这种对[＋唯一性]的认定的呢?听者依靠的是言语交际合作原则中的足量准则与尺度原理的综合作用。Fauconnie(1975)把尺度原理表示为:

$$P(x_1) \rightarrow P(x_1) \wedge P(x_2) \wedge P(x_3) \cdots\cdots \wedge P(x_{j-1}) \wedge P(x_j)$$

意思是说,当量级标尺的最小个体(即最不可能具有属性 P 的个体)具有某属性 P 时,那么量级标尺上的所有个体都具有属性 P。据此,还可以推出:当量级标尺上的最大个体不具有属性 P 时,那么,量级标尺上的所有个体都不具有属性 P。推而广之,当量级标尺上的个体 x_i 具有属性 P 时,那么,个体 x_j 也具有属性 P,只要 $x_i < x_j$。当量级标尺上的个体 x_j 不具有属性 P 时,那么,个体 x_i 也不具有属性 P,只要 $x_i < x_j$。上面的推理过程可以表示如下:

$$[P(x_i) \rightarrow P(x_j)] \text{ iff } (x_i < x_j)$$
$$[\neg P(x_j) \rightarrow \neg P(x_i)] \text{ iff} (x_i < x_j)$$

语言表达要尽量遵循经济原则的要求使得人们认为:当 $x_i < x_j$ 时,要表达 $P(x_i) \& P(x_j)$,最合适(felicitous)的办法是只说 $P(x_i)$;要表达 $\neg P(x_i) \& \neg P(x_j)$,最合适的办法是只说 $\neg P(x_j)$,因为运用尺度原理,听者自然会从 $P(x_i)$ 解读出 $P(x_i) \& P(x_j)$;从 $\neg P(x_j)$ 解读出 $\neg P(x_i) \& \neg P(x_j)$。所以,根据尺度原理,用 $P(x_i)$ 表达 $P(x_i) \& P(x_j)$,用 $\neg P(x_j)$ 表达 $\neg P(x_i) \& \neg P(x_j)$,这样的做法既不违反合作原则中

[2] 所以,本小节标题采用的是较为宽松的表述。其中的“焦点成分”,严格说来,是指焦点成分的指称对象。同理,§ 3.2、§ 3.3 的标题采用的也是较为宽松的表述。

的足量准则，又不违反语言使用的经济原则。据此，当听者听到 $P(x_j)$（x_j是量级标尺上的最大值）时，他就会在足量准则和尺度原理的指引下得出在该量级标尺上只有 x_j具有属性 P。因为如果还有小于 x_j的某（些）个个体具有属性 P（我们把那个个体或那些个体中的最小项记为 x_i），言者就应该在遵循足量准则和经济原则的前提下，选择最合适的表达，即：遵循尺度原理，放弃说 $P(x_j)$，而说 $P(x_i)$。可是，言者没有这么做。那么，他一定要传达一种会话含义。这种会话含义就是一种需要推导的言外之意，即 x_j以外的任何个体都不具有属性 P。这种推理过程可以表示为：

$$P(x_j) \rightarrow \neg (P(x_1) \vee P(x_2) \vee P(x_3) \cdots\cdots \vee P(x_{j-1}))$$

我们可以用艾欧塔算子 ι(iota-operator，ι 是希腊字母艾欧塔）来形容“到底”的这种对[＋唯一性]的预先认定功能。把“到底”的这种语义功能表示为使“$\iota_x(P(x))$”为真。“$\iota_x(P(x))$”表示“有且只有一个个体 x 具有属性 P”。它可以解析为：

$$\exists x\ (P(x) \,\&\, \forall y(P(y) \rightarrow y = x))$$

这个逻辑式读作：存在一个个体 x，x 具有属性 P，并且对于任何一个个体 y 来说，如果它也具有属性 P，那么它就等于 x。换言之，无论具有属性 P 的个体 y 是谁或什么，它都与 x 具有同一性，即只有一个个体具有属性 P。正是因为“到底”具有上述元语功能，上文例(7)有这样的言外之意：当前论域中的其他人（如：熟人、同学、同事）在关键时刻都弃“我”于不顾，而“你”却“（对我）有良心”，且“你”是当前论域中唯一具有教友身份的人，[3]所以，“我”把“你”对“我”有良心归之于“你是我的教友”。NP 的[＋唯一性]有时可以通过一种极端形式表现出来。这种极端形式就是当 S_2中的 NP 与主语同形时形成的同语反复（tautology）格式 $\mathbf{S_3}$：“**NP 到底是 NP，VP**。”例如：

[3] 可以想见，如果当前论域中不止一个人是“我”的教友。“我”就不会用“到底是教友，你有良心！”来表达。“我”至少要说成“到底是真正的教友，你有良心！”。

(9) 老字号到底是老字号。同仁堂药店从进料、加工到配方、炮制都有一套独特的工艺。(侯学超主编《现代汉语虚词词典》)

这种同语反复格式可以明显传达一个信息:在某一确定时间 t,所有可能世界中,是 NP 的个体显然只有 NP 一个。换言之,具有“是某个体”属性的个体只有一个,即这个个体本身。这就保证了具有属性 P 的个体 x 的唯一性。当然,这只是 S_3 所要传达的表层信息。实际上这两个 NP 不同义。前一个 NP 指谓现实世界中的个体;后一个 NP 指谓现实世界中的属性。它们指谓的个体和属性正好相匹配。比如,教师与知书达理、为人师表等属性相匹配,军人与作风正派、雷厉风行等属性相匹配。所以,可以说,S_3 中前一个 NP 凸显外延义,后一个 NP 凸显内涵义。只是故意用同语反复暗示 NP 是唯一具有属性 P 的个体。上文曾用逻辑式“$\exists x\ (P(x)\ \&\ \forall y(P(y) \rightarrow y = x))$”来形容“到底”的元语功能。这个逻辑式里 x 与 y 的等同性在 S_3 里得到了很好的反映。另外,上文还用“$\iota_x(P(x))$”来形容“到底”的这种功能,而 ι-算子本是用来刻画有定摹状词的功能的。那么,我们自然会得出这样一个推论:“到底”有点近似于有定摹状词。事实确实如此。当 NP 的[+唯一性]被语形明白无误地显示出来,换言之,当 S_1 或 S_2 被转化为 S_3 时,“到底”可以为语气副词“就”替代。例如:

(10) a. 小奇到底是小奇,十分钟以后,她就给自己最要好的朋友洁茵打了个电话。(小楂《客中客》)

→b. 小奇就是小奇,十分钟以后,她就给自己最要好的朋友洁茵打了个电话。

上例中“到底”可以换成语气副词“就”,而后者是从范围副词“就”语法化而来的。例如:

(11) 老虎屁股摸不得,我就要摸。(黄伯荣、廖序东主编《现代汉语》)

如果把上例中语境所提供的各种焦点值(或曰“个体”)根据具有“(我)摸不得”这种属性(P)的可能性从小到大进行排列,可以建立如下一个量级标尺:

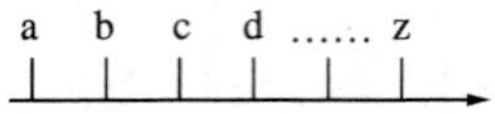

图 1-4

假如 a=“我珍爱的笔记本”;b=“我的宠物狗”;c=“我养的一条蛇”;……z=“老虎(屁股)”,那么,例(11)中的“就”(原是范围副词,表示限定,相当于“只”)则暗示我们:言者在选择摸哪个个体时,只选择摸老虎(屁股)。这就形成了与人们的主观预期完全相反的一种结果。因为根据上面的量级标尺,人们主观预期 z 是最不可能为“我”所摸的,即最不可能具有属性 $\overline{P}$ (即“被‘我’所摸”这种属性)的。但“我”现在要摸的却只是 z,即现在具有属性 $\overline{P}$ 的却只有 z。所以,客观结果偏离了人们的主观预期。这就是例(11)中的“就”为什么具有“偏(偏)”义的原因。简言之,例(11)中的“就”原本是“只”义范围副词,表示在当前论域中只有一个个体(即 z)具有某种属性 $\overline{P}$,而 $\overline{P}$ 是人们根据尺度原理主观预期个体 z 最不可能具有的属性。这种客观结果对主观预期的偏离(或者说“反预期”意义)一旦固化,“只”义范围副词就完成了向“偏(偏)”义语气副词的语法化。因此,“就”从范围副词向语气副词的语法化是上述语用推理在语言中的固化,即语用法的语法化。由于语气副词“就”词义中滞留有语法化前的源义(即具有限定范围的作用),而在 S_3 中“到底”又可以用“就”替换,所以,“到底”可以和准有定摹状词“就”一样用 ι- 算子表示其限定功能。当然,“到底”的这种限定功能是从其主观评价功能派生来的。

3.2　焦点成分的[+对比性]特征

焦点 NP 的[+对比性]特征是从它的[+唯一性]派生出来的。既然“ι_x(P(x))”告诉我们只有一类个体(即 NP 指称的个体 x_j)具有属性 P,那么,同一量级标尺上的其他个体就都不具有属性 P。这样,在具不具有属性 P 上,x_j 和同一量级标尺上的所有其他个体形成了鲜明的对比。这种对比多数情况下是隐含的,由语境中的上下文来协助实现。例如:

(12) 人家台湾长大的小姐,自有一套全然不同的教育,自己那段“文革”中下煤矿长大的旧事,总像梗在嗓子里的一块东西,吐又吐不出来,咽又咽不下去。几下里凑到一起,<u>到底</u>与大陆出来留学的人最谈得拢。说话不用做注

解，聊上两句就能入港，打官腔，撑面子都免了。（小楂《客中客》）

上例中，言者借助语境中的上下文对 NP 指称的个体形成的集合（即大陆一起出来留学的女同学形成的群体）与这个集合的补集（即台湾长大的女同学形成的群体）进行了比较。但焦点 NP 的［＋对比性］有时可以通过在 S_2 本句中加插入语的方法得到凸显。这就形成了格式 **S_4：“到底（是）NP，不比/是/像$\overline{NP}$**，VP。”例如：

（13）我们主任到底是领导，比群众觉悟高，不比小梅之流。主任像发现了新生的好人好事一样，发现了我这个落后青年的进步倾向。（姜丰《爱情错觉（一）》）

（14）毛主席到底也是人，并不是神，而且是一个感情极为丰富的人，他终于决定撇开一切有形无形的障碍，和贺子珍见上一面。（水静《毛泽东密召贺子珍》）

S_4 中用了“不比/不是/不像”，表面上说不对 NP 指称的个体（x_j）与同一量级标尺上的任一其他个体（即 $\overline{NP}$ 指称的个体）进行比较了，或者通过说“NP 不是/像/比 $\overline{NP}$”从而否定了两者之间的可比性，但实际上言者还是用“不是/像/比 $\overline{NP}$”把比较参项 $\overline{NP}$ 引入了话语环境。这说明言者想要表达一种会话含义。这种会话含义就是凸显 NP 的［＋对比性］特征。在自然语言中，S_4 还可以有变体。S_4 中人们关注的是 NP，VP 是陈述 NP 的，其主语承前句主语省略了。当人们把关注侧面转移到 $\overline{NP}$ 上时，就可以用 $\overline{VP}$ 来陈述 $\overline{NP}$ 。这时形成 S_4 的变体 **S_5：“到底（是）NP，不是/像/比$\overline{NP}$（，）$\overline{VP}$**。”S_5 与 S_4 的差别就在于用 VP 还是 $\overline{VP}$ 。此外，S_5 中 $\overline{NP}$ 与后续成分之间可以没有停顿［见例（15）］，而 S_4 中 $\overline{NP}$ 与后续成分之间必须有停顿。这样才能保证 VP 是陈述 NP 的。但是，反之不必然，即：$\overline{NP}$ 与后续成分之间有停顿时，后续部分不一定就是陈述 NP 的，因为 S_5 中 $\overline{NP}$ 与后续成分之间有时也会有停顿（所以，我们把 S_5 中的第二个逗号用括号括起来，表示可选）。例（16）就是如此。

（15）但是他到底是乡下人，不像城里人那样听见风便是雨。（侯学超《现代汉语虚词词典》）

（16）但看老师的样子，已经听见了他们的争吵。老师到底有文化，不比别的老家人，招待不好故意傲慢。（刘震云《一地鸡毛》）

例(16)中“招待不好故意傲慢”显然是陈述“别的老家人”而不是“老师”的，尽管“别的老家人”和“招待不好故意傲慢”之间有停顿。为了避免在 VP 是陈述 NP 还是 $\overline{NP}$ 的理解上造成误会，有时说话人会在后续成分（VP 或 $\overline{VP}$）前加上显性的 NP，比如例(13)中的第二个“主任”。S_4、S_5 中的后续成分（VP 与 $\overline{VP}$）还可以糅合在一起，形成 **S_6：“到底（是）NP，nP 跟 $\overline{NP}$ 不一样”**（nP 由 VP 转化而来）。比如，例(17)e 可以看作是从例(17)a 转换而来。例(17)d 和例(17)e 中“武器装备”（nP）实际代表的就是“武器装备是否先进”（VP 与 $\overline{VP}$）。

（17）a. 正规军到底是正规军，不像游击队，武器装备很先进。

→b. 正规军到底是正规军，跟游击队就是不一样，武器装备很先进。

→c. 正规军到底是正规军，在武器装备很先进这点上，跟游击队就是不一样。

→d. 正规军到底是正规军，在武器装备上，跟游击队就是不一样。

→e. 正规军到底是正规军，武器装备跟游击队就是不一样。

因此，S_4、S_5 与 S_6 的不同完全是人们观察同一现象的视角（perspective）和关注侧面（profile）不同造成的。

3.3 焦点成分的[＋穷尽性]特征

S_2 中的 NP 除了具有[＋对比性]特征，还具有[＋穷尽性]特征。[＋穷尽性]是说焦点成分表达的子集中任何一个元素都具有句中谓词指谓的属性。上文例(8)中焦点成分“博士生”的[＋穷尽性]表现在言者认为只要是博士生，就会说话那么有水平。如果借用 Rooth(1996)的选项语义学（alternative semantics）的描写方法，设 R 表示约束成分（restrictor），S 表示作用范围（scope），则：R＝｛ x ｜ x 是说话那么有水平的人｝；S＝｛ x ｜ x 是博士生｝。“到底”的存在暗示听者，言者认为 S/R 的比值在相关语境中无限逼近 1。换言之，在言者的信念世界所有的博士生都是说话那么有水平的。否则言者就不会那么说。由于在听者的信念世界中 NP

不一定也具有[＋穷尽性]，所以，有时听者可以反驳道：“博士生就一定说话有水平吗？”那么，为什么在言者的信念世界中 NP 具有[＋穷尽性]特征呢？这是由 NP 与 VP 的所指之间经常具有最佳关联决定的。这种最佳关联很多时候是固存在常人的信念世界中。例如：

x　——P
军人——雷厉风行、作风正派
教师——为人师表、知书达理
警察——除暴安良、乐于助人
教徒——虔诚信教、乐善好施
…………

观察可以发现：如果 NP 指人，它往往是表示某职业的类指(generic)词语，而 P 往往是某职业道德规范中明确要求相应的那类从业人员应该具有的品质或在社会公众心目中这类人的明显共性[4]。比如，《中华人民共和国人民警察职业道德规范》明确规定人民警察要除暴安良、乐于助人。《高等学校教师职业道德》和《中小学教师职业道德》也明确规定教师要为人师表。再如，在社会公众的心目中，教徒的最明显共性是虔诚信教、乐善好施。商人的最明显共性则是逐利……如果 NP 指(动)物，则 P 往往是这类(动)物的本质或根本特点。比如狐狸的狡猾、老虎或狮子的凶猛……当然，也有些时候，NP 与 VP 的所指之间的最佳关联并不固存于人们的信念世界，而是言者在话语环境中临时构建出来的。例如：

(18) 小奇<u>到底</u>是小奇，十分钟以后，她就给自己最要好的朋友洁茵打了个电话。(小楂《客中客》)

上例中，在言语行为发生前，即便言者自己也并不一定就认为只有小奇才能很快从挫折中地站起来。但是，一旦言者说出了上例，他就不言而喻地在自己的信念世界认为只有小奇(或者至少只有小奇这样的人)才能够很快从挫折中站起来。所以，她“十分钟以后，就给自己最要好的朋友洁茵打了个电话”。不管是原来固存还是临时构建，总之，NP 与 VP 的所指之间在话语时刻，在言者的信念世界中，存在着

[4] 即 NP 的典型特征。所以，“到底是 NP”可以用“十足的 NP”替换，因为“十足”经过重新分析获得了“典型，地道”义，尽管最初表示“十分充足”义。

最佳关联。这种关联上的最佳性有时可以通过显性的程度副词“最”体现出来。例如：

(19) 不过，说句不科学的话，勇气到底还是最要紧的。(老舍《杀狗》)

由于这种最佳关联的存在，言者就可以在信念世界中形成一个理想认知模型(idealized cognitive model，ICM)，认为所有元素 x 都具有属性 P。比如，上文例(7)中，正是“教友”与“有良心”之间具有最佳关联，即大多数教友都是有良心的，言者才可以把这种倾向性的规则理想化为所有的教友都是有良心的。所以，这是一种 ICM。有了这种 ICM，就不难理解 NP 的[＋穷尽性]特征了。NP 的[＋穷尽性]和[＋对比性]使得 VP 与 $\overline{VP}$ 这两个意义截然相反的形式能够进入 S_4 与 S_5 这两个大致相同的格式。

3.4 格式的反预期与解-反预期功能

上文说，“到底”的元语意义就是暗示：在言者看来，搜索指针在搜索与属性 P 相匹配的个体 x 时，只有沿着量级方向一直运行到量级标尺的最底端，才能找到满足条件的个体 x_j。但是，当搜索指针进行这种认知搜索时，可能会遇到阻碍。阻碍的存在是“到底”句获得反预期解读的必要条件。比如，上文例(6)中，“虽然”引导的“(王赓)是一介武夫”使人们产生王赓不可能通情达理的心理预期。这种预期使人们在认知心理上搜索与属性“对陆家所提出的离婚问题慨然允诺”相匹配的个体时倾向于首先排除“王赓”。换言之，这种预期阻碍了搜索指针向“王赓”移动。当然，这种阻碍是失败的。由于“到底”暗示我们必须搜索到量级标尺的最底端，“到底”后的“(是)NP”又强烈暗示 NP 是具有属性 P 的最佳候选项。所以，最终得出的结论——(王赓)对陆家所提出的离婚问题慨然允诺——与从“虽然”所引分句得出的预期——(王赓)不可能对陆家所提出的离婚问题慨然允诺——正好相反。这就是“到底”句反预期功能的形成机制。综上所述，只有存在阻碍认知搜索的障碍时，“到底”句才有表达反预期意义的语用功能。“到底”句的反预期效应有时可以通过“真没想到”“你还别说”等插入语显示出来。例如：

(20) 儿子的一席话倒是提醒了这位三十八岁的农村妇女，本来，施银涛对这个事情也不服气，但想到派出所惹不起，不如忍下算了，没想到儿子上了几年学到底还有点主见。（公平《十四岁少年告倒派出所》）

（21）你还别说，这么危险的事，他也敢做，到底是警察。

但是，我们必须看到，“到底”句还有解-反预期功能。虽然由于障碍的存在使“NP VP”所示事件的发生出人意料，但考虑到 NP 是量级上的最大项，与 VP 关联度最大，所以，VP 这个动作发生在 NP 这个个体身上也情有可原，即“到底”后的 NP 最佳关联属性的存在使得“到底”句又具有解-反预期表达功能。例如：

（22）他到底是穷人家的孩子，一分钱都舍不得花。

（23）到底是大学生，这个字也认得！

例(22)中，“一分钱”作为量级标尺上的最小值，使我们预期他会舍得花。那么，当我们搜索与属性“他舍不得花”相匹配的个体时，我们会倾向于首先排除个体“一分钱”。可事实出人意料，他确实舍不得花一分钱。但是，考虑到 NP(穷人家的孩子)与 VP(舍不得花钱)之间具有最佳关联。所以，作为穷人家的孩子，他舍不得花一分钱也是情有可原的。这样，“到底”句又具有了解-反预期表达功能。综上，“到底”句同时包含反预期和解-反预期意义表达功能。阻碍的存在是反预期意义产生的条件，NP 与 VP 之间的最佳关联是解-反预期意义产生的根源。全句凸显某事的出现既在意料之外，又在情理之中。再如：

（24）到底是诗人，妻子姓蓝，连家具也全用蓝色来装扮。（陈永昌《忆明珠和他的夫人》）

上例一方面凸显“明珠把家具全部用蓝色装扮起来”这件事出乎言者所料，有悖常理，另一方面凸显“明珠因为妻子姓蓝，就把家具用蓝色装扮起来”这件事却又情有可原，因为明珠的身份是诗人，诗人的最佳关联属性就是浪漫。所以，为自己心爱的蓝姓女人而把家具用蓝色装扮起来情有可原。当然，由于 S_1 中表示阻碍的 s 句可省，“到底”句以表达解-反预期意义为主，比如下句只凸显解-反预期意义。

（25）到底你们警察勇敢。

由于“到底”句有反预期意义表达功能，我们预测它一定可以插入“连”字句或转换为“连”字句，因为“连”字句有反预期义表达功能(袁毓林，2006)。事实确实如此。例(22)(23)可转换为：

(26) 他到底是穷人家的孩子，连一分钱都舍不得花。

(27) 到底是大学生，连这个字也认得！

观察例句可以发现，“连”引进量级标尺的最小项，“到底”引进量级标尺的最大项。正是因为“连”字句和“到底”句所起的主要语用功能分别是凸显反预期意义和凸显解-反预期意义，因而两者分别可以与“居然”和“果然”这两个副词搭配使用。例如：

(28) 连小学生居然也认得这个字！

(29) 到底是大学生，果然这个字都认得！

上两例中，“小学生”在根据具有属性“认得这个字”的可能性的大小建立起来的量级标尺上，是最小项；而“大学生”在这个量级标尺上是最大项。所以，例(28)中用“居然”，例(29)中用“果然”。如果把例(28)中的“居然”换成“果然”，句子就不合格。

4. 小结

本章尝试对第一编第一章建立的“毕竟”义“到底”句的因果推导模型进行改进，从而加大了解释力度。全面考察了这种“到底”可能出现的各种格式，并建立起了这些格式之间的推导关系。现将本文所述的 S_1-S_6 之间的推导关系图示如下：

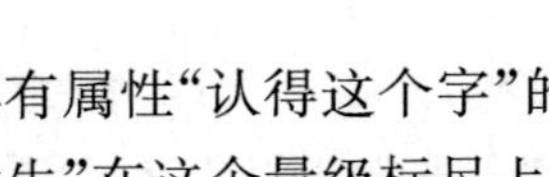

图 1-5　S_1-S_6 之间的推导关系

上文的论述表明，这些格式间的推导是凸显对比意味、表达反预期意义及解-反预期意义等主观化表达的需要驱动的。

本章的研究试图在形式与意义相结合思想的指导下使意义的分析得到形式验证。同时，尝试实现形式研究与功能研究的有机结合，用形式语义学中的相关理论和技术对“毕竟”义“到底”句的主观化表达功能进行较为精细的刻画。同时，把语用法的语法化、反预期、解-反预期等功能语言学较为关注的课题纳入形式语言学的考察范围。

第二章

从认知处理和逻辑运算看语法化过程中的语义演变

1. 引言

本章考察语法化(和词汇化)过程中发生的语义演变的规律性。众所周知,多义词常常具有规则多义性(regular polysemy)。所谓“规则多义性”,是指多义表达式的各种意义之间的联系是有规则的,而不是杂乱无章的。若多义词 A 具有意义 a_i和 a_j,多义词 B 具有意义 b_i和 b_j,而 b_i和 b_j的语义差别跟 a_i和 a_j的语义差别一样,且 a_i和 b_i、a_j和 b_j不同义,则 A 或 B 具有规则多义性(何英玉,2004)。语词在共时平面的规则多义性常是其语义发生规律性的历时演变的结果。因为“①语词同客观事物相关,客观事物之间的联系必然会反映在语词的意义上,而客观事物之间的联系可能会随时代发展而改变,这是语词发生语义演变的物质基础;②人们在认识世界的过程中对相关概念产生联想,使事物间的联系影响语词的语义演变,这是语词发生语义演变的认识论基础”(姜胜,2004:237)。本章探讨的就是作为语义演变认识论基础之一的认知处理和逻辑运算。本研究将揭示,随着社会的发展,人们对外部世界的认识可能会发生变化,认知处理和逻辑运算能力也必然会得到提高,必然会发现外在事物之间的一些新关系,并最终通过语词的新义跟旧义之间的联系使之固定下来。而且,若某多义现象不仅存在于一种语言的不同语词之间,而且存在于不同语言的对应语词间,则该多义性很可能跟认知处理或逻辑运算有关。本研究将展示,形式语义学领域命题逻辑和谓词逻辑的很多定理是语词意义演变规律的直观表示。形式语义学研究有助于我们发现语义演变的跨语言共性。而这种共性是普通语义学(universal semantics)[1]的重要研究课题。形式语义学的既往研究已经揭示了很多跨语言语义共性。比如,单调性和极项的推理敏感性不仅跨语言有效,而且跨范畴有效(Zæfferer,1991:6-8)。这些语义共性(semantic universal)绝大多数都是系统的。它是由共同的认知处理和逻辑运算引发的,受共同的认知和逻辑机制的约束。

2. 理论背景

本章倡导一种基于认知的、动态的、对语境敏感的语义研究路子。这种研究路子直到二十世纪八十年代末还只见于瑞典等少数国家的学者(如 Allwood,1989)的研究中。自二十世纪九十年代起,由于认知语言学领域长于处理话语意义的心理空间理论(后发展为概念合成理论)学派的语义构建论[2]兴起,这种研究路子始渐受学界关注。该研究路子的特点是,把意义和概念基本看作认知现象,主张从对信息的认知操作角度来研究意义,而不把意义看作静态存在;认为意义取决于对语境敏感并利用语境而进行的认知操作(比如消歧、典型化、具体化、相似性抽取)。这些认知操作是在某语言表达式的意义潜势、其他表达式的意义潜势和情景语境之间获得某种兼容的过程。所谓"意义潜势/潜在意义(meaning potientials)",基本是人们对某具体表达式以前用法的记忆(即从以前的无数使用实例中概括出的某表达式的意义),可视为当前说话人能从该表达式联想到的信息的集合,包括百科信息和词汇信息。意义潜势中只有一部分被语境激活,实现为语言表达式的现实意义。比如,在"石狮子"中"狮子"的[生物]义素并没有被激活,反而被"石"抑制了。"意义潜势"概念可以用来解释词义的语境变异。比如,在"水枪""水车""水鸟""水货"的意义解读过程中,"水"的意义潜势与语境信息互动生成"发射水的""汲水/洒水的""生活在水边的""有水分的(喻指掺假的)"等现实意义。可见,语言表达式的现实意义源于认知操作引导下的语言表达式的意义潜势的部分激活。因

[1] 如果比照生成语法学中的普遍语法(universal grammar),这里的"universal semantics"似应译成"普遍语义"。为了兼顾合适性,本书这里译作"普通语义学"。

[2] 构建论主张,意义是在语境中临时构建而成,语言表达式的所谓"意义"只是为我们提供了构建整个命题或话语的意义的切入口。

此，严格说来，引言所说的语词的意义演变其实是语词意义潜势的演变。这种演变是以语词的意义潜势在语境中受到认知操作的作用而发生不同于语言集团的长时记忆的新的激活为基础的。本章就是要探讨这些认知操作背后的逻辑运算机制。本章所用语料均随文标注出处。未标注出处的，为笔者自拟。

3. 基于认知处理和逻辑运算的语义演变

认知语言学研究表明，不同认知主体对同一事物采取的观察视角(即视角化/perspectivization)不同、关注侧面(profile)不同、扫描(scanning)方式不同、认识场景的精细化程度不同，会得到不同的识解(construal)结果。比如，对如下这同一种集合运算(即：从全集 U 中减去其真子集 A，得到 A 的补集 $\overline{A}$)：

$$U-\overline{A}=A \qquad\qquad U-\overline{A}=A$$

若如左边所示，认知主体把“得到 A”感知为前景，把剩余部分感知为背景，则认识到的是对 A 的限定，即把考察范围从全集缩小到 A 上。相反，若如右边所示，认知主体把“减去 $\overline{A}$ ”感知为前景，把其余部分感知为背景，则认识到的是对 $\overline{A}$ 的排除。可见，限定和排除是同一认知模框中两个相对的侧面，正如给予跟接受，它们彼此伴随，对 A 的限定总伴随着对 $\overline{A}$ 的排除。排除义和限定义相对立的概念基础是[前景-背景]配置方式发生倒置而引发的凸显侧面的不同。“限定-排除”的对立为部分表示限定义的词[如“只是”“但(是)”等]在[整体肯定＋局部否定]或[整体否定＋局部肯定]语境(下文简称“整体-局部极性对立语境”)中通过语境吸收而语法化为转折关系连词(详见 § 3.3)提供了认知和逻辑基础。这种识解方式不同而导致认识不同的现象在语言里的反映是，有些多义词其不同意义之间的差别本质上是选择的视角、凸显的认知侧面、采用的扫描方式、认识精细化程度等的差别。下面详细论述。

3.1 限定与排除：基于[前景-背景]倒置而发生的语义演变

先看汉语史上“无非”的语义演变。“无非”，《现代汉语言词典》(第六版)释作“只，不外乎(多指把事情往小里或轻里说)”。《现代汉语八百词》释作“只，不过，不外乎，指明范围”。可见，在现代汉语中“无非”是个起限定作用的范围副词，犹“只”

“仅”。例如：

(1) 院子里种的无非是凤仙花和鸡冠花。

上例中“无非”把具有“院子里种的”这种属性（记为 P）的个体（记为 x）限定在了凤仙花和鸡冠花这两个集合中。但“无非”和“莫不”“无不”“莫非”一样，原是跨层结构（金颖，2009）。[3] 例如：

(2) 伯乐学相马，所见无非马者，诚乎马也。（《吕氏春秋 · 季秋纪》）
(3) 普天之下，莫非王土；率土之滨，莫非王臣。（《诗经 · 小雅 · 北山》）

例(2)中“无非”小句的断言义是“所见到的没有不是马的”（即：所见到的不是马的事物是没有的），推论义是“所见到的都是马”。例(3)中“莫非”小句的断言义是“普天之下没有不是王土的”（即：普天之下不是王土的地方是没有的）。其推论义是“普天之下都是王土”。故例(2)(3)中“无非”“莫非”可用“皆”“均”等统括性范围副词来替换。因此，“无非”从跨层结构词汇化为范围副词的语义演变过程（即：“没有不是”义＞“都”义）也是其语义中推论部分跃升为断言部分的过程。词汇化以后，“无非”的意义又进一步发生演变（即：“都”义＞“只”义）。该演变以限定算子和全称量（化）词转换律为其逻辑推导机制（详见 § 3.2）。这里我们主要关注“无非”发生的第一步语义演变。为便于说明问题，现将例(2)的真值条件义表示为如①所示的逻辑公式（其中，H 代表 Horse，表示由马构成的集合；Be_Seen 代表“为伯乐所见”这种属性）。②是对①的逻辑运算。从①到②的逻辑运算正是“无非”发生第一步语义演变所遵循的逻辑机制。

$$\neg \exists x[(x \notin H) \& Be\_Seen(x)] ① \quad \equiv \forall x[Be\_Seen(x) \rightarrow (x \in H)] ②$$

[3] 随着“无非”等从跨层组合词汇化为一个副词，其所在句子句法结构复杂性降低了。比如，“所见无非马者”本是“所见非马者无”这种语义的句法实现。可见，“所见无非马者”并不是按线性顺序组合在一起的。即使把“所见无非马者”理解为“所见无一非马者”（所见没有一个不是马的），原句“所见无非马者”的结构复杂性仍然很高，因为它涉及“一”的缺失。而当“无非”词汇化为范围副词以后，全句结构复杂性骤降。这也印证了 Dahl(2011)的观点——词汇化或语法化往往是结构复杂性降低的过程。

可见,“无非”中“无”本表示“不存在”,编码的是逻辑式①中的 $\neg\exists$,“非”表示“不是”,编码的是逻辑式①中的 $\notin$(读作“不属于”),起排除作用。[4] 把个体 x 排除出集合 H,就是把当前谈论话题限定在 H 的补集($\overline{H}$)中。而属于 $\overline{H}$ 的 x 是不存在的。换言之,在例(2)中,所有具有 Be_Seen(即“为伯乐所见”)这种属性的个体都属于集合 H(即:都是马)。这样,“无非”词汇化以后,它编码的就是公式②中的全称量词 $\forall$ 的意义了。总之,“无非”以对排除式的否定来达到总括(从而进一步达到限定)的目的。其语义演变可以综合表示为:～排除 → 总括 → 限定。

古汉语“非 x 即/则/而 y”也是用排除式表示限定义的。其中的“非”也表示排除。全句实际上表示限定义,把当前论域限定在了 x 和 y 上。例如(转引自楚永安,1986:85-87):

(4) 齐国诸公子之可辅者,非公子纠即小白也。(《韩非子·说林下》)
= 齐国诸公子之可辅者,唯公子纠与小白也。

(5) 天地之道,非阴则阳;圣人之教,非仁则义;万物之宜,非柔则刚。(《天子·天瑞》)
=天地之道,唯阴阳而已;圣人之教,唯仁义而已;万物之宜,唯刚柔耳。

(6) 韩地险恶山居,五谷所生,非麦而豆。(《战国策·韩策一》)
= 韩地险恶山居,五谷所生,唯麦与豆。

(7) 凡天下之强国,非楚而秦,非秦而楚。(《史记·张仪列传》)
= 凡天下之强国,唯秦与楚。

在现代汉语中有一种特殊的“除”字句,也是通过对排除式的否定来达到限定和总括目的的。如例(8)(9)中被排除项跟剩余项或者完全相同[如例(9)中的“写文章”],或基本相同[如例(8)中的“萝卜白菜”与“白菜萝卜”]。所以,说话人其实否定了排除之后有所剩余这个事实。故例(8)其实是说除了萝卜白菜别无他菜,例(9)其实是说除了写文章别无他事。换言之,吃的只/全是萝卜白菜,做的只/全是写文章。

---

[4] “非”起排除作用在古汉语中习见。比如,下两例是同经异译,“非”与“除”通用(胡敕瑞,2008)。
(1) 自非佛智,余岂能知。(昙旷《大乘起信论略述》)
(2) 除佛智慧,无能知者。(陈慧思《南岳思大禅师立誓愿文》卷一)

(8) 这几天在西区食堂吃的除了萝卜白菜，就是白菜萝卜。

(9) 我这个把月除了写文章，还是写文章。

上文关于"无非""非 x 即/则/而 y"和特殊"除"字句的讨论表明，限定义可以用排除式来间接表示。反之，排除义也可以用限定式来间接表示。换言之，排除操作不仅可以通过排除算子"除"等来实现，也可以间接地通过对限定式的否定来实现，因为限定的反面就是排除。比如，古汉语"非特""非直""非但""非独""微独""不独""不徒"、现代汉语"不但""不仅"都是从限定义词"特""直""但""独""徒""仅"的否定式（记作[Neg＋only]）词汇化而来的。[Neg＋only]结构中"only"表示对 A 的限定，在"only A"外再加上否定算子 Neg，就是执行限定运算的逆运算（即排除运算）了。所以，整个结构[Neg＋only]可以替换为排除算子"除却""除了"。例如：

(10) 他不但不帮忙，还站在一旁说风凉话。你说我能不生气吗？
→ 他除了不帮忙，还站在一旁说风凉话。你说我能不生气吗？

英语排除义连词"unless"也遵循类似汉语"不但"等词的演变路径（～限定→排除）[5]。它是"on less than"经历词汇化和语法化的结果[6]，"on less than"[7]仿自法语"à moins que"。例如：

(11) a. Jack will be one hundred tomorrow unless he died tonight.
（除非杰克今晚死了，否则明天他就 100 岁了。）
←b. [less than (Jack will be a hundred tomorrow)] on [he died tonight]
（明天杰克不会有 100 岁，当且仅当他今晚死了。）

---

[5] 汉语中的递进关系连词"不但"是从"不只"义短语语法化而来。例如：
(1) 他不但字写得好，而且画也画得好。

[6] 据 Rissanen(2010)考察，在中古英语诗歌和散文语料库（*Corpus of Middle English Prose and Verse*）中，"unless"有 28 例写作"onless"。这其中包括 3 例分离式(on less)和 25 例紧缩式(onless)。

[7] 据 Rissanen(2010)考察，在中古英语中，"on less than"有时也说成"upon less than"或"in less than"。尽管这个短语中开头的介词有"on""upon""in"的差别，但意义都是表示条件关系。到了早期现代英语中，介词"on""upon""in"与"less"分离的形式基本没有了，都是介词"on""upon""in"与"less"合并为一个单词的形式，如"unless""vnless"，且"unless"逐渐占据主导地位。中古英语中该短语里的"than"很多时候也换说成"that"，到了早期现代英语中"that"也脱落掉了。

在例(11)b 中,"on"表示限定义,全句意谓"只有 Jack 今晚死了,明天他才不会有 100 岁"。经过从(11)b 到(11)a 的重新分析,"on"和表示否定的"less"词汇化为"unless"。经词汇化而成的"unless"表示排除义。词汇化前"on+less"是跨层结构,词汇化后"unless"成了连词。汉语跨层结构"不但""不仅"等和英语跨层结构"on less than"向连词的词汇化表明,用限定算子的否定式来表示排除义这种语用法一旦因高频出现而固化下来,就会引发限定算子所在结构或结构中的部分常项的词汇化。如果输出项是虚词,那么该演变也是语法化过程。

正因为排除和限定是伴随关系,汉语"除非"虽因含排除义语素"除"而直接表示排除义[即"除了"义,见例(12)],但间接表示限定义[即"只有"义,见例(13)]。所以,例(14)a 和例(14)b 的真值条件义相等,"除非"表示唯一的条件。

(12) 除非一杯酒,何物更关身。(白居易《感春》)

(13) 黯乡魂,追旅思,夜夜除非好梦留人睡。(范仲淹《苏幕遮》)

(14) a.除非下雨,我才会请假。≡ b.只有下雨,我才会请假。

吕叔湘(1990)说:"'除非'大概是由两个词凑合而成。一是'非……不……'里的'非',一是'除……外'的'除'。"假设该分析是对的,那么跟"除非"分句搭配的分句中应该有跟"除非"相呼应的否定词。事实确实如此。例(14)a 也可以表述成:

(15) 除非下雨(S_1),我不会请假(S_2)。

这表明,上例中"除非"里的"除"和"非",作为起排除作用的算子,共享一个操作对象,即 S_1 所示命题"下雨"(记作 p_1);否定算子"不"操作的对象是 S_2 所示命题的否定命题,即"我会请假"(记作 p_2)。由于"除非"中"除"和"非"都起排除作用,共享一个操作对象,故可去掉一个而不影响句义的表达。[8] 例(15)可转换成"除了下雨之外,我不会请假"或者"不是下雨,我不会请假"。据席嘉(2010:158-161)考察,

[8] 历史上"除非"中的"非"偶尔还可以换成"是"。例如:

(1) 故犯我者,除是飞来。(《宋史·岳飞传》)

(2) 除是法师会飞,方能到彼。(《大唐三藏取经诗话》卷下)

“除非”始见于唐代，沿用至今。[9] “除非”还可以说成“除是”。不过，“除是”在唐代仅1见，宋代起开始常用起来。例如(转引自席嘉，2010：161)：

(16) 此并犯禁之具，若不毁，除是诱人于陷阱也。(佚名《对覆车罝罘判》)

(17) 要无闷，除是拥炉对酒，共谭风月。(周邦彦《无闷》)

(18) 毕竟人生都是梦，再相逢、除是青霄里。(葛长庚《贺新郎》)

(19) 除是无此物，方无此理。既有此物，圣人无有不尽其理者。(《朱子语类》卷一八)

可见，“除非”中“非”只是排除标记而非否定算子。那么，为什么例(14)a 和例(14)b 真值条件义相等呢？因为“除非”中的“非”起初确实是个否定算子。[10] “除非 S_1，S_2”起初就表示“如果排除了 p_1，则非 p_2”，即“如果不 p_1，就不 p_2”。其逻辑式可表示为：$\neg x \rightarrow \neg y$。根据假言易位律[modus tollens，一译“蕴涵式(implicative formula)的否定推理”]，上式可化简为：$y \rightarrow x$。代入上面的例子，该式表示从知道“我请假”一定可推导出“(天)下雨”。换言之，要我请假必须天下雨，因而“下雨”是“我请假”的必要条件。而汉语里表示必要条件可用句式“只有 S_1，才 S_2”。因此，例(15)可转换为例(14)b。若把例(15)的前半句和例(14)b 的后半句糅合在一起，就会形成例(14)a。简言之，“除非……才……”句式是“除非……不……”和“只有……才……”这两个句式糅合的结果。最能说明该缩合过程的是：

(20) 曾经沧海难为水，除却巫山不是云。(元稹《离思五首》)
(……除了巫山的云，其他云都不是我梦中的云。)
→ 除却巫山(之云)非(是)云。→ 除非巫山之云(才)是云。

[9] 据张谊生(2000)，至迟在明代，表示限定的“除非”就出现了与“方/才”共现的用例。例如：

(1) 这衙内果然风流俊雅，我若嫁得这般个丈夫，便心满意足了。只是怎好在爹妈面前启齿？除非他家来相求才好。(冯梦龙《醒世恒言》卷二八)

[10] 单用的“非”有时既可表示否定，又可表示排除。例如：

(1) 江陵王玄绍，弟孝英、子敏，兄弟三人，特相爱友，所得甘旨新异，非共聚食，必不先尝。(颜之推《颜氏家训·兄弟》)

(2) 爱先人之遗体，惜己身之分气，非兄弟何念哉？(颜之推《颜氏家训·兄弟》)

这为“除非”中的“非”发生从表否定到表排除的演变提供了基础。

限定与排除的伴随关系在外语中也有丰富的体现。比如,英语中"but"除了起限定作用(意即"只/仅"),犹"only";还起排除作用(意即"除了"),犹"outside/except"。试比较:

(21) He hopes that lasted but a moment.(他希望那件事仅持续了片刻。)

(22) Everybody left but John.(除了约翰,每个人都走了。)

据 Maurice(1992:17)研究,"but"古英语写作"butan",起初是排除义介词。[11]此义"but"现代英语里仍有,如例(22)。后来"but"从排除义发展出限定义("只/仅"义)。例如:

(23) The difference between two topic expression types is reflected in a number of differences in grammatical form and behavior. To mention but two here, it is reflected in the fact that...(Lambrecht 1994: 187)

"but"从排除义引申出限定义可能是在短语词"but that"或"but for"中发生的。例如:

(24) They would have resisted but that they lacked courage.
(若非缺乏勇气,他们会抵抗的。)

(25) I would have failed but that you helped me.
(若非你们帮助我,我会失败。)

(26) But for the rain, we should have had a pleasant journey.
(要不是下雨,我们会有一次愉快的旅行。)

上三例中"but for/but that"表示"要不是/若非"义。"要不是/若非"义跟"除非"义近。而从"除非"义引申出限定义则很常见(详见上文关于汉语"除非"语义演变的

[11] Trask(2000[1996]: 46)认为,"but"最初表示"on the outside (of)"义,后来引申出"except for"义,并继而从"except for"义引申出"however"义。本文这里只关心"but"的排除义和限定义之间的源流关系,不关注"but"的其他意义。

论述)。"but"等语词表示排除的用法在逻辑上叫"补集用法(complement usage)"。所谓"补集用法",是说"but"等语词引出的一定是全集 U 的某子集 A,"U but A"表示 A 在 U 中的补集(Maurice,1992:17)。所以,句中缺少全集 U 时,句子不能成立。试比较:

(27) a. Everybody left but him.(除了他,每个人都走了。)

b. * Some/Many of the people left but him.(* 除了他,有些/很多人走了。)

正因为限定和排除是伴随关系,限定义词和排除义词经常共现以至最终词汇化为一个整体,比如古汉语中的"除唯""唯除""只除(非)"等。请看:[12]

(28) 九曲风涛何处显,只除是此地偏。(王实甫《西厢记》第一本第一折)

(29) 天子要救万民,只除是太尉办一点志诚心。(施耐庵《水浒传》第一回)

(30) 你只除另娶了奶奶,俺两个还不知肯让不肯让哩!(西周生《醒世姻缘传》第十九回)

(31) 这里都不是正路,只除非东南有一条大路,可以上去。(施耐庵《水浒传》第三十三回)

(32) 只除非得这三个人,方才完得这件事。(施耐庵《水浒传》第十四回)

又因排除义常由否定词来编码,因而限定词常可以(甚至必须)和否定词共现,以至两者最终词汇化为一个词。(Maurice,1992: 19)限定词和否定词共现见于英、法、意、日诸语中的否定羡余(negative redundancy)结构。下面先讨论英语中的情况。英语中"but"的限定作用带来的副效应——排除义——可通过显性符号"nothing"来编码,也可不编码。例如:

(33) He is (nothing) but a child. (König,1991a: 99)

(直译:他除了是个孩子,什么也不是。意译:他 无非/只 是个孩子。)

---

[12] 关于"除唯"和"唯除"在古汉语里的用法,可以参见胡敕瑞(2008)。

但是，法语、意大利语和日语里的很多限定词，其限定作用带来的排除效应必须诉诸语言编码，因而这些限定词必须与否定词共现，构成否定羡余结构。法语“ne/rien……que”、意大利语“non……che”、日语“しか(sika)……ない(nai)/ありません(ari masen)”都是否定羡余结构。例如：

(34) 法语：

a. Je ne lis que des policiers.
我 否定 读 只 领格 侦探
([小说，]我只读侦探的。)

b. Cela ne faisait que commencer.(König，1991a：99)
这 否定 是-过去式 只 开始
(这只是个开始。)

c. J'y vais avec elle，rien qu' avec elle.(商务，2003：993)
我-将来时 去 跟 她 否定 只 跟 她
(我将跟她一起去，只跟她一起去。)

(35) 意大利语：

a. Non ha comprato che un libro.
否定 完成体 买-过去式 只 不定冠词 书
(他只买了一本书。)

b. Non ha comprato se non un libro.(König，1991a：99)
否定 完成体 买-过去式 只 否定 不定冠词 书
(他只买书了。)

(36) 日语：

a. 象は 暑い 国に しか ない。(杨诎人等，2005:118)
象-话题 热-连体形 国家-在 只 否定
(象只有在热带国家才有。)

b. 今の时点で は 分からない と しか
如今-到 提示助词 懂-否定 引语标记 只
申し上げ よう が ありません。(杨诎人等，2005:118)
说 可能推量 -主格 否定-敬体
(事到如今，只能说声不懂了。)

c. 彼は　　普通の　人間　で　しか　なかった。(李强等,2004:316)
他-话题　普通-领格　人　是　只　否定-过去式
(他只是个凡人。)

例(36)中的否定词"ない"或"ありません"在句中不表示否定(而表示排除效应,是排除义溢出到句表的结果),所以对句子真值条件义没有作出贡献,翻译时当不译。其强制出现纯粹是为了跟前面起限定作用的副助词"しか"和谐,以彰显其限定作用带来的副效应——排除作用。例(34)(35)所示法语、意大利语中的否定羡余结构亦可作类似分析,此处不赘。

综上所述,汉语"除非"和英语"but"从排除义引申出限定义是其边缘意义上升为核心意义的过程(关于[核心意义-边缘意义]交替理论/Core Meaning-Peripheral Meaning Alternative Theory,详见 Bybee *et al.*,1994),是以认知上的[前景-背景]倒置为基础的。这跟"无非"从对排除义的否定引申出限定义、古汉语"除唯""唯除""只除(非)"的词汇化、外语中否定羡余结构的出现一样,本质上都是限定和排除的伴随关系的语言映照。

3.2　限定与总括:基于限定算子与全称量词转换律的语义演变

限定就是把论说范围(即具有属性 P 的个体)限制在一定的集合内。那么,反过来说,则属性 P 适用于该集合内的所有个体。比如,"只有乞丐才要饭"与"要饭的都是乞丐"的真值条件义相等。故 Horn(1996)把限定算子"only(只)"称为"倒置的全称量词",意即把全称量词的量化对象与核心部分互换位置后,全称量词要改成限定算子。"Only A is B≡All B are A"这种逻辑推理为语言表达式从限定义引申出总括义,或从总括义引申出限定义,以及限定算子与全称量词共现提供了逻辑基础。下面择举数种语言现象以资佐证。

现象一:古代汉语中有些限定义副词在特定语境中被有些辞书释出总括义,有些总括义副词在特定语境中被有些辞书释出限定义。[13]比如,王瑛(2001:234)释

[13] 有些虚词研究著作甚至干脆就认为相关副词是多义词,既有限定义,又有总括义。比如,葛佳才(2005:124-136)认为"亦""适""犹""偏""专""多""只"可以兼表限定和总括。从葛先生的举例看,"亦"表示的是类同而非概括义;"适"表示限定义或正好义,不能表示总括义;"犹"不能表示限定或总括义,只能表示"同样"义;"偏"表示总括义则是由于它是"遍"之形讹。

“只$_2$”作“又犹云‘总’，范围副词”。张相《诗词曲语词汇释》卷三释“只在”为“犹云‘总在’或‘如故’也”。刘淇《助字辨略》卷二释例(37)中“专”字为“犹云‘全’也，与‘独’字义别”。

(37) 方丈面各五千里，上专是群龙所聚。(东方朔《十洲记·方丈洲》)

虽然我们似乎不能像葛佳才(2005：133)那样说范围副词“专”从限定义演变出了总括义，但可以肯定的是，范围副词“专”的断言意义(即限定义)在特定语境中可以退隐为边缘意义，而其推论意义(即总括义)可以临时跃升为其核心义。换言之，至少可以说范围副词“专”在历史上曾表现出从限定义引申出总括义的倾向。例如：

(38) 一洲之上，专是林木，故一名青丘。(东方朔《十洲记·长洲》)

(39) 其言专商鞅、韩非之语，指意放荡，颇复诙谐，辞数万言，终不见用。(班固《汉书·东方朔传》)

例(38)中“专是林木”的字面意义是“只有林木”。但是，跟整个语境协调的当是从该义推导出的“全是林木”义。从后者又缺省推导出语境含义“林木很多”。正因为林木很多且林木青绿，长洲才又叫“青丘”。例(39)意即东方朔说的都是像商鞅、韩非言论那样“指意放荡，颇复诙谐”的言论。句中“专”也适宜作总括义而非限定义解。

现象二：古代汉语中限定义范围副词“但”在特定语境下可解读出总括义。试比较例(40)(41)和例(42)(43)中的“但”：

(40) 匈奴匿其壮士肥牛马，但见老弱及羸畜。(司马迁《史记·刘敬叔孙通列传》)

(41) 我州但有断头将军，无有降将军也。(陈寿《三国志·蜀书·张飞传》)

(42) 何日静，尽日狂，但行处酒债寻常。(王伯成《贬夜郎》第一折)

(43) 则见脂粉馨香，环佩丁当，藕丝嫩新织仙裳，但风流都在他身上。(关汉卿《玉镜台》第一折)

例(40)(41)中的“但”表示限定义(“只/仅”义)，例(42)(43)中的“但”表总括义(即

"凡/所有"义)。正因为"但"在特定语境下可解读出总括义,它才能跟全称量词"凡"共现。这种共现的频繁发生导致短语"但凡"语法化为连词。"但"获得"凡/所有"义后,还进一步引申出了"全"义。例如:

(44) [善金局匠作大监]沙尔汗:铁兄,今日下值后,小弟欲与铁兄一叙,不知意下如何?[善金局匠作]铁勒:但凭沙大人吩咐。(电视剧《神探狄仁杰》第四部第十五集)

现象三:现代汉语普通话中"净"兼表限定和总括(沈家煊,1999:112)。《现代汉语八百词》和《汉语大词典》都为"净"列出如下义项:①单,光,只;②全,都。其中,义项①表示限定。例如:

(45) 听说又娶了位少奶奶,净嫁妆就是十万黄金。(文康《儿女英雄传》第31回)

(46) 你说,腰里带着硬的,净弄些个暗门子,算哪道呢?(老舍《上任》)

(47) 净顾着听课,忘了记笔记了。|前排票已经卖完,净剩下后排的了。

(48) 不能净听你一个人的,还要听听别人的意见。

义项②表示总括。[14] 例如:

(49) 书架上净是科技书刊。|这一带净是稻田。|他说的净是废话。

(50) 我们的文武官员净都逃跑了。(郭沫若《孔雀胆》第一幕)

(51) 别打枪,净是自己人。(杨朔《百花山》)

现象四:在现代汉语方言江淮官话江苏泗阳话中,"滑"兼表限定和总括。例如:

(52) 他滑做一些让人不能理解的事情。(江苏泗阳话)

---

[14] 根据我们的初步调查,在汉语史上"净"经历了从表示"干净,纯,无杂质"义形容词到表示"光,只"义范围副词,再到"全"义范围副词的演变。

(53) 你能不能不要天天滑那么早叫我起床？（江苏泗阳话）

上两例中，“滑”分别表示限定和总括。例(52)中“滑”犹普通话“净”，例(53)中“滑”犹普通话“都”。泗阳话中“滑”本表示“光”义，而后从“光”义用法发展出表示限定的用法，继而又从表示限定的用法发展出表示总括的用法。

现象五：现代汉语中“全”有时可表“除此之外，没有别的”义，犹“只”（王健，2008）。例如：

(54) 要说这孩子也怪可怜的啊，打《小铃铛》之后，全剩下变形金刚了。（《编辑部的故事》）

(55) 呕，那会儿也没那玩意儿。全凭着嗓子喊，咳，哪像现在的歌星们，拿着麦克风，也不知他唱什么词儿。（《编辑部的故事》）

(56) 不要说外国银行没他美元，就是国币存款他也没有，全靠薪俸养家。（《追求》，1994-12-15）

把上几例中的“全”换成“只”后，句子的真值条件义不发生变化。

现象六：起总括作用的范围副词“都”在汉语史上在特定语境中有限定义解读。这导致在历史文献、现代汉语方言中“都”发展出了表示限定的用法。例如：

(57)（女王做抱住唐僧科）（行者云）娘娘，我师父是童男子，吃不得大汤水，要便我替。……（行者云）小行与娘娘驱兵将作朝臣，你饶了俺师父者。（女王唱）[幺]……俺女兵不用猴为将，女王岂用猪为相？如今女娘都爱唐三藏。（元杂剧《西游记》第五本第十七出）

(58) 家里都你一个人怎么行啊？（电影《唐山大地震》）

上两例中“都”表示“只/仅”义，一为历史文献中的用例，一为方言用例。正因为方言中“都”和普通话中“就”均有限定义，方言中的“都”就可以因袭普通话中的“就”的多义模式而生出新义（这叫“相因生义”）。例如：

(59) 大悲能受，大喜都能受。（电影《唐山大地震》）

(60)（这个房子）你要非要买，你都买。我不管你。（电影《唐山大地震》）

(61) 你要不愿跟我在杭州住,我都给你买房子。(电影《唐山大地震》)

(62) 前面那路口原来都是咱家,现在盖百货大楼了。(电影《唐山大地震》)

(63) 对头,都是那个搞的。(不错,就是那样做的。)(西南官话·四川话)

(64) 犯罪嫌疑人骑的摩托车应该都是这辆。(冀鲁官话·河北定陶话)

上几例中“都”均可替换为“就”。例(59)—(61)里“都”是关联副词,用于假设复句,表示后件(consequent)对前件(antesequent)的承接关系,犹普通话中的“就”。例(62)—(64)中“都”是表示确认的肯定语气副词,犹普通话中的“就”“正”“恰恰”。[15]

现象七:汉语“只当”跟“全当”义近[16],“只管”跟“尽管/尽量”义近[17]。跟上述现象有异曲同工之妙的是,日语“だけ”本是表示限定的副助词,犹汉语“只”。但是,当它接在表示能够或可能的动词“できる”后时就表示总括义。“できるだけ”可译作“尽可能/尽量”。试比较:

(65) ちょっと　　値段を　　聞い　てみた　　だけ　だ,
稍微　　价格-宾格　问　尝试-过去式　只　是
買う　つもりは　なかつた。(杨诎人等,2005:123)
买　打算-话题　否定-过去式
(我只是问问价格,没打算要买。)

---

[15] 同理,汉语史上“专”通过因袭“就”的多义模式而获得表示确认语气的“恰恰”义副词用法。例如:

(1) 那井庆道:“小的妻子向来与小的争竟口舌,别气归家的。丈人欺心,藏过了,不肯还了小的,须有王法。”杜老道:“专为他夫妻两个不和,归家几日。三日前老夫妻已相劝他气平了,打发他到夫家去。又不知怎地相争,将来磨灭死了,反来相赖。”(凌濛初《初刻拍案惊奇》卷二六)

方言中“只”通过跟共同语中“就”的相因生义而获得“就”的关联副词用法。例如:

(2) 玳安道:“耶,嫂子,行动只拿五娘吓我!”(兰陵笑笑生《金瓶梅》第二十三回)[行动:动不动]

[16] 比如,下两例中的“只当”和“全当”可以彼此替换。

(1) 小二德子,自打我跟你们家住街坊,你爸爸是蹭了我一辈子的饭,你妈做饭什么味儿,你是想不起来,她压根儿就没起过火,全当我们家是饭馆儿了。这可不能传代。(《编辑部的故事》)

(2) 张老板、李老板赔着八千岁出来,劝他:“看开一点。破财免灾,只当生了一场夹气伤寒。”(汪曾祺《八千岁》)

[17] 徐仁甫(1981:478)指出“‘只’犹‘尽’,副词”。对徐说有旁证作用的是,英语中“the”既可以表示限定,用在表示独一无二的事物的名词前,如“the sun”“the moon”“the earth”,也可以表示总括,用在属性形容词前,如“the poor”“the blind”分别表示穷人和瞎子这两类人,涵盖了所有的具有穷或瞎这种属性的个体。

(66) 間食は　できる　だけ　し　ない。(李强等,2004: 269)
零食-话题　能够/可能　尽　吃　否定
(我尽可能/尽量不吃零食。)

同理,当"だけ"用于句型S"动词的可能形＋だけ＋同一动词的て形"时,表示总括。例如:

(67) 彼は　銀行から　金を　借りられる だけ　借りて
他-话题 银行-源点格　钱-宾格　借-可能式　尽　借-时间先后关系
家を　買った。(杨诎人等,2005:124)
房子-宾格　买-过去式
(他能借多少就借多少,向银行借足了钱之后买了房子。)

在句型S里,"动词的可能形＋だけ"表示"尽可能做某事"义。其中,"だけ"的"尽"义源于其"只"义(即总括义源于限定义)。

现象八:玛雅(Mayan)语族的尤卡坦语(Yucatec)表示惯常体意义用限定义词语,且句子的信息结构要采用谓词作焦点的[焦点＋预设]式。例如:

(68) Puroh　káaltal　k-in　bèet-ik.(Lehmann,2002[1982:28])
只　喝　动名词-作格·一身·单数 做-非完整体
(直译:只有喝酒是我做的。意译:我只喝酒。)

例(68)的字面义是"只有[喝酒]$_F$是我做的事",但它实际表达的却是惯常体意义(即"我总是喝酒")。其间的推理过程是这样的:只有喝酒是我做的事→我做的事全是喝酒→我总是喝酒。跟玛雅语情况相反,汉语方言中出现了用表示惯常义的词语表示限定义的现象。比如,客家话广东梅县话"总有"(读作[tsuŋ^{31} iu^{44}])、闽语福建建瓯话"总来有"(读作[tsɔŋ^{21} lɛ^{33} iu^{21}])都表示"只有"义。

现象九:德语"lauter"可以有"很多(many)"义和"只(only)"义两种解读。其中"很多"义可能是"只"义的进一步蜕化所致。(Eckardt,2006: 320-323)例如:

(69) Da sind lauter bonbons auf dem Tisch! (Eckardt,2006: 326)
那儿 有/是 很多/只 糖果 在-上 定冠词 桌子

上例有如下两种解读:

解读 1: There are only bonbons on the table. (桌上只有糖果。)

解读 2: There are many bonbons on the table (aside from other stufflying around).(桌上有的是糖果。)

汉语"有的是"之所以能引申出"多"义,从而完成向习语的词汇化,也跟"限定>总括"式语义重新分析有关。言者说"我有的是钱"时,听者根据言语交际合作原则下的足量准则可以推导出言者想要表达的会话含义是"我有的只是钱",因为否则言者就会后续其他分句说明我还有什么别的东西或者不使用"S 有的是 NP"句式。既然可以推导出"只有,没有别的"义,那么就可继续从"只有"义经过重新分析推导出总括义("我有的全是钱"),最后推导出"多"义("我的钱很多"),正如德语里的"lauter"一样。当然,当由重新分析而形成的推论义"多"固化为"有的是"的格式义时,"有的是"在话语中就不再有"只有,没有别的"这样的会话含义了。例如:

(70) 桌上有的是糖果。

上例仅表示桌上糖果很多,但并不暗示桌上没有其他东西。能够证明现代汉语中"有的是"在表"多"义的同时不暗含"只有,没有别的"这样的会话含义的是,它不能通过否定应答测试。例如:

(71) ——他家有的是钱。

——你错了。他家其实没有多少钱。/ *你错了。他家还有三个女儿呢!

现象十:英语中"all"开头的左分裂句中"all"起初表示"全部"义,现在表示"唯一(the only)"义。(详见 Traugott, 2012)试比较:

(72) All I did was to honour you.(我做的一切全都是为了向您表示敬意。)

(73) All I want to eat is the peach.(我想吃的只是桃子/我只想吃桃子。)

3.3 限定与转折:基于[总括-限定]之对立与轻度转折关系的等价性的语义演变

表示限定和表示转折,在很多语言里用同一个语词[下文称为"共标",König (1991a)]。如英语"but""only"、荷兰语"maar"、德语"nur"、日语"しか(shika)""だけ(dakei)"、汉语"但(是)""只是"等。经考察,我们发现,英语转折连词"but""only"、德语转折连词"nur"都是从限定算子语法化而来。限于篇幅,这里仅择举数例。

现象一:英语中表示限定的范围副词"only"已发展出表示轻度转折的连词用法[Traugott(2003: 126-128)认为这种演变发生在18世纪末],犹汉语"不过"。请看:

(74) The flowers are lovely; only, they have no scent. (Brinton, 1998: 9)(那些花很惹人爱,不过没有香气)

(75) I do fully see the evidence of all that which you have said, and therefore I must needs be persuaded of it. I do heartily thank God for it, and will endeavor myself to put it in practice continually. Only here is the difficulty, how a Schoolmaster may do this, to teach his Scholler so to proceed with understanding, and how to give a reason of every matter which they learn, to make use of all their learning.(Brinton, 1998: 24)(……只是有一个困难……)

今天,在非正式的口语中,"only"仍然可以表示"不过"义。例如:

(76) He is still a young man, only he seems older because of his careworn expression.(他还很年轻,不过沧桑忧郁的表情使他显得比实际年龄要老。)

现象二：德语中“nur”也已实现了从限定算子向转折连词的语法化。试比较：

(77) Er　　arbeitet　　nur.（Heine，2005：96）
他　　工作-三身单数　只
（他只是工作[，没做别的]。）

(78) Er　arbeitet，　nur　　kriegt　　er　　kaum
他　工作-三身单数　转折　得到-三身单数　他　　几乎没
Geld　dafür.（Heine，2005：97）
钱　　那.为了
（他在工作，但他几乎没得到什么钱。）

现象三：日语中由本表示限定的提示助词“しか”派生而来的接续词（犹汉语语法学中的连词）“しかし”也可以表示转折，犹汉语“但是/然而”。例如：

(79) 約束　の　時間に　なった。　しかし，　彼は　来なかった。
（李强等，2004：255）
约定 领格 时间-在 变成-过去式　转折　他-话题　来-否定-过去式
（已经到了约定的时间，但是他没有来。）

现象四：汉语“但(是)”“只是”“就是”“不过”“独”等也都从限定用法发展出了表示轻度转折的转折连词用法。[18] 试对比例(80)—(82)和例(83)—(85)中“但/只是”的用法：

(80) 天子所以贵者，但以闻声，群臣莫得见其面。（司马迁《史记·李斯列传》）[表限定]

(81) 寂寞天宝后，园庐但蒿藜。（杜甫《无家别》）[表限定]

---

[18] 据席嘉（2011：275-278）考察，古汉语中“但(是)”“只(是)”都经历了从限定副词到轻转连词，再到重转连词的演变。（按：“不过”只从限定副词用法发展出轻转连词用法，尚未进一步从后者发展出重转用连词用法。）席嘉（2011：350）指出：“‘但、只、只是’等由限制范围的副词演变为转折连词，起初多表示有修正、补充性的轻转。”与此相关的是，客家话中“总系(是)”是转折连词，犹普通话“但是”（何耿镛，1993：28）。其演变脉络清晰可见，即：总括义＞限定义＞转折关系义。

(82) 鱼虾不用避，只是照蛟龙。(韩愈《镜潭》)[表限定]

(83) 已成老翁，但未白头耳。(曹丕《与吴质书》)[表示限定/轻度转折]

(84) 既不弃嫌，有何不可。但止有此子，入赘却是不能。(天然痴叟《石点头》卷三)[表转折]

(85) 夕阳无限好，只是近黄昏。(李商隐《登乐游原》)[表示轻度转折]

再如，下两例中“独”本是“只”义范围副词，但已表现出向“却”义转折连词语法化的倾向。

(86) (赵氏)世有功，未尝绝祀。今吾独灭赵宗，国人哀之，故见龟策。(司马迁《史记·赵世家》)

(87) 太公、伊尹以如此，龙逢、比干独如彼，岂不哀哉！(东方朔《非有先生论》)

考察上述例句可知，限定用法向转折用法的演变是在整体-局部极性对立语境中通过重新分析实现的。[19]比如，上文例(83)中前半句对主人公的生命状态总体持否定态度。在此前提下，把“头发”排除出否定范围，即把未衰老的方面限定在“头发”上。这样，局部的肯定评价和整体的否定评价之间就形成了论证方向上的轻微逆转关系。处在后续分句中的限定算子正是吸取了前后分句之间存在的转折关系义而语法化为转折连词的。[20]

综上所述，英语、荷兰语、德语、日语、汉语诸语言中限定用法和转折用法共标现象很常见，且多是后者源于前者。限定词演变为转折关系词是其吸收了语境中存在的转折义的结果。既然限定义和转折义经常共标，而限定算子又是倒置的全称量词，那么，我们推测全称量词(短语)也可以表示转折。事实确实如此。比如，

---

[19] 由于前半句是整体性表达，而后半句是局部性表达，所以前半句的表义比后半句重。吕叔湘(1990：345)认为这种复句的表意前重后轻，后半句的力量只抵消前半句的一部分。因此，他把这种复句叫“保留”句。

[20] 以下这个先秦时期的用例展示的正是限定副词向转折连词语法化的初始语境。

(1) 郑人皆喜，唯子产不顺。(《左传·襄公八年》)

上例中统括范围副词“皆”和限定范围副词“唯”对举，前后分句在语义上形成对比关系。这种语境中“唯”类限定范围副词很容易向表示轻转的转折连词语法化。当然，我们并不是说上例中“唯”已是连词。只有限定范围副词频繁出现在上面这种整体-局部极性对立语境中时，才可能语法化为转折连词。

在以英语为基础的洋泾浜语托克比辛语（Tok-Pisin）中，“tasol”经历了从全称量词短语到限定算子，再到转折连词的演变过程，其演变如下：that's all ＞tasol（只）＞tasol（只，但是）。例如：

(88) ol i pilai tasol.
三身复数 谓语 玩 只
（他们只是在玩耍。）

(89) em i gat mani tasol em i no givim pe
三身单数 谓语 有 钱 转折连词 三身单数 谓语 否定 给 报酬
long mi.（Heine, 2005：97）
对象格 一身单数
（他有钱，但是他没给我报酬。）

3.4 假设与选择、可能、存在量化

3.4.1 假设关系与选择关系：基于蕴涵定义律的语义演变

考察可知，古代汉语中的复句“非……则/即……”和现代汉语中的复句“不是……就是……”表面表示选择关系，实质表示假设关系。假设关系是第一性的，选择关系是第二性的，是从假设关系推导出来的。因为命题逻辑蕴涵定义律告诉我们，蕴涵式（implicative formula）“$p\rightarrow q$”为真的条件是前件 p 为假或者后件 q 为真，即“$(p\rightarrow q)\equiv(\sim p\lor q)$”。例如：

(90) 妈妈对儿子小明承诺：“如果你考上大学(p)，那我就给你买台电脑(q)。”

上例中，妈妈的承诺“$p\rightarrow q$”为真（即妈妈说话算数）的条件是，或者小明没考上大学（这时，无论他妈妈有没有给他买电脑，他妈妈都是说话算数的），或者小明妈妈给小明买了一台电脑（这时，无论小明有没有考上大学，他妈妈都是说话算数的）。因此，析取式（disjunctive formula）“$\sim p\lor q$”表示的选择关系可以从蕴涵式“$p\rightarrow q$”表示的假设关系中推导出来（反之亦然）。说“不是……就是……”实际上表示假设关系的证据是，它们可以前加假设连词，形成“如果不是……，那么就是……”结构。

在该结构中,“如果”和“那么”的辖域分别比“不是”和“就是”大。因此,该结构中假设关系是第一性的。蕴涵定义律为自然语言中语词兼有表示假设关系和表示选择关系的规则多义现象提供了逻辑解释。下面择举两种语言现象,以资佐证。

现象一:古代汉语中“或”既是假设连词,犹“倘若/假使、万一”[如例(91)—(93)],又是选择连词(现代汉语中多说成“或者”,此用法习见,例不赘举)。[21]

(91) 张祜雕虫小巧,壮夫耻而不为者,或奖激之,恐变陛下风教。(王定保《唐摭言·荐举不捷》)[犹“倘若,假使”]

(92) 诏诸道狱词,令大理刑部检详,或淹留差失,致中书门下改正者,重其罪。(《宋史·太祖纪一》)[犹“倘若,假使”]

(93) 张翼请(姜)维曰:“可以止矣,不宜复进,或毁此大功,为蛇画足。”(《魏纪八·高贵乡公正元二年》)[犹“万一”]

同样,古汉语中“若”也既是假设连词,又是选择连词。假设连词用法今天仍然可以见到,例不赘举。下面仅举“若”的选择连词用例。

(94) 诸将以万人若以一郡降者,封万户。(司马迁《史记·高祖本纪》)

(95) 愿取吴王若将军头,以报父之仇。(司马迁《史记·魏其武安侯列传》)

(96) 以木若泥为钟则无声,声果在虚器之中乎?(欧阳修《六一笔记·钟莛说》)

“若”,许慎《说文解字》释为:“择菜也。从艹、右。右,手也。一曰:杜若,香草。”段玉裁《说文解字注》引《国语·晋语二》“夫晋国之乱,吾谁使先若二公子而立之,以为朝夕之急”说,此谓使谁先择二公子而立之,“若”正训“择”,择菜引申之义也。由于“若”在古汉语中本是“选择”义动词,我们推测,“若”可能经历了从“选择”义动词到选择连词,再到假设连词的演变。这种演变也是“若”的语义主观化过程。

现象二:古代汉语中“为”和“还”既是假设连词,又是选择问连词。(刘坚等,

[21] “或是”也是兼有表示选择关系和表示假设关系的多义性。试对比:

(1) 大臣者,或是当朝相座,或是出镇藩方,为天子之腹心,作圣人之耳目。(《敦煌变文·维摩诘经讲经文(二)》)

(2) 你借我的去,或是倒了我牛只,损了我犁耙,你着谁陪我?(高茂卿《儿女团圆》第二折)

1992:256-257)例如：

(97) 为此行也，荆败我，诸侯必叛之。(《国语·晋语八》)[王引之《经传释词》卷二："'为'，犹'如'也。言如此行也，而荆败我，则诸侯必叛之也。"]

(98) 人尝有言部亭长受其米肉遗者，茂辟左右问之曰："亭长为从汝求乎？为汝有事嘱之而受乎？"(范晔《后汉书·卓茂传》)

(99) 啼鸟还知如许恨，料不啼清泪长啼血。(辛弃疾《贺新郎·别茂嘉十二弟》)

(100) 不知只是首尾用之，还中间亦用耶？(《朱子语类》卷九二)

例(97)(99)中"为""还"是假设连词，犹现代汉语普通话"如果"；例(98)(100)中"为""还"是选择连词，犹现代汉语普通话"(还)是"。

现象三：英语假设连词"if"本表示是非选择关系。日语假设关系副词"もし"发生形变而派生出的接续词"もしくは"表示选择关系。试比较：

(101) もし　彼が　来たら　つたえ　てください。(王萍等，1991:474)
假设关系副词　他-主格　来-假定形　告诉　授受助动词-敬体
(如果他来的话，请转告我。)

(102) 電車　もしくは　地下鉄が　便利　です。(《新日汉大辞典》)
电车　选择关系连词　地铁-主格　方便　是-敬体
(电车或地铁都很方便。)

根据蕴涵定义律，p 蕴涵 q 在逻辑上等于 p 的否定命题～p 析取 q，即：$(p\rightarrow q)\equiv(\sim p\vee q)$。那么，反之，p 析取 q 在逻辑上等于 p 的否定命题～p 蕴涵 q，即：$(p\vee q)\equiv(\sim p\rightarrow q)$。换言之，不仅假设关系可以化简为否定运算和析取关系的整合，而且选择关系可以转换为否定运算和假设关系的整合。根据上述逻辑推理，我们预测自然语言中可以用否定词和假设关系词的结合形式来间接表示选择关系。事实确实如此。吕叔湘(1990：347-348)指出，汉语可用"要不(是)""若不然"来表示交替关系(按：交替关系即选择关系)。例如：

(103) 他侄儿也真是乖觉，总是敲我竹杠，托我买东西，要不是就有算学

难题叫我替他做。(冰心《姑姑》)

(104) 这么长天你也该歇息歇息,和他们玩笑,要不瞧瞧你妹妹去也好。(曹雪芹《红楼梦》第六十四回)

上两例中"要不(是)"可以替换为选择连词"要么""或者"。当然,由于假设关系可以由听话人根据前后分句在内容上的联系意会出来,故而还可以用字面上不含假设义的"不(是)""不然"(即单用否定运算)来间接表示选择关系。例如:

(105) 所疏远不与同其利者也。不然,则其为也。不若是,强者必怒于言。懦者必怒于色矣。(韩宇《原毁》)

(106) 可能是这一头儿没得车道;骑牲口,不就坐二把手车子也行得。(文康《儿女英雄传》第十四回)

上两例中的"不(然)"可以替换为选择关系连词"要么""或者"。

3.4.2　假设与可能、部分:基于蕴涵式对认识情态和存在量化的单向蕴涵的语义演变

众所周知,"可能"和"一定"这两种认识情态之间的语义对立在形式语义学中常被表示为"部分"与"全部"的对立。"可能 p"(记作"◇p")是命题 p 在有些可能世界[22]中为真,"一定 p"(记作"□p")则是命题 p 在所有可能世界中为真(换言之,在所有情况下 p 都为真,即无论如何 p 都为真)。这样,我们可以预测:①"可能"义情态词可能源于"有些"义词;②"一定"义情态词可能源于"全部"义词。推测①在汉语"或"类词的语义演变上得到了验证。汉语中"十拿九稳[23]、十有八九、八成、大半、多半、多分"等都表示可能,且它们表示的可能性随着命题 p 在其中为真的可能世界的数量的减少而减小。"十拿九稳""十有八九""八成""大半""多半"等都是形象地表示"有些"义而非"全部"义(如:十个中有八九个、十成中有八成、总数

[22] "可能世界"是形式语义学领域的一个术语,表示世界的可能的存在方式。"可能世界"相当于日常谈话中所说的"可能的情况"或"可能的场合"。

[23] 英语中"nine cases out of ten"跟汉语"十拿九稳"义近。古汉语"大概"起初表示"大多数情况",而后发展出"很可能"义认识情态副词用法(胡静书,2018)。

中有大半或过半)，而“或”的词义本身就是“有些”。[24] 推测②得到了外语现象的证实。据 Ramat & Ricca(1998)对欧洲 41 种语言的调查，“全部”义词语是“一定”义情态词的三大来源之一。

另外，蕴涵式“$p \rightarrow q$”预设命题 p 在言者假定的可能世界中为真(记作：$p \rightarrow q >> \Diamond p$)。换言之，假设连词针对的是一种可能性。这样，假设跟可能性认识情态、可能性认识情态跟部分量化/存在量化之间存在着单向蕴涵关系，即：如果⊃可能⊃有些。这为自然语言中很多语言表达式的规则多义性和历时演变提供了解释。现择举数种语言现象证明之。

现象一：古代汉语中“或”“倘”“脱”除用作假设连词，还用作表示或然性推测语气[25]的认识情态副词，犹“或许/可能”。[26] 比如，“或”在上文例(91)—(93)中表示假设关系，犹“假使/如果”；在例(107)—(109)中表示或然性推测语气，犹“或许/可能”。

(107) 天或启之，必将为君。(《左传·宣公三年》)

(108) 其神或岁不来，或岁数来。(司马迁《史记·封禅书》)

(109) 冶长信非罪，侯生或遭骂。(韩愈《县斋有怀》)

“倘”在例(110)中表示假设关系，犹“假使/如果”；在例(111)(112)中表示或然性推测语气，犹“或许/可能”。

(110) 故人倘思我，及此平生时。(庾信《寄徐陵》)

(111) 所以然者，多兵意盛，与强敌争，倘更为祸始。(曹操《让县自明本

[24] 此外，上海话“有的(得)”表示“可以”义(见下例)，也是一个旁证。因为“可以”义跟“可能”义这两种认识情态义都可以化简为部分/存在量化义。

(1) 杭州我有得去哦?

在近代汉语中，“万分”可以表示“肯定”义。例如：

(2) 我本郓城小吏，身犯大罪，蒙众兄弟于千枪万刃之中，九死一生之内，屡次舍着性命，救出我来。当江州与戴宗兄弟押赴市曹时，万分是个鬼。到今日却得为国家臣子，与国家出力。回思往日之事，真如梦中！(施耐庵《水浒传》第九十三回)

[25] “或然性推测”中的“或然性”也表示“可能性”义。

[26] 据徐朝红、胡世文(2010)研究，古汉语中“或、倘、脱”的假设关系连词用法都是从表示或然性推测语气的认识情态副词演变而来。我们认为，这种演变背后的机制是假设关系对“构成假设关系的前件在当前论域(universe of discourse)中是可能存在的”的单向蕴涵。

忘令》)

(112) 赋诗心夷犹，六义媿《骚》《雅》。西风尘冥冥，倘有知音者。(陈赓《子猷访戴图》)

“脱”在例(113)(114)中表示假设关系，犹“假使/如果”；在例(115)(116)中表示或然性推测语气，犹“或许/可能”。

(113) 君试发无功者五万人，臣请率以当之。脱其不胜，取笑于诸侯，失权于天下矣。(《吴子·励士》)

(114) 待此子所唱，如非我诗，吾即终身不敢与子争衡矣。脱是吾诗，子等当须拜床下，奉吾为师。(薛用弱《集异记·王涣之》)

(115) 不如诣阙自归。事既未然，脱可免祸。(范晔《后汉书·李通传》)

(116) 兄子济每来拜墓，略不过叔，叔亦不候济，脱时过，止寒温而已。(刘义庆《世说新语·赏誉》)

现象二：日语中“あるいは”(又写作“或は”)既可以用作表示选择关系的连词，又可以用作表示“也许/可能”义的认识情态副词。例如：

(117) 父　あるいは　母が　行く。(《新日汉大辞典》)
父亲　或者　母亲-主格　去
(父亲或者母亲去。)

(118) あるいは　行ける　かもしれない。(《新日汉大辞典》)
也许/可能　去-可能式　说不定
(也许能去。)

跟日语“あるいは”有异曲同工之妙的是，古代汉语“或者”既可用作选择连词，又可用作“也许/可能”义认识情态副词。例如：

(119) 或者因一句话上，成就了一家儿夫妇；或者因一纸字中，拆散了一世的姻缘。(凌蒙初《初刻拍案惊奇》卷二〇)

(120) 文王在时，天下三分已有其二。若到武王伐商之时，文王若在，或者不致兴兵。(王守仁《传习录》上卷)

更有趣的是，在古日语中，“あるいは”里的“あるい”可视为动词“ある(有)”的形容词形式，“は”是名词化标记。这样，“あるいは”的本义就是“有的”。汉语中的“或者”的本义也是“有的”。

现象三：古代汉语中“或”除了用作假设连词和“或许/可能”义认识情态副词外，还可以用作存在量词，表示“有的/有些”义。例如：

(121) 计或颇秘，世莫能闻也。(司马迁《史记·陈丞相世家》)

(122) 或连若相从，或蹙若相斗。(韩愈《南山诗》)

现象四：古代汉语中表示“有的”义的广义量词“有”曾一度发展出假设连词用法[见例(123)]。粤语中表示“有的”义的广义量词“有之”今表示“可能”义[见例(124)]。

(123) 良嗣曰：“今日约定，不可与契丹复和也。”金主曰：“有与契丹乞和，亦须以燕京与尔家方和。”(毕沅《续资治通鉴·宋徽宗宣和二年》)

(124) 渠唔记得都有之的。(他忘了也是可能的。)

综合上文§3.4.1和§3.4.2的论述，汉语、英语、日语中相关语词具有如下表所示的规则多义性：

表 2-1　汉语、英语、日语中跟存在量化、选择、假设、可能相关的多义现象

语言表达式	表存在量化	表选择关系	表假设关系	表可能性推测语气
古汉语：或	+	+	+	+
古汉语：若		+	+	
古汉语：或者	+	+		+
古汉语：倘、脱			+	+
古汉语：还、为		+	+	
英语：if, or		+	+	
日语：もし(くは)		+	+	
日语：あるいは	+	+		+

这种规则多义性可以用下面的语义地图来表示：

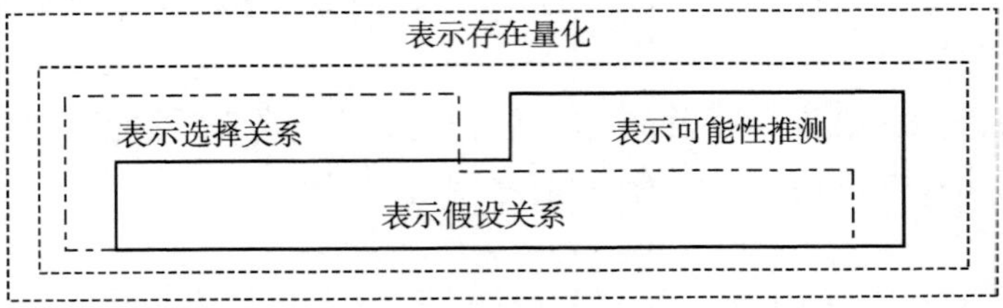

图 2-1 "存在量化、选择、假设、可能"语义图

这种规则多义性当是它们在历史上发生规律性的语义演变的共时表现。其语义演变背后的逻辑机制就是命题逻辑中的蕴涵定义律、蕴涵式对认识情态和存在量化的单向蕴涵。

3.4.3 假设与总括：基于识解精细度变化的语义演变

§3.4.1 中对蕴涵式的逻辑表示是在命题逻辑层面进行的。如果将对假设关系的识解深化到谓词逻辑层面，则蕴涵式可以进一步解析。蕴涵式的命题逻辑表示和谓词逻辑表示之间的关系可以描写为"$(p\rightarrow q) \equiv \forall x(P(x) \rightarrow Q(x))$"。该等式右边的部分读作："对于任何个体 x 来说，如果 x 具有属性 P，那么它就具有属性 Q"。比如，对命题"(是)猫都爱吃鱼"进行逻辑刻画，则既可表示为"p→q"(其中，p 表示某动物是猫，q 表示该动物爱吃鱼)，又可表示为"$\forall x(C(x) \rightarrow F(x))$"(其中，C[cat]代表"是猫"，F[fish]代表"爱吃鱼")。蕴涵式的谓词逻辑刻画表明，假设关系有时可以通过全称量词约束变元而形成的量词结构来表示。比如，现代汉语里"凡是"原本跟"所有是"义近，其中"凡"是全称量词。比如，"凡是老虎皆会咬人"本表示"所有是老虎的动物都会咬人"。因而句中"凡是老虎"后可插入"者"。后来，经过语境吸收，"凡是"吸收了"凡是 X，则 Y"语境中潜隐的条件义"要是"(再跟从"凡"固有的全称义派生来的限定义"只"组合)，被重新分析出"只要"义。这样，"凡是老虎皆会咬人"可以理解为"只要是老虎，都会咬人"。当"凡是"演变成假设连词[27]时，"是"的判断义已大大虚化，"凡是"原有的"所有是"义已变得不透明，

[27] 严格说来，"只要"义连词表示的是(充分)条件关系。但是，我们认为，(充分/必要)条件关系可以看作假设关系的特类。所以，这里用的术语是"假设连词"而非"条件关系连词"，下同。

因而"凡是"有时也可说成"是凡"[28]。这时,跟"凡是/是凡"搭配的全称量词"都""皆"等也可以不出现。例如:

(125) 我们鲁镇的习惯,本来是凡有出嫁的女儿,倘自己还未当家,夏间便大抵会到母家去消夏。(鲁迅《社戏》)

(126) 夏:"英国啊,还有好些那些我说不上来名儿的国家,凡是谁说得邪唬啊,我就听谁的。"(《编辑部的故事·飞来的星星》)

观察发现,在现代汉语中,当后续体词(短语)而非小句时,"凡是"通常要跟全称量词"都""总"等共现。例如:

(127) 凡是申涛的事,她都乐意去做。(礼平《小战的黄昏》)

(128) 凡是以后的事情,都可以想呀。(礼平《小战的黄昏》)

(129) 凡是死囚都有这毛病,好写诗。(冯向光《三晋春秋》)

(130) 这几年,咱们的家底,凡是看得见的、摸得着的都抖落得差不多了。(邓友梅《话说陶然亭》)

因为这时"凡是"是"只要是"义短语,而非"只要"义连词。那么,为什么在现代汉语里当"凡是"作连词解时就不必跟全称量词共现[如例(126)]呢?这是因为,在"凡是"语法化为假设连词的过程中,"凡"的"所有"义已大大弱化甚至消失了。

3.4.4 假设与限定

既然表示假设关系的蕴涵式的谓词逻辑刻画中含全称量词,而全称量词起总括作用,且总括作用和限定作用总相伴随,那么限定词演变为假设连词就完全合乎逻辑。事实确实如此。古代汉语中限定副词"但"还可用作"只要"义连词,表示增强型假设关系(即充分条件关系)。例如:

(131) 敌人但至,千丈之城,必郭迎之,主人利。(《墨子·号令》)

---

[28] 在近现代北京话中,还可以直接用"是"来表示"所有/全部"义。例如:

(1) 要说他那一份虚假,真比是人都大。(松友梅著,刘一之标注《小额》)

(132) 汝但妄奏事，会当斩汝！(司马光《资治通鉴·后唐明宗天成四年》)

(133) 但出牌呼妾，妾便出来。(冯梦龙《警世通言》卷三四)

(134) 世人但说是盗贼，便十分防备他。(《初刻拍案惊奇》卷一六)

日语限定义副助词“だけ”[如上文例(65)所示]在有些场合下也可用作假设关系词。例如：

(135) これ だけ あれば、 ほかには 何 も い り ません。

(杨诎人等，2005:123)

这 只 有-假定形 其他-关于-话题 什么 也 想要 否定

(只要有了这个，其他什么也不需要。)

同理，含限定算子的短语容易演变成为假设连词。比如，古代汉语中“唯毋/无”跟“只要”“如果”义近。例如(摘自楚永安，1986:336-337)：

(136) 今唯毋废一时，则百姓饥寒冻馁者，不可胜数。(《墨子·非攻》)[如果荒废了一个季节……]

(137) 贤人唯毋得明君而事之，竭四肢之力以任君事，终身不倦。(《墨子·尚贤中》)[贤人只要得到圣明的君主来事奉，那么他就会竭尽四肢的力量来承担国君的任务，一辈子也不会懈怠。]

(138) 且楚唯毋强，六国复桡而从之，陛下焉得而臣之？(班固《汉书·张良传》)[况且楚国如果强大了，六国弱小而依从楚国，陛下怎么可能臣服他们呢？]

(139) 今唯无以厚葬久桑为政，国家必贫，人民必寡，刑政必乱。(《墨子·节葬下》)[“如果”]

上几例中“毋”“无”的出现完全是为了语义和谐，即为了跟限定算子“唯”形成语义和谐，体现限定的同时就意味着排除，所以是排除义语义溢出的结果(详见§3.1)。

3.4.5 因果关系与让转关系之间的肯否对应

众所周知，因果关系跟假设关系存在密切联系。“因为p，所以q”单向蕴涵“如果 p,那么 q”。正因为如此,我们把因果关系与让步-转折关系(下文简称“让转关系”)之间的逻辑关系也顺便放在 § 3.4 内讨论。据 König(1991b: 202)和 Talmy(2000)研究,让转关系是对因果关系的否定。因果关系可以表示为“因为 p,所以 q”。对因果关系进行否定,则得到“不因为 p,就 q”,换言之,“尽管 p,但是 ¬ q”,即“$p \wedge \neg q$”。“$p \wedge \neg q$”表示让转关系。让转关系跟因果关系的上述语义对立可通过如下逻辑运算自然推导出来:

$$[(p \rightarrow q) \equiv (\neg p \vee q)] \Rightarrow [\neg (p \rightarrow q) \equiv \neg (\neg p \vee q) \equiv (p \wedge \neg q)]$$

由于让转关系是对因果关系的否定,很多语言里表示让转关系的词语都包含否定语素。例如,英语“regardless”“nonetheless/nevertheless”;法语“n'empêçhe que (does not prevent)”“nçanmoins”;俄语“nesmotria na to śto(regardless of)”“nezavisimo ot togo śto(independent of)”;拉丁语“nihilo minus(nothing less)”“nihilo secius(nothing otherwise)”。(König,1991b: 202)由于让转关系是对因果关系的否定,而因果关系又是对条件关系的强化,故英语里表示让步的“even if”是在表示条件关系的“if”基础上形成的。在德语里“wenn”是表示时间关系、条件关系和让步关系的多功能连词。英语里的“while”跟德语里的“weil”在古代是一个词,但“while”具有表示时间关系和让步关系的用法,“weil”具有表示因果关系的用法。据此,可以构拟出“时间>因果>让步”这样的语义演变路径。

4. 小结

本章基于视角选择、[前景-背景]倒置、侧面转换(profile shift)、识解精细度变化等认知处理和一系列逻辑运算规律[如:限定算子与全称量词转换律、蕴涵定义律(即蕴涵式与析取式转换律)、蕴涵式对可能性认识情态或存在量化的单向蕴涵、让转关系跟因果关系的正反对称等等],对英语、荷兰语、德语、法语、意大利语、日语、汉语诸语言中相关语言表达式(含短语、跨层结构和单词)在语法化(和词汇化)过程中所经历的规律性语义演变,及其所导致的共时规则多义性、否定羡余结构的出现等现象,作出了统一的理论解释,揭示了限定与排除、限定与统括、限定与转折、假设与选择、假设与可能、假设与存在量化之间的语义相等性或相通性,特别是解决了汉语史上遗留的一些问题。比如，入矢义高(2004[1986])曾感叹说："我感到困惑的一个词是'但'，它是非常麻烦的词。六朝(唐代也一样)首先用'但是、但有、但凡'这些熟语表示'凡是、全部、所有'的意思。其次是在唐代较多用来表示'只要……就……'的意思。第三，用作表示'仅仅、仅此'等副词义，和'只'完全一样。可'只'变成双音节词'只是'时还是很麻烦。'只是'有两层意思，即'一味'和转折的'但是'义。[29] 到了晚唐时期，这两种意思同时使用。那么现在一般所说的'但是'是从什么时候开始出现的呢？回答这个问题不容易。太田先生《中国语历史文法》里列举了后汉的例子，然而仔细斟酌一下，总觉得还有点疑问。虽然这只是个词，但是从历史上来看，它的用法却在不断地发生变化。"入矢义高所说的"但"的各种用法的出现年代，我们尚未考察，但我们的解释可以说明为什么"但"会有那么多用法。首先，通过限定算子和全称量词转换律，限定算子"但"在"但是""但有""但凡"等熟语里可以解读出"凡是、全部/所有"等总括义。其次，表示总括义的"但"(即全称量词"但")可以演变出"只要"这样的假设义，因为蕴涵式的谓词逻辑刻画离不开全称量词。通俗地说，"在 p 为真的所有情况下，q 为真"等价于"只要 p，就 q"。[30] 最后，限定算子"但"在整体-局部极性对立语境中通过语境吸收发展出了转折连词的用法。

我们知道，"semantics(语义学)"这个术语最初源于法语"semantique"。"semantique"在法语中指意义变化。可见，自语义学诞生之日起，语义演变就是语

---

[29] 按：入矢义高所谓"一味"("没有条件限制，可以放心去做")义，实即本章所说"只管/尽管"义。用限定义词表示"只管/尽管"义，还见于汉语"但""第"(杨伯峻、何乐士，1992：360)。而且，日语也如此。日语中"だけ(dake)""ばかり(baka ri)"都兼有限定义和"一味"义。下面仅以"だけ"为例。"だけ"本表示限定[如正文例(65)所示]。后来，发展出了表示"一味/尽管"义的用法。例如：

(1) あの人　は　お金が　ある　とき　に　は、ある　だけ　使って　しまう
那-连体形-人-话题　钱-主格　有　时候-在-提示标记　有　尽　使用-完成体
くせ　が　ある。(杨诎人等，2005：124)
癖好-主格标记　有
(那个人有个怪毛病，有钱的时候有多少就花多少。)

(2) この　店に　ある　かどうか、見る　だけ　見てみ　よう。(杨诎人等，2005：124)
这-连体形　店-在　有　是否　看　尽　看-尝试-劝诱语气
(这个店里有没有，我们尽管看一看吧！)

这种演变是基于如下推理：只 x 管 P 这件事。→x 尽管 P 这件事(即 x 全权管理 P 这件事)→x 可以随意 P。

[30] 当然，也有另一种可能的解释。即"只要"义中，"只"义是"但"的初始意义，而假设义(即"要是"义)则是"但"从假设复句中通过语境吸收获得的。

义研究的重要课题。乌尔曼(1992)也指出:"语义学自产生以来,很长一段时间都被视为研究(词汇)语义历史的科学。"但是,由于语义知识与百科知识之间关系复杂,语义研究,特别是语义演变研究,跟语音演变、语法演变研究比较起来,是相对落后的。

语义研究以往多局限在词汇意义上,研究背景多是传统语义学的。而语法意义的跨语言共性比词汇意义的跨语言共性更多。(Zæfferer,1991: 6-8)传统语义演变研究有一个误区,即多认为语词的新义是从旧义演变而来的,忽视了语词的新义有可能是语词在表示旧义时从其所处句法环境中吸收其他语词的意义而来。(Fortson Ⅳ,2003)而且,传统语义演变研究多局限在语义演变结果(包括理性意义的扩大、缩小和转移以及感情色彩的扬升和贬抑)和有限的语义演变途径(即比喻、引申)上。Campbell(2008 [1998]: 266)等人认为,简单地将语义演变分为扩大、缩小、转移等类型对解释"语义演变是如何发生的? 为什么会发生?"没有多少帮助。很多学者提出要大力探求语义演变的规律[31]和动因。他们认为,不能在语言真空中解释语义演变,对语义演变的解释必须求助于跟语法化/词汇化研究、话语分析研究、语用学研究和社会历史研究的合作。虽然并不是所有语义演变都有规律或可预测,但多数语义演变有规律可循、可作事后解释。历史语言学和认知语言学的合作使学者们发现了类推、(交互)主观化、词语基于隐喻投射的跨概念域扩散、[前景-背景]倒置等一系列新的语义演变机制。历史语言学和现代语用学的合作使学者们发现很多语义演变动因,比如为提高表现力而使用夸张、为提高生动性而使用比喻、为表达委婉而用它词代替禁忌语词等。当这种表达上的创新因为创新主体的优势地位或创新手段的修辞效应而被模仿,以至成了交际习惯时,就会引发相关语义演变。但是,在当前形势下,历史语言学还可以与形式语言学合作。本章就是历史语言学研究和形式语义学研究相结合的一个示例。

本章的研究显示,形式语义学的研究有助于我们发现语义演变的跨语言共性。形式逻辑的推理系统的很多方面生动而直观地刻画了语言的语义演变模式。很多

---

[31] 当前,人们一般把语义演变规律的系统提出归之于 Traugott 和 Dasher(2002)。但是,早在这两位语言学家触及语义演变规律问题的一百多年前,实验心理学之父威廉·冯特(Wilhelm Wundt)就已经在其著作(《民俗心理学:语言演变规律研究》)中花了 160 页的篇幅论述这一问题。冯特认为,语义演变跟语音演变一样,受到严格的规律的支配。不过,因为义变是多种原因相互作用的结果,所以义变规律的发现要滞后于音变规律的发现。从本质上来说,义变的根本原因和机制都是心理方面,可以归结为心理联想过程。冯特说的其实就是后来所谓隐喻和转喻过程。冯特还提出了把多个就概念整合成一个新概念的思想。(Narrog,2012: 70-71)

语言表达式给我们提供的信息不仅包括它们指谓的事件、属性、状态、个体的外延(和内涵),还包括计算出这些外延(和内涵)时所遵循的特定步骤。(van Benthem, 1991: 27) 比如,“无非”除了告诉我们它起限定外延作用外,还通过字面意义告诉我们它是通过排除干扰来达到限定外延的作用的。所以,我们部分地赞同青年语法学派很多语言学家的观点,认为历史比较语言学过去忽略了对说话者个人的研究,而正是个人心理方面的类推作用促进了语言的历时演变。语言学家的任务不是被动地描写语言演变的历程,而是要找出什么样的心理联想促使历史上语言中的成分发生了变化(陈松岑,1999:36)。本研究还从一个侧面展示了语言为什么具有可学性(learnability)和可计算性(computability),特别是多义表达式及其组合。我们认为,这是因为语言系统是个动态更新的认知系统,其更新过程往往是语言使用的认知策略和语用策略的规约化过程。

参考文献

北京大学中文系1955、1957级语言班编　1996[1982]　《现代汉语虚词例释》,北京:商务印书馆。

毕永娥　1994　《"也"在三个话语层面上的体现:多义性或抽象性》,载戴浩一、薛凤生主编,《功能主义与汉语语法》,北京:北京语言学院出版社,第79—93页。

蔡建华　1995　《广州话动词后的"先"》,载郑定欧编,《广州话研究与教学(二)》,广州:中山大学出版社,第69—72页。

蔡镜浩　1990　《重谈语助词"看"的起源》,《中国语文》第1期。

蔡淑美　2011　《框式结构语法化过程中的形式与意义的互动关系——以"为……起见"的语法化过程为例》,《北京广播电视大学学报》第2期。

曹翔　2011　《从文献材料看"除非"的产生年代》,《古汉语研究》第2期。

曹小云　2005　《语法化理论与汉语历史语法研究》,《宁波大学学报(人文科学版)》第2期。

曹海东　2009　《也释"见来"》,《中国语文》第6期。

陈保亚　1999　《20世纪中国语言学方法论》,济南:山东教育出版社。

陈明娥　2002　《从双音动词的存亡看敦煌变文在汉语史上的地位》,《中南民族大学学报》第5期。

陈明娥　2006　《〈敦煌变文〉词汇计量研究》,南昌:百花洲文艺出版社。

陈松岑　1999　《语言变异研究》,广州:广东教育出版社。

陈叶红　2006　《现代汉语"有"字本义探讨》,《安阳工学院学报》第6期。

陈玉洁　2007　《联系项原则和"里"的定语标记作用》,《语言研究》第3期。

陈泽平　2003　《闽语新探》,上海:上海远东出版社。

楚永安　1986　《文言复式虚词》,北京:中国人民大学出版社。

崔蕊　2008　《"其实"的主观性和主观化》,《语言科学》第5期。

崔山佳　2004　《近代汉语语法历史考察》,武汉:崇文书局。

崔山佳　2006　《近代汉语词汇论稿》,成都:巴蜀书社。

大西克也　2011　《从"领有"到"空间存在"——上古汉语"有"字句的发展过程》,《历史语言学研究》第4辑,北京:商务印书馆,第112—128页。

戴淮清　1986[1974]　《中国语音转化》,北京:中国友谊出版公司。

戴韦·克里斯特尔　2002　《现代语言学词典》(沈家煊译),北京:商务印书馆。

邓思颖　2006　《粤语疑问句末尾"先"字的句法特点》,《中国语文》第3期。

董秀芳　2008　《汉语动转名的无标记性与汉语语法化模式的关联》,《历史语言学研究》第1辑,北京:商务印书馆,第191—200页。

段德森编　1990　《实用古汉语虚词》,太原:山西教育出版社。

冯雪燕　2009　《从空间的最边缘到语气的最终追究——从四大名著看极量词"到底"的形成》,《海南大学学报》第2期。

符其武　2008　《琼北闽语词汇研究》,成都:四川大学出版社。

高进智编　1994　《湖北常用方言词典》,武汉:湖北人民出版社。

高书贵　2000　《"毕竟"类语气副词与预设》,《天津师范大学学报》第2期。

高彦梅　2004　《功能词的多元语义研究》,北京:北京大学出版社。

高育花　2007　《中古汉语副词研究》,合肥:黄山书社。

高增霞　2003　《汉语的担心-认识情态词"看""怕""别"》,《中国社会科学院研究生院学报》第1期。

葛佳才　2005　《东汉副词系统研究》,长沙:岳麓书社。

谷峰　2011　《上古汉语"诚"、"果"语气副词用法的形成与发展》,《中国语文》第3期。

顾国瑞、陆尊梧编　1992　《唐代诗词语词典故词典》,北京:社会科学文献出版社。

顾阳　1997　《关于存现结构的理论探讨》,载徐烈炯主编,《共性与个性》,北京:北京语言文化大学出版社,第91—100页。

何耿镛　1993　《客家方言语法研究》,厦门:厦门大学出版社。

何乐士等编　1985　《古汉语虚词通释》,北京:北京出版社。

何英玉 2004 《语义学》,上海:上海外语教育出版社。

侯学超主编 1998 《现代汉语虚词词典》,北京:北京大学出版社。

胡敕瑞 2002 《〈论衡〉与东汉佛典词汇比较研究》,成都:巴蜀书社。

胡敕瑞 2008 《汉语负面排他标记的来源及其发展》,《语言科学》第6期。

胡静书 2018 《从约数范畴到推测情态:汉语推测副词的重要来源》,《语言与翻译》第4期。

黄正德 2006 《原则参数理论与汉语语法》,北京大学中文系演讲(6月19日)。

江蓝生编 1997 《唐五代语言词典》,上海:上海教育出版社。

江蓝生 1998 《演绎法与近代汉语考释》,《语言学论丛》第20辑,北京:商务印书馆,第99—107页。

江蓝生 2000[1992] 《疑问副词"颇、可、还"》,载江蓝生,《近代汉语探源》,北京:商务印书馆,第65—94页。

江蓝生 2012 《汉语连-介词的来源及其语法化的路径和类型》,《中国语文》第4期。

江蓝生 2016 《超常组合与语义羡余——汉语语法化诱因新探》,《中国语文》第5期。

姜胜 2004 《试论规则多义现象聚合体》,载何英玉主编,《语义学》,上海:上海外语教育出版社,第237—248页。

蒋礼鸿 1988 《敦煌变文字义通释》(增订第四版),上海:上海古籍出版社。

蒋绍愚 2005 《古代汉语词汇纲要》,北京:商务印书馆。

金颖 2009 《副词"无非"的形成和发展》,《古汉语研究》第1期。

景盛轩 2008 《朝鲜时代汉语教科书释词》,《语言研究》第1期。

柯里思 2003 《试论谓词的语义特征和语法化的关系》,载吴福祥、洪波主编,《语法化与语法研究(一)》,商务印书馆。

蓝纯、高秀平 2016 《从认知视角看〈心经〉和〈金刚经〉中的概念隐喻》,《外语教学与研究》第1期。

劳宁 1962 《语助词"看"的形成》,《中国语文》第6期。

乐耀 2016 《从互动交际的视角看让步类同语式评价立场的表达》,《中国语文》第1期。

李明 2004 《从言语到言语行为——试谈一类词义演变》,《中国语文》第

5 期。

李荣主编 1998 《现代汉语方言大词典》,南京:江苏教育出版社。

李申 2002 《徐州方言中省缩词语例析》,《语言研究》第 4 期。

李焱 2006 《〈醒世姻缘传〉及明清句法结构历时演变的定量研究》,南昌:百花洲文艺出版社。

李强等编 2004 《大学日语》(修订本,上册),北京:北京大学出版社。

李如龙等编 1994 《福州方言词典》,福州:福建人民出版社。

李泰洙 2003 《〈老乞大〉四种版本语言研究》,北京:语文出版社。

李维琦编 2004 《佛经词语汇释》,长沙:湖南师范大学出版社。

李小平 2007 《"果然"的成词过程及用法初探》,《东方论坛》第 1 期。

李延林 2001 《"究竟、到底"的英译》,《中国科技翻译》第 2 期。

李宇明 1985 《说"VP 看"》,《汉语学习》第 6 期。

李佐丰 2004 《谈谈〈左传〉"日月有食之"中的"有"》,载李佐丰,《上古汉语语法研究》,北京:北京广播学院出版社,第 61—76 页。

梁东汉 2006 《新编说文解字》,太原:山西教育出版社。

林寒生 2002 《闽东方言词汇语法研究》,昆明:云南大学出版社。

刘丹青 2003 《语言类型学与介词理论》,北京:商务印书馆。

刘丹青 2004 《汉语里的一个内容宾语标句词》,载中国社会科学院语言研究所编,《庆祝〈中国语文〉创刊 50 周年学术论文集》,北京:商务印书馆,第 103—109 页。

刘丹青 2011 《"有"字领有句的语义倾向和信息结构》,《中国语文》第 2 期。

刘坚等 1992 《近代汉语虚词研究》,北京:语文出版社。

刘坚等 1995 《诱发汉语词汇语法化的若干因素》,《中国语文》第 3 期。

刘玉红 2009 《近义结构"V 见"和"V 到"比较研究》,华中师范大学硕士学位论文。

刘月华 1983 《动词重叠的表达功能及可重叠动词的表达范围》,《中国语文》第 3 期。

柳士镇 1992 《魏晋南北朝历史语法》,南京:南京大学出版社。

陆俭明 1959 《现代汉语中一个新的语助词"看"》,《中国语文》第 10 期。

陆俭明、马真 1982 《现代汉语虚词散论》,北京:商务印书馆。

罗竹风主编 2002 《汉语大词典》,香港:商务印书馆(香港有限公司)。

吕叔湘 1990 《吕叔湘文集·第一卷(中国文法要略)》,北京:商务印书馆。

吕叔湘主编 2001[1980] 《现代汉语八百词》,北京:商务印书馆。

马喆 2009 《“到底”的去范畴化考察》,《武汉理工大学学报》第3期。

麦耘 1993 《广州话“先”的再分析》,载郑定欧编,《广州话研究与教学》,广州:中山大学出版社。

毛帅梅 2006 《英汉听觉动词语义演变的认知机制》,《湖南工程学院学报》第2期。

蒙朝吉 2001 《瑶族布努语方言研究》,北京:民族出版社。

明生荣 2007 《毕节方言研究》,北京:中国社会科学出版社。

聂仁发 2001 《试论重叠性动词的本体性》,载范开泰、齐沪扬主编,《面向21世纪语言问题再认识》,上海:上海教育出版社,第288—296页。

欧阳因 2000 《中国流行新词语》,北京:中国人民大学出版社。

朴在渊主编 2010 《朝鲜后期汉语会话书词典》,[韩国]首尔:学古房。

彭睿 2017 《如何定位汉语语法化的“特色”》,《语言教学与研究》第5期。

钱锺书 1962 《通感》,《文学评论》第1期。

齐冲天 1997 《汉语史简论》,郑州:大象出版社。

曲守约 1972 《中古辞语考释续编》,台北:艺文印书馆。

入矢义高 2004[1986] 《中国口语史的构想》,《汉语史学报》第4辑,上海:上海教育出版社,第1—7页。

潘攀 1997 《近代汉语“看”字句》,《江汉大学学报》第2期。

商务印书馆辞书研究中心编译 2003 《罗贝尔法汉词典》,北京:商务印书馆。

沈家煊 1994 《语法化研究综观》,《外语教学与研究》第4期。

沈家煊 1999 《不对称和标记论》,南昌:江西教育出版社。

沈家煊 2003 《复句三域》,《中国语文》第3期。

沈家煊 2004 《动结式“追累”的语法和语义》,《语言科学》第6期。

沈克成、沈迦 2004 《温州话》,宁波:宁波出版社。

石毓智 2001 《语法的形式与理据》,南昌:江西教育出版社。

石毓智 2006 《语法化的动因和机制》,北京:北京大学出版社。

石毓智 2017 《语法演变对汉字书写体系的影响》,未刊。

石毓智 2008 《认知能力与语言学理论》,上海:学林出版社。

史金生 2003 《“毕竟”类副词的功能差异及语法功能》，载吴福祥、洪波主编，《语法化与语法研究(一)》，北京：商务印书馆，第 60—78 页。

史有为 1986 《“来”“看”小补》，《汉语学习》第 5 期。

束定芳 2000a 《隐喻学研究》，上海：上海外语教育出版社。

束定芳 2000b 《现代语义学》，上海：上海外语教育出版社。

苏宝荣 1993 《〈说文解字〉助读》，西安：陕西人民出版社。

索振羽 2000 《语用学教程》，北京：北京大学出版社。

孙朝奋 1994 《虚化论》评介，《国外语言学》第 4 期。

孙金龙 1990 《经济信息的产物——“看”字短语初探》，《汉语学习》第 3 期。

孙立新 2001 《户县方言研究》，北京：东方出版社。

太田辰夫 2003[1958] 《中国语历史文法》(蒋绍愚、徐昌华译)，北京：北京大学出版社。

汤廷池 1988 《汉语词法句法论集》，台湾：学生书局。

陶然等主编 1995 《现代汉语虚词辞典》，北京：中国国际广播出版社。

汪少华 2002 《通感·联想·认知》，《现代外语》第 2 期。

王贵元、叶桂刚编 1993 《诗词曲小说语辞大典》，北京：群言出版社。

王惠 2002 《现代汉语名词词义组合分析》，北京大学博士学位论文。

王健 2008 《“全”、“都”和“全都”》，《殷都学刊》第 3 期。

王利 2007 《长治县方言》，太原：山西人民出版社。

王力 1980 《汉语史稿》，北京：中华书局。

王萍等编 1991 《现代日汉汉日词典》，北京：外语教学与研究出版社。

王学奇、王静竹编 1999 《宋金元明清曲辞通释》，北京：语文出版社。

王瑛 2001 《唐宋笔记汇释》，北京：中华书局。

威廉·冯·洪堡特 1999[1836—1840] 《论人类语言结构的差异及其对人类精神发展的影响》(姚小平译)，北京：商务印书馆。

乌尔曼 1992 《语义学的最新进展(中译)》，载岑麒祥编，《国外语言学论文选译》，北京：语文出版社，第 183—200 页。

吴福祥 1995 《尝试态助词“看”的历史考察》，《语言研究》第 2 期。

吴福祥 1996 《敦煌变文语法研究》，长沙：岳麓书社。

吴福祥 2003 《汉语伴随介词语法化的类型学研究：兼论 SVO 型语言伴随介词的两种语法化模式》，《中国语文》第 3 期。

吴福祥 2005 《汉语语法化演变的几个类型学特征》,《中国语文》第 6 期。

毋效智 2005 《扶风方言》,乌鲁木齐:新疆大学出版社。

伍和忠 2002 《荔浦方言的"V 一下子"与"V 一下子看"》,《广西社会科学》第 2 期。

伍铁平 1984 《词义的感染》,《语文研究》第 3 期。

席嘉 2010 《近代汉语连词》,北京:中国社会科学出版社。

向熹 1993 《简明汉语史》(下册),北京:高等教育出版社。

项梦冰 1997 《连城客家话语法研究》,北京:语文出版社。

心叔 1962 《关于语助词"看"的形成》,《中国语文》第 8—9 期。

徐杰 2001 《普遍语法原则与汉语语法现象》,北京:北京大学出版社。

徐朝红、胡世文 2010 《假设连词"脱"的产生和发展》,《古汉语研究》第 2 期。

徐仁甫 1981 《〈左传〉疏证》,成都:四川人民出版社。

徐中舒主编 1990 《汉语大字典》,成都、武汉:四川辞书出版社、湖北辞书出版社。

许宝华、宫田一郎主编 1999 《汉语方言大词典》,北京:中华书局。

许少峰主编 2008 《近代汉语大词典》,北京:中华书局。

许皓光、张大鸣编 1988 《东北方言词典》,沈阳:辽宁人民出版社。

许极炖编 1998 《常用汉字台语词典》,台北:前卫出版社。

杨邦杰 1994 《汉英虚词句式》,北京:商务印书馆。

杨伯峻、何乐士 1992 《古汉语语法及其发展》,北京:语文出版社。

杨诎人等编著 2005 《现代日语语法》,广州:广东世界图书出版公司。

杨荣祥 2005 《近代汉语副词研究》,北京:商务印书馆。

姚小平 2005 《语言文化十讲》,北京:外语教学与研究出版社。

叶建军 2007 《疑问副词"莫非"的来源及其演化》,《语言科学》第 3 期。

易亚新 2007 《常德方言语法研究》,北京:学苑出版社。

影山太郎 2001 《动词语义学》(于康、张勤、王占华译),北京:中国广播电视大学出版社。

俞光中、植田均 1999 《近代汉语语法研究》,上海:学林出版社。

袁宾 1992 《近代汉语概论》,上海:上海教育出版社。

袁毓林 2003 《从焦点理论看句尾"的"的句法语义功能》,《中国语文》第

1 期。

袁毓林　2006　《论“连”字句的主观化表达功能》,《中国语》(日本)第 253 辑,大阪:日本中国语学会事务局,第 117—137 页。

袁毓林　2007　《试论“都”的隐性否定和极项允准功能》,《中国语文》第 4 期。

曾子凡　1989　《广州话・普通话对比趣谈》,香港:三联书店。

占勇、张卫国　2006　《“凡是”与“所有”之比较》,《西南交通大学学报》第 4 期。

张博　1999　《组合同化:词义衍生的一种途径》,《中国语文》第 2 期。

张爱玲　2015　《关于主观性和主观化学说的反思》,《励耘语言学刊》第 1 辑,北京:学苑出版社,第 48—60 页。

张爱玲　2016　《现代汉语常用构式的共时与历时互动研究》,南京:南京大学出版社。

张安生　2006　《同心方言研究》,北京:中华书局。

张传彪　2005　《从英汉“诅咒语”看中西方文化差异》,《河北教育学院学报》第 4 期。

张慧英　2002　《汉藏语系语言与汉语方言比较研究》,北京:民族出版社。

张敏　1998　《认知语言学与汉语名词短语》,北京:中国社会科学出版社。

张双庆　1997　《香港粤语的动词谓语句》,载李如龙、张双庆编,《动词谓语句》,广州:暨南大学出版社,第 255—270 页。

张旺熹　2006　《汉语句法的认知结构研究》,北京:北京大学出版社。

张相　2001[1953]　《诗词曲语辞汇释》,北京:中华书局。

张秀松　2004　《“提示”义“看”字探讨》,《长春师范学院学报》第 2 期。

张秀松　2007　《条件-转折关系复句的句法化》,全国博士生学术论坛(北京:首都师范大学)论文。

张秀松　2008　《从生成词库论看汉语词的逻辑多义性》,《北方论丛》第 3 期,收入宋作艳、黄居仁主编《生成词库理论与汉语研究》,北京:商务印书馆,2018 年,第 288—298 页。

张秀松　2008　《拥有情境的例化及其汉语实现》,《中国社会科学院研究生院学报》第 3 期。

张秀松　2009　《传统汉语(不)礼貌语的交际特征——介绍一部研究古汉语礼貌现象的专著》,《修辞学习》第 3 期。

张秀松 2010a 《一种新的语法化研究范式的展示——〈语法化过程中的意义演变:语义重新分析研究〉介评》,《外国语》第5期。

张秀松 2010b 《认知视角下终竟义词的共时变异与历时演变研究》,北京大学博士学位论文。

张秀松 2012 《近代汉语中语气副词"到底"的后续演变》,《语言研究》第1期。

张秀松 2014 《终竟义语词肯定副词用法的历史形成与相关问题》,《语文研究》第2期。

张秀松 2017 《现代汉语中"归齐"的意义和用法溯源》,《语文研究》第1期。

张秀松 2018a 《国外语法化研究的历史进展》,《云南师范大学学报(对外汉语教学与研究版)》第5期。

张秀松 2018b 《跨方言视角下终竟义词的共时多义性及其历史溯源研究》,《语言研究集刊》第3期。

张秀松 2020 《词汇化和语法化理论及其运用》,北京:外语教学与研究出版社。

张秀松、张爱玲 2009 《生成词库论简介》,《当代语言学》第3期。

张谊生 2000 《论与汉语副词相关的虚化机制》,《中国语文》第1期。

赵元任 2001[1968] 《汉语口语语法》(吕叔湘译),北京:商务印书馆。

赵长才 2010 《中古汉语选择连词"为"的来源及演变过程》,《中国语文》第3期。

郑张尚芳 2008 《温州方言志》,北京:中华书局。

中国社会科学院语言研究所词典编辑室编 2012[1978] 《现代汉语词典》(第六版),北京:商务印书馆。

钟兆华等编 1995 《红楼梦语言词典》,北京:商务印书馆。

周芳 2006 《"凡是"的语义功能分析》,《暨南大学华文学院学报》第1期。

周光庆 2009 《从认知到哲学:汉语词汇研究新思考》,北京:外语教学与研究出版社。

朱景松 1998 《动词重叠式的语法意义》,《中国语文》第5期。

朱庆明 2005 《现代汉语实用语法分析》(下册),北京:清华大学出版社。

Arabham, W. 1991 "The grammaticalization of German modal particles". In Traugott, E. C. & B. Heine eds., *Approaches to Grammaticalization*, Vol. 2.

Amsterdam/Philadelphia：John Benjamins. Pp. 331-380

Akimoto，M. 2001 "The grammaticalization of verb 'pray'". In Fischer，O.，A. Rosenbach and D. Stein eds.，*Pathways of Change*：*Grammaticalization in English*. Amsterdam/Philadelphia：John Benjamins. Pp.67-84.

Allwood，J. 1989 *Om begrepp-deras bestämning*，*analys och kommunikation*(*ms*). Gŏteborgs universitet，Institutionen för lingvistik.

Austin，J. L. 1955 *How to do things with words*. The William James Lectures，Harvard University.

Bahr，Donald M. 1986 "Pima-Pa*pago-ga*，'Alienability'". *International Journal of American Linguistics* 52(2)：161-171.

Bickerton，D. 1981 *Roots of language*. Ann Arbor：Karoma Publishers，Inc.

Bickerton，D. 1990 *Language and species*. Chicago：University of Chicago Press.

Bills，Garland D.，Vallejo C. Bernardo，and Rudolph C. Troike 1969 *An introduction to Spoken Bolivian Quechua*. Austin，London：University of Texas Press.

Bisang，W. 2004 "Grammaticalization without coevolution of form and meaning：The case of tense-aspect-modality in East and mainland Southeast Asia". In Bisang，W.，N. P. Himmelmann and B. Wiemer eds.，*What Makes Grammaticalization?*：*A look from its fringes and its components*. Berlin/New York：Mouton de Gruyter. Pp.109-138.

Bisang，W. 2008 "Grammaticalization and the areal factor：The perspective of East and mainland Southeast Asian languages". In López-Couso，M. J. and E. Seoan eds.，*Rethinking Grammaticalization*：*New Perspectives*. Amsterdam/philadelphia：John Benjamins. Pp.15-36.

Brinton，Laurel J. 1998 "The flowers are lovely；only，they have no scent：The evolution of a pragmatic marker". In Borgmeier，R.，H. Grabes and A. H. Jucker eds.，*Historical pragmatics*：*Anglistentag 1997 Gießen Proceedings*. Gießen：WVT Wissenschaftlicher Verlag. Pp.9-33.

Bybee，Joan. L.，R. Perkins and W. Pagliuca 1994 *The Evolution of*

Grammar: *The Tense*, *Aspect and Modality of World Languages*. Chicago: University of Chicago Press.

Brown, P. & S. Levinson 1978 "Universals in language usage: Politeness phenomena". In Goody, E.N. eds., *Question and Politeness*: *Strategies in Social Interaction*. Cambridge: Cambridge University Press. Pp.56-290.

Bybee, J. L. & S. A. Thompson 1997 "Three frequency effects in syntax". In *The Proceedings of the 23rd Annual Meeting of the Berkeley Linguistics Society*. Pp.65-85.

Bybee, J. L. 2003 "Mechanisms of change in grammaticization: The role of frequency". In Joseph, Brian. D. & Richard. D. Janda eds., *The Handbook of Historical Linguistics*. Oxford: Blackwell. Pp.602-623.

Campbell, L. 2008[1998] *Historical Linguistics*: *An Introduction* ,2nd ed. Beijing: World Book Publishing Company.

Carlin, Eithne 1993 *The So language*. Cologne: Universität zu Köln.

Clark, Eve V. 1976 "Universal categories: On the semantics of classifiers and children's word meanings". In Juill, A. eds., *Linguistic Studies offered to Joseph Greenberg on his sixtieth birthday*. Saratoga, CA: Anma Libri. Pp. 409-462.

Clark, Eve V. 1978 "Locationals: Existential, locative, and possessive constructions". In Greenberg, J. H., C. A. Ferguson and E. A. Moravcsik eds., *Universals of Human Language (Vol.4)*: *Syntax*. Stanford, CA: Stanford University Press. Pp.85-126.

Claudi, U. 1986 *To have or not to have*: *On the conceptual base of predicative possession in some African languages*. Typescript, University of Cologne.

Croft, W 2008 *Typology and Universals* (2nd Edition). Beijing: Foreign Language Teaching and Research Press.

Dahl, Ö. 2011 "Grammaticalization and linguistic complexity". In Narrog, H. & B. Heine eds., *The Oxford Handbook of Grammaticalization*. Oxford: Oxford Universtiy Press. Pp.153-162.

Dancygier, B. 2003 *Conditionals and Prediction*: *Time*, *Knowledge*, *and Causation in Conditional Constructions*. Cambridge: Cambridge University

Press.

De Smet, H., & J.-C. Verstraete 2006 "Coming to terms with subjectivity". *Cognitive linguistics* 3: 365-392.

Detges, U. & R. Waltereit 2002 "Grammaticalization vs. reanalysis: A semantic-pragmatic account of functional change in grammar". *Zeitschrift für Sprachwissenschaft* 21: 151-195.

Diewald, G. 2002 "A model for relevant types of contexts in Grammaticalization". In Wischer, I. & G. Diewald eds., *New Reflections on Grammaticalization*. Amsterdam/Philadelphia. Pp.103-120.

Dirk, Otten 1992 "Sprachkulturelle und historische Forschungen in Afrika". *Afrikanistentag* 11, Pp. 19-21.

Dirven, R. & M. Verspoor 1998 *Cognitive Exploration of Language and Linguistics*. Amsterdam/Philadelphia: John Benjamins.

Eckardt, R. 2006 *Meaning Change in Grammaticalization: An inquiry into semantic reanalysis*. Oxford: Oxford University Press.

Erteschik-Shir, N. 2007 *Information Structure*. Oxford: Oxford University Press.

Fauconnier, G. 1975 "Polarity and the Scale Principle". *Chicago Linguistics Society* 11: 188-199.

Ford, Cecilia E., Barbara A. Fox, & Sandra A.Thompson, 2003 "Social Interaction and Grammar". In Tomasello, M. ed., *The New Psyochology of Language*. London: Lawrence Erlbaum Associates. Pp.119-144.

Fortson IV, Benjamins W. 2003 "An approach to semantic change". In Joseph, B. *D.* & R. D. Janda, eds., *The Handbook of Historical Linguistics*. Oxford: Blackwell Publishinig Ltd. Pp.648-666.

Freeze, R. 1992 "Existentials and other locatives". *Language* 68(3): 553-95.

Gerner, M. 2003 "Passive of affect in Kam (Dong) and other Kadai languages: The missing link from synchrony". *Australian Journal of Linguistics* 23(1): 35-70.

Geurts, B. 2000a "Explaining grammaticalization: The standard way".

Lingusitcs 38(4): 781-785.

Geurts, B. 2000b "Function or fashion?: Reply to Martin Haspelmath". *Linguistics* 38(6): 1175-1180.

Givón, T. 1971 "Historical *syntax and synchronic morphology: An archaeologist's field trip*". *The Chicago Linguistic Society* 7: 394-415.

Givón, T. 2000 "Internal reconstruction: As method, as theory". In Gildea, S. ed., *Reconstructing Grammar: Comparative Linguistics and Grammaticalization*. Amsterdam/Philadelphia: John Benjamins. Pp.107-160.

Gudschinsky, Sarah C. 1956 "The ABC's of Lexicostatistics (Glottochronology)". *Word* 12:175-210.

Haiman, J. 1994 "Ritualization and the development of language". In Pagliuca, W. eds., *Perspectives on Grammaticalization*. Amsterdam/Philadelphia: John Benjamins. Pp.3-28.

Halliday, M. A. K. 1967 "Notes on transitivity and theme in English (Part 2)". *Journal of Linguistics* 3: 199-244.

Halliday, M. A. K. 1994 *An introduction to Functional Grammar*, 2nd Edition, London: Edward Arnold.

Hansen, Maj-Britt Mosegaard. 2005 "A comparative study of the semantics and pragmatics of *enfin* and *finalement*, in synchrony and diachrony". *French Language studies* 15(2):153-171.

Hansen, Maj-Britt Mosegaard. & Jacqueline Visconti 2009 *Current Trends in Diachronic Semantics and Pragmatics*. Bingley: Emerald. Pp.1-20.

Harris, M. & P. Ramat, eds., 1987 *Historical Development of Auxiliaries*. Berlin/Amsterdam: De Gruyter Mouton.

Harris, A. C. & L. Campbell 2007 *Historical Linguistics in Cross-linguistic Perspcetives*. Beijing: World Book Publishing Company.

Haspelmath, Martin 1999 "Why is grammaticalization irreversible?". *Linguistics* 37(6): 1043-1068.

Haspelmath, Martin 2000 "The relevance of extravagance: A reply to Bart Geurts". *Linguistics* 38(4): 789-798.

Haviland, J. 1979 "Guugu Yimidihirr". In Dixon, R. M. W. & W. Blake eds., *Handbook of Australian Languages*, Vol. 1. Amsterdam/Philadelphia: John Benjamins. Pp.27-182.

Heine, B. 1993 *Auxiliaries, Cognitive Forces, and Grammaticalization*. New York: Oxford University Press.

Heine, B. 1997a *Cognitive Foundations of Grammar*. Oxford: Oxford University Press.

Heine, B. 1997b *Possession: Cognitive sources, forces, and grammaticalization*. Cambridge: Cambridge University Press.

Heine, B. 2002 "On the role of context in grammaticalization". In Wischer, I. & G. Diewald eds., New Reflections *on Grammaticalization*. Amsterdam/Philadelphia. Pp.83-102.

Heine, B. 2003 "Grammaticalization". In Joseph, B. D. & R. D. Janda eds., *The Handbook of Historical Linguistics*. Oxford: Blackwell. Pp.575-601.

Heine, B. 2005 *Language Contact and Grammatical Change*. Cambridge: Cambridge University Press.

Heine, B. *et al.* 1991 *Grammaticalization: A Conceptual Framework*. Chicago: University of Chicago Press.

Heine, B. & T · Kuteva 2007[2002] *World Lexic*on *of Grammaticalization*. Cambridge: Cambridge University Press.

Hengeveld, K. 1992 *Non-verbal Predication: Theory, typology, diachrony*. Berlin/New York: Mouton de Gruyter.

Hoeksema, J. 2008 "The emergence of particle clusters in Dutch: Grammaticalization under adverse conditions". In Seone, E. & M. J. López-Couso eds., Theoretical and Empirical Issues in Grammaticalization. Amsterdam/Philadelphia: John Benjamins. Pp.131-150.

Hoffmann S. 2004 "Are low-frequency complex prepositions grammaticalized?". In Lindquist, Hans. & Christian Mair eds., *Corpus Approaches to Grammaticalization in English*. Amsterdam/Philadelphia: John Benjamins. Pp. 171-210.

Hoffmann S. 2005 *Grammaticalization and English Complex Prepositions: A Corpus-based Study*. New York: Routledge.

Hopper, P. J. & E. C. Traugott 2003[1993] *Grammaticalization*, 2nd edition. Cambridge: Cambridge University Press.

Horn, L. 1996 "Exclusive company: only and the dynamics of vertical inference". *Journal of Semantics* 13:1-40.

Ibarretxe-Antuñano, I. 1999 "Polysemy and Metaphor in Perception Verbs: a Cross-linguistic study". Ph.D. Diss., Edinburgh: University of Edinburgh.

Iwasaki, S. 1993 *Subjectivity in Grammar and Discourse: Theoretical considerations and a case study of Japanese spoken discourse*. Philadelphia, PA: John Benjamins.

Jacobs, J. 1984 "The syntax of bound focus in German". *Groninger Arbeiten zur Germanistischen Linguistik* 25: 172-200.

Jacobs, J. 1991 "On the Semantics of modal particles". In Abraham, W. eds., *Discourse Particles*. Amsterdam: Benjamins. Pp. 141-162.

Jung-ran, Park 2003 "A study of selected Korean pragmatic markers: synchronic and diachronic perspectives". Ph. D. Diss., Hawai'i: The University of Hawai'i.

Kachru, Y. 1968 "The copula in Hindi". In Verhaar, J. W. M. eds., *The verb 'be' and its synonyms* (Part3). Dordrecht: Reidel. Pp.5-59.

Kawabata, Tomohiro 2010 "On the Rise of *but*-concessive Constructions: From the viewpoint of grammaticalization". In Kytö, M., J. Scohill, and H. Tanabe eds., *Language Change and Variation from Old English to Late Modern English*. Berlin/New York: Peter Lang.

Keller, R. 1995 "The epistemic weil", In Stein, D. & S. Wright eds., *Subjectivity and subjectivisation: Linguistic perspectives*. Cambridge: Cambridge University Press. Pp.16-30.

Kim, Y. 1997 "A situation semantic account of existential sentences". Ph.D. Diss., Stanford: Stanford University.

König, E. 1991a *The Meaning of Focus Particles: A comparative perspective*. New York: Routledge.

König, E. 1991b "Concessive relations as the dual of causal relations". In

D. Zæfferer eds., *Semantic Universals and Uniersal Semantics*. Berlin/New York: Foris Publications. Pp.190-210.

Kuhn, Thomas 1970 *The Structure of Scientific Revolutions.*, 2nd edition. Chicago: University of Chicago Press.

Kurath, Hans 1921 "The semantic sources of the words for the emotions in Sanskrit, Greek, Latin and the Germantic Language". Ph.D. Diss., Chicago: University of Chicago.

Kuryłowicz, J. 1975 [1965]. "The evolution of grammatical categories". *Esquisses Linguistiques* 2: 38-54.

Lakoff, G. & M. Johnson 1980 *The Metaphor We Live by*. Chicago: University of Chicago Press.

Lambrecht, Knud. 1994 *Information Structure and Sentence Form*. Cambridge: Cambridge University Press.

Langacker, R. W. 1985 "Observations and speculations on subjectivity", In Haiman, J. eds., *Iconicity in Syntax*. Amsterdam: Johnson Benjamins. Pp. 109-150.

Langacker, R. W. 1991[1987] *Foundations of Cognitive Grammar*, Vol.1. Stanford, Calif: Stanford University Press.

Lehmann, C. 2002[1982] *Thoughts on Grammaticalization, second, revised edition*. Köln: Institut für Sprachwissenschaft der Universtitat.

Lehmann, C. 2002 "New reflections on grammaticalization and lexicalization". In Wischer, Ilse. & G. Diewald eds., *New Reflections on Grammaticalization*. Pp.1-18.

Liberman, A. 2008 *An Analytic Dictionary of English Etymology: An introduction*. Minneapolis, London: University of Minnesota Press.

Lightfoot, D. W. 1999 *The Development of Language: Acquisition, Change, and Evolution*. Malden, MA and Oxford: Blackwell.

Lightfoot, D. W. 2003 "Grammaticalisation: cause or effect?". In Hickey, R. eds., *Motives for Language Change*. Cambridge: Cambridge University Press. Pp.99-123.

Lukas, J. 1970 *Studien zur Sprache der Gisiga (Nordkamerun)*.

Glückstadt: J. J. Augustin.

Lyons, J. 1967 "A note on possessive, existential and locative sentences". *Foundations of Language* 3: 390-96.

Lyons, J. 1968 *An Introduction to Theoretical Linguistics*. Cambridge: Cambridge University Press.

Lyons, J. 1977 *Semantics*, Vol. 1. Cambridge: Cambridge University Press.

Matisoff, J. A. 1978 *Variational Semantics in Tibeto-Burman*. Philadelphia, PA: Institute for the Study of Human Issues.

Maurice V. Aldrige. 1992 "The laws of thought revisited: Some remarks on the relative stability of natural language constant systems". In G. Kellermann & M. D. Morrissey eds., *Diachrony within Synchrony: Language History and Cognition*. Berlin/Paris: Peter Lang.

Meeussen, A. E. 1975 "Possible linguistic Africanisms. Fifth Hans Wolff memorial lecture". *Language Sciences* 35: 1-5.

Mosel, U. 1983 "A dnominal and predicative possessive constructions in Melanesian languages". AKUP (Arbeiten des Kölner Universalien-Projekts) 50. Cologne.

Narrog, H. 2012 *Modality, Subjectivity, and Semantic Change: A cross-Linguistic perspective*. Oxford: Oxford University Press.

Narrog, H. & Ohori, T. 2011 "Grammaticalization in Japanese". In Heine, B. & H. Narrog eds., *The Oxford Handbook of Grammaticalization*. Oxford: Oxford University Press. Pp.775-785.

Newmeyer, F. J. 1998 *Language Form and Language Function*. Massachusetts: MIT Press.

Ohori, T. 1994 "Diachrony of clause linkage: TE and BA in Old through Middle Japanese". In Pagliuca, W. eds., *Perspectives on Grammaticalization*. Amsterdam/Philadelphia: John Benjamins. Pp.135-150.

Olmen, D. V. 2012 "The imperative of intentional visual perception as a pragmatic marker: A contrastive study of Dutch, English and Romance". In Lauwers, P. *et al*. eds., Pragmatic Makers and Pragmaticalization: Lessons from false friends. Amsterdam/Philadelphia: John Benjams, Pp.95-116.

Ono, K. 2000 "Grammaticalization of Japanese verbals". *Australian Journal of Linguistics* 20(1): 39-79.

Orr, R. 1992 Slavo-Celtica. *Canadian Slavonic Papers* (*Revue Canadienne des Slavistes*) 34, 3: 245-68.

Otten, D. 1992 Strategien prädikativer Possession in Afrikanischen Sprachen. Hauptseminararbeit, Institut für Afrikanistik. Typescript, University of Cologne.

Panther, Klaus-Uwe & G. Radden 2011 "Introduction: Reflections on motivation revisited". In Panther, K. & G. Radden eds., *Motivation in Grammar and the Lexicon*. Amsterdam/Philadelphia: John Benjamins. Pp.1-28.

Park, Jung-ran 2003 "A study of selected Korean pragmatic markers: synchronic and diachronic perspectives". Ph.D. Diss., Hawai'i: The University of Hawai'i.

Partridge, Eric 2006[1958] *Origins: A Short Etymological Dictionary of Modern English*. Routledge: Taylor & Francis Group.

Ramat, P. & D. Ricca, 1998 "Sentence adverbs in the languages of Europe". In van der Auwera J. eds., *Adverbial Constructions in the Languages of Europe*. Berlin, New York: Dd Gruyter Mouton.

Ramat, P. 1992 "Thoughts on degrammaticalization". *Linguistics* 30: 549-560.

Rissanen, M. 2010 "On the History of *unless*", In Kytö, M., J. Scohill and H. Tanabe eds., *Language Change and Variation from Old English to Late Modern English*. Berlin/New York: Peter Lang.

Rooth, M. 1996 "Focus". In Lappin, S. eds., *The Handbook of Contemporary Semantic Theory*. Oxford: Blackwell. Pp.271-298.

Rudi, K. 1995 "The epistemic *weil*". In Stein, D. & S. Wright eds., *Subjectivity and Subjectivisation: Linguistic Perspectives*. Cambridge: Cambridge University Press. Pp.16-30.

Sanford , A. J. 1985 *Cognition and Cognitive Psychology*. New York: Basic Books.

Schank, R. C. & R. P. Abelson 1977 *Plans, Goals and Understanding: An inquiry into human knowledge structures*. Hillsdale, N. J: Lawrence Erlbaum Associates.

Scheffler, T. 2008 "Semantic operators in different dimensions", Ph. D. Diss., Pennsylvania: The University of Pennsylvania.

Schneider, G. D. 1966 "West African Pidgin English: A descriptive linguistic analysis with texts and glossary from the Cameroon area". Ph. D. Diss., Athens: Ohio University.

Searle, J. 1969 *Speech Acts: An essay in the philosophy of language*. Cambridge: Cambridge University Press.

Serzisko, F. 1984 *Der Ausdruck der Possessivität im Somali*. Tübingen: Gunter Narr.

Sjöstrom, S. 1999 "From Vision to Cognition: A study of metaphor and polysemy in Swedish". In Gärdenfors, P. & J. Allwood eds., *Cognitive Semantics: Meaning and Cognition*. Amsterdam/Philadelphia: John Benjamins.

Stafford, R. L. 1967 *An Elementary Luo grammar: With Vocabularies*. Nairobi: Oxford University Press.

Stassen, L. 2009 *Predicative Possession*. Oxford: Oxford University Press.

Stolz, T. 1994 *Über Komitative: Natürlichkeit und Grammatikalisierung, Prädiktabilität von struktureller Organisation und Dynamik*. Typescript, University of Bochum.

Swadesh, M. 1951 "Diffusional cumulation and archaic residue as historical explanations". *Southwestern Journal of Anthropology* 7: 1-21.

Sweetser, Eve E. 1990 *From Etymology to Pragmatics: Metaphoral and cultural aspects of semantic structure*. Cambridge: Cambridge University Press.

Talmy, L. 1985 "Force dynamics in language and thought". In W. Eilfort, Kmeber, P. & K. Peterson eds., *Papers from the Parasession on Causatives and Agetivity*. Chicago: Chicago Linguistic Society.

Talmy, L. 2000 *Toward a Cognitive Semantics*, Vol. 1. Cambridge,

MA：MIT Press.

Tiersma，Peter Meijes. 1982 "Local and General Markedness". *Language* 58(4)：832-849.

Trask，R. L. 2000[1996] *Historical Linguistics*. Beijing：Foreign Language Teaching and Research Press.

Traugott，E. C. 1982 "From propositional to textual and expressive meaning：some semantic-pragmatic aspects of gammaticalization". In Lehmann，W. P. & Y. Malkiel eds.，*Perspectives on Historical Linguistics*. Amsterdam/Philadelphia：Bejamins. Pp.245-271.

Traugott，E. C. 1989 "On the rise of epistemic meanings in English：An example of subjectivization in semantic change". *Language* 65(1)：31-55.

Traugott，E. C. 2002 "From etymology to historical pragmatics". In Minkova，D. & R. Stockwell eds.，*Studies in the History of the English Language：A Millennial Perspective*. Berlin/New York：Mouton de Gruyter. Pp.19-49.

Traugott，E. C. 2003 "From subjectivization to intersubjectivization". In R. Hickey eds.，*Motives for Language Change*. Cambridge：Cambridge University Press. Pp.124-142.

Traugott，E. C. 2012 "Pragmatics and language change". In Allan，K. & K. M. Jaszczolt eds.，*The Cambridge Handbook of Pragmatics*. Cambridge：Cambridge University Press. Pp.549-566.

Traugott，E，C. & R，B. Dasher 2002 *Regularity in Semantic Change*. Cambridge：Cambridge University Press.

Ullmann，S. 1964 *Language and Style*. Oxford：Basil Blackwell.

Ultan，R. 1978 "Toward a typology of substantival possession". In Greenberg，J.H. *et al*. eds.，*Universals of Human Language*，Vol.4：Syntax. Stanford，CA：Stanford University Press. Pp. 11-49.

Urgelles-Coll，M. 2010 *The Syntax and Semantics of Discourse Markers*. New York/London：Continuum International Publishing Group.

van Benthem，J. 1991 "Language universals in logical semantics". In D. Zaefferer eds.，*Semantic Universals and Universal Semantics*. Berlin/New York：

Foris Publication. Pp.17-36.

van Gelderen, Elly 2004 *Grammaticalization as Economy*. Amsterdam: Benjamins.

Vanhove, M. 2008 "Semantic associations between sensory modalities, prehension and mental perceptions: A crosslinguistic perspective". In Vanhove, M. ed., *From Polysemy to Semantic Change: Towards Typology of Lexical Semantic Associations*. Amsterdam/Philadelphia: John Benjamins. Pp.341-370.

Viberg, A. 1984 "The verbs of perception: A typological study". *Linguistics*, 21: 123-162.

Waugh, L. R. 1991 "Introduction". In Waugh, L. R. & S. Rudy eds., *New Vistas in Grammar: Invariance and Variation*. Amsterdam/Philadelphia: John Bejamins. Pp.1-10.

Welmers, W. E. 1973 *A Frican Language Structures*. Berkerley/Los Angeles: University of California Press.

Xing, Janet Zhiqun 2012 "Introduction". In Xing, J. Z. ed., *Newest Trends in the Study of Grammaticalization*. Berlin/Boston: De Gruyter. Pp.1-20.

Xing, Janet Zhiqun 2015 "A comparative study of semantic change in grammaticalization and lexicalization in Chinese and Germanic languages". *Studies in Language* 39(3): 593-633.

Zæfferer, D. 1991 "Introduction: Universals and semantics". In Zæfferer, D. ed., *Semantic Universals and Uniersal Semantics*. Berlin/New York: Foris Publications. Pp.1-16.

Zipf, G. K. 1935 *The Psycho-Biology of Language: An Introduction to Dynamic Philology*. Cambridge, MA: MIT Press.

后　记

本书是笔者近十五年来从事汉语语法化研究写出的系列论文(11篇)的拓展和整合。其中,多数篇章曾以删节版单篇论文形式在《中国语文》《世界汉语教学》《语言教学与研究》《语言研究》《语文研究》《古汉语研究》《外国语》《语言研究集刊》《励耘语言学刊》等国内语言类刊物发表过。最早的两篇,是笔者的硕士论文《视觉认知动词"看""见"等的语法化》(2003)中的部分章节,后来曾在《延安大学学报》(2006年第1期)、《南华大学学报》(2006年第3期)等刊物发表。这最早的两篇论文曾被国内一些情态研究的著作大幅引用过。以上论文在收入本书时都做了较大的增、删、调、改,以便反映笔者在相关问题上的最新认识,同时也使得全书前后呼应、体例统一。

本书是笔者另一本著作《词汇化与语法化理论及其运用》(外语教学与研究出版社,2020年)的姐妹篇。如果说那本书重在理论介评,涉及的多是他人的词汇化和语法化研究的话,那么本书则重在方法展示,多实证研究,涉及的是本人自己的语法化研究。本书从一个侧面反映了近十五年来笔者在语法化研究领域的探索过程。在读硕士期间(2000年至2003年)和硕士毕业后相当长时间(2003年至2006年)内,我比较迷恋认知语言学的理论和方法。所以,相关语法化研究多是认知取向的,我试图借助多元识解理论、范畴化理论/原型理论、概念隐喻和转喻理论、心理空间理论、句法象似性理论,揭示语法化过程中词项形态-句法特征的去范畴化和重新范畴化、意义的(交互)主观化及其认知基础。在读博士(2006年至2010年)期间,因为导师袁毓林先生和代管导师郭锐先生长期从事形式语义学研究,所以,受他们的熏陶,加之受 Regine Eckardt 著《语法化过程中的意义演变:语义重新分析研究》(*Meaning Change in Grammaticalization: An inquiry into semantic reanalysis*)等著作的影响,我尝试在语法化研究中增加形式语义学维度,试图把形式研究和认知-功能研究结合在一起。用形式验证来限制单纯的认知或功能解释可能带来的主观随意性,用功能解释来充实形式考察的内涵,从而力避为形式而形式(即陌生化)的追求,不认为形式化或抽象化研究就等于科学研究。第五编便是这种尝试的产物。尽管写作本书时,出于体例安排之考虑,笔者把相关内容编在"形式语言学取向的语法化研究"之下,但该编相关篇章其实是多种范式相结合的研究,只是主要运用了形式语义学的研究方法。我们认为,好的形式化研究不是越让他人看不懂越好,而是越能解决问题越好。把众所周知的语言现象或语言规律用数理逻辑的方式表述出来,并没有真正解决问题。那样的研究对语言处理的机器模拟或许不无裨益,但对语言本体研究来说是没有多少推动作用的。博士毕业后(2010 年至今),我因为对语法化现象的语用动因特别感兴趣,再加上受流行的语用化(尤其话语标记的历史形成)研究热潮的影响,在系统研读国外三十多种现代语用学经典著作的基础上,在汉语语法化研究方面,我尝试在原来认知语言学、形式语义学这两个维度的考察的基础上,增加第三个维度(即现代语用学维度)的考察,试图运用现代语用学理论和研究方法,再现有关语法化现象的启动原因和推进的微观机制。当然,考虑到汉语方言差异大以及汉语的独特类型学价值,我们还在语法化研究中引入了跨语言和跨方言(即类型学维度)的考察。这样,至少具有了四个考察维度,形成了比较立体化的考察网络。十五年来,我上下求索,无非是想从多个侧面来看待汉语语法化现象,全方位描写和多角度解释汉语相关语法化现象,以使我们对汉语语法化过程中的语法、语义甚至语用演变的描写更全面,对语法化的条件和后果的揭示更充分,对语法化的动因和机制的解释更合理。

当然,本书展示的是笔者相关研究的阶段性成果。在后续研究中,我们将进一步反思认知语言学、形式语言学(包括形式句法学和形式语义学)、现代语用学的理论和方法在汉语语法化研究中彼此竞争和相互补充之处,揭示其各自的长处和短处,探讨它们如何更好地彼此配合,从而取长补短。

图书在版编目(CIP)数据

面向范式探索的汉语语法化研究 / 张秀松著. —南京：南京大学出版社，2020.12
ISBN 978-7-305-23145-2

Ⅰ. ①面… Ⅱ. ①张… Ⅲ. ①汉语—语法—研究
Ⅳ. ①H14

中国版本图书馆 CIP 数据核字(2020)第 057180 号

出版发行 南京大学出版社
社　　址 南京市汉口路 22 号　　　邮　编 210093
出 版 人 金鑫荣

书　　名 面向范式探索的汉语语法化研究
著　　者 张秀松
责任编辑 石　旻

照　　排 南京紫藤制版印务中心
印　　刷 江苏凤凰数码印务有限公司
开　　本 787×960　1/16　印张 22.75　字数 395 千
版　　次 2020 年 12 月第 1 版　2020 年 12 月第 1 次印刷
ISBN 978-7-305-23145-2
定　　价 80.00 元

网址：http://www.njupco.com
官方微博：http://weibo.com/njupco
官方微信号：njupress
销售咨询热线：025-83594756